L'ÉGLISE DE SATAN

Paru dans Le Livre de Poche :

NOTRE-DAME SOUS LA TERRE

ARNAUD DELALANDE

L'Église de Satan

ROMAN

GRASSET

À Delphine.

PROLOGUE

Le bûcher

16 mars 1244

« Il est des citadelles sombres,
d'où la lumière jaillit, jaillit d'entre les tombes
Et dont le chant funèbre rime chaque seconde
Avec l'écho tenace des souffrances du monde. »
ESCARTILLE DE PUIVERT,
Chanson albigeoise, « Le Livre de Vie ».

Bienvenue dans l'Eglise de Satan.

Montségur.

Forteresse du vide.

Château-temple surgi des hasards de la pierre et de la démesure de ses bâtisseurs.

Il était là, le *pech* de Montségur, cet immense rocher qui semblait suspendre l'édifice entre la terre et le ciel, sanctuaire aux murailles déchiquetées, élevé à la gloire des hérétiques. L'ombre recouvrait peu à peu les vallées entourant la montagne. Un sentier montait en lacet sur son versant ouest. La pente, raide et découverte, était semée d'embûches. A tout instant, on pouvait craindre l'éboulement, et l'on risquait d'être happé dans les gouffres qui cernaient le sanctuaire. Le pic de Montségur était situé sur les terres du suzerain de Mirepoix ; il était tenu par Raymond de Péreille, vassal des comtes de Foix, loin des grandes routes, au cœur de ce pays dévoué à l'hérésie. Le château se perdait dans les brumes, là-haut, à plus de mille deux cents mètres d'altitude, frappé du mystère de ce paysage irréel. De la montagne émergeait une masse cubique, jaillie de la pierre brute, entourée des engins de construction, poulies et plateaux utilisés pour monter les rochers, échafaudages improbables, cordes dansant au milieu de nulle part, par-dessus des à-pics vertigineux. Des lignes chaotiques de cabanes habitées par les constructeurs, bâties à la hâte et fouettées par le vent, esquissaient un village qui déroulait ses lacis de ruelles au seuil des abîmes.

Un seul chemin y menait, un chemin étroit qui serpentait au milieu des épineux. Pour qui voulait s'y rendre, l'ascension était ardue, caillouteuse. Pèlerins et voyageurs dépassaient une chicane à l'abandon, montaient, montaient encore et soudain, les guetteurs se mettaient en travers de leur route. On leur demandait leur méreau, cette pièce de métal qui servait aux hérétiques de signe de reconnaissance. Plus haut, les cimes paraissaient s'écarter au-dessus des visiteurs. Ils apercevaient alors les murs barrant l'accès de la face sud, puis le fossé et la barbacane qui protégeaient le flanc du château. Ils ne pouvaient être qu'impressionnés par cette image puissante du repaire de Montségur, couvent semé de lueurs sépulcrales, symbole de la révolte en marche, levant ses murs vers les nuages lourds de menaces, où, sans doute, le Dieu muet que l'on se disputait en Occitanie jetait sur ses pauvres créatures cet œil sévère, prélude aux grands châtiments.

Le château ne représentait qu'une partie du système de défense du site. C'était tout l'éperon rocheux que l'on avait patiemment fortifié : les défenses avancées enserraient les falaises, des postes de surveillance dominaient les gorges du Caroulet, des chemins de ronde longeaient tout le périmètre. Une palissade entourait la lice ; au sud, une porte immense était protégée par des hourds, galeries de bois elles aussi, greffées sur les murailles pour en empêcher l'accès. Le village se levait sur le versant nord, entre le château et les chicanes qui le protégeaient. Ce *castrum* improvisé dans les sommets, articulé en terrasses successives, entourait le logis de Raymond de Péreille, et la maison des hérétiques où l'on accueillait les pèlerins. Des écuries de fortune avaient été édifiées, à côté d'une meule à bras. Pas un pouce de terrain n'avait été négligé. Le pic était si difficile d'accès que toutes ces constructions étaient autant de défis à la raison. Des citernes permettaient de recueillir l'eau de pluie, par des canalisations de pierre ou de terre cuite courant depuis les toitures. Au centre du château se trouvait une cour à ciel ouvert, autour de laquelle étaient disposés, sur trois étages, les ateliers, les échoppes, les salles d'armes et de réserves. A l'intérieur du donjon, un escalier hélicoïdal menait au logis seigneurial. C'était du fossé, tout proche du château, que l'on avait tiré la roche nécessaire au système de défense de Montségur. Là, un pont de bois se jetait par-dessus douze cents mètres de vide pour atteindre la crête voisine. A la tombée de la nuit, cette crête ressemblait à une gargouille grimaçante, aux ailes repliées au-dessus des vallées.

Montségur, Montségur en ses brumes et ses fantômes, vision grandiose et douloureuse.

Un rêve et un cauchemar tout à la fois.

Bienvenue dans l'Eglise de Satan.

Au début du siècle, alors que le château n'était pas encore terminé, les évêques cathares venaient déjà y prêcher et y donner le *consolament.* Fournière de Péreille, parfaite revêtue, Raymond de Péreille son fils, Aude de Fanjeaux y avaient élu domicile depuis de nombreuses années. Ils y recevaient leurs alliés et les membres de leur famille, ainsi que de nombreux chevaliers venus du pays d'Olmes, qui veillaient à leur subsistance. Mais la figure emblématique de Montségur avait longtemps été Guilhabert de Castres, premier des dignitaires cathares. De son vivant, on pouvait le voir s'avancer au milieu des affleurements de roc, pour contempler les vallées alentour. Guilhabert se saisissait d'une poignée de terre et la jetait aux quatre vents, comme en ce jour où il avait incité Raymond de Péreille à la reconstruction du château, alors tombé en déshérence. Lors du solstice d'été, un rayon de soleil traversait le donjon de part en part, déposant en son sein un éclatant noyau de lumière. Ce n'était pas seulement une citadelle que l'on avait bâtie à Montségur, mais un temple, relevé de ses anciennes ruines. Avait-on voulu faire du château un symbole nouveau ? Sans doute la poignée de terre de Guilhabert, dispersée au vent, était-elle moins un hommage à la grandeur divine qu'un défi à la vanité du monde ; mais si Montségur existait comme la réponse aux menaces qui s'amoncelaient sur l'Eglise occitane, il était impossible de rester insensible à la fulgurante et terrible beauté de cet endroit.

Montségur ! Montségur, cœur du démon ou dernier refuge des apôtres du Christ ?

Par quel étrange cauchemar devins-tu le théâtre de cette tragédie ?

Bienvenue dans l'Eglise de Satan.

Nous allons tous mourir.

Montségur était cerné. Plus de deux cents personnes s'y abritaient encore.

Toutes savaient que leur mort était inéluctable.

C'était le 16 mars 1244.

Escartille gravit quatre à quatre les marches taillées dans la pierre et franchit l'arche des portes monumentales, en faisant signe aux guetteurs disséminés sur le chemin de ronde. Il ôta le capuchon qui lui recouvrait le visage et posa son bâton non loin de lui. Les pans de sa cape frémirent dans le vent. Il fut bientôt conduit à l'ombre des murs de pierre, où il rejoignit son fils Aimery, jeune chevalier défenseur de la cause hérétique. Un autre parfait se trouvait là, en robe noire. En arrivant devant lui, Aimery fit son *melhorament*, s'agenouillant par trois fois en demandant sa bénédiction au ministre cathare.

– *Bon chrestian, balhatz-nos la bénédiction de Dieu et de vos !*

– *Ajatz-la de Dieu e de nos !*

Une porte était dissimulée non loin d'eux. Avant de laisser Escartille et son fils pénétrer à l'intérieur de l'enceinte, le parfait, la gorge nouée, s'approcha d'eux.

– C'est l'heure, n'est-ce pas ?

– Le moment est venu, dit Escartille, retenant ses larmes.

– La cérémonie s'achève.

Escartille et son fils pénétrèrent à l'intérieur de la salle commune ; pas un seul ornement sur ses parois, peintes à la chaux. Toute la population de la citadelle y était rassemblée, au milieu d'innombrables volées de cierges. Les parfaits et parfaites cathares se tenaient debout, devant des bancs de bois. Des flammes couraient sur leurs visages et dessinaient sur les murs des ombres dansantes. On trouvait là Aude de Fanjeaux, Raymond de Péreille, Pierre-Roger de Mirepoix, d'autres encore. Au fond de la salle, deux hommes, maigres et pâles, semblaient présider : Bertrand Marty et son frère, en vêtements religieux, devant l'autel où était ouvert l'Evangile. Agenouillés en cercle devant eux, les croyants de Montségur attendaient de recevoir leur sacrement. L'autel était recouvert d'un drap immaculé. Non loin, une aiguière, une cuvette ainsi que des essuie-mains se trouvaient disposés sur une petite table. Bertrand Marty officiait, en sa qualité de parfait et de récipiendaire. On n'entendait plus que sa voix et le vent, ce vent qui battait les flancs de la montagne et semblait hurler à l'infini son sourd avertissement.

Les hérétiques.

– Qui est le Diable ? Quel est ce mal qui nous hante jusqu'à la mort ? C'est lui, le Satân de l'Ancien Testament, qui soumit Job aux pires tourments pour éprouver sa foi. Mais où est-il, le procureur, ce serviteur rebelle de Dieu ? Il accusa Josué dans le Livre de Zacharie, il incita David au dénombrement d'Israël dans le premier livre des Chroniques ; et le voici avec ses légions rampantes, l'éternel contradicteur de Dieu. Mille noms lui furent donnés, Satân, Lucifer, Belzébuth, Bélial, Béhémoth, Azazel ! Le voici qui se glisse dans les Nombres, dans le premier livre des Rois ; partout il fait son office et s'enfuit, l'Etre révolté, dépendant du Tout-Puissant jusque dans ses maléfices ! Et l'on nous dit aujourd'hui qu'il se tapit à Montségur, qu'il se traîne au milieu de nous et que nous en sommes les disciples. Mensonge, mes frères ! Reconnaissons le vrai langage de Dieu ! Vous tous, qui voulez être consolés et recevoir la sainte oraison, par l'imposition des mains des bons chrétiens, approchez ! Quinze jours... quinze jours, après une vie de bataille, voilà tout ce qu'ils nous ont donné ! Ils nous auront poussés jusque sur cette montagne, pour nous réduire à rien !... Leur sombre politique aura fait de nous des monstres, alors qu'ils ont eux-mêmes bafoué le verbe dont ils se réclamaient. La honte soit sur eux ! L'hérésie est leur fille, la fille de cette honte.

Bertrand récita le Pater. Chaque phrase fut répétée par l'assemblée.

C'était le moment de la dernière ordination.

Cet instant n'avait pas seulement valeur de symbole. Il n'était pas seulement un cri réitéré de renoncement au monde. C'était par lui que s'était scellé le destin de l'Occitanie. Au fond de la salle, un feu crépitait dans une cheminée. Escartille y noya son regard, tandis que la voix grave de Bertrand s'élevait à nouveau.

Seigneur, comment tout cela a-t-il pu nous arriver ?

Les hérétiques.

Ils abjurèrent un par un la foi catholique dans laquelle ils avaient été élevés. Ils clamèrent qu'ils entraient de tout cœur dans l'Eglise cathare. Ils s'écrièrent d'une même voix qu'ils refuseraient d'abjurer, qu'ils soient menacés par le feu, ou torturés et livrés aux souffrances des hommes. Il y eut un silence, puis les membres de l'assemblée se prosternèrent par trois fois. Leurs visages étaient blêmes, leurs traits tendus. Ils sortaient d'une longue abstinence, qui n'était plus seulement due au jeûne que recommandait leur foi, cette terrible *endura,* mais à ce siège interminable qui les avait conduits au bord de l'épuisement. Ils s'étaient regroupés ici comme une cohorte de fantômes, les yeux brûlants, la terreur vissée au ventre. Les postulants s'agenouillèrent de nouveau. Ils furent absous. Bertrand s'approcha d'eux, plaça l'Evangile sur leur tête et procéda à l'imposition des mains. Les croyants récitèrent le Pater deux fois encore, puis les membres de l'assemblée se donnèrent tour à tour le Baiser de Paix.

– Vous faites désormais partie des hommes de la nouvelle Eglise, dit Bertrand. Vous êtes nés de l'Esprit ! Soyez fidèles à vos devoirs, et rendez grâces à Dieu.

Sa voix baissa d'un ton. Il était épuisé. Il ferma les yeux, vacilla quelques secondes, puis il acheva :

– La tempête est sur nous, mes amis. Nous avons résisté, ils nous ont persécutés, poursuivis sans relâche... N'oubliez jamais que vous seuls serez restés dignes de notre pauvre humanité. Jusqu'au bout, ne l'oubliez pas.

Dans l'allée centrale, entre les bancs de bois, on distribua aux nouveaux consolés des robes noires. Ils s'en revêtirent dans le plus grand silence.

Bertrand Marty était au bord de l'évanouissement. Son frère se porta à son secours.

Lorsque tout fut achevé, Escartille et Aimery se dirigèrent vers l'évêque. Bertrand était assis dans un fauteuil profond, une main ballante auprès de l'accoudoir.

Il avait le front couvert de sueur.

– Tout est fini, cette fois, dit-il. Donne-moi ta main, Escartille.

Escartille la lui donna.

– C'est l'heure, dit-il. Les soldats sont venus nous chercher.

Bertrand Marty releva les yeux vers Escartille.

– Que Dieu nous pardonne, souffla-t-il. Escartille, tu sais ce qu'il te reste à faire. Montségur abrite encore le plus sombre des trésors... Sauve-le, Escartille ! Tu m'entends ?

Il se pencha, son regard vibrant d'une rare intensité :

– *Sauve-le.*

Puis il considéra les visages autour de lui, les traits figés dans une angoisse mortelle.

– Allons, dit-il simplement. Nous ne pouvons plus renoncer.

Et il ajouta :

– La mort nous appelle.

Les hérétiques.

Ils sortirent.

Les croisés de l'ost les attendaient. Des milliers d'hommes, plantés devant leurs drapeaux et leurs étendards, d'un bout à l'autre du paysage. Ces constellations humaines étaient déployées en taches innombrables, mouchetant les crêtes, grouillant au fond de la vallée. Les pavillons du sénéchal de Carcassonne et du clergé se trouvaient aux premières loges. Hugues des Arcis et les légats pontificaux, installés dans leurs fauteuils, s'apprêtaient à prononcer leur sentence finale. Un vent froid s'était levé. Les soldats ne bougeaient plus. Ecus, plastrons et cuirasses, lances et casques miroitaient de temps en temps dans la pâleur de l'aurore. Des nuages s'amoncelaient avec une lenteur funèbre au-dessus du *pech*. Ils recouvrirent bientôt l'ensemble des terres du voisinage, baignées d'une lueur sépulcrale.

Le tribunal de l'Inquisition formait un cercle autour du bûcher. Les clercs s'étaient rassemblés dans un pré, sur la face sud-ouest du pic de Montségur, à moins de deux cents mètres du château. La veille de ce jour fatal, les sergents de l'ost français s'étaient employés à achever leur palissade de pals et de pieux, de plusieurs dizaines de mètres de circonférence. A l'intérieur de ce camp préparé pour la circonstance, on avait posé de toutes parts des fagots de bois, de la paille et de la résine, pour que le feu ne manque pas de se propager rapidement. Le nombre des cathares était tel que l'on n'avait pas eu le temps de dresser des poteaux pour y ligoter chacun d'entre eux ; mais leur mort, prompte et efficace, était assurée. Il suffisait de pénétrer derrière le rideau de la palissade pour trébucher sur ces amoncellements de branchages, de poutres, de brindilles et d'herbes sèches, prêts à se mêler dans la fournaise. Cet enclos sinistre n'avait pas de porte. Des échelles avaient été posées contre les palissades. Les hérétiques gravirajent chacun de ces barreaux et auraient tout le loisir, à mesure qu'ils s'élèveraient vers le ciel, de ressasser leurs prières et de contempler leur défaite.

Ils arrivèrent enfin.

Ils étaient tous en robe noire, une cordelette serrant leur ceinture, une bible suspendue à leur flanc ; hommes, femmes, enfants, même eux, les derniers enfants qui avaient survécu. Long chapelet de perles obscures, macabre rosaire défilant sous les yeux de leurs vainqueurs. On les poussait vers ce lieu qu'on appellerait, plus tard, le Pré des Crémats. On les avait enchaînés, comme pour les priver d'une échappatoire que, de toute façon, ils n'espéraient plus. Nul besoin de les faire marcher de force. Ils avançaient, certains se tenant par l'épaule ou par la main. Seul le cliquetis du métal troublait la solennité du moment. Ils avaient la gorge nouée ; s'ils venaient à proférer quelques mots, c'était en chuchotant, comme pour ne pas troubler le cours terrible de ces dernières minutes. Sur leurs visages se peignaient les émotions les plus cruelles. Certains semblaient impatients d'en finir. D'autres avaient les traits figés, masque impénétrable. D'autres encore, le front dégoulinant de sueur, le sang battant à leurs tempes, usaient de tout leur courage pour ne pas hurler. Ils marchaient, chaque pas supplémentaire les poussant vers l'abîme. A la tête des condamnés se tenait l'évêque cathare Bertrand Marty. Il parut le premier devant Frère Ferrier et Aguilah. Derrière lui, les gens étaient faibles et pâles. Certains pouvaient à peine marcher. Tandis qu'on les jetait sans ménagement à l'intérieur du bûcher, Bertrand Marty se tourna vers Aguilah. Des nuées de crucifix, sur lesquels des corbeaux se trouvaient perchés, projetaient leurs ombres sur le pré.

– Abjurez-vous votre foi en l'Eglise du Diable ? demanda Aguilah d'un ton tranchant.

Il sembla que sa voix résonnait en écho dans les vallées entourant Montségur.

– Non, répondit Bertrand Marty.

Abjurez-vous votre foi en l'Eglise du Diable ?

Non.

Au bûcher.

La foule des hérétiques fut entassée derrière les palissades. Ils montaient d'eux-mêmes aux échelles. Lentement, en file indienne. Puis ils disparaissaient, un à un, de l'autre côté. Ils descendaient au milieu des fagots. Lorsque enfin, tous furent rassemblés à l'intérieur, il se fit un silence absolu, ponctué par des cris isolés, qui claquaient dans le vent avant de s'éteindre comme ils étaient nés. Dans cet espace confiné, lieu de leurs derniers instants, les hérétiques se rapprochaient les uns des autres, de leurs parents, de leurs amis. Ainsi, ils y étaient ! Ce bûcher effroyable auquel ils avaient songé, des années durant, ce brasier qui avait animé toutes leurs angoisses et tous leurs cauchemars, voici qu'il était là, sous leurs yeux, et qu'ils se trouvaient en son sein ! Les femmes de Montségur s'apprêtaient à mourir auprès de leur mère ou de leurs enfants malades. Les condamnés n'échangeaient plus que des gestes simples, à peine esquissés ; élans pathétiques ramenés à leur plus simple expression. Ils s'unissaient dans un même chagrin le temps d'un mot, d'un regard, d'une caresse, d'une étreinte. Leur vie y était rassemblée d'un seul trait ; un dernier trait, dans lequel ils mettaient les maigres forces qui leur restaient.

Je ne veux pas mourir !
Viens, viens près de moi.

Puis il y eut d'autres cris. Celui de l'évêque ordonnant aux bourreaux de faire leur office ; celui des bourreaux eux-mêmes, propageant la consigne ; celui des soldats enfin, se glissant autour du bûcher, torches en main. Un nouveau signal et, le poignet lourd, ils abaissèrent les flammes, lorsqu'ils ne jetaient pas les torches à l'intérieur, balayant les échelles d'un coup de pied. L'assemblée des clercs, regroupée pour une chorale incongrue et terrible, entonna ses cantiques, alors que le feu prenait de toutes parts. Au cœur de l'enclos, des éclairs de terreur animale s'allumèrent dans les yeux des victimes. Leurs mains se crispèrent avec l'énergie du désespoir sur une épaule, un bras, autour d'une taille – contre une chair encore tangible, réelle. Les premières manifestations d'hystérie se firent entendre, se mêlant à la modulation lancinante des litanies, qui faisait comme un brouillard sonore au-dessus de leurs têtes. Les cathares s'étaient jetés d'eux-mêmes au-devant des flammes, au cœur de ce bûcher ; ils s'agenouillaient maintenant, tendaient leurs bras décharnés, reculaient vers d'impossibles ombres.

Et ce fut le brasier.

Les inquisiteurs restèrent impassibles. La chose était admirable : ils ne bougeaient pas. Leurs corps semblaient coulés dans le marbre, leurs pieds et les phalanges de leurs mains revêtus d'acier. Statues humaines figées dans leur propre éternité, tout à l'inflexible devoir qui les commandait. Le feu grondait, ils se signaient avec calme. A n'en pas douter, si ces dragons se fussent trouvés eux-mêmes à l'intérieur de l'enceinte, profitant d'une miraculeuse immunité, ils eussent relevé les prisonniers un par un, pour les forcer à se signer avec eux, avant de les laisser retomber. Mais qu'importaient les flammes, puisque celles qui attendaient ces hérétiques dans l'au-delà seraient plus terribles encore ? Pourquoi ces maudits priaient-ils, puisque Dieu ne pouvait tolérer de les entendre ? Pourtant, certains des clercs furent troublés par la force d'âme des condamnés qui s'étaient ainsi livrés au feu, alors même qu'on leur avait donné le choix de s'y soustraire. Ceux-là se trahissaient par leur nervosité ; ils jouaient de leurs doigts sur leurs étoles, leurs mains se crispaient sur les crucifix qu'ils tendaient vers le ciel, leur visage s'égarait. Soudain conscients de leur faiblesse, ils jetaient un coup d'œil à droite et à gauche, espérant que les autres représentants de la Sainte Eglise n'avaient pas noté cette incartade. L'admiration était plus franche parmi les soldats qui, neuf mois durant, avaient mené un siège qui leur avait coûté autant qu'à leurs victimes. Leur cœur se soulevait de dégoût.

Nous sommes des anges déchus.

Les hérétiques virent leurs pieds réduits en cendres. Leurs muscles craquaient ; leur peau se consumait comme du cuir ; leur moelle et leur sang sifflaient, leurs membres devenaient des bâtons desséchés et noircis, les os de leurs jambes pendaient au milieu des flammes montantes. Ces volutes infernales atteignaient leurs cheveux, les couronnaient un instant d'une aura incandescente, transformant leur tête en boules de chair en fusion, leurs yeux fondant dans leurs orbites. S'ils ouvraient encore la bouche, c'était pour avaler du feu ; s'ils la fermaient, c'était pour sentir ce feu à l'intérieur d'eux-mêmes. Ils n'étaient plus que des torches vivantes. Ils brûlaient, ils brûlaient ! Et l'on chantait.

Les flammes avaient bien pris. Trop bien peut-être. Les inquisiteurs, les bourreaux, les soldats de l'ost durent se retirer à bonne distance, comme une marée à l'écume amère, refluant d'un seul mouvement, car la chaleur de ce brasier devenait insupportable.

Le feu dura quelques heures. Les défenseurs qui étaient demeurés dans la citadelle de Montségur regardaient, du haut du pic, la fumée qui montait vers le ciel, nourrie de cet amas de chairs calcinées, sanglantes. Une puanteur sans nom se répandait dans les vallées. Oui, les braises dureraient longtemps encore, on les verrait rougir dans la nuit.

Mais pour le moment, on n'en était pas encore là – juste à cet instant, cette frontière où les damnés quittaient leur corps.

Nous sommes des anges déchus.

Et une voix s'éleva par-dessus les cantiques.

Une voix de femme, pure, limpide, cristalline, qui semblait jaillir de nulle part.

Elle lisait un texte de saint Paul.

L'œil de l'évêque Aguilah s'alluma comme celui d'un aigle. Il était revêtu d'une chasuble de lin, une tiare rutilante vissée sur le crâne. Sa main était serrée sur le sceptre qui témoignait de son pouvoir. Autour du cou, son étole dansait, malgré les paravents pourpres disposés de part et d'autre de son fauteuil tendu de velours. Aguilah détourna la tête, ce visage anguleux et taillé à la serpe, moucheté d'imperceptibles scories. Il était soudain inondé d'une haine sans bornes.

> ... Et je vais encore vous montrer une voie qui les dépasse toutes. Quand je parlerais les langues des hommes et des anges, si je n'ai pas l'amour, je ne suis plus qu'airain qui sonne ou cymbale qui retentit. Quand j'aurais le don de prophétie et que je connaîtrais tous les mystères et toute la science, quand j'aurais la plénitude de la foi, une foi à transporter des montagnes, si je n'ai pas l'amour, je ne suis rien. Quand je distribuerais tous mes biens en aumône, quand je livrerais mon corps aux flammes, si je n'ai pas l'amour, cela ne sert à rien.

– Faites-la taire, dit Aguilah. Faites-la taire !

Mais la femme continuait. L'évêque la vit, dressée dans le soleil qui trouait soudain les nuages, un poing refermé sur les grains de son chapelet qu'elle serrait jusqu'au sang, les voiles de sa robe flottant dans le vent. Sa chevelure s'était dénouée, s'échappant de son diadème pour venir ondoyer sur ses épaules. Elle avait tout d'un ange, maudit peut-être, égaré en ce monde, et chacun de ses mots avait le tranchant d'un glaive.

L'amour...
L'amour est obstiné ;
l'amour est serviable ;
il n'est pas envieux ;
L'amour ne fanfaronne pas, ne se gonfle pas ;
il ne fait rien d'inconvenant, ne cherche pas son intérêt,
ne s'irrite pas, ne tient pas compte du mal...

Aguilah se dressa de son fauteuil, manquant de déchirer son vêtement.

– Faites-la taire ! cria-t-il.

Il ne se réjouit pas de l'injustice,
mais il met sa joie dans la vérité.
Il excuse tout,
il croit tout,
il espère tout,
il supporte tout.

Quelques soldats firent mine d'avancer vers la jeune femme.

Elle croisa le regard d'Aguilah, dont la main se crispa contre son sceptre.

L'amour ne passera jamais.

Elle referma son livre, les yeux pleins de larmes.

Son regard parut se noyer dans le brasier qui n'en finissait pas.

La fumée montait jusqu'au ciel, par-dessus les champs, par-dessus les villages et les collines, par-dessus les montagnes.

Et ce fut la fin des cathares d'Occitanie.

PREMIÈRE PARTIE

Le sang des Albigeois

1

Le manuscrit de « l'enfer »

Juin 2000

Lettre d'Antoine Desclaibes à Philippe Foussin.
Paris, le 7 juin 2000.

« Cher Philippe,

Ça y est ! Je l'ai trouvé ! Tu n'imagines pas à quel point je suis heureux de la découverte que je viens de faire. C'est une merveille. Mes recherches ont guidé mes pas jusque dans un endroit que tu n'imagines pas. Jusqu'en enfer, oui, je peux le dire ! Mais laisse-moi te raconter tout cela. Mon Dieu, j'ai soixante-dix ans et j'ai l'impression de revenir soudain quarante ans en arrière. Je suis comme une pucelle victorienne au soir de sa noce, si tu m'autorises l'expression.

Voilà : c'est un livre. Ou plutôt : c'est un poème, un long poème courtois, de près de vingt mille vers alexandrins. Il a été composé par un troubadour au seuil de la mort, en d'autres temps. Le livre a été relié de cuir bien plus tard. Je l'ai sous les yeux : un vrai bijou. Il est constitué de trois cents rouleaux de parchemin, numérotés à la main. L'écriture est identique du début jusqu'à la fin. Les lettres initiales de chacune des laisses sont peintes tantôt en rouge, avec une ornementation de filets violets ; tantôt en bleu, avec des filets rouges. Un point, suivi d'un trait ondulé, marque la césure de chaque rime. A l'intérieur des chants, des alinéas sont signalés par la lettre μ représentée dans la marge. A différents moments du manuscrit, le poète a réservé des espaces aux illustrations. La plupart sont à peine esquissées. Elles couvrent en général une page entière et se présentent sous la forme de dessins à l'encre noire. Des légendes en occitan, d'une calligraphie très fine, indiquent, dans les marges inférieures, ce qu'un autre artiste aurait dû figurer. Oui : c'est l'un des plus beaux manuscrits qu'il m'ait été donné de voir.

Le récit qui s'y trouve consigné n'a rien à envier aux épopées homériques. La personnalité de son auteur s'y dévoile à chaque stance. Ce conte est haut en couleur, riche en péripéties. Il déroule à profusion ses expressions savoureuses et ses anecdotes pittoresques. J'en ai commencé la traduction il y a seulement quelques jours, mais je m'y abandonne avec délectation. Je trouve profondément séduisante l'idée que ce poème ait pu autrefois être joué et chanté. Il est vrai que le cœur y parle à chaque ligne, à chaque inflexion de cette voix que j'imagine surplombant la fougue de ces aventures. Il émane de ces couplets une sorte de musicalité troublante, parfois écorchée de souvenirs que transperce une douleur inouïe. *Une histoire, c'est comme une fleur...* C'est ainsi que le troubadour, fidèle témoin de son temps, a commencé sa fresque. Quarante années de guerre. Il suffit de songer une seconde que des êtres de chair et de sang ont pu vivre ces épisodes pour vibrer au rythme de la terrible bataille albigeoise. Et je devine, à la source de ce chef-d'œuvre, un chagrin sans pareil, qui me touche sincèrement, moi qui, aujourd'hui, passe plus de temps à ruminer ma nostalgie qu'à ébaucher de grands projets d'avenir. J'y vois le regard mélancolique d'un homme qui se souvient de sa jeunesse, des événements qu'il a traversés, et qui se retourne derrière lui pour goûter une dernière fois au parfum de ses amours anciennes. Mais dans cette évocation souffle encore l'enthousiasme de la bohème, de jours libres et sans contrainte, traversés ici et là par de sombres tragédies.

Lorsque j'ai commencé à percer le mystère de ce manuscrit, il m'a semblé franchir une à une les étapes d'un rituel obscur. Comme si j'accomplissais moi-même ma période probatoire, ma lente initiation. Je traduis ce poème vers après vers, en élève appliqué, à la lueur des feux nocturnes. Il me faut bien de la persévérance pour comprendre l'inspiration si étrange, et pourtant si authentique, qui a nourri la création de cette œuvre. Sans doute est-ce le prix à payer pour retrouver la vérité de cet enfant de rien, perdu quelque part dans un autre siècle. Ce troubadour m'a envoûté, c'est le mot : par la vertu de cette langue d'oc dont il fait jouer tous les accords, par la finesse de sa calligraphie où l'esthétique se mêle à la spontanéité. Ses mémoires ont, par endroits, des accents d'éternité. Des accents d'avant la France, un langage fleuri et désuet que se partagent l'âpreté du Nord et les soleils du Midi. Dans l'enchevêtrement baroque des souvenirs, il parvient à tisser une toile de Pénélope, métaphore jamais achevée de la destinée humaine, seul aux prises avec la marque profonde de ses espérances, de ses chagrins. Je le ressuscite d'entre les morts. Voici son histoire, échappée des bribes occitanes. Je t'en envoie les premières laisses, que tu trouveras jointes à ce courrier.

Ah, Philippe ! Pardonne-moi, les accents de ma lettre te paraîtront lyriques, surtout pour un vieux briscard comme moi. Que veux-tu ! Avec l'âge, on revient à des émotions simples. Depuis la mort de ma chère Laure, je ne trouve plus de satisfaction que dans mes recherches et dans mes fantaisies intellectuelles. Il m'arrive encore de donner des cours à la Sorbonne, cela me rappelle la chaire que j'occupais il y a quelques années. Mais ces pontes qui pérorent sur tout et rien m'ennuient. Sans doute parce qu'en eux, je me reconnais trop moi-même... Heureusement, comme tu le vois, je trouve les moyens de passer le temps. Et je sais que cette découverte saura rejoindre ta propre passion.

Je t'ai dit que j'avais trouvé ce livre en enfer : rien n'est plus vrai, mon ami. Tu sais que, depuis quelque temps, je suis membre d'un cercle littéraire – un de ces clubs que nous montons pour nous occuper, nous autres les vieux. Nous nous sommes baptisés : les Bibliovores. Ni très fin ni très original, mais au moins, ça nous amuse. Il y a, parmi nous, de vrais bibliophiles, des chasseurs de rareté qui font les bouquinistes d'un bout à l'autre du monde à la recherche de perles rares. Autrefois, on conservait les tablettes dans des étuis de terre cuite ; en Grèce et à Rome, le *volumen* de papyrus se roulait autour de bâtonnets d'ivoire. Mais depuis la première bibliothèque d'Herculanum, nous avons inventé ces grands sanctuaires de la mémoire, qui peuvent exciter chez les érudits les passions les plus exaltées. Mes amis bibliovores sont de ceux-là : ils se plaisent à s'imaginer les artisans d'une nouvelle Renaissance, cherchent de vieux vélins, traquent les ouvrages de Vespasiano de Bisticci, ce grand libraire florentin. Ils rêvent de Pétrarque, de Cosme et Laurent de Médicis, de dei Niccoli, de Jean Grolier, des bibliothèques de Constantinople, des livres de Maximilien, d'Henri VIII ou d'Edouard VII. Mais leur rêve est communicatif, et moi qui suis depuis toujours un passionné d'histoire, tu ne dois pas être surpris de voir que je me lance à leur suite.

L'un des membres de ce club est, aujourd'hui encore, un archiviste indéboulonnable de la Bibliothèque nationale, un chartiste. Cet homme est un personnage, je t'en parlerai la prochaine fois : jamais, je crois, je n'en ai rencontré de pareil. Il se trouve qu'au fil de nos conversations, je lui ai parlé de toi : j'ai évoqué les travaux que tu avais entrepris, et les fouilles que tu comptais lancer prochainement à Montségur. Il connaît par cœur les travaux de René Nelli, Michel Roquebert, Anne Brenon et leurs disciples, à qui il ne cesse de rendre hommage. Il m'a indiqué que les originaux de la fameuse *Chanson de la Croisade* de Guillaume de Tudèle et ceux de l'*Historia Albigensis* de Pierre des Vaux-de-Cernay étaient conservés à la Nationale. Il m'y a invité, et nous avons entrepris de nouvelles recherches, jusque dans les sous-sols des magasins de Richelieu, où j'ai fini par débusquer ce manuscrit. Il portait la cote 2143-B, mais il était répertorié... en enfer.

Je m'explique – mais peut-être le sais-tu déjà ? L'enfer de la Bibliothèque nationale, à l'instar de celle du Vatican, est inaccessible au grand public. C'est là que l'archiviste m'a entraîné, dans ces souterrains dissimulant les œuvres maudites des plus grands auteurs, derrière des grilles de fer qui ne sont pas sans évoquer les cages de Louis XI. Il m'a avoué qu'il s'y était lui-même délecté de lectures inavouables. On y trouve quelques originaux de notre Sade national, mais le Divin Marquis est loin d'être le seul représentant des arcanes de l'enfer. On y rencontre aussi des gens très bien qui, les soirs d'ivresse sans doute, se sont abandonnés à décharger des textes que la morale réprouve. L'archiviste, sensible aux intérêts de leurs héritiers, toujours vigilants quant à la mémoire de leurs chers disparus, garde pour lui le secret de ces noms qui, aujourd'hui encore, peuplent ce maléfique musée des sous-sols. Recueils de lectures pornographiques, feuillets écrits compulsivement sur des coins de table, nouvelles scatologiques, pamphlets insensés, il y a de quoi se précipiter dans de savoureux vertiges...

Nous nous sommes retrouvés dans une salle étonnante. Très haute de plafond, elle étale des colonnes d'œuvres labyrinthiques, rangées dans leurs étuis ; c'est une véritable jungle que guide un secret ordonnancement. La salle est très mal éclairée, par de vagues lustres. Le faîte de ces colonnes se perd dans l'obscurité. Elles sont comme les piliers, les fondations de la Bibliothèque tout entière, autant de poutres de soutènement sur lesquelles paraît reposer l'ensemble de l'édifice, là-haut, vers un dôme artificiel aux arabesques de style Art Nouveau. Une forêt d'escabeaux permet de glisser d'une colonne à l'autre. Je me suis senti soudain tel le premier homme, Adam nu devant l'Arbre du Savoir – un arbre maudit, assurément, dont la totalité des feuilles, de même que dans la métaphore biblique, correspond à autant de lettres de l'alphabet hébreu, elles-mêmes représentant autant de vies et de destinées terrestres. Une vision globale de la Totalité, une *Summa Malefica*, une sombre épiphanie au sein de laquelle est lové le serpent visqueux de toutes les tentations. Voilà, mon cher Philippe, l'impression que m'a donnée cet endroit. As-tu jamais eu l'occasion d'y mettre le pied, de glisser sur cette moquette çà et là déchirée de parquet, au milieu de ce sombre Panthéon ? Je te souhaite d'y descendre un jour. Les manuscrits les plus précieux sont alignés sous des commodes de verre, pudiquement recouvertes de voiles de tissu, et qui ajoutent à ce sentiment chaotique de l'ensemble. Chacune des colonnes est marquée de chiffres, gravés sur de petites plaques dorées. Cet enfer est un cimetière couronné des plus intrigantes épitaphes. On s'y installe comme dans une crypte, et on y croise les livres comme des tombeaux, stèles d'hérétiques couchées dans la boue, à l'image des réprouvés du Sixième Cercle de Dante. C'est bien ici la Nuit, la nuit des œuvres informes, incongrues. Abysses du subconscient et de toutes les dépravations. Germinations de vies blasphématoires et scandaleuses. Quelles perles noires, quels funestes trésors peuvent être enfermés dans ces milliers de pages, griffonnées par des mains souvent obscures ? Voilà la question que l'on se pose en y entrant. On pourrait passer ici des jours, des nuits, des années entières. Jusqu'à devenir fou, gorgé de haine, de venin, de foutre, de défalcations tous azimuts ! Tout cela est surréel. Et pourtant, devine ! Eh bien, c'est de là que je t'écris en ce moment même ; l'archiviste rôde comme une ombre autour de moi. Nous nous amusons de temps en temps avec des *Précis de Malséance*, ornés de gravures d'une précision anatomique que tu n'imagines pas, ou des *Traités de l'Urinoir* du XVIIIe siècle, avant d'être rappelés à la réalité de notre mission. Nous sommes comme deux gamins qui joueraient à cache-cache dans une sombre nécropole.

C'est donc ici que j'ai trouvé ce poème. Il détonne dans cet “enfer”. Je me demande ce qu'il y fait, pourquoi il s'est trouvé reclus ici. C'est un miracle que j'aie pu retrouver ces rouleaux de parchemins, au milieu de toutes ces sorcelleries. Et dire que j'ignore tout de ce grand brasier de textes qui m'entoure ! Je pense à toi, vieille branche, qui t'apprêtes à jouer les archéologues au pays du foie gras et de la bonne chère, sur les traces des prédicateurs occitans. Peut-être mes recherches te seront-elles utiles à quelque chose, qui sait ? Depuis que j'ai suivi tes traces pour me plonger dans cette épopée cathare, tout ce qui touche à leur histoire exerce sur moi une trouble fascination. A mesure que je décrypte mes parchemins, j'ai le sentiment d'avancer vers... je ne sais quelle vérité. Oui, c'est un sentiment indéfinissable et pourtant il est bien là, logé au creux de mon estomac.

Allons, mon ami ! Je t'abandonne. Donne-moi de tes nouvelles quand tu le pourras. Et en attendant, écoute l'histoire de mon troubadour. Je t'en ai fait moi-même un récit un peu romancé, à partir des laisses foisonnantes de ce poème. Permets-moi d'incarner, à moi seul, le chœur furieux de ces voix de jadis ! Crois bien que ma fidélité au récit du troubadour sera des plus scrupuleuses. Cela commence comme une histoire d'amour courtois, une histoire... Mais je te laisse la découvrir. Sois prêt, prêt à plonger huit siècles en arrière !

Bien amicalement à toi,
Antoine. »

2

Escartille le troubadour

Mai 1207

> *« Oyez, oyez, braves gens ! Ceci est l'histoire de ma vie, elle vient de nulle part, de partout où le soleil luit. Une histoire, c'est comme une fleur : elle naît, elle vit et elle meurt... »*
>
> ESCARTILLE DE PUIVERT,
> Chanson albigeoise,
> « Le Livre de Vie ».

L'amour !

Allons, bois, Escartille ! Bois encore : tu vas en avoir besoin.

En ce début du XIIIe siècle vivait un jeune troubadour qui se prénommait Escartille. Escartille avait à peine vingt ans et logeait au château de Puivert, ce château à la pierre blonde et lumineuse, qui dresse ses murailles au-dessus du plateau de Sault et du Quercorb. Puivert était alors le centre des arts et de la galanterie. Escartille y vivait au milieu des dames et des musiciens. Les fêtes s'y succédaient au rythme des saisons. Les seigneurs du château, placés sous la tutelle du suzerain Bernard du Congost, accordaient l'hospitalité à tous les chevaliers et poètes de passage. Ils formaient la plus belle cour d'amour d'Occitanie qui, à cette époque, était presque aussi vaste que le royaume de France. Parangon d'une civilisation florissante, Puivert était une permanente terre de conquête, un paradis pour ces amants d'autrefois.

Depuis qu'il était né, dans un village du nom de Lavelanet, Escartille n'avait cessé de sillonner les cours de Provence, du Limousin et du Languedoc ; il avait traversé les comtés de Foix, de Toulouse et la vicomté des Trencavel. C'était là, entouré des accents rocailleux de la région, au milieu de ces paysages inondés de soleil, qu'il développait son art, protégé par les seigneurs du lieu qui avaient pour habitude d'accueillir à bras ouverts ce troubadour peu commun. Lointain disciple de Guillaume de Poitiers et de Chrétien de Troyes, chantre de la *fine amor* et de la courtoisie, Escartille savait, de sa voix chantante, illuminer les riches heures de l'aristocratie occitane. Fils de rien, ce jeune homme aux cheveux longs, à l'œil insolent, aussi téméraire en amour qu'il était couard pour tout le reste, séduisait par sa truculence, son sens de la formule et ses rires haut perchés. Depuis quelque temps, il songeait à quitter son pays occitan pour rejoindre l'Espagne ; mais il s'était réfugié finalement à Puivert, d'où il comptait partir bientôt vers une destination qu'il ignorait encore. Tel était le brave Escartille : il allait où ses caprices le portaient, pour peu qu'il trouve des mignonnes aux hanches larges et quelques seigneurs au solide caractère, susceptibles de lui assurer sérénité et protection.

Escartille, à vrai dire, ne vouait sa vie qu'à une chose : le service de ces dames – de la Dame. Qui n'a pas connu les femmes occitanes n'imagine guère l'obsession qu'elles pouvaient faire naître dans le cœur des hommes : mais c'étaient elles, la fine fleur de l'Occitanie ! Ces élégantes et leurs riches surcots, apprêtées jusqu'aux ongles, revêtues de leurs capes ondoyantes, de gonnelles, de garnaches, de bracelets, de fourrures d'écureuil et de cendal, jusqu'à vous faire tourner la tête ! Bourgeoises ou châtelaines, rangées en groupes comme pour la bataille, n'attendaient que de présenter leurs seins aux regards. Chaque matin, elles se lavaient, se fardaient, se peignaient, en présence de leur époux et parfois, des écuyers et des amis de la famille. Dès la toilette, c'était l'invasion. Les galants se pressaient autour d'elles. Entre deux pâmoisons, guettant les bras dans lesquels elles pourraient tomber, les coquines continuaient de tamponner leurs pommettes de rouge ou de safran, soulignaient leurs yeux d'un trait brillant. Et lorsqu'elles sortaient en pleine lumière, *oh là !...* La femme occitane, celle de tous les poèmes et de tous les chants ! Elle était fougueuse, irrésistible ! Un second soleil au plus haut du firmament !

Ainsi, Escartille chantait sans cesse les dépossessions de son cœur. Il ne suivait qu'une seule loi, héritée de ses pairs : celle de la *cortezia.* Il fallait être prêt à admettre tous les caprices de l'adorée. Tel était le prix des passions souveraines. *D'amor mou castitaz !* disait-on à Toulouse : d'amour vient chasteté. Certaines faisaient languir leurs prétendants, assignant à leur vertu l'ordre de ne pas céder, et laissant à leurs sigisbées le soin d'accomplir les prouesses les plus invraisemblables. Ainsi, Escartille chantait, au milieu des lierres grimpants et des bouquets de roses ; volage ou fidèle, il chantait, tantôt sous les balcons fleuris, tantôt au milieu de festins dignes des anciennes orgies romaines.

C'était cela, Puivert ; c'était *l'entendensa d'amor*.

Allons, bois, Escartille ! Bois encore : tu vas en avoir besoin.

Le troubadour termina d'un trait son verre de vin.

En ce jour de mai, la population du village situé aux abords de Puivert fêtait le retour du printemps. C'était la fin de l'après-midi. Un soleil éclatant brûlait les vignobles de la vallée. Paysans, tenanciers et alleutiers achevaient leur journée. On empilait des bottes de foin, les hommes ahanaient, les femmes chantaient. Certains remontaient vers le *castrum* avec empressement, traînant leurs mules et leurs bœufs, guillerets à l'idée de la fête qui les attendait et dont ils entendaient la rumeur venir jusqu'à eux. Au loin, on devinait la cime des montagnes, les massifs de Saint-Barthélemy et des Trois-Seigneurs, rubans déchiquetés de brun et de blanc sous le ciel. On apercevait aussi la silhouette du *pech* de Montségur, où s'achevait la construction d'un nouveau château du vertige.

Escartille était attablé au milieu des réjouissances. Derrière lui, les artisans travaillaient le vitrail, le cuir, les bijoux ; plus loin, c'était la vannerie, la poterie, la sculpture. Les habitants se disputaient canards et cochons de lait, perdrix et jambons, saucisses et poulardes toulousaines. Entre les corbeilles de fruits qui coloraient ces banquets, on trouvait aussi des fromages de chèvre, des crêpes, des gâteaux de beurre et des pâtisseries de toutes sortes, buynettes parfumées à la fleur d'oranger ou rousquilles aux amandes, qui passaient de main en main. Rien ne manquait, surtout pas les vins, de Gaillac, du Roussillon et des Corbières, qui arrosaient ces tablées comme autant de fontaines magiques. Une brise légère circulait au milieu de ces mets alléchants. Les danseurs tournoyaient devant l'église et la fontaine, où s'abreuvaient quelques chevaux. Harpes, luths, guitares, cors et timbales : non loin, les musiciens s'en donnaient à cœur joie, dans une furieuse cacophonie. Des femmes au drapé multicolore virevoltaient au son des tambourins. Provisoirement délestés de leur sébile, des mendiants se précipitaient pour se remplir la panse ; on les repoussait d'une claque ou de la pointe d'un couteau. De l'autre côté de la place, des comédiens et des jongleurs avaient monté leurs tréteaux. Ils commençaient à divertir le public : leurs fabliaux mettaient en scène les paysans et les seigneurs, les maris et leurs femmes, les évêques et les curés, les saints et les démons. La foule riait. Entre deux saynètes, les amuseurs se livraient à leurs acrobaties et à leurs tours de passe-passe, avec des pommes ou des couteaux.

– Allons, bois, Escartille ! Bois encore, tu vas en avoir besoin.

– Taisez-vous, par pitié, lança le troubadour à ses deux compères.

Et il ajouta, d'un ton solennel :

– Je crée.

Son instrument posé non loin de lui, il surveillait une tourelle, à l'angle de la rue des Vierges. Il attendait avec impatience qu'Aurore de Pamiers, la dame de ses pensées, daignât montrer son mouchoir à travers le vitrail losangé qui donnait dans le secret de sa chambre, en haut du lierre. Escartille avait la voix bien claire, mais il lui faudrait du coffre pour lui chanter les vers qu'elle lui avait inspirés, avec tout ce brouhaha. Le moment était peut-être mal choisi : il redoutait les foudres du sire de La Cornette, bourgeois de Puivert et époux d'Aurore, qui avait eu le malheur, un soir, d'accueillir le troubadour sous son toit. Escartille savait que La Cornette s'était absenté. Il ne pouvait résister au plaisir de profiter de la fête pour séduire la belle, consignée en sa maison. Il était attablé avec Gilles et Pérotin, deux autres charmeurs à la réputation de bandits. L'un, chauve et rondouillard, avait un cou de taureau et un faciès mafflu ; l'autre, une trogne allongée, des bras interminables, et le dos voûté – à force, sans doute, de se baisser pour entrer dans les auberges où il avait coutume d'achever ses nuits. En face d'eux, Escartille achevait sa composition, au milieu des débordements de ripaille. De temps à autre, il portait sa plume et ses doigts à ses lèvres, un sourire léger venait flotter sur son visage ; mais il était aussitôt rattrapé par les railleries de ses amis, qui se moquaient bien haut de ses espérances.

– Mets ton froc en berne, Escartille ! tonitruait Gilles entre deux goulées de vin. Tu cours à l'échec ! Que La Cornette revienne et il te frottera les oreilles à la première de tes chansons !

– Qui donc ! Ce vieillard sénile ? dit Escartille en brandissant sa plume. Il ne me fait pas peur ! S'il lançait ses soldats à ma poursuite jusqu'en Aragon, je m'en moquerais bien. Rien ne me retient ici, mes amis, rien sinon elle ! Et avec le lai que je lui ai préparé, Aurore ne pourra qu'être charmée.

– Oui, rétorqua Gilles, postillonnant, comme l'ont charmée tes huit chansons précédentes !... Allons, Escartille. Ta belle Aurore doit avoir les cuisses bien fraîches, je le concède ; mais jamais elle ne les écartera pour ton archet !

– Comment oses-tu parler ainsi de cette sirène, Gilles ? rétorqua le troubadour. Tu n'es qu'un pourceau. Mais assez ri ! Mon heure va venir.

Le geste ample, Escartille écarta les bras et bondit sur son tabouret ; en un clin d'œil, il fut sur la table. Il tourna sur lui-même devant ses amis, la cape déployée, au milieu des monceaux de victuailles qui l'entouraient. Ses cheveux dansèrent un instant dans le vent. Puis il ôta son galurin en apostrophant les comédiens, à l'autre bout de la place.

– Holà, amis jongleurs ! Bénissez-moi ! Oyez, gentes dames, damoiseaux du monde entier ! Je suis Escartille de Puivert, le troubadour ! Croyez-moi : l'heure de la vérité a sonné.

Il s'inclina de nouveau sous le soleil. Puis il sauta de table, termina son vin d'un trait et s'essuya les lèvres de la manche. Il remit d'aplomb son bonnet, dans lequel il ficha sa plume tachetée d'encre. Enfin, il empocha son rouleau à peine sec et se dirigea d'un pas gaillard vers la rue des Vierges.

Gilles et Pérotin applaudirent devant l'audace.

– Garde ton chef et bats ta coulpe, troubadour ! Tu vas recevoir autant de fleurs que de pots !

Escartille, déjà, ne les écoutait plus. Arrivé à son poste, il s'éclaircit la voix, le regard rivé sur le lierre qui montait jusqu'à la fenêtre de la douce. Que s'ouvrent les petits losanges, et la grille du cœur d'Aurore ! Il accorda son instrument, ajusta doucement son archet et commença de chanter, levant la tête.

Aurore, Aurore, douce amie d'amour et de joy,
Ecoute ma complainte, à l'ombre du verger,
Je ne veux ni l'empire de Rome, ni celui d'aucun roi,
Ramasse seulement ce cœur embrasé
Qui gît devant toi, marri et piétiné !
Ramasse-le, et d'un baiser
Fais-le revivre à tout jamais !

La fenêtre ne s'ouvrit pas. Depuis la table, Gilles imita le bêlement d'un mouton. Pérotin renchérit :

– Aurore, Aurore ! Elle ne va pas tomber du ciel, ton Aurore !

Escartille leur décocha un coup d'œil noir, mais, obstiné, refusa de s'arrêter. Au contraire, il repartit de plus belle, haussant encore la voix :

Aurore, Aurore, douce amie d'amour et de joy,
Ecoute ma complainte, à l'ombre du verger.
Je ne veux ni l'empire de Rome, ni celui d'aucun roi...

Il entonna son couplet six ou sept fois. Ses compagnons en furent bientôt lassés et se servirent une nouvelle rasade de vin. Sur l'estrade où s'exhibaient les comédiens et les jongleurs, un homme en armure parut, portant haut son étendard, sur lequel on pouvait voir un fauve à trois têtes, avec des pieds de griffon. Il frappa le sol du pied, tandis qu'un autre amuseur déguisé en femme, les tresses surmontées d'une couronne de gui, les seins rembourrés de chiffons, venait se jeter à ses genoux. Derrière eux, une toile tendue contre un bout de bois figurait le mât d'une nef prête à tanguer vers l'océan. Gilles, distrait un instant par cette agitation, aperçut un enfant qui tentait de lui soustraire une grappe de raisin. Le gamin avait un visage malicieux et une tignasse qui devait abriter toutes les lentes de la terre. Il voulut se sauver. Gilles lui fit un croc-en-jambe et le gamin s'aplatit dans la poussière. Gilles éclata de rire.

– Voilà pour toi, gredin ! Et maintenant, mange-les, tes raisins !

Escartille, quant à lui, continuait de chanter sous la tourelle.

Soudain, il vit bouger le vantail de la fenêtre.

Oui, oui ! Il a bougé, j'en suis sûr !

Allait-il voir la belle ? Oh, cette bouche, cette peau d'ambre, ces yeux, ce corps de déesse !

Montre-toi, mon oiseau, ma sirène, ma fée !

Le cœur d'Escartille bondit de joie et sa voix monta encore d'un ton lorsqu'il vit une main blanche pousser le battant de la fenêtre.

La dame parut. Elle sourit au troubadour et recula dans l'ombre.

Ni une, ni deux ; Escartille tourna vers ses amis un regard vainqueur. Gilles frappa Pérotin du coude et désigna le troubadour. Escartille eut un rire clair ; il rangea son rebec, ramena sa cape derrière ses épaules et s'élança le long du lierre, sans se soucier de la foule captivée par le spectacle qui se donnait sur la place. En quelques instants, il fut au balcon de la dame, et n'eut qu'à se glisser par l'ouverture pour disparaître à l'intérieur. Ses deux compagnons, interloqués, échangèrent un regard. Puis ils partirent d'un grand rire et trinquèrent aux plaisirs que leur ami s'apprêtait à voler.

Escartille atterrit avec souplesse dans la chambre d'Aurore. Une tapisserie recouvrait l'un des murs de pierre. Non loin, une tête de cerf surmontait la cheminée, accompagnée de deux lances entrecroisées. Dans un coin de la pièce, un fuseau n'attendait que les doigts de la belle pour reprendre le filage de la laine et du lin. Aurore se tenait debout devant un lit immense, cerné de deux rideaux de toile blanche. Sur le visage, un sourire à faire chavirer le cœur, qui portait toute la timidité et la fraîcheur de son jeune âge. Comment ne pas brûler de convoitise devant cette invitation au plaisir ? Escartille se redressa, on l'eût dit prêt à déclamer ; puis il se jeta à genoux devant Aurore en écartant les bras. Son instrument vibra d'un son désaccordé tandis qu'il saisissait la main de la jeune femme.

– Allons, dit-elle dans un rire, dis-moi, troubadour, qui es-tu pour m'avoir poursuivie de tes assiduités ? Sais-tu que mon époux est la terreur de Puivert, et qu'il est ami du comte de Foix ? Il te couperait la tête pour ton audace, s'il apprenait que tu es ici... Par chance pour toi, il s'est rendu à l'ermitage remplir ses devoirs...

Escartille l'interrompit.

– Un mot, un seul, ma reine : je vous aime ! Je vous aime depuis le moment où mes yeux se sont posés sur vous !...

Sur la place, Gilles fit un signe à Pérotin.

– Oh oh...

La Cornette et sa suite venaient d'entrer dans le bourg, campés sur leurs chevaux, dans un bruit de sabots. A sa vue, les mendiants se dispersèrent. La Cornette ne payait pas de mine : il allait sur ses soixante-dix ans. Recroquevillé sur un alezan aussi fatigué que lui, le vieillard, enveloppé d'un manteau de laine à capuchon, s'arrêta devant l'estrade, en compagnie de ses gens d'armes. Son visage se tordit aux plaisanteries des jongleurs. A Puivert, La Cornette était souvent raillé, du moins lorsqu'il n'était pas là. On le disait cacochyme et sournois, mais on le redoutait. Aurore lui avait été mariée de force, car le vieux ne manquait pas de fortune. Il étendit une main décharnée et demanda à ce que l'on pique pour lui, du bout de l'épée, un morceau de poularde qui trônait sur l'une des tables. Il le dévora comme un écureuil sorti de l'hibernation, cracha le gras sur les pavés et partit d'un rire de fausset.

Dans la chambre de la tourelle, Aurore s'allongeait doucement sur les draps de lin. N'y tenant plus, Escartille, qui s'était arrêté jusque-là au poignet et au mollet, faisait courir ses doigts sur le corps de la belle avec de plus en plus d'insistance, le nez dans cette chevelure blonde et parfumée. Elle riait, cherchait à lui échapper ; puis elle consentit au plaisir.

Escartille retourna la belle pour la délacer.

– Peste ! murmura-t-il.

Les lacets de la robe composaient un entrelacs invraisemblable. Il aurait fallu dix mains pour s'en dépêtrer.

– Comment ? souffla Aurore.

– Rien, ma douce, ma reine, ma gloire, rien.

Pardieu, qui est l'auteur de ce piège ?
Escartille serra les dents.

Gilles fit signe à Pérotin, qui se leva et alla sous le lierre. Il mit ses mains en porte-voix, hésitant entre le cri et le murmure. Il s'essaya à un entre-deux.

– Escartille ! Escartille ! Fuis, tu m'entends ? Le vieux est là !

La Cornette finit par se tourner vers la tourelle et la fenêtre de son épouse.

Il fronça aussitôt les sourcils.

– Qui est ce vilain ? demanda La Cornette à son prévôt, en désignant Pérotin.

Imbert de Castrins ricana et dit :

– Oh, messire... c'est l'un de ces freluquets rimailleurs, qui courent les dames de leurs odes blasphématoires...

– Ah ! dit La Cornette, dont le sang ne fit qu'un tour.

Il poussa un rugissement. Les comédiens s'interrompirent un instant, avant de reprendre leur conte. Les curieux détournèrent la tête. Pérotin, sous le lierre, venait de lancer des cailloux contre la fenêtre. Il sentit que le brouhaha était tombé. Il regarda vers La Cornette, eut un sourire crispé et écarta les bras. Puis il chercha le soutien de Gilles. Celui-ci s'était aplati sur la table, le nez dans les plumes d'une perdrix grise, pour se faire oublier. Devant lui, le jeune garçon à qui il avait fait un croc-en-jambe, couvert de poussière, fit apparaître sa frimousse. Il se passa la langue sur les lèvres, prêt à se venger, mais Gilles lui saisit la tête et lui colla sur la bouche une main noueuse.

– Tais-toi, chuchota-t-il, ou je t'étripe avant de te faire rôtir à la broche.

Pérotin fit un pas de deux pour se détourner, de l'air le plus tranquille possible.

Puis il détala.

– Attrapez-le ! hurla le sire de La Cornette.

Tout à son affaire, Escartille fit jaillir la lame d'un couteau et, d'un coup, trancha les liens qui enserraient la belle. Celle-ci lança un *Oh !* de surprise et de plaisir mêlés. L'amour ! Il était maintenant tout près, à portée de main ! Tremblant, Escartille fit pivoter Aurore sur le dos. Elle lui sourit, espiègle. Il souleva ses jupes, lâcha son instrument ; puis il redressa le poitrail, le gonfla comme un coq, écarta les cuisses de la jeune femme...

Et ce fut l'assaut.

Pérotin échappa à ses poursuivants en se cachant à l'intérieur d'un tonneau de vin. La Cornette, lui, monta jusqu'à sa tourelle, suant et soufflant ; l'un de ses hommes lui donnait le bras. Les yeux injectés de sang, il fit irruption dans la chambre. Le spectacle qui s'offrit à lui le fit blêmir de fureur. Aurore, troussée comme une agnelle de premier lait, les joues empourprées, criant sous Escartille !

– Mais... combien sont-ils ? s'écria La Cornette.

– Oh oh, dit Escartille, se rajustant aussitôt.

La Cornette voulut saisir une épée. Il manqua de se prendre les pieds dans son manteau.

– Hérétique !

Escartille n'eut que le temps d'attraper son rebec avant de bondir par la fenêtre, tirant le vitrail derrière lui ; il glissa avec agilité le long du lierre et, arrivé au sol, donna de nouveau de l'archet en regardant la tourelle :

Aurore, Aurore, douce amie d'amour et de joy,
Ecoute ma complainte, à l'ombre du verger,
Je ne veux ni l'empire de Rome, ni celui d'aucun roi...

Escartille entendit La Cornette rugir de nouveau. Aurore apparut avec son mouchoir. Elle jeta un regard implorant vers le troubadour, avant que le vieillard la saisisse par le bras pour la ramener dans l'ombre. Le prévôt et les archers du sire de La Cornette se précipitèrent sur le troubadour. Les jongleurs s'arrêtèrent pour de bon. Escartille regarda l'effroyable remue-ménage autour de lui.

Une flèche siffla à ses oreilles.

La Cornette, l'écume aux lèvres, s'écria depuis la fenêtre :

– Tuez-le, vous m'entendez ? *Prenez-le et tuez-le !*

Alors Escartille bondit.

Il sauta de table en table, manquant de glisser sur les andouillettes, évitant de justesse le cassoulet bouillant. On s'écartait devant lui. Il sauta sur l'estrade où se dispersaient les comédiens et la traversa d'un trait, écorchant au passage la belle travestie aux seins de chiffon. Une nouvelle flèche vint siffler à ses oreilles et alla se ficher dans l'enseigne de l'auberge – *Au vieux faisandé*. Un autre bond, et Escartille disparut dans une ruelle, courant à perdre haleine. Peine perdue : il fut bientôt cerné lui aussi.

Cette fois, mon vieil Escartille, je crois que c'est bien mal engagé.

Les loups s'avançaient vers lui, le prévôt Castrins

en tête. L'image de cet homme au visage déformé de malice, aux yeux étincelants, lui parut celle d'un mauvais juge échappé des enfers. Castrins tendit le doigt vers le troubadour. Tremblant comme une feuille, Escartille fit la grimace. *Mon Dieu, Seigneur Très-Haut, cette fois je crois que je vais Vous rejoindre... faites que je n'aie point trop fauté à Votre goût, Vous savez, je n'ai jamais su parler que le langage du cœur et de l'amour, Mon Dieu, je Vous en supplie...*

Il ouvrit les yeux.

On l'ajustait.

Escartille eut alors une inspiration. Il avisa un cheval qui s'abreuvait à quelques mètres de lui. Il se jeta en avant, passa miraculeusement au milieu d'un essaim de flèches. D'un bond, il fut en croupe et donna furieusement du talon en s'aplatissant contre l'encolure de l'animal, qui partit au galop.

Escartille traversa la forêt des archers ; La Cornette et le prévôt hurlaient.

Le troubadour osait à peine ouvrir les yeux.

Le château ! Le château pour seul refuge !

Mon Dieu, c'est un miracle, Vous m'avez entendu ! Sachez qu'après cela, jamais je ne Vous manquerai de respect, croyez-le, je suis Votre débiteur à tout jamais !

Comprenant qu'il était bel et bien vivant, Escartille saisit son chapeau à plume d'oie qu'il fit tournoyer au-dessus de sa tête, et partit d'un grand éclat de rire.

Il en était ainsi, à Puivert. Escartille, familier de toutes les séductions, assuré de la protection du seigneur Bernard du Congost, entretenait ce galant florilège, plein de promesses et de légèreté. Une Aurore n'était pas tout à fait oubliée qu'elle laissait place à une autre. On ne comptait plus les maris éconduits. Et Escartille continua jusqu'au jour où il fit une rencontre qui devait bouleverser son destin.

Ce fut une jeune Espagnole qui, parmi toutes les belles qui s'aventuraient au château, envoûta Escartille. Elle s'appelait *Loba*, la Louve, c'était une noble dame que son père, seigneur aragonais, menait par le comté de Foix et de Toulouse. Une peau moirée, privilège des femmes du Sud ; une chevelure brune et bouclée qu'elle coiffait avec un soin extrême ; un fard discret, qui accentuait la délicatesse de ses traits ; des seins comme ces fruits de l'Alhambra de Grenade. Et son regard... Oh, ce regard ! Escartille y voyait les étoiles et la noirceur de la nuit ; elle le dissimulait derrière un éventail sévillan, dont l'indolence faisait chavirer le jeune troubadour. C'était un bonheur que de la voir marcher, farouchement corsetée sous des manteaux de lin, de vair ou de zibeline. Elle n'avait pas dix-sept ans.

Sitôt qu'il la vit, Escartille se jeta d'un bout à l'autre du château pour s'enquérir de tout ce qu'il pouvait apprendre d'elle. Il n'était pas un seul de ces intendants, de ces ménestrels et de ces seigneurs qui, accoutumés à ses élans, ne tombât dans ses filets. Eux qui n'étaient pas en reste, et qui lui faisaient d'habitude toutes les confidences propices à sa réussite, ne lui donnèrent cette fois qu'une seule et même réponse. Il lui était interdit d'approcher la belle Espagnole. La dénommée Louve était une favorite de Pierre II – le roi d'Aragon, lui-même ! Il lui avait fallu beaucoup d'astuce pour déjouer les avances de ce roi, sans jeter l'opprobre sur la maison de son père. En ces temps où l'on avait coutume de céder les femmes comme des villes, il fallait parfois moins que cela pour tomber en disgrâce. Mais *Loba* était d'une eau trop limpide pour mériter le courroux de Pierre II. Son père, Don Antonio de Bigorre, conseiller de Sa Majesté, était venu en ambassade diplomatique auprès de Raymond VI, comte de Toulouse, pour s'enquérir de l'affaire des hérétiques cathares et de la menace que Rome commençait de faire peser sur eux. Don Antonio avait emmené sa fille pour lui faire voir du pays et l'écarter quelque temps de cette cour d'Aragon où, disait-on, la reine commençait à se lasser des amitiés de son époux pour d'autres enjôleuses. Fous ! Qu'ils étaient fous de penser dissuader Escartille par de telles paroles ! Loin d'avoir entamé sa résolution, ils ne réussirent qu'à l'enflammer davantage. La belle était tombée d'une cour dans une autre, d'*amor* celle-ci ; et il allait laisser l'oiseau s'envoler ?

Bernard du Congost et sa femme Arpaïx organisaient souvent de longs repas auxquels étaient conviées les dames du château. Les troubadours inventaient chaque jour de nouvelles énigmes, qui ne lassaient jamais l'auditoire : *Vous voici partagé entre deux femmes, l'une belle autant que sotte, l'autre laide, mais riche et sensée. Laquelle choisiriez-vous ?* Voilà le genre d'énigmes qu'ils jetaient en dispute. Cet après-midi-là, par une chaleur accablante, *Loba* la Louve apparut dans tout l'éclat de sa beauté. Lorsque Escartille fermait les yeux, il sentait venir jusqu'à lui un parfum de musc et d'oranger, qui lui évoquait des contrées lointaines et chaleureuses. Il chanta son poème, qu'il ne manqua pas de dédier à la jeune femme. Il lui sembla que Louve l'écoutait avec intérêt. Il risqua alors un regard insistant ; elle le soutint avec candeur. Enhardi, il lui saisit la main, sous le regard sévère de son père. Louve s'empressa de détourner les yeux, avant de faire frémir son éventail. Pourtant, à ce moment, le cœur du troubadour s'illumina de joie ; il sentit poindre une révolution.

Après cela, il était décidé à faire fructifier son avantage. Don Antonio n'était pas ici pour le plaisir ; en prélude à sa rencontre avec le comte de Toulouse, il devait s'éloigner de Puivert pour prendre des nouvelles des châteaux voisins. Il se rendait en grand équipage à Quéribus, Peyrepertuse ou Aguilar, sans pouvoir toujours emmener sa fille avec lui. Escartille guettait toutes les occasions. Chaque matin, il se rendait sur les tours pour y accueillir le soleil. Il le saluait avec respect, comme une chance nouvelle d'atteindre son but. Il lui semblait que *Loba* se levait avec lui et il imaginait le moment où elle lui apparaîtrait enfin. Dès que pointait l'aube, la tête pleine de rêveries, il assistait au spectacle de la nature sortant de son sommeil, aussi ému que s'il s'était agi du premier jour de la création. Le sourire aux lèvres, il ôtait son chapeau et s'inclinait sous le ciel. La moindre sensation qu'il éprouvait semblait se rattacher à elle – *Loba* la Louve ! La rosée sur les fleurs du jardin, les reflets du lac, lisse miroir en contrebas du château, la fraîcheur matinale de la pierre : tout cela n'avait de grandeur et de signification que parce qu'elle faisait partie de cet univers.

Le monde entier était un écrin.

Il la suivait partout, sans tenir compte des regards. Dans la chapelle, il se jetait à genoux à ses côtés pour adresser à Dieu des prières ardentes ; se promenait-elle dans les jardins qu'il lui emboîtait le pas avec assiduité. Quatre servantes, dont il avait peine à se débarrasser, circulaient avec eux entre les parterres. Il grommelait en essayant de les semer. De temps à autre, Louve cherchait l'ombre des remparts pour se rafraîchir. Escartille lui faisait un tour pour la divertir, lui chantait un lai du haut d'un escalier. Ou bien elle s'aventurait près du lac et, tandis qu'elle marchait sur les rives, s'arrêtant ici et là pour contempler la vallée, il lui faisait le récit de ces légendes que lui avaient rapportées d'autres voyageurs. Il lui suffisait de lui arracher un sourire pour être comblé ; il y voyait un nouvel encouragement. Peu à peu, elle se laissa gagner par sa conversation et par sa voix, elle s'accoutuma à sa présence. Elle ne pouvait plus ignorer son désir.

Et un soir, il advint ce qui devait advenir.

Il est temps, pensa Escartille.

Puivert et ses tours couleur sable, Puivert et son donjon majestueux, dressé dans le couchant, semblait tout entier tourné vers cet événement.

C'était un soir particulier à Puivert. Un cathare venait de se présenter au château, accompagné de son *socius*, son fidèle adjoint. Lorsqu'ils allaient par les routes d'Occitanie, les disciples de l'Eglise cathare se déplaçaient par deux. Tandis qu'au village, la fête continuait de battre son plein, là-haut, derrière les murailles de Puivert, à la nuit tombée, on fit silence. La rumeur lointaine des danses et des chants parvenait aux membres de la cour. Debout ou assis auprès de la table, accroupis parfois, les coudes sur les genoux, ils s'étaient rassemblés autour du sire de Congost et d'Arpaïx, à la lueur des flambeaux, en arc de cercle devant le ministre de la contre-Eglise. On distinguait à peine leurs visages. Le prédicateur, grand et mince, avait une cinquantaine d'années. Bientôt, il sembla que l'assistance buvait chacune de ses paroles. Escartille se sentit troublé par cette voix qui résonnait sous les voûtes. C'était la présence de Louve qui ne laissait pas de l'émouvoir ; ou peut-être le contraste entre le ton austère du cathare et les sentiments éclatants, mais profanes, que lui inspirait la jeune Espagnole. Durant tout le temps qui avait précédé cette homélie, Escartille, installé à l'autre bout de la salle des Musiciens, lui avait adressé des sourires ; elle accueillait maintenant ces œillades avec amusement, considérant, sans doute, que cela ne l'engageait pas encore au-delà de la dignité de son rang. Quant à Don Antonio, il veillait au grain.

Escartille ne connaissait des cathares que ce qu'il avait accepté de retenir. Il en avait rencontré, à Puivert et ailleurs. Il savait qu'ils ne mangeaient ni viande, ni œufs, ni aucun produit de nourriture animale ; qu'ils voyaient en ce monde l'œuvre du démon ; que leur seule arme était le verbe, dont ils usaient dès qu'ils en avaient l'occasion face au clergé catholique, lors de ces multiples débats contradictoires qui avaient fleuri en Occitanie depuis plusieurs années. Le père d'Escartille, Etienne de Puivert, oublié de toute gloire, avait confié son fils unique à un catéchumène de premier ordre avant de mourir ; et le jeune troubadour remplissait aujourd'hui ses devoirs comme il était convenu. Il avait conservé de ses lectures bibliques des images grandioses qui savaient l'émouvoir, et dont il s'inspirait parfois pour ses chants. Il voyait la mer Rouge s'écarter devant Moïse, David terrasser Goliath, Dalila couper les cheveux de Samson, le Christ rédempteur porter la croix du calvaire. Il devinait là l'occasion de poésies sublimes et de paraboles édifiantes. Dieu évoquait pour lui un vieillard aimant, à la barbe fleurie, qui n'était pas sans lui rappeler son père. Mais il ne s'était jamais vraiment préoccupé d'argutie théologique, et s'il croyait, en bon chrétien, à la grâce et aux turpitudes de l'enfer, à la guérison des paralytiques et à la lutte céleste entre les anges et le Dragon au jour du Jugement Dernier, son Eglise à lui était une Eglise d'amour. Lorsqu'il s'agenouillait, lorsqu'il levait les yeux vers la croix, c'était pour nouer un dialogue avec son propre cœur, essayer de percer l'énigme de la souffrance des autres, sans mesurer un seul instant à quelles extrémités le catharisme risquait de conduire sa chère Occitanie. Et ce soir-là, la prédication du cathare ne trouvait de couleur mystique que parce qu'elle était présente – Louve, la seule et unique.

A présent que la voix du cathare emplissait la pièce, Escartille ne la quittait plus du regard. Il réussit enfin à capter son attention. Pour la première fois, le troubadour crut lire en elle un véritable élan d'amour. Oui, elle le fixait, non plus comme le jeune homme turbulent qui se pressait autour d'elle ; mais comme un être qu'elle désirait. *Je vous aime,* murmura Escartille. Devina-t-elle ces mots, venus mourir sur les lèvres du troubadour ? Sans doute, car sa bouche trembla ; ce chuchotement sembla les unir en secret. Troublée, Louve chercha un mouchoir.

Je vous aime.

Elle se tourna de nouveau vers le cathare, mais avait perdu le fil de ce discours. Elle s'en moquait. Escartille, lui, ne savait que penser, alors qu'un tourbillon d'émotions lui étreignait le cœur. Son œil malicieux, ses vêtements colorés, sa tunique tantôt verte comme les pommiers des jardins, tantôt rouge comme le couchant, sa voix claire aux tonalités insolentes, tout manifestait en lui la sève de la jeunesse. Et ce soir, il fallait qu'elle éclate encore, qu'elle éclate enfin.

Pour elle.

Lorsque le cathare eut terminé, il fut invité à un repas frugal, en présence des seigneurs du château. Louve ne devait pas y participer, soit qu'elle eût prétexté quelque indisposition, soit que Don Antonio lui eût ordonné d'aller se coucher. Elle se rendit dans les jardins, à la tombée de la nuit. Escartille s'y glissa à son tour pour la rejoindre. Emmitouflé dans un ample manteau, son chapeau sur la tête, il resta dans l'obscurité à la contempler. Il observait son profil qui se découpait sous l'astre lunaire ; elle se tenait à moitié assise contre l'un des balcons et jouait de son éventail. Elle semblait pensive. La voir ainsi sans se montrer permettait à Escartille de goûter un plaisir sans mesure. Ses longs voiles blancs glissaient autour d'elle, dans la brise de printemps. Son visage renvoyait les ombres des flambeaux allumés autour du château. Oui, c'était elle, l'étoile parmi les étoiles. La Dame blanche.

Elle n'attendait que lui.

Escartille s'avança.

Ils échangèrent un regard intense. Elle ne dit rien, lui sourit. Il s'approcha.

Ils restèrent ainsi silencieux un long moment.

Escartille commença alors à chanter, à voix basse.

Il la sentit frémir. Une étole de soie couvrait ses épaules nues au-dessous de ses voiles. Ses seins se soulevaient au rythme de sa respiration. Elle regardait au loin, vers le village animé de rondes effrénées, écoutant Escartille. Il lui prit la main. Elle frissonna comme si elle avait froid, n'osant se tourner vers lui. Mais elle ne retira pas sa main. Il ne savait si le tremblement qu'il devinait en elle était le fait de son émotion, ou de son embarras. Dans cet instant où il risquait toute sa passion, Escartille fut saisi de vertige, craignant l'irritation de Louve plus que tout. Ses yeux plongèrent soudain dans ceux du troubadour, comme pour le sonder, guetter la vérité qu'elle pourrait y lire. Il se livrait à elle tout entier ; elle le comprit.

Escartille entraîna Louve dans un recoin du château.

Elle ne résista pas.

Elle s'abandonna avec toute la candeur de l'amour, suscitant chez Escartille la passion la plus inspirée. Oui, le troubadour se souviendrait de cette belle Espagnole, de la façon dont elle s'arrangea pour congédier ses servantes et se dissimuler à son père, des délices où elle l'entraîna, de ces bracelets tintant dans l'obscurité. Ils s'endormirent au plus profond de la nuit. Ils avaient fait naufrage, ils s'étaient noyés et perdus. Lorsqu'ils se réveillèrent, eux qui avaient une fois de plus succombé aux enchantements de Puivert, *Loba* se redressa dans un rayon de soleil, entre les draps encore humides.

– Mon Dieu ! dit-elle.

Son visage s'assombrit. Elle regagna sa chambre en toute hâte.

Don Antonio sut-il ce qui s'était passé cette nuit-là ? Il avait cherché sa fille aux premières lueurs de l'aube. Il la trouva dans son lit, mais ne fut pas dupe des prétextes qu'elle invoqua pour son absence réitérée, ni des bafouillages de ses servantes. Il décida de mettre un terme à son séjour à Puivert. Il n'avait que trop tardé. Raymond VI l'attendait à Toulouse : il lui fallait gagner la destination ultime de son voyage. Durant le jour qui s'écoula, Escartille ne fut pas avisé de cette décision. Il ne put revoir Louve, murée dans ses quartiers. De noires pensées le submergèrent. Que pouvait faire Louve dans sa chambre ? Pensait-elle à leur nuit, et à ce jour tranquille qui l'avait précédée ? Regrettait-elle déjà de s'être donnée à lui ? Lorsque le troubadour descendit dans les jardins, il lui sembla qu'on le regardait comme un intrus en sa propre maison. Il s'aventura sous le lierre, d'où il pouvait voir la fenêtre derrière laquelle Louve se trouvait. En fin de journée, il ne put s'y tromper : les chevaux de Don Antonio étaient attelés. On n'attendait plus que le seigneur et sa fille.

Escartille retrouva Bernard du Congost dans la cour. Le seigneur de Puivert était un homme grand, fluet, aux cheveux ras. Il souhaitait que la modération demeure dans ses domaines et détestait l'agitation. Il portait ce jour-là un médaillon autour du cou, gravé des armoiries du château, ainsi qu'une cape rouge par-dessus un manteau de petit-gris, serré d'un ceinturon d'or. Dès qu'il vit le troubadour, il s'approcha de lui et s'arrêta, l'air soucieux :

– Escartille, est-ce vrai ce que l'on murmure aujourd'hui ?

– Quoi donc, Messire ?

– Que le comte Don Antonio nous quitte par ta faute ?

Escartille blêmit.

– Qu'il... nous quitte ?

Ainsi, c'était bien cela ! Ils partaient ! Ils partaient, tout simplement !

Mais... Ce n'est pas possible ! se dit Escartille.

C'était pourtant la vérité. Bernard du Congost commençait à le sermonner, mais déjà, le troubadour n'écoutait plus. *Elle part ! Elle part !* ne cessait-il de se répéter.

Il voulut forcer tous les barrages pour retrouver Louve, mais rien n'y fit. Les portes étaient farouchement gardées. Don Antonio fut sourd à ses appels. Escartille tournait en rond. Rien n'était plus humiliant.

La population de Puivert se rassembla bientôt dans la cour, le long des murs : Arpaïx et Bernard du Congost, les dames voilées, les seigneurs et leurs blasons, les poètes et les musiciens, dans leurs habits somptueux. Don Antonio apparut, le menton haut, et se dirigea vers l'attelage, tandis qu'une haie se formait devant lui. Un masque de cire recouvrait son visage. Pas le moindre signe d'émotion. Drapé dans sa noblesse, il allait jusqu'à ignorer l'honneur outragé de sa fille. Il ne restait plus que le silence, et cette silhouette hiératique qui glissait vers l'attelage. Il y eut un instant où Don Antonio jeta un coup d'œil vers l'assemblée. Il repéra Escartille. Le troubadour en fut transpercé. Comme si son chagrin n'était pas à son comble, on fit venir Louve. Elle sortait de l'intérieur du château, encadrée de ses servantes. Elle apparut sublime. Elle était recoiffée et revêtue de la plus superbe de ses robes, dont les volutes dansaient autour d'elle. Des broches d'or enserraient sa chevelure. Une mantille recouvrait ses épaules, dont les pans s'écartaient doucement à mesure de sa marche. Le fard cachait mal sa pâleur et le désarroi que l'on pouvait lire sur son visage. Sa blessure s'y peignait à présent de telle façon qu'Escartille la prenait lui-même en plein cœur. Etait-ce là le résultat de son désir égoïste ? Comment le troubadour avait-il pu la condamner ainsi à cette humiliation ? Ses yeux étaient rougis de larmes. Elle jouait de son éventail. Elle était devenue l'emblème du péché et du mensonge. Devant Puivert, ce château pourtant habitué à tous les élans de la *fine amor*, à toutes les malices et toutes les trahisons ! Par quelle hypocrisie cet amour-là était-il intolérable ? On s'écartait sur le passage de Louve en chuchotant. Par-delà cet acharnement cruel et silencieux, la noblesse de Puivert ne pouvait contempler la belle Espagnole qu'avec respect, et y puisait même une étrange consolation. Les plus âgés songeaient à leur jeunesse enfuie ; les plus jeunes entrevoyaient pour la première fois ce que signifiait l'amour vrai. Louve se couvrait maladroitement le visage. Elle prit place dans l'attelage, ramena autour d'elle ce drapé qui n'était là que pour déguiser la perfection de sa taille. Elle était entourée d'un mystère nouveau, qui enflammait l'imagination et suscitait les plus secrètes jalousies.

Qu'elle lève les yeux vers lui !

Elle envoya alors à Escartille un regard qui survola cette triste assemblée ; et ce regard disait : *quel philtre m'avez-vous fait boire, mon ami ?*

– Louve ! s'écria-t-il.

Sans doute la garde de Bernard du Congost avait-elle prévu cette éventualité. A peine Escartille avait-il bougé que des bras le saisirent.

La belle le regarda encore.

– Louve, murmura Escartille.

Elle ne dit rien mais ne le quitta pas des yeux. Le troubadour fit une prière muette.

Puis il cria, de toutes ses forces :

– Je vous retrouverai ! Je vous en fais le serment, Louve d'Aragon !

Et Louve partit.

Bernard du Congost choisit de différer l'exil du jeune homme. Il le consigna quelques jours dans une chambre du château. Escartille se retrouva prisonnier d'une cage dorée, condamné à imaginer l'escorte de Louve et de son père qui s'enfuyait sur les routes. Il tambourinait contre les portes. Dans les couloirs et le creux des alcôves, on s'interrogeait : quelle maladie s'était donc saisie de lui ? Etait-il fou ? Son attitude suscita une compassion amusée. On fit défiler ses amis tour à tour pour tenter de le ramener à la raison. Mais sitôt que l'on croyait avoir regagné sa confiance, il devenait colérique et violent, ou bien se murait dans le silence. Intendants, chapelains et soldats ne purent que constater leur échec. On lui envoya un prêtre, que le troubadour ne put souffrir. Vexé, l'abbé commença à parler de possession. Sur une idée d'Arpaïx, Bernard du Congost tenta une autre manœuvre. La femme du seigneur de Puivert considérait, non sans intelligence, que les emportements excessifs d'Escartille n'étaient que l'effet de son immaturité. Ils voulurent s'en servir, en introduisant dans sa chambre une créature ravissante, qui avait pour mission de lui faire oublier le souvenir de Louve. « Lorsque la vigne devient mauvaise, c'est le cep qu'il faut couper », disaient Bernard et Arpaïx, philosophes. Amandine était jolie et parfumée, elle s'était parée de bijoux et jouait des plus coquettes ondulations pour la circonstance. Elle offrit du vin au troubadour, noua et dénoua ses cheveux. Elle était toute prête à relever ses jupons pour assouvir les désirs de ce jeune homme, et les siens du même coup.

Escartille la renvoya.

Sur les instances de Don Antonio, le seigneur de Puivert avait envisagé de bannir le troubadour. Après tout, il y avait d'autres cours d'amour en Occitanie, et Bernard du Congost redoutait fort que cette incartade, en apparence anodine, n'ait de fâcheuses conséquences sur les relations de Puivert et du comte de Toulouse avec la maison d'Aragon. Mais à présent, c'était Escartille qui réclamait l'exil. Le châtiment sombrait ainsi de lui-même. La population du château était divisée : les uns, trouvant que tout cela était devenu du plus grand ridicule, exhortaient leur suzerain à prononcer enfin cet exil qu'il ne cessait de différer ; les autres souhaitaient que Bernard du Congost absolve Escartille une fois de plus. Le seigneur de Puivert, partagé entre ces influences contradictoires, s'apprêtait à prendre une décision définitive. Il n'en eut pas besoin, car un soir, les cris cessèrent. Escartille n'éleva plus la voix d'aucune manière. Vaincu, il s'en remit au cours des choses, et à son propre épuisement. En désespoir de cause, on lui permit d'aller et venir à sa guise. Il resta encore longtemps dans sa chambre, sans rien faire, considérant d'un œil absent ces portes qu'on lui ouvrait.

Partir... Mais partir où ? Comment saurais-je où la chercher ? Alors...

Renoncer ? C'est donc là ma seule issue ? Pour elle, et pour moi – renoncer ?...

Louve était passée. Il l'avait croisée, comme un rêve sans espoir.

Il sortit.

On lui interdisait encore de quitter le château, tant qu'il n'aurait pas fait le serment d'oublier son amour passager. Pâle, le visage fermé, il arpentait les couloirs comme un fantôme. Il semblait indifférent à tout. On le trouvait dans les jardins, dans le verger, à l'ombre des murailles. Il glissait en silence devant l'âtre, tandis que l'on préparait les festins du jour. On le provoquait de temps en temps, on l'incitait à se joindre aux agapes, on le plaisantait, sans parvenir à lui arracher le moindre sourire. Il errait sans but à toute heure du jour et de la nuit. Au coucher du soleil, il regagnait sa chambre, d'où il entendait encore monter les rires et les danses. Il lorgnait pensivement sur son rebec, caressait son archet, grattait les cordes de l'instrument. Il ne savait plus que faire ni que croire. Il se laissait aller, plongeant chaque jour un peu plus dans son mutisme. On s'habitua finalement à cette demi-présence. Bernard du Congost n'y prêtait plus guère d'attention. Il autorisait Escartille à circuler dans le château, se disant que le troubadour était jeune encore, et que sa virilité finirait bien par le ramener dans le droit chemin. Escartille était l'objet de conversations intrigantes. Il devenait une curiosité, en quelque sorte.

Le temps ! Le temps n'a plus d'importance.

Trois saisons s'écoulèrent ainsi.

Une pluie battante tombait dans les jardins.

Il faisait nuit noire.

Escartille se trouvait près des remparts. Il essayait de distinguer les contours du lac dans la vallée, et la silhouette des collines, des montagnes aux flancs déchiquetés. Il grelottait. Les gouttes de pluie ruisselaient de son chapeau, se glissaient dans son cou, sur sa gorge, le long de son corps. Ses mains tremblaient.

Je vous retrouverai ! Je vous en fais le serment, Louve d'Aragon !

L'orage grondait. Escartille leva les yeux, contemplant ces brèves illuminations, le firmament déchiré de tonnerre, qui s'embrasait avant de retourner à ses sourdes ruminations. Soudain, il entendit les sabots d'un cheval, puis un hennissement. Quelques instants plus tard, détournant la tête, il vit une torche danser devant ses yeux, qui risquait de s'éteindre à chaque seconde.

Deux personnes s'approchaient. L'une d'elles était un homme, au visage sombre. Escartille retint un cri lorsqu'il aperçut ces traits durs, striés d'une balafre, qui donnaient au nouvel arrivant l'air d'un bandit de grand chemin. L'homme avait des cheveux hirsutes et portait un manteau encapuchonné. Il laissa passer la personne qui était venue avec lui. C'était une femme, encapuchonnée elle aussi, qui semblait porter quelque chose dans ses bras. Un panier peut-être, dissimulé sous un linge. Elle avait un visage rond, un double menton, des hanches larges ; quelques rides couraient sur son front. Cette fois, Escartille poussa une exclamation.

Il venait de reconnaître Inès, l'une des confidentes de Louve. Elle promenait autour d'elle des regards inquiets et égarés.

– Comment êtes-vous entrés ici ? demanda-t-il soudain.

– Je n'ai pas beaucoup de temps, dit la servante d'une voix étranglée. J'ai avec moi un papier frappé du sceau de Don Antonio, que ma chère *Loba* lui a subtilisé avant d'imiter son écriture. La garde de Puivert croit mon message adressé à messire Bernard du Congost. Et vous savez comme moi que les défenses de ce château ne valent guère l'obstination d'une Aragonaise. Mais hâtons-nous, on ne tardera pas à se rendre compte de la supercherie... J'ai quelque chose pour vous.

– Une lettre d'elle ? s'exclama le troubadour. Donnez-la-moi ! Ainsi, elle ne m'a pas oublié, malgré tout ! Où est-elle ? Comment va-t-elle ?

– Ce n'est pas une lettre.

Il y eut un nouvel éclair. Le vacarme de l'eau qui ruisselait autour d'eux força le jeune homme à crier :

– Quel est ce message ?

– Elle vous envoie...

– Quoi ? Mais quoi donc, parlez !

La servante écarta alors le linge qui recouvrait ce qu'elle tenait entre ses bras, et que le troubadour avait pris pour un panier.

Ce fut un choc.

– Ceci.

Un nouveau-né se trouvait emmitouflé contre le sein de la servante.

Escartille porta une main à sa bouche.

Oh, Seigneur.

Le poupon avait les yeux fermés, les mains crispées contre sa bouche. Son corps était recroquevillé dans le linge. Tremblait-il ? Escartille écarquilla les yeux, tétanisé, ne sachant que faire. Il regarda l'enfant, la servante, puis de nouveau l'enfant.

– Ce bébé est vôtre, dit la jeune femme. Don Antonio avait projeté de le tuer. C'est à ses yeux un bâtard illégitime. La honte de sa maison ! Ma maîtresse l'a mis au monde dans une retraite sûre, un ermitage où il l'a reléguée quelque temps. Don Antonio a voulu se saisir de l'enfant et le faire disparaître, sitôt qu'il serait né. Mais nous avons été plus promptes et avons réussi à l'en empêcher. Ils ont séjourné longtemps à Toulouse et à Carcassonne. Louve ne pouvait le garder. Elle a voulu vous le confier. Prenez-le et veillez sur lui !

Elle glissa le nourrisson entre les bras du troubadour. Celui-ci crut défaillir ; il le tenait contre lui – l'enfant de Louve, le sien, le leur !

– Mais... Mais...

– Vous êtes père, mon ami. Gardez-le auprès de vous, sauvez-le, élevez-le ! Et ne restez pas ici, Don Antonio pourrait lancer des hommes après vous quand il saura ce qui s'est passé. A l'heure qu'il est, il doit être au courant !

La servante, pressée et anxieuse, fit mine de tourner les talons.

Escartille s'écria encore :

– Mais... où allez-vous ? Où est Louve, où est-elle ?

La servante se retourna. Elle pleurait.

– Je dois repartir. Je ne puis vous dire où elle se trouve à présent, et ma route est longue. Pour votre sécurité et celle de ma maîtresse, il vaut mieux que vous ne sachiez rien. *Loba* n'a pas oublié ce que vous lui avez dit, le jour où elle est partie. Oui, elle vous retrouvera – un jour ! Mais par pitié, laissez-la en paix maintenant ! Ne cherchez pas à la rejoindre ! Respectez ses vœux et sauvez son enfant, il est de noble sang. Vous n'imaginez pas quel est son déchirement, Escartille, vous n'imaginez pas comme elle a souffert. Je ne sais si je dois vous bénir ou vous maudire de ce que vous avez fait. *Loba* est comme ma fille, je l'ai vue naître et je lui ai donné le sein. Je risque ma vie en venant ici, comme elle a risqué pour vous son honneur. Mon dévouement n'est rien, pensez au sien. Tous ses espoirs sont maintenant entre vos mains ! Mais prenez garde : votre pays est dangereux, vous savez comme moi ce qui s'y passe.

Elle tournait de nouveau les talons.

Escartille se jeta en avant.

– Attendez ! Le nom ! Quel nom lui a-t-elle donné ?

La servante regarda Escartille.

– Elle l'a appelé Aimery !

Elle eut un dernier regard pour le troubadour, puis s'enfonça dans la nuit.

Escartille, immobile, vit les deux silhouettes s'évanouir dans l'obscurité.

La nuit même, il rassembla ses affaires ; il prépara ses provisions ainsi que ses maigres bagages et fit harnacher un cheval. *Aimery,* songeait-il en regardant l'enfant. *Un fils ! Et moi, Seigneur, je suis son père ? Mais... c'est trop de bonheur, trop de malheur ! Et c'est elle qui me l'a donné ! Elle m'aime encore ! Que vais-je faire, moi qui suis incapable de m'occuper de lui, Seigneur ? Pourquoi m'avez-Vous choisi pour cette tâche impossible ?*

La voix de la servante résonna encore à ses oreilles. *Je ne sais si je dois vous bénir ou vous maudire de ce que vous avez fait.*

Tandis qu'Escartille, à la lueur des torches, achevait ses préparatifs, craignant à chaque instant que les cris du bébé ne réveillent la population du château, des souvenirs de sa propre enfance refirent brusquement surface. Ce fut l'image de son père, ce père trop tôt disparu, qui lui revint en mémoire.

Un jour, il te faudra affronter la vie, Escartille. Et tu verras qu'elle n'est pas faite seulement de chants et d'amours légères ; tu verras qu'elle est semée d'embûches. Souviens-toi alors de cela : tant que tu suis la voie du cœur, le monde entier ne pourra rien contre toi.

Un long voyage l'attendait.

Escartille franchit les portes de Puivert sous les *holà !* des soldats, qui le reconnurent et le laissèrent partir vers ce qu'ils imaginaient n'être qu'une promenade nocturne. Escartille salua la maigre garnison.

Tout allait si vite ! Il galopa quelques minutes, puis il se retourna une dernière fois.

L'orage était passé. Il regarda le château aux mille plaisirs, endormi dans la nuit. Il chercha à distinguer ses jardins, ses vergers, ses dentelures. Qu'elle était belle, cette cour enveloppée de flambeaux, cette cour qu'il avait vue resplendissante sous le soleil, où il avait connu tant de passions, tant de joies !

C'était bien son enfance qu'il laissait derrière lui.

Et le troubadour fut jeté dans le monde. Son voyage, son épopée commençait.

Ainsi s'acheva le premier chapitre de sa vie.

Holà, amis jongleurs ! Bénissez-moi ! Oyez, gentes dames, damoiseaux du monde entier ! Je suis Escartille de Puivert, le troubadour ! Croyez-moi : l'heure de la vérité a sonné.

Après un dernier regard pour le château, Escartille s'élança.

3

Travaux préliminaires

Juin 2000

Lettre de Philippe Poussin à Antoine Desclaibes.
Cucugnan, le 12 juin 2000.

« Cher Antoine,

J'ai bien reçu ta lettre qui m'est parvenue dans ce cher village de Cucugnan, où j'ai établi mon poste avancé. Cucugnan ! Imagines-tu un nom pareil ? Il me fait rire chaque fois que je croise une de ses pancartes. Comme tu le dis toi-même, à notre âge, on s'amuse comme on peut. Cucugnan est un site idéal pour la préparation de mes travaux ; il est coincé entre Quéribus et Peyrepertuse, et je ne suis qu'à une heure de Montségur. Je le sens qui m'attend ; j'ai hâte de me mettre à l'ouvrage. Pour l'heure, j'étudie les plans, je prépare les fouilles ; j'ai mille problèmes à régler pour l'acheminement des machines et du matériel ; tes amis des Monuments historiques et de la Direction du patrimoine veillent sur moi comme le KGB sur ses propres agents durant la guerre froide. Ici, on n'aime pas trop l'idée que des fouilles reprennent. Heureusement, la conservatrice du Centre d'études cathares a pris mon parti, et les scientifiques, les historiens et archéologues qui m'accompagnent sont tous des sommités de la région. Enfin ! Je ne chôme pas.

Je me demande parfois ce qui m'a pris de vouer mon existence à cette quête sans fin. On a tout raconté sur Montségur. On a dit, comme pour les châteaux de Quéribus et de Cabaret, qu'il était un temple solaire, un calendrier zodiacal grandeur nature, porteur d'un mystérieux nombre d'or. Il est vrai que l'axe de l'édifice coïncide point pour point avec la direction nord-sud, et que ce choix paraît parfaitement calculé. Comme l'a noté M. Niel dans ses travaux, lorsque l'on se poste en un endroit précis et que l'on regarde dans la direction voulue, on voit, selon la date, le soleil se lever exactement dans cette direction. De là, certains n'ont pas hésité à échafauder des théories plus ou moins ésotériques qui, à raison je pense, agacent beaucoup les gens du cru. Montségur est tantôt un temple païen voué au culte de l'antique Manès, tantôt, comme dans les visions de Wolfram von Eschenbach ou d'Otto Rahn et de son *Luzifer Hofgesinde*, le château légendaire du Graal. Vois-tu, c'est bien là le problème : chacun arrive à Montségur avec ses propres projections fantasmatiques. Il est très difficile de conserver une posture de bienveillante neutralité lorsque l'on se retrouve en face du site lui-même. On peut y voir un repaire de druides mystérieux, chargé d'influences celtiques, lorsque l'on rêve de Brocéliande ; il est aisé de se persuader que le château représentait le cadre idéal où aurait pu se dérouler la fameuse procession de la

Coupe, du Tailloir et de la Lance, qui fascine encore les émules de Chrétien de Troyes. D'autres y arrivent avec leur pendule et, en radiesthésistes convaincus, cherchent la Porte des Ames au milieu de ses décombres, lorsque ce n'est pas un mystérieux manuscrit tibétain qui renfermerait des invocations aux morts... Pour couronner le tout, certains se sont imaginé que le Saint Graal ne serait que le reflet de la contraction de *sang real*, le sang royal : de quel sang s'agirait-il ? Mais du sang du Christ, bien sûr, celui-là même que, dans la légende arthurienne, Joseph d'Arimathie recueillit dans le divin calice !.. De là, l'idée d'une dynastie chrétienne oubliée, que les cathares, fidèles à la révélation de ce secret mystique, auraient perpétuée dans l'ombre de Montségur. Des généalogies savantes ont été élaborées à partir de ce curieux postulat ; le Christ aurait eu un enfant avec Marie-Madeleine, qui, fraîchement débarquée à Marsilia, se serait assurée de la sauvegarde de sa sacrée progéniture. Je ne te parle pas des récupérations les plus odieuses du mythe de Montségur par quelques groupuscules néo-nazis, sur ces cathares qu'on appelait les “purs” ; ce ne sont pas les interprétations qui manquent, et les plus délirantes. Un parfum de soufre vole encore sur le château, qui éclipse parfois la réelle beauté de l'aventure.

Une chose est sûre : ces différentes interprétations ne sont pas là *par hasard*. Tous ceux qui, un jour ou l'autre, croisent Montségur sur leur passage en gardent un souvenir saisissant. Cet endroit exerce sur l'âme un effet incomparable. Je suis un scientifique, mon cher Antoine ; en tant que tel, je dois m'en tenir aux faits. Mais force est de reconnaître que tout, ici, est frappé de mystère. Encore ces ruines sont-elles postérieures au véritable Montségur des cathares. Oh, à première vue, elles ne paient pas de mine. Que sont ces austères morceaux de caillou face à la flamboyance de nos cathédrales gothiques ? Et pourtant... C'est le château du temps des Albigeois que je voudrais mettre au jour. Celui de Guilhabert de Castres. Toute cette région n'a cessé de m'intriguer. Une région brûlante et dure, à l'image de ces gens qui l'habitent depuis des lustres. En eux se disputent sans cesse la rudesse naturelle de leur tempérament et une jovialité des plus hospitalières. Ils descendent de montagnards farouches, ou de ces soldats qui, franchissant les Pyrénées, passaient autrefois de l'ancienne Occitanie à la Catalogne. Ils gardent de tout cela quelque chose que je ne saurais définir, mais que j'admire et que j'envie : une *mémoire*, peut-être. Et moi, je navigue au milieu de leurs légendes comme un étranger. Mon statut même de scientifique me pousse à y regarder à deux fois avant de balayer d'un revers de main tous les racontars. Mon rôle est de les analyser, de les disséquer les uns après les autres avec la précision d'un entomologiste. Et ce n'est pas toi, grand antiquaire des vieilleries de nos civilisations, qui me diras le contraire : les mythes procèdent toujours d'une quelconque réalité. Reste à découvrir laquelle. Oui, lorsque je me promène au matin dans les brumes désolées de Peyrepertuse, lorsque je vois ce Quéribus posé comme un dé à coudre au sommet de sa montagne, lorsque je marche sur les traces des parfaits de Montségur livrés aux flammes et que je contemple les graffitis, *Al Nostres Catari, cremats lo 16 de Marc de 1244*, inscrits dans la roche au pied des collines, je me dis qu'ici, un mystère demeure.

Les registres de l'Inquisition le confirment : *il y a*

eu un trésor à Montségur, que certains ont cru retrouver dans la fameuse histoire de l'abbé Saunière, de Rennes-le-Château – abbé devenu subitement richissime, sans raison apparente, si bien que l'on n'a pas manqué de murmurer aussitôt qu'il avait redécouvert de façon fortuite le trésor cathare. Il est amusant de voir que, dès que l'Histoire nous livre ses énigmes, nous sautons à pieds joints dans l'exaltation romanesque. Oui, il y a eu un trésor à Montségur – mais *lequel* ? Aucune chronique, aucun témoignage ne nous livre cette clé. Nous ignorons la nature exacte de ce trésor, et ce qu'il pouvait représenter aux yeux mêmes des cathares. Où l'a-t-on dissimulé ? Oh, je te rassure : je n'escompte pas trouver de trésor sur le lieu de mes fouilles... Les minutes de l'Inquisition attestent également que quatre parfaits réussirent à le sauver avant l'holocauste final. Quant à savoir ce que ces gens sont devenus...

Je divague, mon cher Antoine. Je fais de toi le fidèle témoin de mes pensées, je te parle comme à moi-même. Tu vois que les choses n'ont guère changé ! Depuis combien de temps nous connaissons-nous ? Quarante-trois ans, d'après mes calculs. Je me souviens encore de toi en culottes courtes, ou presque. Allons, trêve de nostalgie : tu pourrais croire que j'oublie de te parler de ce que tu m'as envoyé. Détrompe-toi : je ne faisais que retarder le moment où je pourrais te faire part de ma surprise et de mon enthousiasme pour le travail auquel tu te consacres. Je suis heureux de penser que c'est un moyen pour nous de nous rejoindre, toi dans tes parchemins et moi au milieu de mes ruines. Certes, l'histoire de ton troubadour m'a amusé. Mais au-delà de ce divertissement courtois, je frémis à l'idée que tu tiens peut-être entre les mains, grâce à ton archiviste, un manuscrit unique ! Je ne me souviens pas, malgré tout ce que j'ai pu lire sur la question, qu'on y fasse référence dans une quelconque bibliographie. Alors profites-en, et surtout n'en parle à personne : tu n'imagines pas que certains *aficionados*, dont moi, pourraient se damner pour avoir un tel livre entre les mains ! Ne me laisse pas sur ma faim, continue de suivre l'itinéraire de ton troubadour et envoie-moi la suite. Dieu seul sait où cela nous mènera !

Ah ! Mathilde m'appelle. Tu la connais, trente ans que je vis avec elle, et elle a toujours réussi à me dompter comme un gros matou. Je ne peux pas la faire attendre et j'ai encore beaucoup de travail. Elle t'embrasse de tout cœur, me dit-elle. Moi aussi. A bientôt, Antoine !

Prends soin de toi.

Philippe. »

4

Le meurtre

Janvier 1208

« Messeigneurs ! C'est ici que le poème devient émouvant. Il fut commencé, en toute vérité, l'an de l'incarnation du Seigneur Jésus-Christ, où il y eut 1210 ans qu'il vint en ce monde... »

GUILLAUME DE TUDÈLE,
La Chanson de la Croisade albigeoise.

Quelques heures avant son assassinat, le 15 janvier 1208, Pierre de Castelnau songeait encore avec fureur aux derniers événements dont il avait été le témoin. L'aurore venait de se lever sur Saint-Gilles, aux confins de la Provence. Il était seul devant sa table, une plume à la main, rédigeant en hâte une lettre qu'il comptait faire parvenir à Rome au plus vite ; un messager de confiance irait porter ses nouvelles en Italie. Perché au sommet de la tour qui dominait la ville, il jetait de temps à autre un coup d'œil aux lumières de l'aube, à travers la fenêtre surplombant les toits du *castrum*. Sa mission était un échec, il le savait ; une terrible colère sourdait de ses entrailles. Il ne pressentait que trop ce qui risquait de se produire. Mais pas un seul instant, il n'aurait pu s'imaginer qu'il serait l'homme par qui tout allait commencer.

– Oui, j'ai échoué, dit-il à Frère Bertrand, le jeune moine qui se tenait auprès de lui.

Il inspira profondément et répéta :

– J'ai échoué et nous n'avons plus de solution.

Pierre se passa la main sur les yeux. Il n'avait guère dormi ces derniers jours. Ses muscles étaient lourds et douloureux. Un rayon de soleil vint s'échouer sur le rouleau de parchemin, devant lui. Pierre guetta le contact de cette chaleur encore lointaine. Il aurait aimé voir, dans les premiers feux de cette aube qui se levait sur Saint-Gilles, un signe d'espoir. Mais il était inutile de se bercer d'illusions. La cause était perdue. L'Occitanie pouvait s'attendre aux pires représailles.

Légat du siège apostolique en Languedoc, archidiacre de Maguelonne et moine de l'abbaye cistercienne de Fontfroide, Pierre avait été désigné par Innocent III comme ambassadeur plénipotentiaire du Saint-Siège en terre occitane. Il avait pour mission de restaurer l'autorité de l'Eglise dans une région où l'hérésie ne cessait de croître. L'ennemi désigné était le comte de Toulouse, Raymond VI, cousin du roi de France, duc de Narbonne et marquis de Provence, beau-frère du roi d'Angleterre et du roi d'Aragon, également lié à l'empereur d'Allemagne. Sa suzeraineté s'étendait sur l'Agenais, le Quercy, le Rouergue, l'Albigeois, le Carcassès, le Comminges, le comté de Foix. Raymond VI ! A travers lui, c'était toute la terre occitane qu'il fallait combattre. Pierre l'avait rencontré à plusieurs reprises. On disait ce personnage redoutable et de mœurs exécrables. Il n'y avait plus à en douter : Raymond encourageait la sédition et fermait les yeux sur cette religion nouvelle qui gagnait chaque jour un peu plus les villes et les campagnes.

L'hérésie qui couvait en Occitanie avait un nom : le catharisme. Elle attaquait le fondement même de l'édifice religieux et féodal construit au fil des siècles. Certes, de toutes parts, Pierre avait reçu des témoignages hostiles aux hérétiques. Il se souvenait du traité de Cosmas attaquant les aberrations théologiques et les perversités des bogomiles bulgares ; près de trois siècles plus tôt, l'Eglise avait déjà été alertée par la contre-religion qui prenait naissance jusque dans les monastères de Constantinople et d'Asie byzantine. Phoundagiates, moines vagants, piphles de Flandres, patarins d'Italie du Nord, publicains de Champagne, vaudois de Lyon, tous avaient commencé de battre en brèche les autorités. Sur l'ordre de Robert le Pieux, on avait brûlé des chanoines à Orléans, dont le propre confesseur de la reine. Gérard de Cambrai à Arras et Adhémar de Chabannes à Angoulême avaient tenté de liquider les premiers foyers d'hérésie. De grandes rafles avaient été menées à Liège et dans l'archevêché rhénan, lorsque le prévôt de l'abbaye de Steinfeld avait lancé à Bernard de Clairvaux un cri d'alarme. Mais jamais le mouvement hérétique n'avait été aussi puissant et contestataire qu'en Languedoc.

Pierre avait très vite pris conscience de la situation. A peine s'était-il engagé à la conversion des rebelles qu'il s'était heurté à une hostilité manifeste de la population civile. Il avait mis au pas ses propres prélats, suspendant de son office l'évêque de Béziers, puis celui de Viviers. Bérenger II, primat d'Occitanie et archevêque de Narbonne, était entré avec lui en lutte ouverte. Il fallait bien l'admettre : la montée en puissance de l'hérésie était liée à la déchéance des prélats occitans. Ils dérogeaient à tous les principes. Ils dissimulaient leur tonsure, s'adonnaient au jeu, ajoutaient sans cesse de nouvelles richesses à leur apparat ; lorsque des débats étaient organisés avec les ministres cathares, ils s'y rendaient sous escorte et dans de brillants attelages, là où les hérétiques arrivaient en sandales et vêtus de noir. Ils désertaient leurs églises, excommuniaient à tour de bras, confisquaient les biens pour leur seul intérêt, augmentaient les impôts à leur guise, dérogeaient cent fois à la chasteté. Tout leur était dû. Et du côté seigneurial, ce n'était pas mieux ; Pierre n'avait trouvé en Occitanie aucun appui politique digne de ce nom. La ligue de barons qu'il avait constituée s'était aussitôt heurtée aux protestations de Raymond VI. Bouillant de colère, Pierre s'était résolu à jeter l'anathème sur le renégat et à prononcer l'interdit sur le comté.

– Ce comte de Toulouse est un diable d'homme, murmura-t-il entre ses dents.

A côté de lui, Frère Bertrand acquiesça en silence, triturant ses doigts gourds. Il sentait la colère qui animait le légat. Lui, qui était doux comme un agneau, détestait deviner ce sentiment chez autrui. Il passa sa main sur sa tonsure ; il aimait sentir contre sa paume le contact râpeux de son crâne.

– Et maintenant ? dit Pierre. Que faire ? Combien de temps faudra-t-il sillonner la campagne et laisser les hérétiques gagner les âmes à leur cause ?

– Oui, combien de temps ?... demanda Frère Bertrand en levant les mains au ciel.

La guerre était inévitable. Innocent III n'attendait que le moment propice pour agir, et les nouvelles que le légat lui adressait en ce jour ne l'irriteraient que davantage. Pierre était conscient des enjeux : si la guerre éclatait, si les manœuvres diplomatiques venaient à échouer, c'était toute la chrétienté d'Occident qui risquait d'être mise en cause. Le Languedoc avait valeur de symbole, mais ce pays n'avait pas l'apanage de l'hérésie. Les témoignages qui convergeaient vers Innocent, de tous les coins d'Europe, étaient accablants. La Hongrie, la Croatie, la Bosnie, l'Esclavonie, l'Istrie, la Dalmatie, l'Albanie, la Bulgarie, la Macédoine, la Thrace étaient autant de territoires où la religion cathare pouvait s'épanouir sans mal. L'Italie elle-même avait ses foyers d'hérétiques, à Sorano, Vicence, Milan, Brescia, Vérone, Florence, Ferrare ! Quelques années plus tôt, une assemblée des Eglises hérétiques européennes s'était tenue ouvertement à Saint-Félix, aux confins du comté de Toulouse, sous la présidence d'un de leurs évêques, Nicétas de Constantinople. Une assemblée des hérétiques européens ! Qu'avaient-ils pu se dire, dans les antichambres et les prétoires de Saint-Félix ? Quelles négociations avaient-ils menées, quels secrets s'étaient-ils échangés ?

Pierre fut arraché à ses pensées par l'arrivée d'un jeune homme.

C'était l'un des éphèbes de sa suite, au visage glabre, vêtu d'une tunique rouge.

– Nous sommes prêts pour le départ, Monseigneur.

– J'en aurai bientôt fini. Prévenez mon ami de Couserans que nous le rejoindrons dans une heure. D'ici là, faites-nous préparer quelque chose à manger ; j'ai faim et n'ai rien avalé depuis hier midi.

Le garçon obtempéra et tourna les talons.

Pierre reprit la plume. A côté de lui, assis sur son tabouret, Frère Bertrand avait faim lui aussi. Cheminer sur les routes d'Occitanie donnait de l'appétit. Mais il avait l'estomac noué et, tandis que Pierre écrivait sur son rouleau de parchemin, courbé en avant, il avait peine à refréner ses craintes. Comme s'il lisait dans ses pensées, le légat lui dit soudain :

– Il s'agit bien d'une contre-Eglise, Frère Bertrand. Il ne faut pas s'y tromper. Naturellement, notre clergé m'a édifié par des récits épouvantables... Ces cathares sont des fils de Satan, à n'en pas douter... On m'a rapporté que certains d'entre eux répandent leurs excréments sur les murs et les autels des églises, que d'autres, d'autres... Dieu me pardonne... d'autres *pissent* depuis les balcons sur la tonsure des moines...

Frère Bertrand passa la main sur son crâne dégarni en faisant la grimace. Il se signa.

– ... La tonsure des moines, répéta-t-il.

– On me dit que les hommes de Raymond VI sont allés jusqu'à arracher un à un les membres d'un chanoine, avant de s'en servir pour piler des épices ; que Raymond VI lui-même, lorsqu'il va à la messe, s'amuse à faire singer par son bouffon la montée en chaire et les sermons des abbés. Tout cela n'est sans doute pas faux, Bertrand ; mais nous savons bien que ces anecdotes promptes à révulser les foules sont coutumières, en ces circonstances... La vérité est bien pire, mon ami. Elle va au-delà de simples coups d'éclat. La vérité est que la foi hérétique a conquis les âmes de ce pays.

– Les âmes de ce pays... répéta Bertrand, pensif.

Pierre ferma le poing. Les bagues à ses doigts étincelèrent sous un rayon de soleil.

– Les cathares ! Il n'y a pas d'issue. Nous devrons les détruire, exterminer une population tout entière ! Seigneur, c'est de cela qu'il s'agit.

Bertrand hocha la tête.

– Oui. C'est bien de cela.

Pierre ne savait que trop comment expliquer cet incroyable succès. Les cathares avaient leur théologie, et leur discours savait impressionner les âmes émotives. Pierre avait eu l'occasion d'entendre à plusieurs reprises certains de leurs prédicateurs. Une image, en particulier, était restée profondément ancrée en lui : celle de cet homme aux joues creuses qui, l'index levé, racontait la Création du monde sur la place d'un village. Les gens l'écoutaient, en arc de cercle, et paraissaient boire chacune de ses paroles. Des femmes assises en tailleur, portant leurs enfants dans leurs bras ; des hommes attentifs qui, de temps en temps, opinaient du chef en silence.

Au commencement... au commencement n'était pas le verbe.

Au commencement étaient deux Principes.

A la source de tout, disait le cathare, il n'existait pas un Dieu unique et omnipotent, mais ces Deux Principes, indissolublement liés : Dieu et le Diable. Ils s'étaient affrontés, à l'origine des temps. Le Démon avait été vaincu et déchu ; il avait alors décidé de façonner l'homme et, pour ce simulacre de création, avait eu recours à la miséricorde de son vainqueur.

Celui-ci avait accepté, par mansuétude, de donner un souffle d'esprit à la terre d'argile conçue par l'Ennemi. Mais la matière, œuvre du démon, était à jamais souillée de son empreinte, comme d'une tare indéfectible. Et le prédicateur, une bible en main, racontait sa propre Genèse, sa voix modulée par la chaleur de ses accents ; une voix qui avait appris à toucher le cœur de son auditoire.

– N'est-ce pas vérité que le Mal est omniprésent sur cette terre ? Je vous le demande : comment un Dieu bon et tout-puissant aurait-il pu permettre son existence ? Comment ce Dieu pourrait-il admettre le sang et le supplice dont est affligée sa création ? Est-ce mentir, que de dire ce que nous voyons chaque jour ? Et que voyons-nous, sinon le spectacle jamais achevé de la cruauté, du sang, des larmes de désespoir, versées dans le secret de nos âmes ? Il n'est pas un seul jour sans que nous éprouvions le fardeau de cette prison misérable dans laquelle semblent se débattre nos enveloppes maladroites, appelées à vieillir, à se faner et à mourir. Si le Mal est sur terre, n'est-ce pas la preuve la plus éclatante que la terre est son œuvre ? Au commencement... au commencement était Satan. Or, sa terre était vide et vague, ses ténèbres couvraient l'abîme...

L'esprit, continuait l'hérétique, avait refusé d'être emprisonné dans la chair. Satan avait usé de tous les artifices pour l'y conserver, jusqu'à provoquer l'union charnelle d'Adam et Eve, le jetant à tout jamais dans la prison des corps. Depuis, le démon avait entraîné dans cette corruption des milliers d'autres âmes. Les fleurs, les oiseaux, les champs de blé, les pierres, les montagnes et les océans, les animaux, et par-dessus tout, l'homme lui-même ! tout était frappé du sceau de cette malédiction. Telle était la façon dont les ministres hérétiques se représentaient la foule des êtres humains : une nuée d'anges déchus, portant en eux une étincelle de cet esprit divin.

– L'esprit hurle en nous, il hurle sans fin ses souffrances, car il nous dit : non, je ne suis pas de ce monde ! Je suis étranger à cet univers, moi qui n'aspire qu'à la paix et au repos !

Pierre se souvenait de ces paroles. Il avait fait interrompre le prédicateur en dispersant la foule qui l'écoutait. Partout en Occitanie, ces discours propageaient d'incalculables conséquences. La plupart des cathares pensaient qu'après la mort, l'âme de chaque être humain renaissait dans d'autres vies, et que si la conduite des mortels avait été juste, ils seraient réincarnés dans des corps meilleurs, plus aptes à favoriser leur progrès spirituel. Le criminel, lui, reviendrait dans une chair à l'image de ses forfaits antérieurs. Rien, en dehors de l'intervention divine au jour du Jugement, ne pourrait interrompre ce cycle perpétuel de naissances et de renaissances. Dans ce vaste échafaudage, le sort réservé au Christ changeait du tout au tout. Certes, il était venu, comme le plus parfait des anges ; pourtant, il n'avait jamais eu que l'apparence d'un corps, puisqu'il était impossible qu'il eût le moindre contact avec cette matière corrompue qu'était l'homme. Il ne s'incarnait pas : il *s'adombrait* en la Vierge Marie. Il n'était plus qu'un être immatériel, une vision, un fantôme ! La Vierge n'avait donc jamais été la mère de Jésus ; elle n'était, tout au plus, qu'un symbole. Implacablement, la pensée cathare rongeait les certitudes. La Crucifixion était une vaste supercherie.

Jésus n'ayant pas de corps charnel, il n'avait pu ni mourir, ni ressusciter, ni être touché par aucun des supplices qu'on lui avait infligés, sinon en apparence – des apparences auxquelles les hommes, aveuglés en tout, s'étaient arrêtés. Après avoir porté à ses disciples la Bonne Parole, le Christ était remonté au ciel, laissant à ce monde l'Esprit Saint, le Consolateur des âmes.

Et c'était ici que se nouait l'insupportable, l'intolérable argument cathare contre l'Eglise de Rome. Satan avait abusé l'homme et le monde, en substituant à l'Eglise véritable, dont les hérétiques avaient l'insolence de se dire les disciples, une fausse religion, un absolu mensonge, une trahison supplémentaire. Cette trahison, c'était l'Eglise romaine elle-même, qui devenait à leurs yeux celle de l'Antéchrist, la prostituée de Babylone ! Ses ministres étaient des disciples du Mal : en la servant avec aveuglement, le pape, les évêques, le moindre abbé de paroisse pouvait être assimilé à l'un des suppôts de Satan. Il était inutile d'adorer la croix, instrument de supplice imaginaire ; inutile de croire à la vertu des icônes, des saints et des reliques ; il n'y avait d'autre enfer ni d'autre purgatoire que la réincarnation en des corps successifs. Tous les sacrements prêchés en Occident sombraient dans cette soudaine et radicale inversion des valeurs. Le baptême ? Une manière pratique de noyer les esprits. Le mariage ? Un moyen de perpétuer la corruption d'une matière impure. L'eucharistie ? Un cérémonial diabolique par nature. Seul valait, aux yeux des cathares, le *consolament*, sacrement unique de l'imposition des mains, administré par leurs ministres, les parfaits et parfaites, comme on les appelait ; ce geste transmettait l'Esprit à la foule des simples croyants et les encourageait dans leur progrès spirituel. Et puisque ce monde était l'œuvre du Mal, l'ordre qui s'y était instauré, sous l'impulsion de la Bête, était illégitime et ne méritait pas le respect : les cathares s'élevaient, d'un coup, contre tous les pouvoirs.

– Je m'adresse à vous, rois, seigneurs, empereurs, qui vous croyez les maîtres du monde, qui prétendez au pouvoir ! Et je vous dis que vos guerres, vos homicides, vos serments sont des insultes contre l'esprit ! Tuez un homme, vous les tuez tous ! Tuez un animal, et c'est encore une étincelle de l'esprit que vous assassinez ! Il n'existe pas d'autre justice que celle de Dieu, qui n'est pas de cette terre : ces jugements que vous rendez, au nom du roi ou du pape, n'ont aucune valeur ! Ils ne sont que le reflet de votre propre avilissement, et de cette sujétion odieuse que vous cultivez comme la fleur vénéneuse de votre domination ! Vous qui prétendez au pouvoir, soyez humbles, car vous mentez !

Ils se prétendaient les nouveaux apôtres du Christ, et leur révolte embrasait le cœur des faibles. Pierre les avait vus se glisser partout ! Parfaits et parfaites en sandales, Bons Hommes et Bonnes Femmes issus du peuple, qui ouvraient des maisons pour les indigents, allaient de prédication en prédication dans la discrétion des logis occitans. Ils apportaient à leurs fidèles leur Christ adombré et la parole de l'Evangile, qu'ils traduisaient en langue vulgaire pour le rendre accessible à tous ; ils se répandaient en génuflexions dans les rues, mêlaient le *Pater* à la doxologie grecque ; ils sévissaient partout où l'Eglise romaine restait empêtrée dans ses dérives et ses contradictions. Et ils s'étaient organisés, tantôt secrètement, tantôt à visage découvert. Ils avaient leur noviciat, leurs périodes initiatiques, par lesquelles les simples croyants pouvaient accéder, à force de jeûnes, d'abstinence et de pureté de mœurs, au rang de parfaits ; leur ascèse et l'autorité morale que leur conférait une vie exemplaire ne pouvaient offrir aucune prise aux accusations d'hypocrisie ; bien au contraire, on admirait ces hommes qui, selon leurs propres dires, n'étaient pas dans le monde, refusaient toute nourriture carnée et appelaient à la paix partout où ils se trouvaient. Maigres et pâles, sourds à toute forme de violence et de haine, ils parlaient avec mesure, le sourire aux lèvres ; ils ne dédaignaient pas de se mêler à la vie du peuple dans ses travaux quotidiens, lainage, tissage, vendanges ou récolte des blés. Dans chaque province où ils se trouvaient, ils avaient désigné un évêque, qui ordonnait pour lui succéder un fils majeur, lui-même assisté d'un fils mineur élu par l'assemblée des parfaits de la région. Les femmes avaient rejoint sans mal cette dévotion nouvelle, qui leur reconnaissait enfin le droit d'être les égales des hommes : de « bonnes chrétiennes » par centaines, parfaites ou simples croyantes, qui donnaient le *consolament*, dirigeaient des cérémonies d'une simplicité évangélique, et participaient activement au secours des pauvres. Il ne manquait rien : une doctrine constituée, singulièrement semblable d'un pays à l'autre, une solide hiérarchie, des rituels, et par-dessus le marché, l'adhésion du peuple.

Pierre acheva sa lettre et y apposa son sceau.

C'est une machine de guerre. Ils ont mis en place une machine de guerre.

Alors, il fallait la détruire, ou risquer d'être détruit. Pierre connaissait trop la versatilité de l'Histoire pour ne pas être convaincu des dangers d'implosion auxquels le catharisme pouvait conduire l'Eglise romaine. Il faudrait s'attaquer aux causes de la révolte et la décapiter. En commençant par soumettre l'un de ses chefs de file, qui faisait mine de fermer les yeux sur l'hérésie, tout en l'encourageant sans hésitation : Raymond VI, comte de Toulouse, le premier seigneur du Languedoc.

Il se tourna vers Frère Bertrand.

– Allons-y. Nous sommes attendus.

Dès qu'il eut cacheté son courrier, Pierre fit mander un messager. Le cavalier s'en fut aussitôt. Puis le légat et le moine prirent une collation avant de rejoindre l'évêque de Couserans, qui devait quitter Saint-Gilles également. Tout était prêt pour le départ.

Et ce fut alors, dans l'aube pâle de ce matin de janvier, que se produisit l'irréparable.

Les dernières images qui parvinrent à Pierre furent celles d'un épouvantable chaos. Bertrand se tenait non loin de lui. Tout se passa très vite : il y eut des cris, au moment où il était sur le point de franchir le Rhône ; un homme se précipita, l'épieu en avant. Pierre entendit des clameurs autour de lui.

Non, Seigneur, non !

L'épieu se ficha profondément dans son dos. Pierre regarda l'arme qui le transperçait de part en part, ses mains se crispèrent autour de la pointe de la lance qui le traversait. Frère Bertrand se précipita en avant, manquant de trébucher. L'évêque de Couserans tomba à genoux en criant : *Mon Dieu !* Le légat voulut chercher l'épieu dans son dos et vit, comme dans un cauchemar, une partie de ses viscères glisser hors de lui, dans un flot de sang. Puis, le sourire mauvais du criminel, qui partit au galop.

Pierre s'effondra dans les bras de Frère Bertrand.

– Pierre ! Pierre !

Un soldat, songea Pierre avant d'être engouffré dans le néant : *c'est un soldat du comte !*

Bertrand se pencha sur lui tandis qu'il murmurait :

– Que la Sainte Eglise me venge !...

Un coq chanta.

On enterra le corps à Saint-Gilles, avec cierges et *Kyrie*.

Le vent s'était levé.

Le Bien, le Mal...

A présent, il n'y aurait plus que le sang.

La guerre commença.

Lorsque le pape Innocent III reçut la nouvelle de cet assassinat, il en conçut une grande douleur et une grande colère. Il invoqua saint Jacques et le saint de Compostelle ; puis, assisté de douze cardinaux, de maître Milon et d'Arnaud-Amaury, abbé de Cîteaux, il prononça avec solennité l'excommunication du comte de Toulouse, à qui l'on attribuait le forfait. Dans l'ombre tutélaire de Saint-Pierre de Rome, le pape, Milon, Arnaud-Amaury et les douze cardinaux qui formaient le cercle jetèrent ensemble leur cierge à terre, en signe d'anathème. L'abbé de Cîteaux se dressa de toute sa stature lorsqu'il s'adressa au souverain pontife :

– Sire, par saint Martin ! Trop de paroles et de bruit entourent cette affaire ; faites rédiger et écrire vos lettres en latin, telles qu'il vous plaira, afin que je me mette en route ! Faites publier l'indulgence dans le monde entier jusqu'à Constantinople ! Que quiconque ne se croisera pas n'ait plus le droit de boire de vin, ni de manger à table sur une nappe, ni de porter sur son corps de toile de chanvre ou de lin, ni d'être enterré autrement que comme un chien ! Et détruisons tout ce qui nous fera résistance, de Montpellier jusqu'à Bordeaux !

Le pape médita longtemps, mais finit par prendre sa décision.

Il saisit sa plume, inspira et écrivit :

> Innocent, évêque, serviteur des serviteurs de Dieu, à nos fils bien-aimés les nobles hommes, comtes et barons et à tous les habitants des provinces de Narbonne, Embrun, Aix et Vienne, salut et bénédiction apostolique. Nous venons d'apprendre un événement cruel, qui va mettre en deuil l'Eglise tout entière : frère Pierre de Castelnau, de sainte mémoire, moine et prêtre, qui parmi les hommes vertueux se faisait remarquer par sa conduite, son savoir et sa bonne réputation, avait été envoyé par nous, avec d'autres, dans le midi de la France, pour y prêcher la paix et affermir la foi... C'était un homme de foi catholique, de science juridique et de parole éloquente. Mais le Diable suscita contre lui son ministre : le comte de Toulouse. Celui-ci, à cause des grands et nombreux excès qu'il avait commis contre Dieu et contre l'Eglise, avait souvent encouru la censure ecclésiastique ; et souvent il s'était fait absoudre, après un simulacre de repentir, en homme qu'il était, rempli de souplesse astucieuse et d'insaisissable inconstance...
>
> Alors que notre légat Pierre de Castelnau, ce vertueux chevalier du Christ, se disposait à traverser le

Rhône, l'un des satellites de Satan, brandissant sa lance, blessa par-derrière entre les côtes ledit Pierre, lequel appuyé fortement sur le Christ, comme un roc inébranlable, ne s'attendait pas à pareille trahison. Il regarda pieusement son impie agresseur et, suivant l'exemple de son Maître Jésus-Christ et du bienheureux Etienne, il dit : Que Dieu te pardonne comme moi je t'ai pardonné. Il redit à plusieurs reprises ces paroles pieuses et résignées, puis l'espoir du ciel lui fit oublier la douleur de la blessure qui le traversait. Il finit par s'endormir bienheureusement dans le Seigneur.

Nous estimons devoir avertir et exhorter avec soin nos vénérables frères, les archevêques de Narbonne, d'Arles, d'Embrun, d'Aix et de Vienne, ainsi que leurs suffragants, et nous leur ordonnons fermement, de par le Saint-Esprit et en vertu de l'obéissance qu'ils nous doivent, d'arroser et de faire germer par leurs prédications la parole de paix et de foi semée par le défunt. Qu'ils travaillent avec un zèle infatigable à combattre la dépravation hérétique et à fortifier la loi catholique, à déraciner les vices et à planter les vertus. Qu'au nom de Dieu le Père Tout-Puissant et du Fils et du Saint-Esprit, par l'autorité des Apôtres Pierre et Paul et par la nôtre, dans tous les diocèses ils déclarent excommuniés et anathèmes le meurtrier du serviteur de Dieu et tous ceux qui ont conseillé, favorisé et aidé son crime. Qu'ils aillent en personne jeter l'interdit sur tous les lieux où se réfugieront les coupables...

A tous ceux qui prendront vaillamment les armes contre ces pestiférés, ennemis de la vraie foi tout ensemble et de la paix, que les susdits archevêques et évêques garantissent l'indulgence accordée par Dieu et son Vicaire pour la rémission de leurs péchés... Ces pestiférés, en effet, ne se contentent plus de viser à la destruction de nos biens, ils cherchent à machiner la perte de nos personnes : non seulement ils aiguisent leurs langues pour ruiner les âmes, mais ils étendent leurs mains pour prendre les corps : ils pervertissent les âmes et détruisent les corps...

Nous ordonnons, sachez-le, de respecter et d'exécuter inviolablement toute sentence que nos légats prononceraient contre des rebelles ou même contre des nonchalants. En avant, chevaliers du Christ ! En avant, courageuses recrues de l'armée chrétienne ! Que l'universel cri de douleur de la Sainte Eglise vous entraîne ! Qu'un zèle pieux vous enflamme pour venger une si grande offense faite à votre Dieu !... Depuis le meurtre de ce juste, l'Eglise de ce pays reste sans consolateur, assise dans la tristesse et dans les larmes. La foi, dit-on, s'en est allée, la paix est morte, la peste hérétique et la rage guerrière ont pris des forces nouvelles : la barque de l'Eglise est exposée à un naufrage total si dans cette tempête inouïe on ne lui apporte un puissant secours... Efforcez-vous de pacifier ces populations au nom du Dieu de paix et d'amour. Appliquez-vous à détruire l'hérésie par tous les moyens que Dieu vous inspirera. Avec plus d'assurance encore que les Sarrasins, car ils sont plus dangereux, combattez les hérétiques d'une main puissante et d'un bras étendu... Dépouillez-les de leurs terres afin que des habitants catholiques y soient substitués aux hérétiques éliminés et, conformément à la discipline de la foi orthodoxe qui est la vôtre, servent en présence de Dieu dans la sainteté et dans la justice.

Donné au Latran, le six des Ides de Mars, l'an II de notre pontificat.

Ainsi, la riposte n'avait pas tardé. L'appel aux armes était lancé. Pour la première fois, il s'agissait d'une croisade menée contre une terre chrétienne, au cœur même de l'Occident. Innocent III ne perdit pas une minute pour lancer ses grandes manœuvres. Il s'empressa d'écrire au roi Philippe Auguste et lui demanda de se croiser ; celui-ci, alors bien trop occupé avec les Anglais, refusa. Innocent fit parvenir à tous les évêques de France sa lettre pour qu'ils rassemblent une armée. La guerre était devenue l'affaire de l'Eglise, et de l'Eglise seule. Des missionnaires furent dépêchés dans toutes les provinces de Normandie, de Picardie, de Champagne, du Limousin, de l'Anjou et des Flandres, pour haranguer les foules. L'indignation se répandit de place en place. Paysans, bourgeois et chevaliers se croisèrent ensemble, sensibles aux indulgences qui leur étaient promises, soucieux d'échapper à leurs créanciers ou à d'autres guerres menées à l'autre bout du monde. Dans les châteaux, dans les palais épiscopaux, sur la place des communes, dans les champs, des milliers d'hommes vinrent grossir les rangs de l'armée naissante.

– Frère, dit alors le pape à Arnaud-Amaury, abbé de Cîteaux – Frère, lui dit-il le visage sombre, prends le chemin de Carcassonne et de Toulouse la grande, sise sur la Garonne ! Tu seras maître des armées contre la gent perfide : pardonne leurs péchés aux bons catholiques et de ma part, exhorte-les à chasser les hérétiques d'entre les gens de bien !

Arnaud-Amaury s'agenouilla et baisa l'Anneau du Pêcheur.

Il fut ainsi désigné pour mener au combat cette armée de Dieu.

– Au nom du Très-Haut, au nom du Christ !

Des milliers de drapeaux flottaient dans la campagne.

A côté d'Arnaud-Amaury chevauchait un prêtre qui, une bible ouverte, lisait :

– « Après quoi, je vis descendre du ciel un autre Ange, ayant un grand pouvoir, et la terre fut illuminée de sa splendeur. Il s'écria d'une voix puissante : "Elle est tombée, elle est tombée, Babylone la Grande ! Elle s'est changée en demeure de démons, en repaire pour toutes sortes d'esprits impurs, en repaire pour toutes sortes d'oiseaux impurs et dégoûtants. Car au vin de ses prostitutions se sont abreuvées toutes les nations, les rois de la terre ont forniqué avec elle, les trafiquants de la terre se sont enrichis de son luxe effréné ... Elle est tombée, Babylone la Grande !" »

Et l'armée d'extermination se mit en marche.

5

Les Deux Principes

Juin 2000

Lettre d'Antoine Desclaibes à Philippe Poussin.
Paris, le 18 juin 2000.

« Cher Philippe,

L'Occitanie, cette demi-France d'autrefois, a bien été le théâtre d'événements dramatiques ; et ce peuple révolté, sur lequel s'apprêtent à fondre toutes les puissances de la chrétienté médiévale, ne laisse pas de m'étonner. Je n'en suis encore qu'au début ! La tâche me paraît immense, je passe des heures à travailler, suivant ton conseil. Me voilà redevenu un rat de bibliothèque. Plusieurs choses m'intriguent, à vrai dire, à mesure que je poursuis mon exploration. Certains personnages m'apparaissent qui ne sont dépeints nulle part ailleurs, et qui ont pourtant tous les accents de la vérité historique. Comprends-moi bien, je n'ai aucun doute sur l'authenticité du manuscrit. Pierre de Castelnau a effectivement été tué dans les circonstances que tu as lues ; l'épisode est narré dans les poèmes de Guillaume de Tudèle et de Pierre des Vaux-de-Cernay. De même que les batailles qui suivent sont fidèlement relatées. Entre l'exactitude historique et l'invention du poète, c'est bien là que se joue toute la difficulté. Je remonte le courant, entre Histoire rêvée et Histoire vécue... Et je me demande encore : *pourquoi a-t-on mis ce manuscrit en enfer ?*

Mon ami l'archiviste a tenté de retrouver la trace de ces rouleaux de parchemin – comment sont-ils arrivés ici ? Pourquoi personne n'a-t-il jamais pris la peine de les étudier ? Serait-ce pour les dissimuler ? L'archiviste y perd son latin et se noie dans les anciens thésaurus, les fiches déclassifiées, les références incomplètes. Peut-être le livre s'est-il perdu, avant d'atterrir là par hasard ; peut-être n'aurons-nous jamais d'autres précisions à ce sujet. Hubert – je réalise soudain que je ne t'ai jamais dit son nom ! – l'archiviste, Hubert Laugier, est pour moi un soutien précieux.

Je t'avais dit que je te parlerais de lui quelques instants. C'est une certaine Francine, l'une des responsables de la bibliothèque Mazarine, qui l'a affublé de ce surnom il y a de cela trente ans : l'archiviste. En réalité, il a le titre de conservateur. Je ne peux m'empêcher de sourire à mesure que je découvre la vie de cet homme, toujours perdu dans des montagnes d'ouvrages et de documents anciens, qui arpente sans fin les couloirs de la bibliothèque Richelieu. Il traîne ses épaules voûtées entre les interminables rangées de livres, murmure pour lui-même des paroles apparemment sans suite et s'arrête, de temps à autre, pour pousser sa déclamation tirée des grands auteurs. Pour les habitués de Richelieu et des différents départements de la Bibliothèque nationale, il est plus qu'un simple fonctionnaire épris de vieux bouquins. Il fait partie du décor, tant et si bien qu'entre lui et son milieu semble s'être opéré, au fil du temps, une sorte de mimétisme étrange : on dirait que sa peau a pris la couleur de ces milliers de pages qu'il côtoie chaque jour ; son éternel complet brun répond comme en écho à la tranche des livres alignés sur les étagères ; sa voix a le ton d'une confidence, mais se pare de temps à autre d'accents grandioses, qui résonnent sous les arcanes avant de retomber dans le silence de méditations jamais achevées. Parfois, les mains croisées, il oscille d'avant en arrière, en penchant légèrement le buste et son front dégarni, comme un juif en prière devant le mur des Lamentations, un rabbin psalmodiant le Talmud. Sa physionomie est insolite : un nez empâté, des lèvres charnues, un double menton qui s'écrase sur un col ou un foulard toujours trop serrés ; un ventre bedonnant, des jambes courtaudes. Pourtant, ses apparitions sont un charme, au sens premier du mot. Pour ceux qui le connaissent, l'archiviste est un gardien de la mémoire, qui campe tel un cerbère inoffensif au milieu de ces livres qu'il a tant lus, caressés et classés, et en dehors desquels la vie lui est inconcevable.

Il m'a confié que, durant toutes ces années, il n'a eu de cesse de courir après son ambition première : lire le maximum des œuvres de la Bibliothèque nationale, soit plus de dix millions de livres et d'imprimés, cent soixante-dix mille volumes de manuscrits, de taille, de genre et de nature différents. Une entreprise démesurée, mais il s'en moque ! Il y est allé méthodiquement, en tenant compte chaque fois des nouvelles acquisitions. Trente-trois ans de lectures, soit mille sept cent seize semaines, à raison de quatre à cinq ouvrages par semaine, ce qui porte aujourd'hui le nombre de ses lectures à environ huit mille cinq cent quatre-vingts livres. Pour admirable que soit cette performance, elle reste une simple goutte dans l'océan. Il faut bien convenir que les trésors auxquels nous avons ici quotidiennement accès doivent représenter pour lui un défi permanent ! Il lui suffit de tendre les doigts pour toucher la vitre de plexiglas derrière laquelle est conservé le *Papyrus de Prisse*, le plus vieux livre du monde, un manuscrit égyptien de 2000 avant Jésus-Christ, rédigé en écriture hiératique et offert à la Bibliothèque par l'égyptologue Prisse d'Avennes. Sans doute y devine-t-il des symboles à nul autre accessibles. La solitude de cet homme me touche. Il semble voir dans ces merveilles quelque chose comme un condensé de la mémoire humaine, qu'il se laisse aller à applaudir des deux mains, comme on applaudit au théâtre, comme on trépigne devant un site extraordinaire. Il m'arrive aussi de le retrouver au milieu des collections orientales, au milieu de cette Babel de cent langues différentes, manuscrits sur parchemin, papier, soie, ivoire, cuir, xylographes tibétains, chinois, mongols, mandchous, vestiges hébreux, arabes, persans, sanscrits, indiens – de quoi lui faire tourner la tête, car dans cette vertigineuse symphonie des lettres et de l'histoire, l'archiviste peut également mesurer l'inanité de sa propre odyssée ; comment supporter l'idée d'être à jamais ignorant de tous ces trésors ? Décidément, mon cher Philippe, une seule vie ne suffit pas. Il nous faudrait le temps d'apprendre toutes ces langues, de décrypter le sens de chacune de ces civilisations, et de passer quelques douzaines d'existences supplémentaires au même endroit pour en venir à bout...

Ainsi, grâce à cette passion de tous les instants qui anime sa vie, l'archiviste n'a cessé de nourrir son intellect d'une érudition encyclopédique, qui correspond chez lui à un besoin vital. Sur ce terrain, nous sommes battus à plate couture ! Il saute des romans aux essais philosophiques en passant par le théâtre, les recueils de poésie, la critique d'art, les livres d'histoire, d'astronomie, de musique, de géométrie, de sciences naturelles, les récits de grandes découvertes et de grands voyages. Tout ce qui lui tombe sous la main est prétexte à une rapide mais inlassable digestion.

Sorti de notre enfer, il éprouve aussi de grandes satisfactions à se pencher sur d'autres manuscrits : c'est une drôle de chose que de le regarder, cassé en deux par-dessus l'écriture de Descartes, Hugo, Flaubert et consorts, cherchant à discerner dans leur calligraphie l'énigme de leur génie. Il sonde avec recueillement les *Pensées* de Pascal, jubile devant l'enchaînement chaotique de ces signes enchevêtrés, jansénistes et tourmentés, rassemblant d'un trait une vérité universelle ; il se meurt d'amour pour les rondeurs des O, des L et des M des lettres de Mme de Sévigné, dont il croit entendre la voix fraîche, venue lui restituer d'un seul coup la vie de cour, de salon et de province d'un siècle enfui ; il voudrait l'embrasser par-delà le temps, lui dire ses regrets de ne pas l'avoir connue. Il vibre aux accents de *Télémaque*, accuse avec Zola, suspend le temps dans le sillage d'une brise légère, au-dessus du *Lac* de Lamartine ; il suit et recopie chaque lettre du morceau qu'il choisit, interroge la personnalité de leur auteur, déploie les ressources minutieuses des graphologues les plus éminents pour trouver le Graal de la beauté littéraire. Il rêve, Philippe ! Il rêve et rien de semblable sur terre ne peut lui apporter davantage d'émotion.

Tout ce travail n'est pas vain, car l'univers entier l'ignore, mais notre archiviste prépare lui-même sa grande œuvre, dans l'ombre chaude de ces milliers de couvertures. C'est une monumentale *Anthologie de la Poésie française*. Il en a d'ores et déjà ébauché les grandes lignes. Depuis quelque temps, il s'est mis à relire l'ensemble des petits cahiers rouges où il a consigné ses notes, et il prévoit d'y ajouter le fruit de nouvelles réflexions, accumulées par sédiments successifs dans les strates géologiques de sa conscience. D'après ses premiers calculs, l'*Anthologie* regroupera environ trois mille cinq cents pages, et il y livrera le compte rendu de ses trente-trois ans de copulations frénétiques avec la littérature. Autant dire que par là, il se livrera lui-même totalement. Il voit dans l'accomplissement futur de ce chef-d'œuvre la plus parfaite résolution du sens de sa vie.

Allons ! Assez disserté sur l'archiviste. Notre homme est venu me trouver il y a quelques heures pour m'apporter deux livres qui pourraient nous aider dans nos recherches. Sans doute en as-tu déjà entendu parler. Le premier est le *Traité cathare* de Bartholomé. Le second est plus fameux : il s'agit d'un autre traité, de Jean de Lugio, résumé par l'un de ses disciples et baptisé *Livre des Deux Principes.* Je me suis renseigné rapidement sur cet homme : originaire de Bergame, fils majeur *ordinatus episcopus* de Belesmanza de Vérone, de Lugio a divisé les Albanenses vers 1230 par la rédaction de ce texte, dont l'original a disparu. L'œuvre de de Lugio a été l'une des fondatrices de la réflexion sur les doctrines cathares et manichéennes du

XIIIe siècle. J'ai appris que, si Eckbert de Schönau reprochait aux cathares de s'être eux-mêmes appelés les "purs", le théologien Alain de Lille voyait dans l'étymologie du mot *cathare* une source latine, de *catus*, chat, "parce qu'ils baisent le postérieur d'un chat en qui leur apparaît Lucifer". Ils étaient les sectateurs du chat, les chatistes ! Voilà qui est plus perfide que ce simple surnom des "albigeois" qui, si j'en crois l'archiviste, leur fut donné après la conférence contradictoire d'Albi, à la fin du XIIe siècle. Quoi qu'il en soit, ils ont déclenché bien des fureurs. Le *Livre des Deux Principes* de de Lugio résume cette doctrine à sa manière. La couverture du manuscrit représente un groupe de parfaits sur le point d'être jetés au bûcher ; et derrière la fumée de ce brasier immense se profile l'ombre d'un château qui t'est familier, au faîte d'une montagne... Oui, mon ami : il s'agit bien de Montségur ! De Lugio, fasciné par la question de l'origine du Mal, revient sur l'idée que Dieu et le Diable étaient à l'origine deux principes distincts. Voici ce qu'il écrit : j'ai pensé que ce passage t'intéresserait.

> C'est pourquoi, de l'avis de tous les sages, il faut croire absolument qu'il existe un autre principe, celui du Mal, qui est puissant en iniquité, et dont la puissance de Sathanas, celle des ténèbres et de toutes les autres dominations qui s'opposent au vrai Dieu, découlent singulièrement et principiellement comme nous l'avons déjà montré et comme nous espérons, grâce à Dieu, le faire mieux voir encore par la suite. Que s'il n'en était pas ainsi, il apparaîtrait à ces mêmes sages, de façon évidente, que la Puissance divine combat contre elle-même, se détruit elle-même, est toujours en lutte contre

> elle-même... Ainsi, les vertus et les puissances du Seigneur vrai Dieu se combattraient entre elles, chaque jour, par sa propre volonté, s'il n'y avait pas une autre puissance que la sienne ! Il est absurde de penser cela du vrai Dieu. Il s'ensuit donc, sans aucun doute, qu'il existe une autre Puissance ou pouvoir non vrai, que le Seigneur Dieu s'efforce chaque jour de combattre, comme nous l'avons fait voir très clairement à tous ceux qui veulent le comprendre... Le Seigneur dit en effet lui-même, par la bouche d'Isaïe : "Comme vous m'avez abandonné pour adorer un dieu étranger dans votre propre pays, ainsi vous serez assujettis à des dieux étrangers dans une terre étrangère" (Jér., V, 19). Et encore : "Tous les dieux des nations sont des démons" (Psaumes, XCV, 5). Le Christ dit à nouveau dans l'évangile de Jean : "Car le prince du monde va venir, quoiqu'il n'y ait rien en moi qui lui appartienne" (Ioan, XIV, 30)...

A lire ce genre de passages, une fibre obscure de mon être s'anime. Comment le Mal peut-il exister dans un monde conçu par un Dieu infiniment bon ? La réponse cathare est naïve et pourtant, sa simplicité même désarme ses détracteurs les plus acharnés ; elle fascine encore aujourd'hui, à l'heure de toutes les errances et de toutes les quêtes métaphysiques. Cette idée de deux Créations, l'une bonne, Royaume de toute éternité, auquel nous ne pourrons accéder qu'à la force de l'esprit et au prix de multiples réincarnations, et l'autre corrompue, celle du monde d'ici-bas, domaine de la matière et du corps, tendue par la volonté satanique de détruire l'œuvre de Dieu – cette idée simple que *nous sommes en enfer* s'est avérée suffisamment révolutionnaire pour déclencher un conflit sans précédent.

Oui, les passages de ce *Livre des Deux Principes*

m'ont troublé. Je me suis senti soudain en face d'une sorte de contre-Evangile, de grimoire apocryphe aux tragiques résonances. Mais à qui s'appliquent ces lourdes sentences ? Aux cathares, comme l'Histoire l'a retenu, ou à l'Eglise romaine ?.. Vois, Philippe, à quoi je passe mes heures ! Me voilà plongé dans une curieuse exégèse. Il est certain que la guerre albigeoise allait bien au-delà d'un simple problème de discipline politique. Les cathares ont touché le cœur de la religion et les questions qu'ils posent sont existentielles.

Toute l'Europe est touchée, toute l'Europe se lèvera contre eux.

Pourquoi ?

Ah ! Mais je m'emballe, mon cher Philippe ! Lis donc la suite des aventures d'Escartille ; je chemine en même temps que toi. Le tableau s'anime, les populations s'ébranlent. Cet épisode est plus long qu'à l'ordinaire, mais il semble que tout s'y accélère. Tu verras qu'il s'y est glissé quelque chose qui m'a jeté dans une soudaine perplexité, au moment où je ne l'attendais pas. Ce n'est apparemment que la suite de son voyage ; pourtant, je me demande à présent où il m'entraîne. J'ai le sentiment qu'il nous invite à nous installer au cœur même de son époque, et qu'il y fait office de passeur, d'œil grand ouvert sur l'Histoire. Le troubadour, ici, découvre la mort. Un premier aboutissement, en quelque sorte. Nous en parlerons une prochaine fois : je gage que tu comprendras alors ce qui m'intrigue, tu ne peux pas le manquer.

Bien amicalement à toi,
Antoine. »

6

Tuez-les tous

Juillet 1209

> *« Tuez-les tous ! Dieu reconnaîtra les siens. »*
>
> Arnaud-Amaury, légat de Cîteaux,
> lors de la prise de Béziers.

Cette fois, c'est parti.

Escartille galopait sur les routes occitanes – et sans le savoir encore, vers une autre sorte d'enfer.

Arrivé au sommet d'une colline, il retint les rênes de sa monture.

Ce fut alors qu'il les vit.

Oh oh. Le temps se gâte !

Des milliers d'hommes avançaient dans la campagne languedocienne. Les chevaliers, croix d'orfroi et de cendal sur la poitrine, portant haubert et cotte de mailles, étaient accompagnés de leur suite, écuyers, sergents, valets de pied, qui représentaient parfois plus de quarante soldats par bataillon, sans compter les membres de leurs familles. Derrière eux marchaient une foule d'archers, d'arbalétriers, de sapeurs, de mineurs, de professionnels responsables des machines. Des nuées de routiers, mercenaires basques et aragonais recrutés pour l'occasion, terreur absolue des populations civiles, ajoutaient à ce défilé que l'on pouvait voir approcher de plusieurs lieues, riant, criant, crachant, chantant de vallon en vallon, au milieu des champs et des herbes hautes, dans une interminable collection de blasons et de bannières. Des centaines de préposés aux bagages venaient encore enfler cette marée humaine : ils traînaient sur leurs chariots les caisses d'armes, les cuisines, les tentes, le matériel destiné à l'établissement des sièges de l'ennemi, des lingères, des blanchisseuses, des ravaudeuses, des filles de joie. Mendiants et vagabonds, clopinant dans le sillage des chariots, achevaient de composer ce terrible spectacle de l'armée en marche, d'où s'élevaient des clameurs ininterrompues. Des nuages, des tornades de poussière les suivaient.

Escartille retint son souffle.

Seigneur Dieu.

Il donna du talon contre les flancs de son cheval.

Pourvu que je trouve asile quelque part.

Echappé aux confins de la Provence, le troubadour avait confectionné à Aimery une sorte de berceau qu'il portait contre son ventre. Sa chevauchée n'en était que plus ardue ; les cahots ne cessaient d'arracher à l'enfant des cris et des pleurs. Escartille craignait à tout moment que les sangles de son berceau de fortune ne se défassent. Echaudé par sa propre cavalcade, il avait du mal à réaliser vraiment ce qui venait de lui arriver. Sa vie avait basculé du tout au tout ; chaque fois qu'il regardait le visage poupin de son fils, il hésitait entre les rires et les larmes. Arraché à Puivert et à la solitude dans laquelle il s'était muré ces derniers mois, le troubadour ne cessait à présent de penser aux paroles de la servante de Louve – *par pitié, laissez-la en paix maintenant ! Ne cherchez pas à la rejoindre ! Respectez ses vœux et sauvez son enfant, il est de noble sang. Vous n'imaginez pas quel est son déchirement, vous n'imaginez pas comme elle a souffert.* Mais s'il devait à la fois échapper à la vie de Puivert et courir dans tout le pays, sans même pouvoir se lancer à la poursuite de sa Dame, que faire ? Où aller ? *Prenez garde,* avait dit encore la servante : *votre pays est dangereux, vous savez comme moi ce qui s'y passe.* Et si Escartille avait eu vent de la montée des troubles dans toute l'Occitanie, il était loin de s'imaginer qu'une guerre véritable était déclarée.

Après une réflexion aussi rapide que l'exigeaient les circonstances, Escartille s'était rendu jusqu'à Saint-Gilles – non loin de l'endroit même où le légat Pierre de Castelnau avait été assassiné quelque temps plus tôt. Le troubadour espérait y retrouver un de ses anciens compagnons, André de Bonnefoi, qu'il avait rencontré à Puivert et qui l'avait entretenu de la beauté et de la richesse des cours où il avait chanté. Le troubadour pensait ainsi se faire introduire auprès de nouveaux protecteurs. Mais il s'avéra bien vite qu'André de Bonnefoi avait quitté la Provence, sans que l'on sache pour quelle destination, ni ce qui lui était arrivé. Escartille rageait contre le sort ; pourtant, il n'avait guère le loisir de se laisser aller à ses propres préoccupations.

A Saint-Gilles, la population était en pleine effervescence.

Décidément, je ne sais ce qui se passe ici, mais tout cela ne me dit rien qui vaille.

Le jeune troubadour ne tarda pas à se renseigner.

– Comment, vous n'êtes pas au courant ? C'est aujourd'hui que le comte de Toulouse doit faire amende honorable. Les évêques l'attendent à leur tribunal.

– Le comte de Toulouse ? répéta Escartille avec naïveté.

La jeune femme à qui le troubadour s'était adressé roula de grands yeux ; puis elle soupira et hocha la tête :

– Mais ne savez-vous pas ? C'est la guerre, messire ! C'est la guerre qui commence !

Elle hocha encore la tête, regarda avec consternation ce troubadour échevelé, puis elle partit. Escartille, de plus en plus préoccupé, lui emboîta le pas. Il parvint ainsi à l'église de Saint-Gilles, où se trouvaient rassemblés les membres du tribunal ecclésiastique. Escartille se glissa sur le parvis, au milieu de la population.

Dix-neuf évêques et trois archevêques étaient là, en grand équipage, au sommet des marches conduisant à la nef. Raymond VI faisait face à son tribunal. Ainsi, c'était lui, le premier seigneur du Languedoc, celui que l'on accusait de favoriser la cause hérétique ! Escartille ne l'avait jamais croisé qu'en effigie, sur les sceaux et les blasons ; s'il lui était arrivé autrefois de se rendre à Toulouse, jamais il n'avait eu le privilège de chanter pour une cour si majestueuse. Les cheveux ras, le visage tendu, le comte en imposait par la gravité de ses traits et sa noble stature ; il se dressait devant les membres du clergé, qui formaient un demi-cercle autour de lui, comme une nuée d'oiseaux prêts à fondre sur leur proie. Raymond VI, le damné d'Occitanie ! Le cousin du roi de France, le vassal de l'Angleterre et de l'Aragon, maître de toute terre de Narbonne à la Provence, du Toulousain aux Pyrénées ! Mais voici que le lion se préparait à la plus cruelle des humiliations. Raymond était à l'entrée, encadré d'une troupe d'archers. On l'avait amené à demi nu sur le parvis et il venait d'y jurer obéissance ; à présent, le légat Milon, l'un de ceux qui à Rome avaient prononcé son excommunication, mandaté par Innocent III, le forçait à s'agenouiller. Le comte de Toulouse obtempéra. Lorsque ses genoux tombèrent à terre, les hommes d'Eglise affichèrent un air vainqueur. Milon s'avança et lui assena de nombreux coups de verges, avec un plaisir qui n'avait rien de feint.

– Acceptez-vous de renoncer à vos droits sur tous les évêchés de vos terres ? Acceptez-vous de chasser les routiers et mercenaires qui courent votre pays ? Acceptez-vous de ne plus confier de charges publiques aux juifs, de ne plus protéger les hérétiques et de dénoncer ces hérétiques aux pouvoirs de l'Eglise ?

– Oui.

Le sifflement de l'instrument et les gémissements retenus du comte de Toulouse furent les seuls à troubler le silence mortel qui s'abattait sur le parvis. Puis Raymond fut revêtu de sa robe de pénitence. On lui passa une corde au cou, qui traînait jusqu'au sol, et un enfant lui apporta un cierge. Il devait le tenir en main durant toute la cérémonie. Pour l'occasion, l'église avait été redorée de tous les attributs de sa magnificence : deux lions décorés de peintures et de feuilles d'or semblaient garder les portes centrales ; une forêt de crucifix rutilants s'élevaient derrière les membres du tribunal ; des banderoles brodées de vermeil étaient suspendues de part et d'autre du transept. Le comte avança lentement, les soldats et le peuple à sa suite. Il s'efforçait de conserver sa prestance et son assurance, mais à regarder ses yeux, on pouvait deviner qu'au fond de lui, la colère et la révolte ne s'étaient pas éteintes. Il voyait le monde s'armer contre lui ; on l'avait averti de l'arrivée des croisés. Bientôt, les champs d'Occitanie seraient le lieu des pires atrocités, les foins s'embraseraient, des bûchers s'allumeraient de ville en ville. Mais quoi ! Pouvait-il affronter l'Eglise à lui seul, entraîner les siens dans un combat sans issue ? La vision de ce seigneur rebelle, soudain réduit à rien, causait parmi la foule les impressions les plus contradictoires. Certains avaient un air satisfait, trouvant sans doute que l'amende honorable était un faible supplice ; mais parmi la grande majorité de ses sujets, l'effroi le disputait à l'abattement.

Un homme se tenait aux côtés d'Escartille ; son visage était d'une pâleur étonnante, mais ses yeux étaient de braise. Il portait une robe noire à capuchon, serrée par un cordon à la ceinture. Il tenait une bible en main.

Ce doit être l'un d'eux, se dit Escartille, *l'un de ces cathares que l'on vient chasser jusqu'ici.*

L'homme ne manquait pas d'audace, à venir se glisser ainsi au milieu de la foule. Escartille et lui étaient un peu en retrait, dans le fond de l'église. Le cathare ne paraissait pas s'inquiéter d'être reconnu. Sans doute, en ce jour où le comte de Toulouse ployait devant eux, les prélats tenaient-ils au contraire à ce que leurs ennemis puissent assister *de visu* à cette humiliation. Le parti hérétique pouvait ainsi mesurer, si besoin en était, l'immense pouvoir contre lequel il avait l'inconscience de se dresser.

L'homme chuchota soudain à l'adresse du troubadour, sans tourner la tête :

– Ils sont fous. L'hérésie dont ils nous accusent est la foi du peuple d'ici. Ces suppôts de Satan dont ils parlent sont nos amis, nos parents, nos frères ! Et c'est Rome qui nous dira que croire et comment agir ? Notre pauvre comte de Toulouse est pieds et poings liés... Oui, il est vassal du roi d'Aragon, il est l'ami des rois de France et d'Angleterre ; mais personne ne fera rien pour lui ! Le comte est-il seulement maître chez lui ? Ses terres sont presque aussi vastes que celles du royaume de France, et il peut à peine lever une armée dans ses propres fiefs !... Entre les ligues de barons, les comtes de Foix et les Trencavel, les intérêts se font et se défont... Il veut gagner du temps... Mais à quoi bon ?

Le cathare hochait la tête. Escartille ne lui répondit pas.

Durant tout le temps que dura cette triste cérémonie, Raymond VI agenouillé s'adressa à Dieu, non celui qu'on lui reprochait d'avoir renié, ni même celui de ses amis cathares ; mais à ce Dieu que tous cherchaient, et dont Raymond sentait cruellement l'absence aujourd'hui. Il avait en balance la survie d'un peuple qui l'aimait et la crainte de la puissance à laquelle il s'exposait, au-delà de tout ce qu'il pouvait imaginer. Face à ce choix impossible, il capitulait devant les prélats rassemblés. Il décida de donner le change jusqu'au bout, et de rejoindre la cause même de ses ennemis.

S'il n'était plus une menace, s'il gagnait la confiance du pape, alors peut-être pourrait-il atténuer la haine qu'il sentait se lever contre les siens. Cette perspective achevait de l'exaspérer, et pourtant, c'était la seule issue. L'issue du faible, peut-être, ou du suzerain trop conscient des pouvoirs qui risquaient de se déchaîner s'il continuait à provoquer la papauté. Ainsi, il allait faire mine de servir le fer ennemi, pour mieux en prémunir ses parents et ses vassaux. Un calcul épouvantable, dont il savait les limites ; mais l'échine du guerrier devait maintenant se courber pour jouer les anguilles dans des eaux hostiles.

De nouveaux coups de verges vinrent enflammer son dos.

Il serrait les dents, les yeux clos.

Tout cela ne suffit pas à empêcher les massacres qui se préparaient.

Escartille ne tarda pas à comprendre qu'il ne faisait pas bon vivre à Saint-Gilles ; décidément, rien ne semblait devoir s'y apaiser. La cérémonie ne s'était pas achevée depuis une heure que, cherchant désespérément de quoi renflouer sa bourse, le troubadour, revenu sur la grand-place, y trouva un prêcheur catholique, juché sur un simple tabouret de bois. Il se nommait Dominique de Guzman. Avec l'évêque d'Osma, il avait longtemps marché, pieds nus, sur les routes poussiéreuses du Languedoc, mendiant le droit d'être écouté en même temps que son pain quotidien. Souvent, on s'était moqué de lui, on lui avait jeté de la boue ou des légumes, on lui avait attaché de la paille dans le dos. Il était passé à Montpellier, Servian, Béziers, Carcassonne, Montréal, où il avait rencontré Guilhabert de

Castres et un grand nombre de parfaits ; aujourd'hui, il arguait à qui voulait l'entendre du bien-fondé de la guerre.

– Qui défendez-vous, mes amis, mes frères ? demandait-il, qui défendez-vous, sinon une secte, une secte dangereuse, qui se complaît dans toutes les erreurs ? Depuis des années, j'ai sillonné les routes de votre pays, j'ai prononcé des paroles de paix. J'ai dit que, si l'on s'était saisi de moi, j'aurais supplié que l'on ne me mette pas à mort d'un coup, mais que l'on m'arrache les membres un à un, pour prolonger mon martyre, plutôt que de renoncer à un seul des commandements de ma foi. Et je le dis encore, oui ! Je suis prêt à n'être plus qu'un tronc sans membres, à avoir les yeux arrachés, à agoniser dans mon propre sang, plutôt que d'épouser une cause indigne ! J'ai prêché, j'ai imploré, j'ai pleuré devant vous ! Mais là où valait la bénédiction vaudra maintenant le bâton ! Persistez dans l'erreur, et nous exciterons contre vous les princes et les prélats, ils convoqueront nations et peuples, et un grand nombre d'entre vous périra par le glaive ! C'est vous qui subirez ce martyre que j'appelais de mes vœux ! Réveille-toi, peuple occitan, et reviens à l'Eglise de Vérité ! Réveillez-vous tous, ou vos tours seront détruites, vos murailles renversées les unes après les autres ! Vous-mêmes serez réduits en servitude ! C'est ainsi que prévaudra la force, là où la douceur a échoué.

Escartille ne pouvait savoir que cet homme n'était autre que le futur saint Dominique.

Par Dieu, je n'y comprends rien ! Je n'ai rien demandé de tout cela ! Ces querelles me passent au-dessus de la tête.

Une chose était sûre : il était hors de question de rester davantage en ce lieu agité.

Usant de toutes ses malices, le troubadour s'aventura dans une ferme où il parvint à dérober deux poulets, des fruits et quelques rasades de lait.

Il n'avait avec lui que quelques deniers ; voilà qui ne le mènerait pas loin.

Il hésita longtemps avant de reprendre son chemin et resta dans les environs, à glaner ici ou là de quoi subsister. Alors que l'été approchait, Escartille, désemparé, se décida à trouver un abri plus sûr que les granges de foin et le refuge des fermes. Aimery était d'une insatiable voracité. Le troubadour lui consacrait chacun de ses instants, malgré ces impossibles circonstances. Il était devenu un chasseur de tétons, de mères nourricières, de ces familles de paysans crottés auprès desquels, chaque jour, il gagnait pour le nouveau-né le simple droit de découvrir le matin suivant. Lorsqu'il le regardait, Escartille songeait à Louve avec tristesse ; dans les yeux noirs de l'enfant, dans ces joues douces et fraîches, dans cette bouche avide, il cherchait à discerner ses propres traits et ceux de la belle Aragonaise. Maladroit, incapable, perdu, Escartille s'efforçait cependant de garder espoir, de ne pas céder au chagrin ; mais il lui fallait rapidement trouver un asile plus sûr.

– Aimery ! Aimery ! Dans quelle folie nous ai-je entraînés ? Seras-tu longtemps privé de celle que j'aime et qui t'a mis au monde ? Quand, comment pourrons-nous la retrouver ? Ne pleure pas, je t'en prie, non ! Ne pleure pas, par pitié, petit morveux ! Seigneur, je sais que Vos desseins sont impénétrables, surtout en ce moment ; mais ne pourrais-je savoir un peu plus où je vais, et ce que je dois faire à présent ?

Béziers. C'est là qu'il faut aller.

Escartille pensait trouver dans cette ville la sûreté qui lui manquait. Pourtant, il avait eu vent de la situation ! Les nouvelles se répandaient maintenant dans la région comme une traînée de poudre. L'Eglise, en chasse contre les hérétiques, était entrée en Languedoc avec la ferme intention de faire plier toutes les maisons soupçonnées de catharisme. Raymond VI devait rejoindre les croisés à Valence. Les troupes dirigées par Milon, celles-là mêmes que le troubadour avait déjà trouvées sur sa route, allaient retrouver celles de l'archevêque de Bordeaux, qui pénétraient dans le Languedoc par le Quercy. Le comte de Nevers était des leurs, ainsi que le duc de Bourgogne, le comte de Saint-Pol, Pierre d'Auxerre et Adémar de Poitiers ; il y avait là la plus haute noblesse de France, une armée de clercs et de seigneurs, accompagnés de leurs vassaux. On annonçait l'arrivée de cinquante mille hommes ; cinquante mille chevaliers bardés de fer et prêts à en découdre, sans compter les dizaines de milliers de vilains qui les suivaient, et toute la racaille accompagnant les guerres de cette sorte. Pendant ce temps, le jeune Raymond-Roger Trencavel, neveu du comte de Toulouse, tenait conseil dans cette bonne ville de Carcassonne, dont Escartille s'efforçait chaque jour d'obtenir des nouvelles. Trencavel n'avait que vingt-quatre ans, mais le peuple savait qu'il était un protecteur farouche de ses intérêts. On l'aimait ; tous les espoirs étaient à présent entre ses mains. Il était le second maître de l'Occitanie après Raymond VI. La population occitane avait entendu dire qu'il venait de rassembler ses principaux barons, pour parer à toute éventualité. Trencavel espérait passer à travers la tempête sans faire trop de remous, au moins tant qu'il n'était pas directement attaqué. Mais à présent que l'Eglise mettait sa menace à exécution et envahissait la région, c'était une autre affaire. Le vicomte devait se maudire de son péché d'orgueil, car il fallait se rendre à l'évidence : lui et ses alliés avaient sous-estimé le danger qui pesait sur le pays. Ils ne s'étaient préparés en rien, et n'avaient pas plus que Raymond VI les moyens d'assurer leur défense, face à la déferlante des Français de l'ost. Une forte partie s'engageait et Trencavel se retrouvait isolé. La défection de son oncle lui coûtait à un point qu'il était difficile d'imaginer ; aux yeux de Rome, il devenait le nouveau personnage à abattre.

Escartille songea bien à quitter l'Occitanie pour franchir les Pyrénées espagnoles – et attendre Louve chez elle, en Aragon, peut-être ! – ou à remonter vers le nord ; mais comment aurait-il pu espérer préserver longtemps leur vie, à tous deux, alors qu'à chaque instant, il redoutait d'être occis au milieu de la campagne ? Quitte à rester dans les parages, il cherchait l'abri d'une cité moins convoitée que celles qui passaient pour être les cornes de l'hydre.

Oui ! Son calcul aurait pu être le bon.

Il s'était trompé.

En arrivant à Béziers, second fief de la vicomté des Trencavel, il trouva enfin à loger chez un couple d'aubergistes, qu'il parvint à émouvoir par le récit de son aventure. Leur maison donnait sur la rue des Frères, en plein cœur de la cité. La matrone du lieu s'appelait Eglantine. Elle avait quitté Toulouse dix ans plus tôt en épousant son mari, Robert de Bayle, et tous deux avaient ouvert leur auberge, *Au Grand Veneur*. Eglantine était une bonne mère, toute de force et de caractère. Elle s'enticha vite d'Aimery et ne manqua pas de le prendre sous sa coupe. Son époux, partagé entre sa jovialité naturelle et une méfiance bien légitime à l'égard des intentions du troubadour, ne savait trop quel parti prendre ; mais il en allait du sens de l'hospitalité occitane que de tirer le jeune homme et son enfant de ce mauvais pas.

Un matin de juillet, à l'aube, Escartille décida de sortir par les rues de la ville pour y faire une petite promenade. Il avait emmené son fils, qu'il tenait enveloppé dans une étoffe de soie rouge prêtée par les aubergistes ; il souriait sous les premiers rayons de soleil, marchant d'échoppe en échoppe, saluait en hochant du couvre-chef les forgerons, les cordonniers, les armuriers, les pâtissiers, les merciers ambulants, échangeait avec eux quelques mots, s'inclinait dans des révérences exagérées lorsqu'il croisait un grand bourgeois à cheval ou l'un des capitouls de la cité. Un marché se tenait sur la grand-place. De toutes parts montaient les bruits quotidiens de la ville, la criée des colporteurs, les rires fusant des tavernes, le fer frappé contre l'enclume. Des parfums de fruits, de légumes et de vin venaient se mêler à ceux des terres avoisinantes. Oui, alors même que la guerre commençait, le pays était encore une terre d'abondance : les marchandises arrivaient de Marseille, Toulouse, Narbonne, Avignon et s'échangeaient sans mal ; les commerçants pouvaient vendre et acheter sans que la circulation des biens soit taxée à tout bout de champ ; les étrangers allaient et venaient librement. Il n'y avait que les Pyrénées à franchir pour s'ouvrir les portes de l'Espagne et de l'Orient. Des navires gorgés de richesses suivaient le cours du Rhône et de la Garonne ! Pour la première fois depuis longtemps, Escartille respirait, s'accordait un peu de détente. Il souriait en regardant le flot de ces ouvriers, aux ongles rouges à force de travailler le kermès et le pastel, la galle d'Alep, l'alun et la gaude venus de Pise et de Gênes, qui sortaient en bande de leurs teintureries pour gagner l'auberge la plus proche. Ici, des négociants d'Alexandrie déchargeaient leurs cargaisons de lin, de coton et d'indigo ; des Catalans roublards, le teint hâlé, en chemises blanches, écoulaient le safran, la cannelle, le poivre, le girofle, le gingembre, des épices et des parfums des plus lointains horizons. Des confections d'habits étalaient à profusion leurs étoffes de soie et de pourpre et leurs taffetas liserés d'or ; tonneliers et charpentiers de mer écumaient les rives de l'Aude et de l'Orb ; drapiers, tailleurs, perruquiers, gantiers, chapeliers, fourreurs se disputaient les plus belles commandes, leurs étals multicolores luisant sous le soleil. A Béziers, comme dans toutes les villes occitanes, les capitouls, les maîtres des cités, tenaient à leur autonomie. Leurs suzerains féodaux, eux-mêmes, accordaient à ces bourgeois cette indépendance qu'ils considéraient avec bienveillance, tant que le cœur de la population continuait de battre pour eux. Forts de cette liberté, les clercs n'étaient pas en reste : ils s'aventuraient sur des chemins interdits. Il n'y avait pas une ville d'importance dans laquelle on ne trouvât des écoles de mathématiques, d'astrologie, de médecine, de philosophie. On enseignait Aristote là où il était banni des Universités du royaume de France, aux mains des pouvoirs ecclésiastiques.

Avec un pincement au cœur, Escartille imaginait combien sa vie aurait pu être différente ; il se prenait à penser qu'après tout, la bohème courtoise qu'il avait connue jusqu'à présent comportait bien des désagréments. Il aurait pu, déjà, trouver refuge dans l'une de ces villes aux ruelles enlacées autour du château ; il aurait pu épouser une dame encore libre et vivre avec elle dans l'une de ces maisons, au sommet des collines ! Il aurait coulé des jours paisibles à l'abri des murailles, loin des clercs fanatiques de tous bords, loin des Aragonais revanchards ! Mais à peine songeait-il à cette idée que le visage de Louve venait danser devant ses yeux, lui arrachant un soupir de tristesse. Etait-elle repartie en Aragon ? Quand pourrait-il enfin se mettre en chasse, remuer ciel et terre pour la retrouver ?

Soudain, Escartille tombait en arrêt devant une nouvelle apparition. Une bourgeoise marchait au bras d'un chevalier ; il s'agissait tantôt de nobles de la ville, tantôt de seigneurs de la campagne, venus à Béziers pour la foire ou le marché. Le troubadour lorgnait sur la belle, à la chevelure nouée sous le voile, la robe catalane s'ouvrant à chaque pas sur l'indiscrétion d'une chair intouchable. La traîne de son riche surcot glissait derrière elle avec une délicieuse élégance. La magie recommençait. Escartille se lançait dans le sillage de la dame, cette étoile filante, puis il s'aventurait devant elle, guettant le moment où elle lèverait les yeux. Soudain, elle croisait son regard, lui adressait un sourire. Le troubadour retrouvait aussitôt ses vieux réflexes ; il chavirait, rêvait de l'étreindre, le cœur réchauffé de cette simple œillade. Puis, fermant les paupières, il guettait cette fragrance subtile qui, portée par la brise, volait jusqu'à lui. Il imaginait alors que c'était Louve qui venait de jaillir devant lui, qu'il n'avait plus qu'à s'élancer vers elle... mais voici que le chevalier, devinant ce manège, levait le sourcil et pressait le pas. La douce voyait l'enfant que le troubadour tenait entre ses bras, langé contre son cœur. Elle s'éloignait alors sans se retourner, balançant de la croupe avec indolence. Et l'enfant souriait, ses grands yeux fixant son père avec la curiosité si habituelle aux nourrissons. Son visage semblait guetter la lumière.

Escartille souriait à son tour et retrouvait son humeur légère, continuant de déambuler de rue en rue. Des enfants jouaient au palet dans une cour, en poussant des cris joyeux ; ici, il manquait de heurter un parfait en sandales ; là, c'était l'un de ses homonymes catholiques, abbé renfrogné qui serrait bien fort son livre de messe. Il y avait quelque chose de comique à voir ainsi les partis ennemis se côtoyer derrière les mêmes murs. Les hérétiques vivaient auprès des clercs de l'Eglise romaine ; les uns et les autres avaient appris à se tolérer. Il arrivait souvent aux croyants de se rendre à la messe pour satisfaire aux obligations rituelles du dogme catholique, avant de recevoir dans la même journée le *consolament* cathare, laissant alors libre cours à une foi qu'ils vivaient de façon plus ardente et plus secrète. Ici et là, sur les places, dans les ruelles, les membres des deux religions s'observaient, s'agaçaient à plaisir, s'affrontaient parfois publiquement ; chacun y trouvait sa liberté et, au bout du compte, on préférait cela au bain de sang. Un peu plus loin, c'était une volée de femmes cathares, ces parfaites qui avaient accédé à la prêtrise, à force d'obstination ; revêtues de noir, elles enflammaient encore les sens du troubadour : elles glissaient devant lui, leurs robes sombres dansant dans la brise, anges au milieu des nuées. Il fondait d'émotion devant la poésie qui émanait de ces déesses en sandales, de cette aspiration à l'absolue pureté qu'il pouvait lire sur leurs visages, lui qui ne savait où se placer, ni qui défendre ; oui, elles étaient des livres ouverts, des livres de chant, des odes merveilleuses ! Que n'aurait-il donné, autrefois, pour posséder l'une d'entre elles, la souiller de ses plus ardentes attentions, la baiser jusqu'à étancher sa soif, l'entendre crier et l'appeler son Dieu ! Mais comment flétrir ces fleurs sans risquer de les perdre ?

Escartille entendit tout à coup des cris autour de lui.
Oh oh.

L'agitation se répandait de place en place. On se mit partout à chuchoter, à s'interroger, à discourir ; le troubadour tourna sur lui-même, avec l'enfant dans les bras, voyant gagner le flot de la rumeur. Ici, un ministre cathare accélérait le pas et s'engouffrait sous le porche d'une maison ; là, des femmes tenaient conciliabule ; plus loin, trois capitouls se dirigeaient ensemble vers le bâtiment où ils délibéraient à l'ordinaire.

Escartille fut aussitôt alerté.

– Que se passe-t-il ? demanda-t-il à une bourgeoise qui le croisait.

– Le vicomte Trencavel est annoncé d'un moment à l'autre, lui dit-elle. Les croisés marchent sur nous.

Oh non !

Il fit une affreuse grimace.

– ... Ils ne sont plus qu'à quinze lieues d'ici ! dit-elle pour l'achever, avant de s'enfuir.

Quinze lieues ! Seigneur, quinze lieues !

Le sang reflua de son visage.

Il repartit vers l'asile des aubergistes en toute hâte, manqua de trébucher sur une troupe de poules échappées du marché ; les volatiles battirent de l'aile en caquetant tandis qu'il se pressait de regagner le *Grand Veneur.* En chemin, il faillit être renversé par un groupe de cavaliers qui se dirigeait également vers le cœur de la cité. Il entendit de toutes parts des vivats que l'on jetait à l'adresse des arrivants ; on se pressait sur le pas des portes, on acclamait les chevaliers depuis les fenêtres, on déployait des drapeaux. Escartille ne tarda pas à comprendre : les portes de la ville venaient de s'ouvrir à l'arrivée de Trencavel. Le messager qu'il avait fait mander à Béziers était entré dans la cité une heure avant lui ; les capitouls avaient à peine eu le temps de se rendre à sa rencontre. Trencavel se rendait auprès d'eux dans la plus extrême urgence. Escartille se logea sous un porche jusqu'à la fin du défilé, protégeant Aimery des nuages de poussière que soulevaient ces cavalcades. Il eut le temps d'apercevoir ce jeune homme en tunique rouge, à l'écu frappé des armoiries de Carcassonne : le torse droit sur son cheval, les cheveux en bataille, il avait fière allure ; pourtant, Escartille put juger à sa mine qu'il était dévoré d'inquiétude. Il n'y avait plus un instant à perdre. Ainsi, c'était lui Trencavel, le *Petit Pastoret*, celui qui devait assurer la protection de la cité ! Oui, il avait l'air vaillant, mais cela suffirait-il ? Et pourquoi n'était-il venu ici qu'avec une poignée de soldats ?

Escartille attendit que les cavaliers se fussent éloignés et n'eut aucun mal à entendre les rumeurs qui se propageaient dans toute la ville.

Le vicomte revenait de Montpellier, où il avait fixé une rencontre avec les légats du pape pour y faire valoir ses droits. Il s'était défendu de soutenir l'hérésie, affirmant qu'il n'avait jamais renoncé au catholicisme, en arguant du fait qu'il n'avait que vingt-quatre ans, et que l'on ne pouvait lui reprocher des faits antérieurs à sa majorité. Cela n'avait pas suffi à clouer au sol ces cinquante mille hommes qui ne pensaient qu'à faire justice au nom du Christ. Trencavel alla s'enfermer avec les capitouls. La ville allait être assiégée sous peu ; les croisés pensaient sans doute, pour leur premier coup, s'assurer une victoire plus facile que la prise de Carcassonne, qui seule pouvait leur résister. Le vicomte ne pouvait accepter de s'emmurer à Béziers ; s'il déplaçait ses troupes maintenant, il risquait de tout perdre d'un coup de dés. Durant les quelques heures d'entretien qu'il eut avec les notables de la ville, il promit de leur envoyer des renforts avant peu ; mais il devait retourner au plus vite vers sa capitale pour en organiser la défense. La seule proposition qu'il put formuler était d'emmener avec lui quelques hérétiques et juifs de la ville. Les capitouls comprirent la décision de leur seigneur. Ils savaient aussi ce qu'elle signifiait pour eux, et pour toute la population. Quinze lieues ! Cela signifiait qu'il restait à peine deux ou trois jours pour se préparer au siège.

Lorsque le troubadour arriva à l'auberge, il se précipita sur Eglantine.

– Il faut déguerpir au plus vite, lui dit-il, croyez-moi !

Elle le considéra aussitôt d'un air réprobateur.

– Quoi, Escartille, quoi encore ! lui jeta-t-elle avec un accent chantant, à couper au couteau.

Ils étaient dans l'arrière-salle de l'auberge, petite pièce où se trouvaient une table et quelques chaises de paille, au pied desquelles jouaient les enfants d'Eglantine. A l'intérieur de l'auberge, dans la salle voisine, on entendait des éclats de voix. Partout, on débattait de la situation. Le troubadour avait l'air bien déconfit, avec son galurin de travers. Les poings sur les hanches, Eglantine le toisa de haut en bas, le visage sévère. Cette force de la nature le dépassait de deux bonnes têtes ; c'était une citadelle à elle seule. Sa carrure imposante, la crinière blonde qui enserrait son visage, tout concourait à impressionner les grands timides comme Escartille. Elle lui arracha l'enfant des bras et le posa dans le berceau de paille qui se trouvait là, comme un Jésus dans sa crèche. Elle tonitrua alors que c'était folie de penser un instant fuir de cette ville et de l'abri de ses remparts.

– Vous n'êtes pas bien, messire Escartille ! Que ferez-vous si en mettant le pied dehors, vous tombez sur ces milliers de Français qui ne demandent qu'à étriper les cathares et les vagabonds ? *Vi'al perdon !* Ils ont des routiers avec eux, des Basques et des Aragonais, la pire engeance de la terre ! Notre cher vicomte nous a promis des renforts, les renforts viendront !

Escartille eut beau arguer de toutes les raisons imaginables, elle ne l'écoutait pas.

– Cet enfant n'est pas préparé à affronter une armée avec vous, Escartille.

– Qui parle d'affronter qui que ce soit ? s'écria le troubadour. Bien au contraire, il faut...

– N'avez-vous pas entendu ce qui se dit partout ? dit encore Eglantine. Ils viennent de tous côtés ! *Anatz,* regardez-vous, Escartille, vous-même êtes encore un enfant, vous n'avez rien d'un homme d'épée ! Vous ne savez pas vous battre ! Je ne vous laisserai pas partir et risquer deux vies en courant à tous les diables !

Ce fut alors que le *pater familias* fit son apparition, de retour de la salle principale de l'auberge, qu'il venait de fermer. Robert de Bayle tenait deux pioches en main. Il s'avança vers Escartille. Il avait les bras noueux, le visage dur ; un nez épaté au-dessus d'une épaisse moustache. Une tache de naissance ornait son front, dessinant une étoile brune au-dessus de ses sourcils. Il jeta l'une des pioches dans la direction du troubadour, qui l'attrapa au vol pour éviter qu'elle ne tombe. Puis Robert s'essuya les mains sur son tablier.

– Hardi, troubadour ! Rends-toi utile, dit-il à Escartille d'un ton rude.

– Mais... mais que voulez-vous que je fasse de cela ?

– Prends trois gourdes d'eau, fit-il pour toute réponse. Nous allons creuser.

– Creuser quoi ? demanda Escartille.

– Les fossés, dit l'aubergiste, avant de disparaître au-dehors.

Le troubadour resta bouche bée, la pioche à la main. Il n'était pas question pour lui de creuser quoi que ce soit ! Pourquoi se précipiter dans la tourmente et admettre de se mêler à ce combat, qui semblait si éloigné du sien ?

– Ton enfant, le sort d'une ville ! cria Robert depuis la rue. Cela ne suffit pas à te décider ? Allez, petit, au travail.

Oui, il aurait pu partir, se jeter dans une autre folie, détaler de la ville au risque de se faire massacrer par les routiers et les brigands de la campagne, il aurait pu tenter de nouvelles aventures. Mais celle-là ! *Celle-là...*

Allez, petit, au travail.

Une ville entière se préparait à l'assaut. Ils étaient près de neuf cents, disséminés sur tout le pourtour de la cité. De chaque maison affluaient des renforts réguliers. Hommes et femmes de toutes conditions se ralliaient à la prompte défense que dirigeaient les bourgeois. Ils sortaient des maisons du *castrum,* les bras chargés de gourdes, de nourriture et de pelles, rejoignant les abords de la ville ; il n'y avait pas une seule des ressources de la cité qui ne fût mobilisée par cette vaste entreprise. Les capitouls étaient transformés en maîtres d'œuvre. L'index tendu, ils déployaient les plans, indiquaient les travaux à mener, griffonnaient à la hâte sur les rouleaux de parchemin qu'on leur tendait, criaient leurs ordres de tranchée en tranchée. La fièvre les gagnait, à mesure que le soleil abaissait sa course, et que le temps, implacable, continuait de s'écouler ; partout, les hommes creusaient, un même cri semblait monter des abords de la ville, scandant la mesure des coups assenés par des forêts d'instruments. Aux côtés de Robert de Bayle, Escartille passait la main sur son front, attaquant le sol avec retard sur ses voisins. Il ruminait contre sa faiblesse.

– Nous serons prêts en temps et en heure, dit l'aubergiste à côté de lui, comme s'il avait pu entendre les pensées du troubadour.

Ses bras puissants frappaient le sol en soulevant des caillasses et des mottes de terre.

– Et vous croyez que... ces fossés seront suffisants ?

dit Escartille, haletant. Votre Trencavel vous laisse tomber comme de vieilles braies, oui ! Oh, je... je les connais, les bons seigneurs de chez nous, j'ai... passé mon temps à chanter pour eux, à Puivert ! Ils boivent, ils mangent, mais... ils ne sont pas fous au point de courir au suicide comme nous le faisons !

– Tais-toi, Escartille, et pioche !

Escartille rajusta son galurin, leva les yeux et regarda autour de lui. Le soleil continuait de descendre derrière les collines. Une lumière perlée tombait sur l'immensité de ce chantier improvisé. Et partout, au milieu des nuages de poussière, le troubadour contemplait cette foule grouillante, qui tonnait, ahanait, chantait, riait, criait, ces têtes luisantes, ces bras tantôt malingres, tantôt solides comme l'écorce des chênes, ces monceaux de terre et ces paniers de victuailles qui circulaient entre eux – et le troubadour s'adressa de nouveau à Dieu en silence. Il lui fit une prière désespérée, se représentant soudain toute l'incongruité de la situation et de cette guerre qui, après avoir couvé si longtemps en Occitanie, éclatait aujourd'hui comme un coup de tonnerre.

Qui suis-je en train de défendre ? Que suis-je en train de faire ?

Cette fois, j'en suis sûr, Seigneur, ce monde que Vous avez créé est bel et bien absurde.

Le matin suivant, alors qu'il se tenait au-dessus des murailles avec Eglantine, qui portait Aimery dans ses bras, Escartille entendit le cri des guetteurs postés au-dessus d'eux. Il s'élança sur une échelle et, en quelques appuis, se retrouva auprès des soldats, sur les remparts.

Il ne put s'empêcher d'écarquiller les yeux devant le spectacle qui s'offrait à lui.

Diable.

Le long de la rive gauche de l'Orb, l'armée ennemie installait des milliers de tentes et de chariots ; au cœur de cette fourmilière, les croisés s'activaient avec leur chevalerie, préparant les batteries de machines, glissant les boulets dans les pierrières ou les trébuchets, alignant une à une leurs tours roulantes en prévision des bombardements. Des escouades de mineurs n'attendaient que le signal des légats pour creuser leurs galeries, afin d'ébranler le fondement des murs. Sous les pavillons des chefs de guerre, on discutait des préparatifs de l'assaut, de la façon de franchir ou de combler les fossés. Çà et là, des feux s'allumaient, les femmes et les filles de joie allaient d'un lieu à un autre, traînant des marmites ou des gamelles de nourriture. Les chariots retardataires arrivaient encore au loin, recouvrant peu à peu tout le paysage, au milieu des bivouacs et des légions de chevaux aux caparaçons armoriés, broutant, buvant, hennissant, clopinant avec les écuyers. A quelques dizaines de mètres des remparts, une première ligne de siège rassemblait les sections de routiers et les cordons de fantassins ; juste derrière, des archers et arbalétriers circulaient auprès des préposés aux machines. Plus loin encore, on trouvait la noblesse et le clergé, magma semé d'étendards multicolores, de drapeaux claquant au vent, de bannières épiscopales, jusqu'à disparaître à l'horizon. Un brouhaha incessant montait de toute la plaine.

Bien. Je vois.

Escartille avala sa salive et sentit une grosse boule rouler dans sa gorge. Il se tourna vers l'un des soldats avec lequel il venait de faire connaissance, à côté de lui.

– Ils... Ils sont nombreux, hein ?

Le soldat, lui, ne paraissait pas impressionné. Il s'appelait Charles de Montesquiou, était originaire d'Agen. Il avait le visage long, les joues creuses, les paupières tombantes. Prenant appui sur sa lance, la tête recouverte d'un casque de fer, il semblait, au contraire, trouver cette effervescence plutôt réjouissante. Voir Béziers braver ainsi une armée qui s'agitait à ses pieds, comme un essaim d'abeilles autour d'une ruche, ne déclenchait en lui qu'un certain dédain mêlé d'amusement.

– Les dangers et les grands travaux ne sont pas pour tout de suite ! Les Français font croire à une unité qu'ils n'ont pas... Leurs troupes se développent sur une lieue de long et les routes arrivent à peine à les contenir ! Regarde ces bandes de routiers, ils peuvent les quitter à tout moment en quête d'autres pillages moins dangereux ; tenons quarante jours, et la chevalerie elle-même devra plier bagage !

Le soldat sortit discrètement une gourde de son plastron et se servit une rasade d'armagnac, avant d'éructer. Il tendit sa gourde à Escartille, mais le troubadour n'avait pas le cœur à boire. Il refusa son offre d'un geste de la main.

– Ah, répondit-il, manquant de s'étrangler. S'il nous faut seulement tenir quarante jours, alors, tout est bien !

Il entendit soudain la voix d'Eglantine, restée avec l'enfant au pied de l'échelle.

– Que voyez-vous ? Ils sont là ?

Il se pencha vers elle et lui adressa un sourire forcé.

– Tout va très bien, Eglantine. Il y a juste... quelques tentes, de-ci, de-là...

Dans la journée, Renaud de Montpeyroux, évêque catholique de Béziers, alla à la rencontre des assiégeants pour tenter de négocier avant le début des hostilités. Il se rendit jusque sous le pavillon où se trouvait Arnaud-Amaury, légat du pape et chef de l'armée ennemie. Le prélat était assis dans un fauteuil profond, entouré des principaux chefs de la croisade : on y trouvait le comte de Nevers, le comte de Bourgogne et les autres Français qui dirigeaient les opérations. Ils formaient un cercle devant l'évêque, portant tuniques et armures. Arnaud-Amaury était singulièrement accoutré, avec sa cotte de mailles frappée d'une croix par-dessus sa vêture religieuse ; entre l'étoffe et la cuirasse, le glaive et l'anneau, il se présentait autant en soldat qu'en homme de Dieu. Ses yeux étincelaient d'une fureur que l'on devinait prête à éclater à tout moment ; il avait un nez busqué ; ses lèvres se tordaient en un pli amer au coin de sa bouche. Arnaud-Amaury était, en cet instant, le suprême dépositaire du pouvoir pontifical. C'était à lui qu'Innocent avait décidé de faire confiance pour régler la délicate question du midi de la France. Cousin des vicomtes de Narbonne, général de l'ordre de Cîteaux, ancien abbé de Grandselve, l'un des grands monastères du Languedoc, Arnaud-Amaury était un homme de la région. Il connaissait d'autant mieux l'hérésie qu'il l'avait côtoyée pendant des années, et était prêt à tout pour extirper définitivement ses racines de l'Occitanie, quitte à mettre le pays à feu et à sang. Au-dessus du pavillon, les armoiries de Rome claquaient au vent. Sa tente, comme les milliers d'autres qui parsemaient maintenant le paysage, était surmontée d'une boule dorée et d'un aigle de métal fondu ; c'était une constellation de ces aigles vengeurs qui étincelait sous le soleil.

La rencontre fut sèche et rapide. Arnaud-Amaury tendit à Renaud de Montpeyroux un *rotulus* de parchemin, dont il détacha le ruban rouge, avant de le déployer sous les yeux de l'évêque.

– Voici, Monseigneur, dit-il, une liste de deux cent vingt-deux noms de personnes ou de familles hérétiques qu'abrite votre ville. Que vous et les catholiques de Béziers nous livrent les cathares dont le nom figure sur cette liste, et la cité sera épargnée. Dans le cas contraire, vous périrez tous, par la volonté du Seigneur.

Renaud prit le rouleau de parchemin.

Loin derrière, sous une autre tente, Raymond VI, comte de Toulouse, ravalait ses larmes de colère. Il était en armure, assis sur le bord d'un lit. Il n'osait porter la main à cette épée fichée dans le sol, à portée de ses doigts. De temps à autre, il se levait, faisait les cent pas, hochant la tête en tous sens et poussant des jurons. Puis il venait se rasseoir. Il pensait à cette terrible cérémonie qu'on lui avait infligée en l'église de Saint-Gilles. Son dos était encore douloureux des coups de fouet qu'on lui avait infligés. Il songeait à son neveu, Raymond-Roger Trencavel, avec lequel il n'avait cessé de se disputer, et qu'il abandonnait aujourd'hui devant l'assaillant. Et subitement, il se prenait à douter de la décision cruelle qu'il avait prise en se rangeant aux côtés de l'ennemi pour mieux lui donner le change. Mais qu'y avait-il gagné, en somme ? Sa propre sécurité ? Celle de sa suzeraineté ? Certainement pas celle de son peuple, en tout cas.

Qu'ils étaient loin, à présent, ces banquets toulousains ! Et ces chants, ces danses, ces réunions de poètes et de musiciens !

Il leva vers le ciel son visage tordu de douleur.

– Excommunié ! Moi ! Que l'on me demande de revenir au pape pour sauver des vies, passe encore ! Mais que l'on me fasse assister au massacre des miens ! Que l'on m'invite à porter l'épée contre eux, que l'on soutienne mon bras pour chasser nos propres familles, comme une bande de chiens et de mécréants, cela m'est impossible, par tous les saints !

Il regarda le pommeau de son épée.

Elle semblait l'attendre, fièrement plantée en terre.

Une heure plus tard, revenu dans l'enceinte du *castrum*, Renaud de Montpeyroux tint conseil en la cathédrale Saint-Nazaire, où il avait réuni les capitouls et la communauté catholique de la ville. Brandissant la liste, énumérant un à un les noms qui s'y trouvaient couchés, il finit par proposer à ses ouailles de quitter Béziers en abandonnant les hérétiques aux croisés. Escartille assista à ce plaidoyer, se frayant un chemin parmi la foule. Partout autour de lui, ce fut le tollé. Le troubadour tournait sans cesse la tête de droite et de gauche.

– Jamais ! Jamais nous ne céderons !

– C'est odieux !

– Comment peuvent-ils ?

– Oui, qui sont-ils pour nous demander cela ?

– Ce qu'ils sont ? tonna Renaud de Montpeyroux, perdant contenance à mesure qu'avançait la discussion. Ce qu'ils sont ! Ils sont l'Eglise catholique, apostolique et romaine ! jeta-t-il à la foule en postillonnant d'excitation. Et ils campent à nos portes ! Ne soyez pas insensés, ne...

– A nos portes ? Eh bien, qu'ils y restent !

Les capitouls refusèrent le marché, outrés, préférant affronter la mort plutôt que de renier le serment qu'ils avaient fait à Trencavel. Le troubadour ne pouvait s'empêcher d'admirer ces villageois qui, envers et contre tout, croyaient en leur suzerain au point de faire passer les intérêts occitans avant la protection de leurs vies ; mais, trop conscient de leur folie, il hochait la tête sans pouvoir proférer une seule parole, ni s'unir à ces cris jetés à l'unisson, qui les précipitaient toujours un peu plus vers une dangereuse issue. Ils étaient là, jouant des coudes, se bousculant, une forêt de lances, d'épées, de gourdins, de drapeaux de toutes sortes dressée en la cathédrale. Ils étaient prêts à tout. Escartille pouvait déjà lire dans leurs yeux la résolution de ne pas trembler, et de protéger leurs biens coûte que coûte – jusqu'à la mort, s'il le fallait.

Au beau milieu de la nuit, incapable de trouver le sommeil, le jeune homme se rendit sur la grand-place, parmi les ombres qui peuplaient ses pensées. L'endroit était presque désert ; les villageois profitaient encore d'une nuit tranquille, qui serait peut-être la dernière. Escartille devinait, dans les maisons, des silhouettes agenouillées à la lueur des bougies. Çà et là, on priait, dans un silence qui n'était que le prélude au grand tumulte. Le troubadour regarda le ciel, au-dessus de lui. Des myriades d'étoiles dansaient, comme les perles d'un voile diaphane. Tout à ses souvenirs, Escartille se plaisait à penser que ce voile était celui de la dame de ses rêves ; celui de *Loba,* légère et pleine de promesses, dont le drapé se déroulait sous la voûte céleste, s'étirait comme un sourire, d'un bout à l'autre de l'univers... Escartille s'assit sur le rebord d'une fontaine, jouant doucement de son rebec, fredonnant à voix basse l'une des complaintes qu'il avait composées pour elle, à Puivert. Il s'imaginait de nouveau avec elle, allongé sous un arbre, tandis qu'elle lui caressait le front de son éventail... De temps en temps, il relevait son archet, ses yeux se tournaient vers les portes de la ville. Il lui aurait suffi de quelques bonds pour s'échapper, de quelques pièces pour soudoyer les soldats, et les portes se seraient entrebâillées devant lui. Aimery dans les bras, il se serait élancé dans la nuit ; il aurait accompli son premier dessein, qui était de gagner Toulouse ou de rejoindre la cour d'Aragon. L'Espagne ! L'Espagne aux mille cathédrales, l'Espagne aux cieux rassurants, aux villes éclatantes de blancheur, aux balcons semés de roses flamboyantes – et Louve, peut-être ! Tandis que le troubadour regardait ces portes, elles lui semblaient soudain immenses. Sur les remparts, les guetteurs allaient et venaient, une torche à la main, leur profil se découpant contre la nuit, à moitié éclairés par les flammes. Non loin d'Escartille, des restes de légumes vendus au marché le matin même jonchaient le sol ; un chien famélique passa près de lui, remuant les ordures de sa truffe. Le troubadour sursauta en entendant passer un homme ivre qui s'accrochait aux pierres des maisons pour brandir son outre de vin, avant d'adresser au ciel des exclamations étranglées.

Leurs ombres s'allongeaient sur les murs, sur les pavés.

Pouvait-il partir, partir ainsi sans se retourner ? Tout

essayer pour passer entre les rangs ennemis et quitter l'Occitanie ? Ses doigts quittèrent le rebec. Il se leva. Il ferma les yeux, s'imagina sur un cheval lancé au galop, au-delà même de l'Espagne, vers le soleil de l'Orient... Il s'approcha de ces portes qui le narguaient. Elles semblèrent doubler encore de dimension. Il entendit ses propres pas résonner sur le pavé... Il resta les bras ballants.

Ils étaient là, dehors.

Cinquante mille hommes.

Il reprit le chemin de l'auberge.

Elle était encore ouverte ; on y riait, on y braillait auprès de l'âtre, entre les tables de bois. Robert, accoudé à son comptoir, servait du vin dans des brocs que l'on frappait les uns contre les autres. Les éclats de voix et les conversations enflammées servaient sans doute à exorciser l'angoisse de la bataille imminente.

– Qu'ils viennent, ces croisés que la terre nous envoie ! *Balhatz-nos la bénédiction de Dieu !* Ils verront qui nous sommes ! Et lorsque les fanions de Trencavel apparaîtront sur la plaine, ils seront pris à revers, ils prieront le Seigneur de les épargner ! Sers-moi, l'aubergiste, sers-moi encore, et buvons !

Ils rotaient, posaient leurs brocs dans des bruits sourds. Dans un coin, un vieil homme, les yeux perdus dans son verre de vin, se parlait à lui-même dans une langue inconnue. Le visage creusé de rides, il portait une barbe de patriarche. Escartille ne tarda pas à comprendre ; c'était un marchand juif qui, comme d'autres, avait refusé de quitter les lieux. La tristesse se lisait sur son visage ; il se balançait d'avant en arrière, tendant de temps à autre ses mains décharnées vers le ciel. Il était seul. Le chagrin désabusé qui se peignait sur son visage émut profondément le troubadour. Il se rendit dans l'arrière-salle, pour y trouver son enfant qui, malgré toute cette agitation, s'était endormi.

Escartille le contempla de longues minutes, sans pouvoir le quitter des yeux.

L'enfant était là, dans son berceau ; Eglantine devait dormir dans la pièce voisine. Le troubadour refréna ses larmes en caressant la joue de son garçon.

Et dire que c'est à moi, à moi de te protéger, moi qui n'entends rien à tout ce qui se passe...

Il regarda ces petites mains, ce corps fragile et recroquevillé.

Je t'aime, petit morveux, je t'aime !

Le lendemain, jour de la fête de sainte Marie-Madeleine, les deux camps se faisaient face sous un soleil radieux. On se toisait dans un climat d'arrogance et d'insouciance mêlées, s'échangeant des invectives et des ironies de toutes sortes. Dès l'aube, Renaud de Montpeyroux se retira, sous le regard réprobateur de la population, entraînant à sa suite une partie des catholiques de Béziers. Escartille, de nouveau sur les remparts, contempla cette triste délégation qui partait sans demander son reste : un long défilé noir franchissait les portes de la ville, sous les sifflets. Montpeyroux se tenait droit, il tâchait de conserver un peu de dignité ; ceux qui le suivaient hochaient la tête en silence, sacs sur le dos, tirant les chariots sur lesquels ils avaient entassé leurs biens.

– Ah, ils sont beaux, nos amis ! Quel courage, oui !

– Retournez donc dans les jupons de la Sainte Vierge !

– Dites-nous si vous y trouvez la paix de l'âme !

– Ne soyez pas trop durs avec eux... disait un autre. Ils sont peut-être moins fous que nous.

Les hommes hochaient la tête avec tristesse, l'amertume aux lèvres, le visage fermé, les yeux baissés devant les quolibets et les moqueries des habitants qu'ils abandonnaient à leur sort. Les femmes versaient des larmes, levant la main en direction des murailles, saluant cette ville qui les avait si longtemps abritées et qu'elles abandonnaient aujourd'hui. Des enfants pleuraient. Lorsqu'ils eurent disparu, le troubadour ne quitta pas la dentelure des créneaux, absorbé par l'agitation qui régnait autour de lui. Les assiégeants n'avaient pas terminé leur installation ; en fait, les combats n'étaient pas attendus avant un ou deux jours. Escartille s'assit contre la pierre, sur le chemin de garde, les pieds en éventail. Trompant sa peur comme il le pouvait, il jouait aux dés avec Charles de Montesquiou. Il avalait de temps à autre quelques gouttes d'armagnac, puisées dans la gourde de son compère. Il faisait une chaleur telle que la plaine semblait fumante ; la tête risquait de lui tourner bien vite. Il apostropha le soldat :

– Holà, Montesquiou ! Dis-moi, combien nous donnes-tu de chances de nous sortir vivants de cette aventure ?

– Cela dépend de Dieu, mon ami, répondit l'autre.

– C'est bien cela qui m'inquiète. Imagines-tu la raison de ce remue-ménage ? Une poignée de cathares, et voilà la terre sens dessus dessous...

– Quand tout cela sera fini, dit Charles, j'utiliserai ma solde pour retourner à Agen.

Ses yeux s'illuminèrent ; il se pencha vers le troubadour et dit, sur un ton de confidence :

– J'ai là-bas trois enfants et une mignonne qui m'attendent ; je les ai trop négligés. Toi, le troubadour, tu sais ce qui vaut la peine en cette vie ! Je suis las de vider mes flacons sur les remparts ; quand bien même le pape viendrait chevaucher lui-même avec les curés du monde entier, sitôt que les croisés lèveront le siège, je m'en irai aussi.

Il bâilla.

– Voilà ce que je ferai...

Avisant un oiseau qui s'était posé imprudemment sur les remparts, il sortit de son justaucorps une fronde ainsi qu'un petit sac de pierres.

– Je ferai tomber les Français de l'ost un à un, comme cet oiseau.

Montesquiou fit tournoyer la fronde au-dessus de sa tête, sous les yeux d'Escartille. Il écouta le sifflement de l'arme avant que, d'un vigoureux coup de poignet, le soldat ne libère le caillou. Celui-ci frappa l'oiseau de plein fouet ; il fut tué sur le coup et s'effondra à l'extérieur de l'enceinte, avec une raideur comique, sans donner un seul battement d'aile.

Escartille hésita à complimenter son camarade.

– Ces petits instruments sont bien pratiques, dit Charles au troubadour, en particulier pour le braconnage... Nous organisions des tournois de fronde du côté d'Agen...

– Allons, dit Escartille. Que peut ta petite fronde contre une armée ?

Montesquiou haussa les sourcils et sourit.

– C'est David contre Goliath !

Escartille entendit des cris plus vigoureux qu'à l'ordinaire et se pencha par-dessus la muraille, Charles et deux autres soldats avec lui. Ils se trouvaient juste au-dessus d'une pente escarpée, dominée par un vieux pont de pierre.

Ce que vit le troubadour lui arracha un cri de stupéfaction.

Un groupe de bourgeois imprudents venait de se précipiter au-dehors par l'une des portes de la ville, armés de bâtons, de frondes et d'épées, portant haut de grands pennons de toile blanche. Ils huaient l'ennemi et songeaient sans doute à l'intimider. En cette partie de la ville, le front adverse était assez dégarni et le gros des troupes campait à bonne distance ; les bourgeois intrépides hurlaient leurs défis dérisoires en dévalant la pente et en courant sur le pont. C'était encore l'une de ces escarmouches coutumières avant les grandes batailles ; il arrivait que les adversaires s'agacent ainsi mutuellement, pour se chauffer en attendant des hostilités plus sérieuses. Cette fois, pourtant, l'algarade n'avait pas été concertée. Elle prit très vite un tour inattendu.

– Mais que font-ils ? demanda le troubadour à l'archer qui se tenait à ses côtés. Ils sont fous !

L'archer ne répondit pas, mais se sépara du jeune homme et cria à l'adresse des autres membres de sa troupe, disséminés auprès de la tour :

– *Qui ?* Qui a donné cet ordre ?

– Mais... personne ! répondit l'un d'eux, écartant les bras.

Charles rangea ses dés, sa fronde et sa gourde d'armagnac. Il se redressa.

– Les capitouls ne gardent pas les portes, en bas ? Par Dieu, qui les a laissés passer !

Entre-temps, un chevalier ennemi, qui passait par là, avait dégainé l'épée et s'était avancé sur le pont, seul, pour répondre aux injures de la bande qui lui faisait face. Derrière lui, à une centaine de mètres, une troupe de routiers fut parcourue d'un mouvement d'agitation. Un homme sortit d'une tente pour voir ce qui se tramait. Les poings sur les hanches, il contempla la parade à laquelle se livrait le croisé, ainsi que l'ardeur de ces lurons qui s'étaient permis de quitter l'enceinte protectrice de la ville pour venir les provoquer, lançant à tort et à travers leurs bordées d'injures.

Il était bien loin d'Escartille, et pourtant le troubadour devina sans mal de qui il s'agissait.

Le mercenaire avait le visage couvert d'une balafre qui courait en diagonale de son front jusqu'à son menton. Un orgelet purulent ornait l'un de ses yeux. Ses traits étaient durs sous son visage couvert de crasse. Par-dessus ses guenilles, il portait une cotte de mailles, sans doute prélevée sur la dépouille d'un seigneur quelconque, lors de ses pillages innombrables. Un médaillon d'or pendait autour de son cou. C'était lui, le bras armé de la terreur, le chef de ces routiers tant redoutés qui avaient coutume de remplir leurs bourses par tous les crimes, les viols et les incendies imaginables, ravageant les champs et les villages ! C'était lui, le roi des ribauds, maître d'une armée chaotique, une armée d'assassins qui avait fait cause commune avec l'Eglise dans l'espoir de nouveaux butins ! Il était difficile d'imaginer quelle terreur pouvait inspirer cet homme ; il se tenait dressé au-devant de ses spadassins sans foi ni loi, et son œil encore valide prenait rapidement la mesure de la situation. Lui que l'on connaissait écumant les campagnes, il était là avec les siens, sa cupidité de tous les instants rencontrant aujourd'hui la volonté de l'Eglise. Les intérêts de Rome rejoignaient ainsi ceux du plus cruel des bandits, ils s'épousaient en une même cause, et là n'était pas le moindre des paradoxes. Le légat de Cîteaux se prévalait de forces qui bafouaient les saints préceptes qu'il était censé défendre ; il utilisait ceux-là mêmes qu'il lui aurait fallu combattre.

La petite troupe s'était jetée sur le croisé trop téméraire. En quelques secondes, elle le lapida. Le croisé s'effondra en crachant le sang ; on se saisit de sa dépouille avant de la faire basculer par-dessus le pont. Elle flotta sur l'eau de l'Orb quelques instants, puis sombra.

Escartille sentit sa terreur redoubler. Ce n'était plus là son angoisse habituelle, ni sa couardise de bon aloi ; ce n'était plus cette sorte d'appréhension aimable que disputaient en lui les parfums de l'aventure. Non, cette fois, ses sangs se glaçaient. Un frisson atroce courut dans son dos ; il lui sembla que ses os devenaient du plomb. Il prenait soudain pleinement conscience de ce qui allait se produire.

C'est le moment. Ils vont en profiter, Seigneur.

Une sourde intuition lui commanda de détaler aussitôt.

Le chef des routiers jeta un cri. Une onde parcourut les rangs ennemis.

Et la meute s'anima.

Cours, Escartille, file comme le vent !

Tout se passa alors très vite. Le troubadour entendit un sifflement, tout près de lui, puis un cri. Charles de Montesquiou s'effondra, la gorge transpercée par une flèche. Escartille poussa un cri à son tour, affolé. Charles porta les mains à sa blessure et ne rencontra qu'un flot de sang. Le troubadour entendit le tintement de l'arme qu'il venait de laisser tomber sur le sol. Le flacon d'armagnac s'écrasa sur la pierre. Escartille se précipita vers le mourant, le rattrapant dans ses bras. Il eut le temps de croiser son regard – mon Dieu, ce regard ! – avant qu'un voile sombre ne le recouvre.

– Charles ! cria-t-il, Charles !

Sa main s'était crispée contre le bras du jeune homme.

Charles de Montesquiou était mort.

Escartille repéra la fronde et le petit sac de pierres qui pendaient à la ceinture du soldat.

Il les arracha d'un coup sec.

Pardonne-moi, Charles.

Il se saisit également d'une dague effilée qui traînait non loin du cadavre.

David contre Goliath...

Les traits d'Escartille se tordirent dans une épouvantable grimace.

L'enfant était avec les aubergistes, dans la rue des Frères ; il fallait retourner auprès d'eux, tout de suite. Escartille se jeta vers l'échelle ; un dernier coup d'œil vers l'extérieur de l'enceinte avait achevé de le remplir d'horreur. Des centaines, bientôt des milliers de personnes se levaient, abandonnaient leurs gamelles, nouaient leurs capes, se saisissaient de leurs armes. C'était l'occasion, il fallait en profiter. Le flot gronda, prenant de l'ampleur à chaque seconde, en réponse au signal qui venait de leur être lancé. Et les gueux coururent vers le pont, en chemises et braies loqueteuses, armés d'épieux, de fléaux et de massues. Ils se jetèrent sans hésiter sur la côte escarpée. L'ennemi tentait l'assaut ; les lignes multicolores de croisés se levaient à leur tour ; les chevaliers regardaient en direction du pont, d'où leur parvenaient des cris de plus en plus nourris. Les routiers se dispersaient de tous côtés, franchissant les fossés, se précipitant contre les portes de la cité à coups de pics et de béliers. Les bourgeois qui venaient de refluer n'avaient pas eu le temps de se claquemurer. Oui, la brèche était ouverte, et les assaillants se ruaient dans l'enceinte de la ville pour agrandir le passage.

Le troubadour glissa le long de l'échelle.

Hors la ville, le comte de Nevers venait de faire irruption sous le pavillon du légat de Cîteaux, pour le presser de saisir une opportunité qui, sans doute, ne se reproduirait pas. L'occasion était en effet inespérée. Arnaud-Amaury ne balança pas une seconde. Ce fut alors que Raymond VI approcha lui aussi du pavillon du légat. Il avançait d'un pas vif, le visage sombre, la mâchoire serrée, l'épée à la main.

– Eh bien, messire, le moment est venu ! lui lança Arnaud-Amaury. Je vois que vous avez votre épée. Montez donc sur votre destrier et joignez-vous à nos Brabançons !..

Le comte de Toulouse lui décocha un regard noir ; le légat craignit un instant d'être pourfendu. Mais le comte, se dressant de toute sa stature, ne bougea pas. Ses lèvres tremblaient.

Au bout de quelques secondes, il planta son arme aux pieds d'Arnaud-Amaury.

– Jamais je ne lèverai le bras contre cette ville, ni aucune autre du Languedoc. Je suis leur seigneur et vous, vous n'êtes rien. Toulouse est ma capitale. Elle m'attend.

Le légat rit et le considéra d'un air méprisant.

– Toulouse vous attend ?

Il se pencha et dit, un ton plus bas :

– *Nous irons la prendre.*

Et il ajouta :

– Ainsi, nous ne sommes rien ?

Il sortit de sa tente et jaugea à son tour la situation. Il était temps de porter le premier coup contre les fils de Satan.

Il leva le glaive et s'écria :

– Messires, voici la consigne, au nom du Très-Haut, au nom de Jésus-Christ !

Et il ajouta, les lèvres déformées par la haine :

– Tuez-les tous ! Dieu reconnaîtra les siens.

Aussitôt, les tours s'ébranlèrent.

Immenses, roulantes, mobiles, elles avançaient lourdement vers l'enceinte.

On les acheminait en criant, dans des roulis et des grincements, au milieu de l'échiquier de la bataille ; elles devaient permettre l'invasion par le haut des remparts, tandis que les cordons de fantassins attaquaient par les fossés et l'ouverture pratiquée auprès de l'Orb. Déjà, on se préparait à abattre les passerelles sur le crénelage, en brisant les hourds pour laisser les troupes se jeter sur les chemins de ronde ; les archers et les arbalétriers, postés au dernier étage, ou dissimulés dans leurs entrailles de bois, s'apprêtaient à tirer de tous côtés, ou à se lancer eux aussi dans la tempête. Oui, les tours avançaient en cadence, monstrueuses. Leurs ombres plongeaient dans une nuit soudaine les étendues qu'elles recouvraient comme un gigantesque linceul, au pied des murailles.

Une forêt hurlante...

Tuez-les tous !

Escartille courait à perdre haleine, tandis que de toutes parts montait le bruit des combats. Les routiers étaient entrés dans la ville de façon si rapide et si imprévisible qu'ils avaient l'avantage de la surprise ; le roi des ribauds était dans la place parmi les premiers. La panique s'étendait comme une incontrôlable marée dans toute la ville. Déjà, on se ruait en tous sens, on trébuchait, on se portait à l'aveuglette au-devant des assaillants. Les croisés arrivèrent à leur tour. Les beffrois roulants dégorgeaient les soldats par centaines. Des échelles innombrables étaient maintenant dressées contre les remparts, où régnait une indescriptible cohue. Les catapultes lançaient leurs premiers boulets ; ils venaient s'abattre contre la pierre, ou tombaient à l'intérieur de l'enceinte dans des sifflements et des fracas épouvantables, écrasant les malheureux qui se trouvaient là sous des torrents de poussière. Les artilleurs alignaient leurs trébuchets de tous les côtés de la ville, et commençaient eux aussi leur travail de sape. Des volées de flèches se croisaient dans le ciel, autant d'essaims bourdonnants qui frappaient au hasard. Les avant-postes des assiégés étaient témoins de combats singuliers et de batailles rangées. Des cadavres tombaient en cascade depuis les tours.

Béziers était submergée.

Tuez-les tous !

Un capitoul prit un coup de hache sous les yeux du troubadour. Dans un spasme, sa tête se sépara de son corps. Plus loin, Escartille vit un bourgeois ramper le ventre ouvert. Il semblait tâtonner pour ramasser les entrailles qui s'échappaient de lui. Une femme perdue au milieu de la bataille cherchait à échapper aux pillards ; un carreau d'arbalète lui perfora le sein, arrêtant net sa course. Un routier se penchait sur le cadavre d'un forgeron, lui arracha la ceinture pour se saisir de ses bourses avant de lui trancher la main, qu'il brandit au-dessus de sa tête. Un malheureux tisserand reçut un coup de fléau qui lui emporta la moitié du crâne. Des hurlements sans nom s'élevaient de toutes parts. Oui, ils étaient en enfer et tout était pourtant bien réel ! L'odeur du sang et la peur du combat décuplaient les forces et la sauvagerie des assaillants.

Tuez-les tous !

Escartille continuait de courir, bondissant tantôt sur l'étal saccagé d'un marchand, tantôt sur un chariot abandonné quelques instants plus tôt. Le paysage tremblait à ses regards. Dès l'instant où la population avait vu pénétrer dans l'enceinte le roi des ribauds, suivi par les Français de l'ost, elle avait su sa cause perdue. Elle convergeait à présent vers les églises, surtout vers l'ultime refuge : la cathédrale. Les assiégés se précipitaient en tous sens. Prêtres et clercs catholiques, ceux qui avaient choisi de rester, revêtaient leurs ornements sacerdotaux et faisaient sonner les cloches à la volée. Le flot de l'ennemi semblait ne devoir jamais se tarir. Des croisés continuaient d'entrer par les échelles ou les portes de la ville, maintenant grandes ouvertes. Ils arrivaient à pied ou à cheval. Escartille ne sentait plus ses jambes. Il tourna enfin à l'angle de la rue des Frères et vit l'enseigne de l'auberge danser devant lui. Il crut sa mort imminente.

Je ne veux pas mourir, mon Dieu ! hurla-t-il en lui-même. *Je ne veux pas mourir !*

Les routiers attaquaient maintenant les maisons. Certains, munis de torches, les jetaient à l'intérieur. Les premiers brasiers s'allumaient ici et là. D'autres se déversaient au milieu des habitations, renversaient les meubles, les jetaient par la fenêtre, défonçaient les coffres dans lesquels ils plongeaient leurs mains. Des femmes étaient malmenées. On les traînait par les cheveux, les pillards se jetaient sur elles, les coups pleuvaient ; on écartait leurs cuisses en présence de leurs époux, tandis qu'elles poussaient des cris déchirants. Lorsque Escartille entra dans l'auberge, elle lui sembla tout d'abord déserte. Il en referma la porte au moyen d'une poutre de bois, puis se précipita dans l'arrière-salle. Eglantine était là, les yeux agrandis de terreur, avec ses deux enfants. Aimery criait dans son berceau de fortune.

– Ils sont là, Eglantine ! Ils sont entrés ! Où est votre mari ?

– Je ne sais pas, mon Dieu ! Je ne sais pas !

Le troubadour prit son fils contre lui, le soulevant dans ses langes.

– Venez, ne restons pas ici ! L'ennemi est partout !

A peine avait-il prononcé ses mots qu'il entendit un gigantesque vacarme ; il se retourna et vit deux routiers, torches en main, se ruer à l'intérieur, tandis qu'un troisième donnait de grands coups contre la porte. Escartille ne bougea plus. Il n'y avait plus d'issue, ils allaient être massacrés comme les autres. Il ferma les yeux, les membres roides, l'oreille tendue vers le son lointain des cloches de la cathédrale. Les routiers ôtèrent la poutre qui barrait l'entrée ; leur compagnon entra en poussant un terrible éclat de rire. Tous trois s'avancèrent. Ils portaient des tuniques vertes et brunes, sanglées de cuir, des braies déchirées aux genoux, déjà maculées du sang des habitants de la ville qu'ils avaient croisés. L'un d'eux s'avança, le bras levé, prêt à défoncer le crâne du troubadour d'un coup de gourdin hérissé de pointes ; Escartille vit son ombre se dresser au-dessus de lui, Eglantine se jeta sur le sol, en pleurs, essayant de protéger ses enfants.

– Eh bien, mon Dieu, mon heure est donc venue ! s'écria Escartille avec horreur.

Tout à coup, le routier fit une grimace. Son visage se tordit de douleur et, au lieu de lui assener le coup fatal, il tomba à ses pieds. Une flèche était plantée dans son dos. Ses deux compères se retournèrent vers l'entrée. Robert de Bayle et trois de ses amis venaient de faire à leur tour irruption dans l'auberge. Escartille ne vit pas bien ce qui se passa ensuite ; il y eut de nouveau des cris, des torches tombèrent. Il resta à genoux. Lorsqu'il rouvrit les yeux, Robert était là, seul, les vêtements ensanglantés, une profonde estafilade sur le front. Tous les autres avaient péri ou agonisaient au milieu de l'incendie qui commençait à l'intérieur. L'aubergiste se précipita vers le troubadour avec des yeux de fou ; Escartille crut un moment qu'emporté par sa fureur, il allait le tuer également ; mais il le saisit fermement par le bras pour le relever d'un coup. Puis il alla enlacer Eglantine et prit un de ses enfants sur chaque bras.

– Suivez-moi !

Ils sortirent en se protégeant tant bien que mal des flammes qui léchaient la pierre et montaient à présent jusque sous le toit de l'auberge. Celle-ci ne serait bientôt plus qu'un souvenir. Des morceaux de bois tombaient de la toiture en sifflant autour d'eux ; une fumée âcre dévorait leurs poumons. Ils parvinrent heureusement à se frayer un chemin vers l'extérieur.

La cohue dans laquelle ils se retrouvèrent était indescriptible ; c'était une mêlée brutale, de suie, de fer et de sang ; les habitants encore valides continuaient de monter vers la cathédrale, dans les hauts de la ville ; ils étaient fauchés çà et là par les coups ennemis. Les plus courageux tâchaient de différer l'exécution de leurs familles, mais leur résistance était vaine ; ils tombaient après un ou deux assauts. Au milieu de chariots renversés, de cadavres, d'armes et d'étoffes jonchant le sol, ils tentèrent d'esquiver les croisés et leurs bandes de routiers. Des poulets battaient des ailes en caquetant en tous sens. Un ou deux porcs avançaient au milieu de la fange ; certains trottaient au milieu de la panique, d'autres fouissaient de leur goret parmi la chair des cadavres en poussant des grognements satisfaits. Par miracle, les fuyards réussirent à quitter la rue des Frères pour se lancer plus loin à l'intérieur de la ville. A l'ombre d'une ruelle, un groupe de truands passait encore quelques Biterrois au fil de l'épée. Robert et Escartille étaient prêts à tout, mais les routiers ne les avaient pas vus. Ces apparitions les forcèrent à un prompt détour. Tous les chemins leur étaient barrés, sauf celui qui conduisait à la cathédrale : la masse compacte des habitants qui couraient vers elle interdisait encore aux croisés d'en empêcher totalement l'accès. Ils rejoignirent ainsi le flot de la population qui ne trouvait plus d'autre salut, se noyant au milieu d'elle avec l'énergie du désespoir.

Près de dix mille personnes se trouvèrent ainsi entassées dans le lieu saint. Elles se marchaient les unes sur les autres. Mais ce n'était plus, cette fois, pour écouter l'évêque les haranguer en quête d'une solution négociée avec l'assaillant, ni pour voir les fiers habitants de Béziers lever le poing en disant que jamais ils ne se rendraient. Non, ce spectacle n'avait plus rien à voir. Paysans, marchands, bourgeois, jeunes et chenus, petits et grands s'entassaient ici, s'essuyant le manteau, pansant leurs plaies, pleurant la disparition des leurs ; partout, on s'échangeait des regards terrorisés ; la foule, sale et tremblante, attendait, reniflait sa fin prochaine. Il émanait de cette masse grouillante une affreuse puanteur, on y sentait la mort, la sueur et les blessures béantes. La population, d'ordinaire si gaie et chatoyante, était soudain transformée en une horde désespérée. Aux abois.

Tuez-les tous !

Juste avant de franchir à son tour les portes de l'église-cathédrale, tandis qu'il levait les yeux vers le clocher, Escartille crut discerner au milieu des nuages de fumée... une forme humaine. Sans doute était-ce là une vision fugitive jaillie du trouble de ses sens et de son imagination, ou la silhouette d'un homme d'Eglise qui s'était isolé là-haut, au milieu du bourdonnement ahurissant de ces cloches qui sonnaient à la volée ; mais il lui sembla voir le Diable en personne. Oui ! Satan lui-même présidait à ce combat, étendu aux dimensions de la ville, il organisait ces horreurs dans un éclat de rire, dressé au milieu des flammes ! Le troubadour le vit, emmitouflé, à genoux sur la flèche, perché comme une gargouille immonde au-dessus de leurs têtes... Il cligna des yeux, passant la manche sur son visage maculé de poussière.

Cette fois, la partie semblait définitivement perdue. Les ribauds, échauffés, ne craignaient plus rien ; les croisés eux-mêmes étaient débordés par le mouvement. Toutes les maisons de la ville leur étaient abandonnées. Les rescapés étaient tués les uns après les autres, les assaillants pouvaient s'accaparer leurs biens à foison. La cité était totalement désertée. Dans la cathédrale, les prêtres et clercs catholiques qui n'avaient pas suivi leur évêque en fuite – ils étaient une poignée – s'apprêtaient, au beau milieu de cette marée humaine et de la plus grande confusion, à célébrer une messe des morts. En cet instant, leur solennité contrastait de la façon la plus incongrue avec le chaos ambiant. Les ministres cathares étaient là également, Bons Hommes debout, les poings serrés, levant les yeux vers le ciel, Bonnes Femmes agenouillées en groupe dans leurs robes noires, se jetant à corps perdu dans leurs prières. Les croyants, déchirés en leur confession, catholiques ou cathares, se regardaient avec des airs hagards. Mais la religion avait-elle encore une part quelconque dans cette boucherie ? A présent, l'armée ennemie frappait sans discernement, elle appliquait la consigne venue d'en haut ; il était impossible de lui échapper, et tous se retrouvaient ainsi coincés comme des renards dans leur piège, se débattant jusqu'à l'épuisement, chaque mouvement ne faisant qu'accentuer leur douleur. Non loin de l'autel, un prêtre et trois enfants de chœur balançaient en cadence les volutes de leurs encensoirs. Escartille tenait toujours son fils serré contre lui. Il cherchait vainement une issue. Seigneur Jésus-Christ, était-ce pour son enfant qu'il était resté, pour son enfant qu'il allait mourir ? Oui, il aurait donné sa vie cent fois, il le savait à présent. Mais quelle absurde destinée ! Il le regarda, l'enfant ne pleurait pas, malgré toute cette agitation. Il ouvrait et fermait les yeux, ballotté comme un fétu de paille, des boucles de cheveux s'échappant de son capuchon. Il était le seul à offrir encore le spectacle de l'innocence et de la pureté au milieu de cette tragédie. On allumait des cierges, on récitait des psaumes, des chants naissaient ici et là, puis disparaissaient dans la cacophonie ambiante, pour laisser place à de nouveaux cris. Les pères hissaient leur progéniture sur les épaules. Certains perdaient définitivement la tête et laissaient libre cours à leur hystérie, brandissant leur bible à bout de bras ; d'autres, qui avaient eu le malheur de trébucher, étaient piétinés si une main généreuse ne les aidait pas à se relever. Ils se redressaient alors, vacillants, roulant des yeux hébétés, comme ailleurs ; pour ne pas tomber de nouveau, ils se raccrochaient à qui voulait les retenir, tuméfiés, frémissants.

Dans ce désordre, Escartille fut soudain séparé de Robert de Bayle et d'Eglantine.

Il se débattit, essaya de jouer des coudes, mais déjà, la foule se dressait entre eux.

– Eglantine, cria-t-il, Eglantine !

Elle disparaissait. Le troubadour aperçut la main de Robert avant que le flot ne les submerge, jusqu'à plaquer le troubadour de l'autre côté du transept.

Essayant de les rejoindre malgré tout, il tomba tout à coup sur un vieillard à la barbe grise, une calotte noire sur la tête. Escartille reconnut le juif qu'il avait aperçu la veille, dans l'auberge. Il vociférait, tantôt en hébreu, tantôt en occitan, apostrophant le Dieu de Salomon, d'Isaac et de Jacob. Il clamait qu'il avait dû, sa vie durant, feindre sa conversion au catholicisme ;

au seuil de la mort, dans cette ville où il avait pu enfin trouver refuge, il tombait le masque, les mains tendues, le visage ravagé de larmes ; le nom de sa femme, sans doute disparue quelque temps plus tôt, revenait sans cesse dans sa bouche ; il désespérait de mourir seul et en ces circonstances. Tout à coup, il referma sur le bras d'Escartille ses doigts rendus vigoureux par la terreur.

– Qu'ai-je fait pour mériter cela ? Regarde-moi, mon fils, regarde-moi ! Va trouver Rachel, va trouver ta mère. Dis-lui que je l'aime, dis-lui que je vais la rejoindre !

Le troubadour se débarrassa tant bien que mal de son étreinte et fit quelques pas de côté.

Du moment où il avait pénétré dans la cathédrale, il savait qu'il avait fait une erreur, et que s'emmurer ainsi était la chose la plus sotte qu'il ait accomplie.

Au même instant, de grands cris résonnèrent depuis la nef.

Ils semblèrent gagner l'assemblée comme une vague, en remontant le cours jusqu'à l'entrée.

– Fermez les portes ! Fermez les portes ! hurlait-on.

Escartille se retourna et se dressa sur la pointe des pieds.

Entre deux bagarres, quelques hommes se ruaient vers les lourds battants de l'église pour les refermer, les tirant dans les craquements les plus abominables.

– Asile, asile ! vociférait l'un d'eux d'un ton absurde.

D'autres habitants essayaient encore d'entrer pour ne pas tomber aux mains des croisés.

De son côté, Escartille continuait de chercher des yeux l'aubergiste et sa femme. Rien à faire : ils étaient définitivement inaccessibles. Il ne les voyait nulle part. Seul ! Cette fois, il était plus que jamais seul. Affligé d'une terreur mortelle, le visage blême, il continua de regarder autour de lui.

C'est impossible. Dites-moi que c'est impossible.

Les portes se refermaient sur la population, qui tenta de les condamner définitivement pour empêcher l'ennemi de les franchir. La lumière du jour s'était enfuie. On alluma des cierges dans tous les coins de l'église.

Le bruit que firent les deux battants en se refermant produisit sur l'assemblée un effet étrange. Comme si cette nouvelle claustration achevait de résigner les habitants à ce cruel abandon où ils se trouvaient maintenant plongés, ils baissèrent les bras, cessèrent de bouger et se turent progressivement.

Ils entendirent la dernière exclamation d'un agonisant, qui venait d'être pourfendu au-dehors. Le pauvre bougre glissait contre le chambranle des portes.

Il mourut au pied du refuge qu'on lui avait refusé.

Il n'y eut bientôt plus qu'un silence mortel, uniquement troublé par les pleurs des enfants.

Puis, plus rien.

La foule tendit l'oreille. Des milliers de paires d'yeux regardaient maintenant ces battants de bois comme le couvercle d'un tombeau ; des milliers de poitrines exhalaient leurs faibles soupirs, haletantes, prêtes à recevoir le coup de poignard final.

Un coup violent venait d'être frappé contre les portes.

Escartille vit une nuée de parfaites se relever dans des froissements de robe.

Au-dessus d'elles, les statues de saints semblaient les regarder, l'index tendu, les tables de la Loi serrées contre leur majestueux drapé. Un Christ douloureux les toisait depuis les hauteurs frappées de pénombre. De part et d'autre de l'église, quelques vitraux échangeaient l'éclat terni de leurs tristes allégories.

Tout près de l'autel, un jeune garçon s'avança. Il n'avait pas quinze ans. Il était grand, avec une chevelure noire, très maigre, imberbe. Il avait revêtu une aube blanche, qui faisait l'effet d'un suaire. Son visage était pâle comme la mort. Il s'éclaircit la gorge puis, d'une voix brisée, commença à chanter.

Non nobis Domine, sed nomini tuo da gloriam.

La population désemparée se tourna vers lui.

La voix du jeune garçon s'étrangla. On regarda en direction des portes, qui venaient de trembler de nouveau. Il était singulier de voir tout à coup ces crânes luisants, qui pivotaient d'un côté, puis de l'autre, de l'entrée de l'église à la figure livide de cet adolescent. Celui-ci, les mains tendues, debout auprès des prêtres, continuait de chanter malgré son trouble. Les cathares se frayèrent un chemin pour le rejoindre. Comment décrire cette scène si folle ? Le garçon chantait, sa voix cristalline prenait de l'assurance ; à mesure que le danger se précisait, elle emplissait l'église, dernière brise de douceur. Un prêtre remit au jeune homme un tabernacle doré, couronné d'un soleil qui dardait autour de lui ses rayons lumineux. Il le dressa lentement au-dessus de sa tête. Escartille cligna des yeux ; l'adolescent entouré de clercs, catholiques et cathares mêlés, avait l'air d'une apparition, nimbée de volutes d'encens qui dévoilaient par intermittence la flamme d'une veilleuse rouge.

Les coups se firent plus insistants. Les portes commençaient à céder.

Tandis qu'autour d'Escartille, les croyants reprenaient peu à peu le chant qui enflait dans l'église, le troubadour se décida à agir. Il se fraya de nouveau un chemin au milieu de l'assemblée ; contrairement à ce qu'il attendait, il ne rencontra pas de grande résistance ni de protestations. L'horreur et le désespoir laissaient place à cette extase terrible qui n'est autre que la sœur du martyre.

– Au nom du Seigneur, Jésus-Christ ! entendit-il distinctement depuis l'extérieur, tandis qu'il s'efforçait de contourner l'autel.

Des vitraux se brisèrent des deux côtés de l'église, dans des éclats de plomb.

Non nobis Domine...

Des pierres et des flèches incandescentes tombaient en pluie dans la cathédrale.

Escartille se précipita, au milieu de nouveaux remous. Pourtant, la population, mue par un élan ultime de solidarité, refusait de céder à un autre élan de panique. Elle savait désormais stérile toute volonté de fuir et, résignée, n'attendait plus que la fin de ce chaos. Dieu, comme la nature humaine est insolite et insaisissable ! A présent, auprès du troubadour, on priait, les yeux fermés, accueillant la mort qui venait frapper au hasard parmi les rangs des réfugiés. Les flèches se multipliaient. Derrière l'autel, les tentures rouges s'enflammèrent, et ce nouveau brasier vint rejoindre celui de la cité tout entière. Escartille bouscula une femme, faillit trébucher sur une autre. Il leva les yeux à temps pour voir avec effroi basculer le grand crucifix qui dominait l'autel. Il crut un moment qu'il allait être écrasé. L'ombre de la croix le recouvrit d'un coup. Il aurait pu périr en cet instant, de la manière la plus absurde qui soit, assassiné par l'image du Rédempteur. Il l'évita de justesse. Le crucifix tomba sur le sol dans un nuage de poussière.

Le Fils de l'Homme était là, démembré, un bout de bras clouté gisant à côté de lui.

Escartille fut bientôt devant la sacristie ; il ouvrit la porte à la volée. D'autres y avaient pensé avant lui : de bonnes gens se tenaient là, lovés les uns contre les autres, horde de laies n'attendant plus que les chiens pour les dépecer, figées dans un précoce hallali. Un homme essaya de lui barrer le passage, mais il rit en voyant que le troubadour bondissait dans l'escalier de pierre qui menait au clocher. C'était un rire de dément, saccadé, comme noué de l'intérieur. Escartille gravit les marches de l'escalier, trouva quelques enfants entassés sur son chemin. Il monta, monta encore, distinguant non loin de lui les cordes des cloches qui se balançaient dans le vide.

Que trouveras-tu, Escartille, au sommet de ce clocher ?

Il s'arrêta net, vacillant. La vision qu'il avait eue en entrant dans la cathédrale s'imposa de nouveau à lui, avec une rare violence : Satan agenouillé par-dessus la ville, créature jaillie de la pierre et de tous les cauchemars, prêt à déployer son manteau pour envelopper la ville et, d'un coup, d'un traître baiser, lui ôter le dernier souffle. Escartille se tenait ainsi au milieu des escaliers, hésitant entre un paradis illusoire et un enfer assuré, craignant de se trouver nez à nez avec le démon. Etait-ce là le point ultime de sa destinée ? Depuis qu'il avait reçu cet enfant miraculeux des mains de la servante de Louve, Escartille n'avait cessé de fuir ; et voici qu'il était au bord de se perdre, de les perdre tous deux dans ce brasier ! Le troubadour restait là, saisi de vertige, le cœur affligé d'une terrible morsure, à mi-chemin entre le chœur de l'église, d'où montaient encore des chants étranglés, et ce clocher où il ne pouvait espérer aucune délivrance. Les volutes de l'escalier en colimaçon tournoyaient devant ses yeux. Sur le point de défaillir, il posa la tête contre la paroi.

Les hurlements d'en bas le réveillèrent. L'ennemi avait enfoncé les portes ! Déjà, des torches vivantes se débattaient dans la fournaise ! Les chants se turent pour laisser place à des clameurs atroces. Le troubadour imagina l'adolescent, saisi à son tour par les flammes ; son aube s'allumait tandis qu'il écartait les bras, le tabernacle tombait à ses pieds, le peuple le rejoignait dans ce terrible holocauste ! Une odeur âcre monta jusqu'à lui, en bouffées successives. Aimery criait de toutes ses forces.

Escartille releva des yeux embués de larmes, monta encore une marche, puis une autre.

La lumière... La lumière du jour...

Il arriva enfin au sommet, étroit carré de pierre résonnant à tout rompre du mugissement des cloches. Alors, il vit... Oh, ce n'était pas le Diable ! Mais un prêtre agenouillé, les mains sur les oreilles. Il portait une aube blanche, mouchetée de sang, et une étole avec laquelle il s'essuyait le front de temps en temps, dans des mouvements convulsifs. Il considéra le troubadour et son enfant, sans rien dire. A façon que le prêtre avait de laisser sa tête frapper contre le mur, de psalmodier des litanies inaudibles, étouffées par le bruit assourdissant des cloches, Escartille se dit qu'il avait perdu la raison. Pourtant, le vieil homme s'arrêta dès qu'il vit que le troubadour avait fait irruption dans son refuge. Ils se regardèrent, tous deux dégoulinants de crasse et de sueur.

Puis le prêtre partit d'un gigantesque éclat de rire.

– Dong ! Dong ! criait-il entre deux hoquets.

Il continua de crier à tue-tête tandis que le troubadour cherchait une ultime échappatoire. Le clocher ne faisait pas vingt pieds de large et Escartille comprit rapidement que tout était perdu. Avec ou sans l'enfant, il ne pouvait sauter de cette hauteur sans risquer de se rompre les os ; et quand bien même il serait parvenu à accomplir ce bond prodigieux, l'ennemi saurait le recevoir. Il entendit alors le prêtre qui s'adressait à lui, en triturant son étole :

– Est-ce là l'heure du Jugement, mon fils ? Faut-il que les bons et les mauvais périssent tous ensemble ? Maudit sois-tu, maudits soient tous les cathares de ce pays ! Apôtres de Satan, disciples du Démon, vous nous entraînez dans vos souffrances éternelles !

L'église brûlait ! Le paysage commençait à danser devant les yeux d'Escartille. La fumée, sans cesse plus dense, continuait de s'élever jusqu'à lui, avec les cris d'agonie.

Il avisa soudain l'une des cordes suspendues aux cloches, déjà léchée par les flammes.

Non, non, tu ne vas pas...

– Rendons grâces, tonitruait le prêtre, rendons grâces une dernière fois au Seigneur, implorons son pardon et sa miséricorde !

Tout, plutôt que de rester là !

Ni une, ni deux. Escartille fit passer dans son dos le manchon de son rebec. Il attrapa la corde, l'enroula autour de l'enfant et de son bras, puis la fit remonter des entrailles de l'édifice, aussi vite que possible. Le temps lui était compté. L'image affreuse de la population dévorée par les flammes ne cessait de le hanter ; comment avait-il pu être si stupide pour penser que la ville résisterait à un tel assaut ? La corde enroulée autour de lui, l'autre extrémité attachée à la cloche qui continuait de mugir, il s'avança au bord du vide en adressant une prière au ciel, l'enfant pressé contre son cœur. Il regarda encore le gouffre devant lui. Il avait la cité à ses pieds, ces myriades de toitures, de rues et de ruelles ; il pouvait deviner, derrière les murailles, le cours sinueux de l'Orb et de l'Aude, qui plongeaient leurs méandres à travers les champs et les collines. De nouveau, des larmes de terreur et de colère se mirent à couler sur ses joues.

C'est de la folie furieuse !

C'était l'heure du grand saut. Un saut dans le vide, sous le regard de ce prêtre fou. Oui, tout cela était bien un tour du Diable – il se tenait là, à ses côtés, applaudissant à ce nouveau spectacle qu'il venait de mettre en scène, pour son seul et bon plaisir !

Escartille se précipita vers le prêtre :

– Sauvez-le, sauvez-nous, vous entendez ? Intercédez en notre faveur auprès de Dieu !

Le vieil homme sembla un instant sortir de sa folie. Son visage grotesque changea du tout au tout. Il roula des yeux affolés, comme si quelques éclairs de lucidité atteignaient de nouveau sa conscience malade.

– Ne comprenez-vous pas qu'il est là ? Qu'il est arrivé et que tout, *tout* est perdu ?

– Qui donc ? demanda Escartille. *Qui est là ?*

Le prêtre leva les yeux vers lui. Puis, l'air affolé, il leva un index tremblant :

– *Le Diable*, messire ! Le Diable est arrivé en Occitanie ! Ne l'avez-vous pas vu ?

– Vous êtes fou !

A force de le secouer, Escartille crut qu'il allait agir, d'une façon ou d'une autre ! Le prêtre le regarda encore. Ses lèvres tremblèrent, puis il s'exclama :

– Etes-vous baptisé ?

Il rit aux éclats.

Le troubadour s'approcha encore du vide.

Le vertige le prit de nouveau.

Du courage, Escartille. Seigneur Dieu ! C'est ici qu'il te faut du courage.

Il crut alors que ses forces et son caractère allaient l'abandonner tout entier. Il se vit rebondir contre les murs avant de s'écraser au sol, le crâne fracassé, le petit corps désarticulé d'Aymery gisant à ses côtés. La mort les attendait ? Eh bien, ils allaient l'embrasser, se jeter au-devant d'elle ! Cette idée balaya soudain les dernières lueurs de sa raison. Ses yeux allaient à présent de ce vide béant à l'endroit où se tenait le prêtre, qui l'observait fixement ; il paraissait déjà avoir quitté ce monde. Escartille pleura encore, toussa, cracha en serrant les poings. Pourquoi Dieu avait-il décidé de lui sauver la vie jusqu'ici, si c'était pour en arriver à de si misérables extrémités ? Il eut pour le prêtre un dernier regard, fit un signe de croix. Il pria pour son fils, pour Eglantine, il pria pour Robert et pour leur âme, à tous...

Et il s'élança dans le vide.

Du sommet où il avait pris son élan, il eut le temps de distinguer encore les remparts de la ville. *Quel drôle de point de vue,* pensa-t-il absurdement.

Ce fut un saut prodigieux, à la vérité. Un magnifique saut de l'ange.

Escartille s'attendait à se briser les reins.

Les pavés de la rue se rapprochaient à une vitesse vertigineuse.

En contrebas, des croisés levèrent la tête.

Des habitants sur le point d'être massacrés se joignirent à ce mouvement.

Un instant, les combats parurent suspendus.

La cloche à laquelle la corde se trouvait nouée se descella, d'un coup, dans des éclats de pierre. Escartille eut à peine le temps de l'entendre sonner encore qu'elle rebondit contre le sol et vint, comme par miracle, se loger entre deux des piliers du clocher surplombant l'église, retenant sa chute. Le troubadour s'arrêta net. Une douleur fulgurante jaillit de son estomac. Il faillit lâcher l'enfant qu'il tenait encore entre ses bras, craignant soudain de l'avoir cisaillé en deux. Mais c'était sur lui qu'avait porté le coup ; le souffle coupé, la corde pénétrant sa chair dans une brûlure atroce, il chercha de l'air, battant des jambes à dix pieds du sol. Il vivait les secondes les plus douloureuses de son existence, encore suspendu, dansant comme une marionnette au bout de son fil.

La corde se rompit.

Escartille tomba sur les pavés. Une nouvelle douleur lui arracha un cri ; il s'était tordu la cheville.

Et tout à coup, il réalisa que l'impensable s'était produit.

Je suis vivant !

Il regarda son fils avec terreur.

Aimery était là, ses minuscules cheveux épars sur son front.

Il regardait son père d'un air étonné.

Escartille serra l'enfant contre lui.

Merci, mon Dieu, de ce miracle ! Ainsi, Vous existez !

Lorsque le troubadour se retourna, ce fut pour distinguer la silhouette du prêtre qui, au sommet de la cathédrale, s'était levé et le regardait avec des yeux écarquillés. Des nuages de fumée sortaient maintenant du clocher. Sur le parvis, les croisés avaient laissé la population asphyxiée rouvrir les portes de l'édifice. Ils accueillaient à coups de hache ceux qui, les mains crispées sur leur gorge ou leur poitrine, se précipitaient au-dehors. Les corps s'amoncelaient devant l'entrée, marche après marche. Des flammes immenses s'échappaient de l'édifice, à travers les vitraux brisés.

Le saut du troubadour n'était pas passé inaperçu. Parmi les soldats médusés qui se trouvaient non loin de lui, l'un d'eux se détacha du reste du groupe. Escartille le vit qui s'approchait, portant haut sa masse d'armes. Le croisé s'avançait, colosse barbu au visage maculé de sang. Il soufflait comme un taureau, les lèvres frémissantes. Pourtant, à voir ce saut extraordinaire, lui-même n'en revenait pas. Son bras était retombé, ballant, le long de son corps.

Le temps sembla s'arrêter.

Pas maintenant. Pitié, pas maintenant.

Ils s'épièrent. Ce n'était plus deux hommes qui se regardaient, mais deux animaux. Escartille entendit encore distinctement la respiration profonde du croisé.

Enfin, celui-ci jeta d'une voix sourde :

– Par tous les saints, file, que tu sois ange ou démon ! Je crois que... que nous ne savons plus nous-mêmes ce que nous faisons.

Le seigneur tendit la main au troubadour pour l'aider à se relever. Il fit mine de brandir l'épée mais la laissa s'échapper, tandis que ses congénères recommençaient à trancher les gorges.

Escartille réunit alors ses dernières forces pour s'enfuir en claudiquant dans une ruelle voisine. Il repéra la boutique d'un tonnelier et s'engouffra en gémissant à l'intérieur. Une trappe donnait sur un cellier qui, manifestement, avait déjà été visité. Il n'y restait plus que cinq ou six sacs de farine éventrés. Le troubadour referma la trappe et se glissa au fond du cellier avec Aimery.

Il ne bougea plus.

Le jour durant, les ribauds continuèrent à aller et venir ; répandus dans toutes les maisons, ils achevaient leurs pillages et leurs massacres. A la vérité, l'armée croisée avait été débordée par ces truands. Etouffant de rage, elle finit par les chasser à coups de bâton. Les routiers, dépossédés de leurs biens sitôt qu'ils les avaient acquis, se vengèrent en allumant de nouveaux feux çà et là. A présent que les bourreaux de Béziers étaient victorieux, voilà qu'ils se faisaient la chasse, les seigneurs de haut rang aussi bien que les gueux armés de leurs gourdins ! On se disputa ainsi des heures durant le butin de la ville, de ses caves, de ses tours, de ses maisons, des quartiers où les capitouls avaient été égorgés, si bien que Béziers continua d'être saignée à blanc. Mais la chance était avec le troubadour ; on ne vint pas le trouver dans ce réduit où, sans doute, la grâce divine l'avait conduit.

Le lendemain, après une nuit horrible, tenaillé par la faim, la soif et la souffrance, il se risqua à ouvrir la trappe et à s'aventurer au-dehors.

Il parvint à trouver assez de lait pour nourrir Aimery, dont il craignait l'affaiblissement. Son front était tout chaud ; était-ce de la fièvre ? Comment avait-il pu traverser vivant toutes ces épreuves ? Combien de temps s'était-il écoulé, entre le moment où la ville avait été prise d'assaut et celui où Escartille errait ainsi, parmi ces rues foudroyées ?

Tuez-les tous.

Ce qui restait de la ville donnait une idée de l'enfer.

Elle était déserte et silencieuse. Des restes de cendres voletaient dans l'air, accompagnant parfois quelques brindilles de paille dans un triste ballet.

Des nuées de mouches bourdonnaient par-dessus les cadavres. Elles voltigeaient en essaim, se posaient chaque fois sur des chairs nouvelles, d'où se dégageait une abominable puanteur. Les morts, à qui l'on avait refusé une sépulture chrétienne, s'entassaient par centaines ; hommes, femmes et enfants, bouches et blessures béantes, dans les rues et les maisons dévastées, sur les places et les escaliers de pierre, parmi les éboulements, amassés les uns sur les autres, les membres entrecroisés, les mains jointes en quête d'une impossible rédemption. Ces lambeaux de chairs décomposées attiraient toutes les charognes. Escartille resta longtemps immobile sur le parvis de la cathédrale. Les grandes portes étaient brisées, l'édifice semblait encore vomir ses monceaux de trépassés. Oui, ce fut bien l'effet que cette image eut sur lui : la cathédrale recrachait, dégorgeait ces victimes calcinées comme une nourriture indigeste. Ici, quelques corbeaux semblaient tenir conseil, agrippés à des épaules affaissées, à un bras tordu comme pour les recevoir ; ils se disputaient leurs perchoirs improvisés à coups de bec et de vociférations criardes, gobant un œil au passage. Le troubadour avança de nouveau, lentement, près de vomir lui aussi. Une main devant la bouche, il chassait les insectes de son bonnet, dispersait les oiseaux qui s'envolaient tout à coup dans des battements d'ailes. Il songea avec une drôle d'impression que, dans toute cette bataille, il n'avait perdu ni son galurin, ni son rebec. Il continuait de boiter, pataugeant dans des flaques de sang séché. Il leva les yeux vers le clocher noirci par les flammes. De la fumée s'en échappait encore. Il n'y avait plus trace du prêtre fou.

Tuez-les tous.

Il avisa des bottes de foin renversées non loin et y déposa Aimery quelques instants.

Il lui fallut escalader les cadavres pour parvenir à entrer dans l'église.

Non, non ! C'est impossible.

Il détourna brusquement la tête, poussant une exclamation écœurée. Son estomac se soulevait d'horreur. Toute la population parmi laquelle il s'était glissé gisait inerte, entassée là. Il avait sous les yeux ce à quoi il venait d'échapper. Une danse macabre, vaguement éclairée par des rais de lumière tranchés qui tombaient depuis les vitraux, croisés comme des fers au-dessus de cette cascade funèbre. Les corps fumaient encore. Des squelettes grimaçants recouvraient chaque pouce de l'église. Des tentures lacérées, brûlées, sombres bannières des morts, flottaient depuis le plafond, noir comme du charbon. Et les mouches, à nouveau, ce répugnant ballet d'insectes bourdonnants, qui volait en nuage d'un endroit à un autre...

Voici ce qu'est l'enfer, Escartille. Ce ne peut être que cela.

Après le vacarme et la fureur de l'assaut, il ne restait que cette vision d'apocalypse, des tourbillons de cendres par-dessus les tombes de ce cimetière pathétique ; chaque pas supplémentaire dans cette église était comme une nouvelle profanation. Le troubadour glissait, trébuchait sur les cadavres. Certains tombaient en miettes sous ses yeux. Il cherchait Robert, Eglantine et leurs enfants au milieu d'un puits de souffrance encore palpitant, soulevait ici et là la masse informe des Biterrois massacrés, plongeant ses bras au milieu de ces atroces catacombes. Des larmes de colère roulaient sur ses joues. Il en devenait aveugle. Il ne parvint pas à reconnaître les aubergistes ; de nombreux nourrissons avaient péri ; il ne put pas davantage retrouver leurs enfants. Du côté de l'autel, en revanche, il perçut soudain un gémissement.

Il se précipita en avant, en dépit des obstacles, puis s'arrêta. Une main carbonisée se tendait vers lui, ouverte ici et là sur des morceaux de chair rouge. Il se pencha pour deviner l'œil étourdi d'un homme, à l'agonie. Par quel miracle avait-il encore un souffle de vie ? Escartille, tremblant, se baissa tout contre cette carcasse puante, qui respirait encore. Ses lèvres remuaient, elles essayaient de lui dire quelque chose ! Le troubadour tendit l'oreille, la gorge nouée, n'osant toucher de sa propre main ces doigts tendus vers le ciel. Il vit encore l'œil de cet homme, un œil terrible, qui se révulsait. Et le mourant lâcha dans un souffle :

– *Promettez-moi que vous la sauverez... que vous sauverez... l'Occitanie !*

La main retomba, d'un coup, tandis que l'homme expirait.

Escartille se redressa, puis recula, la gorge nouée.

Non loin, il aperçut sans mal l'endroit où était mort l'adolescent qui s'était mis à chanter, quelques minutes avant la fin. Le tabernacle gisait à côté de lui.

Tuez-les tous.

Le troubadour tomba à genoux, sans pouvoir s'arrêter de sangloter, osant à peine croire aux images qu'il avait sous les yeux. Au-dessus de lui, une partie de la toiture s'était effondrée. Il pouvait distinguer le ciel, un ciel de juillet, limpide, muet.

Il se saisit du corps brûlé de l'adolescent. Avec une grande prudence, il se dirigea vers la sortie.

De temps en temps, quelques rares survivants en haillons apparaissaient au détour d'un mur encore debout. Ils marchaient comme des fantômes, traînant des pieds, les épaules voûtées, l'air hagard. Ils le regardaient, lui qui marchait comme eux au milieu de cette désolation et qui ne valait guère mieux, avec sa tunique déchirée, ses contusions diverses, ses genoux sanglants, sa face couverte de suie. Escartille retourna dans le cellier, vida un sac de farine et se confectionna un nouveau berceau, qu'il mit sur ses épaules. Puis il retourna au-dehors, emportant avec lui son fils et le corps de l'adolescent. Autour d'eux, le vent brassait les bouffées pestilentielles de la décomposition, les enseignes grinçaient au-dessus des maisons démolies, au milieu des chariots renversés. C'était tout ce qui restait de Béziers, à l'intérieur de ses remparts à moitié détruits. Où étaient passés les bruits et les couleurs du marché, les bourgeoises souriantes au bras de leurs chevaliers, les rires jaillis des tavernes, les gamins jouant au palet dans les ruelles ? Il n'y avait pas que l'église-cathédrale à avoir été le théâtre des massacres et des incendies ; la grande église de la Madeleine, l'église de Saint-Jude avaient subi le même sort.

Ils l'ont fait, pensa-t-il avec horreur. *Trencavel n'a pu venir à temps.*

Ils l'ont fait, ils ont massacré une ville entière ! Ils ont...

Ils ont commencé leur guerre sainte !

Sur les remparts, il lui fallut attendre le départ des derniers croisés, qui pliaient leurs tentes dans les prés. Sergents et chevaliers, grands seigneurs et hordes de routiers, les dizaines de milliers d'hommes s'en furent avec leurs machines de guerre, catapultes, tours et trébuchets, avant de former cette colonne infinie qui disparut bientôt vers l'horizon, dans des nuages de poussière, les enseignes hautes et déployées. Le légat de Cîteaux, le comte de Nevers et toute la noblesse de l'ost avaient fait leur office. Ils marchaient vers de nouveaux combats, ne laissant derrière eux que des ruines.

Raymond VI, comte de Toulouse, repartait lui aussi, hanté désormais par l'horreur de ces journées, et par la honte de n'avoir rien fait.

Il passa la main sur son visage.

Je fais le serment de rendre à l'Occitanie la paix qu'elle mérite ! J'en fais le serment, je n'aurai de répit avant d'avoir atteint ce but !

A la nuit tombante, Escartille grimpa sur une colline voisine, d'où il pouvait contempler la ville dévastée et les volutes de fumée montant vers le ciel. A l'ombre d'un noisetier, tandis que le soleil se couchait, il enterra le jeune adolescent, se souvenant du timbre si pur de sa voix. C'étaient Eglantine, et Robert, et tous ces pauvres gens qu'il enterrait en cet instant.

Il hésita à mettre une croix sur cette tombe.

Dieu reconnaîtra les siens.

Il planta deux bâtons de bois, accrochés ensemble, qui formaient un crucifix.

Dieu reconnaîtra les siens.

Avec une moue de dégoût, il donna un coup de pied.

La croix tomba sur le sol.

Le troubadour s'assit lourdement. Il chanta pour son fils, qu'il continuait de nourrir comme il le pouvait, avec les maigres provisions qu'il était parvenu à réunir dans l'enceinte de la ville.

Si ta mère nous voyait ! pensa-t-il avec un faible sourire.

Il porta Aimery contre son cœur, pour mieux sentir cette vie palpitante.

A peine revenu de cette horreur qu'il avait encore du mal à admettre, il comprit que cette guerre serait longue, qu'elle n'aurait rien d'ordinaire. Ainsi, l'homme était capable de telles atrocités ! Il pouvait exterminer son semblable sans le moindre discernement, pour des raisons dites « nobles » ! Il était capable d'en finir, d'un coup, avec une population entière ! De la rayer de la carte ! Il pouvait n'être plus qu'un animal, un monstre ! Un monstre de violence, avide de chair !

Pour la première fois de sa vie, Escartille se prit à douter de la confiance qu'il avait toujours mise en ceux de sa race.

Il regarda la croix échouée sur le sol.

Mais alors, mon Dieu, que faut-il croire ? En qui faut-il croire ?

Il se releva, hurla soudain son désespoir.

– Où êtes-Vous, maintenant ? Pourquoi ce silence ?

Ta révolte est vaine, Escartille.

Toute révolte est vaine.

Ni Dieu ni Diable ne sont responsables.

Mais l'homme...

Cette guerre albigeoise n'était pas une guerre de conquête. Ce n'était pas une de ces guerres habituelles, où les pouvoirs des seigneurs s'affrontaient pour la possession de terres ou de richesses matérielles. Non : c'était une guerre d'extermination. Il fallait exterminer les cathares, systématiquement, au risque d'entraîner avec eux des innocents.

Escartille comprit que commençait en Occitanie une guerre des âmes.

Il l'avait longtemps pensé. Ce fut la première fois qu'il le formula.

Il s'entendit murmurer :

– Quelle est cette nature singulière, mon Dieu, qui fait que nous nous éloignons de la vérité dès que nous en cherchons les causes ? Pourquoi nous précipiter sans cesse vers de nouveaux mystères ?

Il regarda son fils.

– Pourquoi avons-nous besoin de rechercher les causes de notre vie ? Et quelle cause vaut la peine d'être défendue si, à tout instant, mon enfant risque de périr de Votre main ?

Il se leva, criant de nouveau.

– Ne pouvons-nous vivre sans avoir rien à défendre ? Se battre... Ils ne pensent tous qu'à se battre ! Voilà une manie que je ne comprends pas. Quoi de plus sot, Seigneur, que de jouer les loups pour défendre les agneaux, que d'user son temps à faire couler le sang, alors que nous pourrions profiter de tant de beautés ? Je ne veux pas me battre, mon Dieu, pas même en Votre nom – surtout pas en Votre nom !

Il tournait à présent sur lui-même.

– Pourquoi faut-il que nous soyons sans cesse animés par cette insoutenable volonté de croire en quelque chose ? Si c'est cela, Seigneur, si notre humanité et notre foi en la vie sont une même chose, à quelle foi puis-je m'en remettre aujourd'hui ? Et si ce n'est pas cela... si nous sommes voués au néant, quoi que nous fassions – à quoi bon continuer à vivre ?

Tu parles, Escartille, tu parles et tu ne sais plus ce que tu dis.

La voix du troubadour retomba, d'un coup.

– Quelle fin saurait être bonne, murmura-t-il, si les moyens dont nous usons sont ignobles ? Si toujours, Votre absolu nous fuit comme une chimère ? Peut-on admettre qu'il n'existe aucune vérité, sinon celle de l'homme qui prétend la détenir – et celle de ces milliers d'autres, de ces milliers d'hommes qui prétendent le contraire ? Accusez-moi de toutes les naïvetés, Seigneur, mais pas de celle-ci ! Que valent ces soldats du Christ, et ces cathares qui veulent secouer leur joug de servitude, puisque le résultat est identique ? Le Bien et le Mal n'ont plus de raison dans ces jardins que l'on détruit. Pourquoi me sauver, Seigneur, tout en me poussant le même jour à Vous renier, à cracher sur ces croix, sur ces tombes et sur tous Vos beaux principes ?

Ce constat éveilla en lui un trouble profond.

Jaillie de nulle part, une pensée s'imposa subitement à lui.

Un jour, il te faudra choisir. Tel est ton drame, et le lot de ta vie.

Mais il existe une réponse,

Et cette réponse, tu la connais déjà.

– Louve, murmura-t-il. Louve !

Et il ne resta bientôt plus que le silence, qui se mourait avec le couchant.

Alors qu'il allait s'endormir, épuisé, il vit un chevalier, au sommet de la colline. Il crut tout d'abord qu'il rêvait déjà ; les yeux du troubadour étaient nimbés d'une étrange clarté, due, peut-être, à ses larmes et au soleil finissant. Cet homme, assis sur un destrier noir, contemplait lui aussi les restes fumants de la ville. Sa cape tombait en larges pans sur les flancs de l'animal. Son armure, autrefois scintillante, était ternie de poussière. Un heaume luisant recouvrait son crâne. Il avait les yeux sombres, une barbe fournie. Mais ce n'était ni un Français de l'ost, ni l'un des guerriers échappé de la ville. Pour preuve, sa peau, si brune, presque noire, et ses traits ravagés de fatigue, qui laissaient à penser qu'il venait d'ailleurs et avait fait une longue route. Peut-être cet étrange messager venait-il d'Orient. Il portait au côté quelques bagages maigres, dont une besace de cuir.

– Qui êtes-vous ? demanda Escartille, se redressant sur ses coudes.

Le chevalier, tout d'abord, ne bougea pas. Puis il tourna la tête en direction du troubadour.

Il finit par dire, d'une voix profonde :

– Je viens de si loin que tu ne saurais le concevoir. Je viens d'une terre de sang et de feu, d'une terre vaincue et pourtant mille fois sainte...

– Mais... que faites-vous ici ?

A nouveau, le chevalier se tut. Il laissa passer quelques secondes et reprit :

– Une ville est tombée et ce n'est encore que le début. Je vais en ce château que l'on construit, sur ce pic imprenable. Je vais à Montségur.

Il eut un sourire, qui s'effaça lentement de son visage.

– Montségur... dit Escartille. Qu'allez-vous y faire ?

Le chevalier ne répondit pas. Puis il dit :

– As-tu idée de la raison véritable pour laquelle on se bat ici ?

Escartille hocha la tête, les traits de son visage se tordant en une grimace amère.

– Y a-t-il un motif suffisant pour autoriser une telle horreur ? dit-il seulement.

Le chevalier le regarda encore.

Il posa sur sa besace noire sa main gantée.

– Oh oui, dit-il avec gravité, les yeux dans le vide.

Escartille le considéra longuement, intrigué. Il regardait cette besace, dont il ne parvenait pas à voir le contenu. Il voulut demander davantage d'explications, mais les mots venaient mourir au bord de ses lèvres. Le cavalier parut soudain submergé de fatigue et de tristesse. Il se tourna vers le troubadour et dit encore :

– Et toi, troubadour ? Où vas-tu, à présent ?

Escartille hocha la tête.

– Moi ? Je vais... je vais tâcher de sauver nos vies.

Un calcul rapide se fit dans sa tête embrouillée. Le pays était maintenant infesté par la guerre. Les accès montagneux vers l'Espagne lui seraient sans doute coupés. L'Aragon ! Et il allait s'y rendre ainsi, épuisé, sans vivres ni bagages ? Il ne pourrait aller bien loin ! Aimery et lui avaient besoin de soins immédiats. Ils risquaient tout simplement de périr en route, de tomber sur les routiers, levés en masse dans le sillage de l'ost. Il avait assez vu de quoi ils étaient capables. Avait-il seulement la certitude que Louve était bel et bien repartie dans son pays natal ? Il n'était sûr de rien. Il avait beau sentir son cœur submergé de colère et de chagrin, il n'y avait pas à balancer. Il devrait faire étape dans la cité la plus proche pour y retrouver un peu de répit, et glaner les informations dont il avait besoin. Il était resté fidèle à la parole donnée et aux craintes légitimes de la servante, qui redoutait de voir mises en péril la vie de sa maîtresse et celle de son enfant, s'il tentait de les retrouver. Mais le danger d'aujourd'hui était sans commune mesure. S'il ignorait où se trouvait Louve à présent, du moins savait-il où l'on avait dû la voir pour la dernière fois... N'était-ce pas de là qu'il devait reprendre ses investigations ? Après son départ de Puivert, Don Antonio s'était rendu à Toulouse, auprès de Raymond VI. Pourtant, ce n'était pas là le dernier endroit par lequel il avait dû passer.

Puivert, Toulouse, et ensuite...

Oui – tous les chemins le conduisaient en un même lieu. Une seule ville était à la fois le verrou de la route de Toulouse, du comté de Foix et de l'Aragon. Mais cette ville risquait d'être également la prochaine cible de la conquête de l'ost.

Escartille releva les yeux.

– Je vais... Je vais faire ce que j'aurais dû faire depuis longtemps. Je vais me mettre à l'abri d'autres murailles qui celles-là, je l'espère, tiendront quoi qu'il advienne.

– Où cela ?

– A Carcassonne, dit Escartille.

Et il répéta :

– Carcassonne la grande.

– Oui, dit le chevalier, il se peut que les Français, entraînés par leur triste victoire, marchent dès à présent vers Toulouse, et que tu passes au travers de leur folie, pendant qu'ils prennent d'assaut la ville comtale. Mais oseront-ils ? Entends-tu quelque chose aux tactiques militaires, troubadour ? Si tu te trompes... Carcassonne pourrait bien être leur prochaine destination. Ton pari est risqué, le sais-tu ?

Escartille porta une main à son front en gémissant. Puis il serra le poing.

– Je n'ai pas le choix. Il me faut un asile digne de ce nom, d'où je puisse repartir dès qu'il me sera possible. J'arriverai à Carcassonne avant eux. Ils sont des milliers et je suis seul. Je serai plus rapide. Je n'ai pas le choix.

Le chevalier regarda encore le jeune troubadour et son enfant.

– Pardonne-moi, mon ami... Mais je ne puis t'être d'aucun secours. Ma mission est immense et nous dépasse tous. Elle ne souffre aucun délai. Elle est plus importante que toi, elle l'est plus que moi-même et que le sort de cette ville tout entière. J'aurais aimé que les choses soient autrement... mais je ne puis rien pour toi.

Escartille retomba en arrière, mort de fatigue, Aimery contre lui.

– Eh bien, dit encore le cavalier, bonne chance, troubadour.

Il donna du talon et tourna les rênes de son cheval dans un bruit de sabots, avant de lancer un « Adieu, donc ! » à Escartille.

Et il partit vers Montségur.

Irai-je encore dans la gueule du loup ?

Pour vous, ma Dame ? Pour toi ?

Escartille jura, pleura, puis sombra dans un profond sommeil.

Le cavalier, longtemps, occupa son esprit.

Puis il vit un château, immense et noir, juché sur un pic de montagne.

La silhouette de ce sombre édifice, perdu au milieu des brumes, lui était vaguement familière.

Et le Diable, ce Diable qu'il avait vu à Béziers – il était là, le Maître du Monde, continuant de ricaner sur sa flèche.

7

L'énigme du chevalier

Juin 2000

Lettre de Philippe Poussin à Antoine Desclaibes.
Montségur, le 28 juin 2000.

« Cher Antoine,

J'y suis ! Les fouilles commencent.

Acheminer notre matériel n'a pas été de tout repos ; le *pech* est toujours aussi inaccessible. Il ne se passe pas une minute sans que je songe à tous les événements qui se sont succédé dans cette région, maintenant que je me retrouve enfin au milieu de ces ruines. A l'heure où je t'écris, je suis exactement au cœur du château. Il n'a de voûtes que ce ciel de juin qui nous assomme. Il fait déjà trente degrés à l'ombre et le soleil n'est pas encore à son zénith. J'ai recouvert ma tête d'une vieille chemise qui me donne l'air d'un drôle de Bédouin perdu au sommet de sa dune. J'ai fait bonne chère hier soir pour fêter le début de nos travaux : foie gras au jus d'abricot, cassoulet à la mode régionale, le tout arrosé d'un bon rouge des Corbières... Heureusement, ici, c'est déjà la montagne. Entre ces amoncellements de pierres grises, dans ce qui fut autrefois la cour du château, aujourd'hui envahie par les herbes, il me semble voir les cinq cents personnes qui, attendant la fin, arpentèrent le *castrum* désigné pour l'hallali. J'entends bruire la population occitane, je domine ces villages logés au creux des vallées... Hors du château, nous bénéficions d'un panorama incomparable sur le paysage alentour. Il donne le vertige. Je me suis assis tout à l'heure de l'autre côté, sur cette excroissance rocheuse qui semble s'échapper du pic, et où, autrefois, fut installée la barbacane. Devant moi, à quelques mètres, la falaise plonge soudain vers les profondeurs. Où que l'on se tourne, le sentiment est le même : celui d'être coupé du reste du monde, dans un endroit vers lequel convergent les faisceaux d'un maillage compliqué. Montségur semble l'ambassadeur d'une humanité tourmentée, cherchant un Dieu qu'elle interroge toujours sans réponse, et dont elle ne cesse d'implorer la grâce.

La carte de la région renforce cette impression : Quéribus, Peyrepertuse, Lastours, Cabaret, Termes, au loin les cités de Toulouse, Carcassonne, Foix et Béziers, au sud les Pyrénées et la frontière espagnole : Montségur est au cœur de cette toile vibrante de résonances. Non loin de moi, un escalier aux marches étroites, qui menait jadis au chemin de garde, s'élève vers le bleu du ciel et s'interrompt soudain, à la lisière de la paroi ; il ne conduit nulle part et pourtant, il est aisé de s'imaginer combien de fois il a dû être monté et descendu, comme il est aisé de s'imaginer les hommes, soldats ou petites gens, qui franchirent les arcades de ces portes monumentales. Oui, mon cher Antoine, quel plaisir d'être enfin là où ma volonté ne cessait de m'appeler !

Je te remercie de m'avoir envoyé, avec la suite de ton récit, ces quelques passages de l'œuvre originale. *Senhors, so fo en estiu, cant l'iverns se declina, Que reven lo dos temps e torna la câlina ; E lo coms de Montfort de l'ostejar s'aizina, Al castel de Menerba, qu'es lai ves la marina, Mes lo setge entorn, c'aitals es sa covina.* Comme cette vieille langue occitane fleure bon les saisons de lumière ! Je comprends qu'elle enflamme l'antre où tu te trouves encore. Il est toujours saisissant de percer les secrets d'une langue disparue – ou, à tout le moins, qui n'a plus d'autre vertu que celle de nous rappeler à la mémoire du passé. Après ta dernière lettre, j'ai beaucoup réfléchi à la fascination exercée par ces endroits. En l'occurrence, ici, c'est la beauté de la révolte et la complexité des enjeux de cette période qui, je pense, attirent les gens comme moi. On croit y trouver quelque vérité sur soi-même : voilà qui est très troublant. Il en va ainsi d'Escartille à Béziers. Quelle force d'âme pour ces populations, soudain emportées dans la tourmente ! J'y décèle quelque chose de profondément humain. Lorsque je regarde ce qu'il nous reste aujourd'hui de ces fois vibrantes, engageant la totalité de l'être, et des inextricables contradictions qui viennent s'y mêler, je ne puis m'empêcher de penser que notre époque est bien pauvre en réflexion. Il faudra, un jour, qu'une plume alerte, voltairienne, se décide à faire le procès de cet Occident infatué de lui-même, qui oublie la source des richesses dont il se gargarise et la manière dont il les a conquises. Par bonheur, il semble avoir vaincu les fanatismes et encore, pas totalement ; nous avons inventé la tolérance et la laïcité à force de combats, et d'autres batailles restent à mener. Nous voilà libres comme jamais, débarrassés de l'ombre tutélaire des dieux ! et saisis pourtant de nouveaux vertiges, en quête de pères nouveaux, de certitudes intangibles dont nous nous apercevons, peu à peu, qu'elles n'existent plus, qu'elles ne *peuvent plus exister*, en tout cas, sous leurs formes anciennes. Partout, encore, les guerres continuent. Nous sortons à peine d'un siècle qui a su réinventer l'absolu de la barbarie. Quand saurons-nous réinventer l'absolu de la fraternité ? Combien de temps tout cela doit-il durer ?

Ah, Antoine ! Toi et moi sommes des humanistes en perdition, nourris du sein d'un judéo-christianisme qui fut longtemps le terreau de nos civilisations ; nos combats sont d'arrière-garde ! Mais les frontières s'abolissent, il est tant de croyances, de rêves que nous ne pouvons plus ignorer ! Peut-être la rencontre de ces rêves sera-t-elle notre salut définitif.

J'ai compris ce que tu m'as soufflé la dernière fois. *Y a-t-il un motif suffisant pour autoriser une telle horreur ?* Cet homme qui se dirige vers Montségur, dont l'identité risque de nous demeurer à jamais inconnue. Ce chevalier semble jaillir de nulle part, héraut d'une cause improbable ; il ne porte aucun des signes distinctifs de la chevalerie occitane ou française. Le poète paraît suggérer qu'il vient de Terre Sainte, il est sans doute chrétien, mais a la couleur de peau d'un Maure. Qu'emporte-t-il à Montségur ? Quel est ce secret qu'il semble garder jalousement, et qui intrigue notre troubadour ? S'agit-il d'un objet, qu'il porterait dans sa besace noire, ou d'une quelconque vérité qu'il lui brûle de transmettre ? Cela n'a pas manqué de stimuler ma réflexion ; et voilà une indication de plus *qu'il s'est bien passé quelque chose,* dont l'Histoire, en refermant furieusement son couvercle, nous a sans doute privés.

Une idée singulière m'est venue : s'il fallait prendre un peu de hauteur ? Si le poète lui-même nous cachait ce quelque chose ? S'il avait, au-delà du chaos de ces événements disparates, une intention précise, une seconde vue ? Tu penses, et je te rejoins là-dessus, que le problème est moins d'ordre politique que théologique. Tu te demandes pourquoi ces aventures mouvementées se sont retrouvées en enfer, et voici que tombe entre tes mains, grâce à ton étonnant archiviste, ce *Livre des Deux Principes*, où se profile non plus l'ombre divine, mais celle du Démon – ce même Démon que le troubadour crut voir à Béziers. Nous voici conduits vers cette figure étrange du chevalier de Nulle Part, *Parzifal* égaré devant une ville de cendres. En définitive, je vois ce qui t'intrigue : le poète semble préparer sa révélation. Peut-être a-t-il écrit ses parchemins, non pas au moment même de ses aventures, mais *à l'issue* de ces événements, et bien après encore ; si quarante ans s'y trouvent mêlés, il a sans doute eu tout loisir d'y revenir et d'en remanier certains passages, voire de les réécrire.

Peut-être a-t-il lui-même découvert ce qui nous échappe encore ?

Les armées se lèvent, une extermination a commencé et les moyens déployés par l'Eglise sont immenses. Peut-être y a-t-il à cette gigantesque curée une raison précise. Peut-être l'Eglise elle-même *savait-elle* quelque chose qui justifiât tant de hargne, qui l'autorisât à renier son propre message d'amour évangélique, sans la moindre once de remords. Arnaud-Amaury n'était peut-être pas seulement un fanatique, comme on le dirait aujourd'hui. Peut-être, outre les raisons propres à son époque, qui sont indiscutables, sentait-il également sa main guidée par une autre raison objective, souveraine, impérieuse, qui pût servir de passe-droit à tous ces excès. L'Eglise commence sa guerre en se saisissant du prétexte du meurtre de son légat. Pourtant, n'est-ce pas elle qui, *théologiquement parlant*, est déjà acculée ?

Alors, acculée par quoi ?

Tu vois, je saute à pieds joints dans le jeu que tu as engagé, comme un écolier dans une flaque d'eau. Ici, nous tendons les cordes et les arceaux pour délimiter les périmètres de nos fouilles sans abîmer le site ; nous alignons les pioches, les pelles et les foreuses miniatures ; nous sortons déjà nos pinceaux et nos carbones. Je dois retourner à la tâche. Quant à toi, je n'ai qu'un mot à te dire :

Continue.

Affectueuses pensées,
Philippe. »

8

Au cœur des tempêtes

Août 1209

> *« En avant, chevaliers du Christ ! En avant, courageuses recrues de l'armée chrétienne ! Que l'universel cri de douleur de la sainte Eglise vous entraîne ! Qu'un zèle pieux vous enflamme pour venger une si grande offense faite à votre Dieu ! »*
>
> PIERRE DES VAUX-DE-CERNAY,
> *Historia albigensis.*

Senhors, esta canso es faita d'aital guia
Com sela d'Antiocha et ayssi's versifia
E s'a tot aital so, qui diire lo sabia

« Messeigneurs ! Cette Chanson est faite sur le modèle
de la Chanson d'Antioche, elle est versifiée
de la même manière et composée sur le même air,
pour qui sait la réciter. »

Le lendemain, après une nuit entrecoupée de cauchemars et des cris d'Aimery qu'il ne cessait de consoler, Escartille se procura un cheval abandonné qui tournait autour de sa longe, dans une ferme voisine. Celle-ci, entièrement démolie, avait subi le même sort que la ville de Béziers. Sans doute les propriétaires avaient-ils été tués, eux aussi ; en tout cas, personne ne s'était avisé de s'emparer de l'animal. Il faut dire que, soufflant et claudiquant, il ressemblait assez à Escartille lui-même. Le troubadour, rompu, le ventre encore strié de la marque de la corde qui lui avait sauvé la vie lors de son saut de la cathédrale, n'avait guère d'autre choix que de grimper sur cette triste monture.

Escartille partit en direction de Carcassonne aussi vite qu'il le put, en prenant soin d'éviter les grandes routes. S'il parvenait à gagner la cité rapidement, il lui serait facile de se renseigner, puis de rejoindre le comté de Foix et la frontière espagnole, après avoir glané dans la cité de quoi survivre et sauver l'enfant. Il avait perdu tous ses vêtements et ses maigres bagages. Il lui fallait faire vite, car il redoutait de retrouver une fois encore les croisés sur son chemin. Sans doute Arnaud-Amaury avait-il écrit au pape pour se féliciter de cette victoire si prompte. Il devait en attribuer la raison à la volonté divine, et prendre les accents les plus triomphants pour annoncer au monde entier que près de vingt mille personnes venaient d'être passées au fil de l'épée. L'armée du Christ et ses auxiliaires, recrutés pour l'occasion, avaient rasé la ville de telle manière que la douleur brutale infligée à la population occitane s'en ressentirait durant des années. La guerre s'ouvrait dans une atmosphère de haine où la rémission, de part et d'autre, n'avait plus guère de place. *Sus aux albigeois !* La volonté de résistance du pays prenait son premier camouflet ; mais pour avoir frappé sans aucune distinction, la chevalerie ennemie ne pouvait plus guère s'attirer la sympathie de ses propres alliés, les catholiques du Midi. La frontière qui séparait les deux partis s'en trouverait-elle estompée ? Rien n'était moins sûr.

Trencavel, de son côté, avait préparé Carcassonne aux combats à venir.

Lorsque Escartille arriva en vue de la cité, il reprit courage. Carcassonne ! Qu'elle était belle et majestueuse sous le soleil ! Elle dominait la vallée de l'Aude. Son enceinte crénelée, flanquée de trente tours, se reflétait dans les eaux avoisinantes. De vastes palais abritaient le vicomte et les siens. Les villages voisins du Bourg et du Castellar avaient attiré à eux toute la population de la région. Malgré une chaleur accablante, pas un des guetteurs de la ville ne relâchait son attention. Les chemins de garde sur les murailles, les donjons élevés, les drapeaux multicolores qui claquaient au vent, tout réconfortait le troubadour. Il était sûr d'une chose : l'armée croisée ne pouvait espérer venir à bout de ses défenses d'un seul coup de dés, comme elle l'avait fait pour Béziers. Carcassonne était, après Toulouse, le premier bastion de l'Occitanie. Voilà qui donnerait davantage de fil à retordre aux troupes d'Arnaud-Amaury. Escartille sentit qu'enfin, un peu de répit lui serait accordé entre ces murs.

A peine fut-il admis à franchir les herses et le pont-levis qu'il demanda à voir le vicomte en personne. Il pensait qu'à la faveur de ces circonstances exceptionnelles, Trencavel prêterait une oreille attentive à son récit et lui permettrait d'assurer sa subsistance. Escartille lui demanderait, alors, s'il avait effectivement rencontré Don Antonio de Bigorre. De toute façon, le troubadour n'avait plus le choix : il se sentait de plus en plus faible. Son fils montrait lui aussi des signes de fièvre, qui accentuaient ses craintes. Seule Carcassonne pouvait les sauver et, par bonheur, les croisés n'étaient pas apparus à l'horizon. Avaient-ils décidé de marcher sur Toulouse ? Escartille priait pour que ce soit le cas – qu'ils aient choisi Toulouse, plutôt que Carcassonne !

L'un des chefs de la garde, au rapport détaillé que fit le troubadour des récents événements, le considéra d'un air à la fois grave et inquiet. Ce fut lui qui introduisit Escartille dans le palais du vicomte.

Raymond-Roger Trencavel siégeait parmi ses barons. Ils étaient rassemblés autour d'une longue table, au centre de la salle du conseil. Derrière eux, des tentures rouges tombaient sur la muraille, encadrant le blason de la ville ; des boucliers étaient accrochés sur la paroi nord, entre deux colonnes de pierre. De l'autre côté, une ouverture pratiquée dans le mur laissait pénétrer la lumière ; on devinait le feuillage d'un lierre jeté à l'assaut du bâtiment, et, plus loin, le clocher de l'église Saint-Vincent. De la table où se trouvaient les féodaux, on pouvait entendre la rumeur montant des alentours. Une jeune femme discrète, au teint de rose, servait de l'eau en passant tour à tour derrière chacun des seigneurs. Trencavel, qui présidait, avait posé son épée devant lui. Escartille reconnut sans mal celui qu'il avait vu chevaucher avec son escorte dans les rues de Béziers, quelques jours avant l'assaut ennemi. Issu d'une famille favorable depuis longtemps à l'hérésie, Trencavel avait été confié par son père Roger II à la tutelle d'un cathare déclaré, Bertrand de Saissac, dès son plus jeune âge. Sa mère,

Adélaïde, sœur du comte de Toulouse, avait déjà défendu la place hérétique de Lavaur contre les croisés du légat Henri d'Albano ; sa tante, Béatrice de Béziers, s'était retirée dans un couvent de parfaites. Le front haut, les traits durs, sa chevelure tombant devant ses yeux en longues mèches noires, il semblait osciller entre le chagrin et la colère, à l'écoute des récits et des témoignages dramatiques qu'il n'avait cessé de recueillir depuis quelques jours.

Le hasard voulut que Trencavel reçoive Escartille en même temps que l'un de ses éclaireurs. Celui-ci se tenait à genoux, en sueur, le pourpoint maculé de poussière.

– De ma vie, messires, je n'ai vu une armée pareille ! dit-il dans un souffle.

Affolé, il poursuivit en faisant de grands gestes :

– Des milliers, messire, ils sont des milliers ! On ne voit qu'eux, la terre elle-même semble disparaître sous leur flot ! Béziers... Béziers n'est plus qu'un champ de ruines ! Le légat jubile et vient de faire marcher ses troupes sur Capestang. Les châteaux de nos seigneurs tombent les uns après les autres... Cinquante-six en trois jours, messire !

– Que dit le peuple ? demanda Trencavel. Que disent les nôtres ?

– Ils... Ils... bafouilla l'éclaireur.

– Eh bien, parle, dit Trencavel avec sévérité. Parle, que disent-ils ?

– Ils prennent fait et cause pour vous, messire, mais... ils ne comprennent pas pourquoi vous n'avez pas secouru Béziers... Ils disent que vous les avez abandonnés.

Trencavel parut ébranlé.

– C'est donc cela.

Il resta interdit quelques secondes.

– On murmure aussi, messire, poursuivit l'éclaireur, qu'ils sont en chasse d'un grand secret, qui serait entré en Occitanie... et que, ne sachant où le trouver, ils écument les campagnes à sa recherche.

Trencavel se leva.

– Un secret ? dit-il. Mais lequel ?

– Nul ne le sait, messire. On parle d'un cavalier aux allures d'ange maudit.

– Allons, que va-t-on s'imaginer ! C'est là un autre prétexte pour se jouer de nous.

– *Je l'ai vu*, messire, dit alors Escartille. J'ai vu ce cavalier aux portes de Béziers.

Trencavel se tourna vers lui. Il le considéra quelques instants, haussant le sourcil.

– Cela suffit, dit-il à l'éclaireur. Toi, troubadour, quel est ton nom ?

Escartille s'inclina devant lui. Il fut un instant saisi de vertige. A présent qu'il trouvait un abri provisoire entre ces murs, le sang qui affluait à sa tête lui donnait de violents élancements.

– Escartille, messire, parvint-il à dire. Escartille de Puivert.

– Tu étais à Béziers ?

Escartille acquiesça.

– Et ce cavalier dont on fait si grand cas, lui demanda encore Trencavel : sais-tu qui il est ?

– N... Non, messire. Il n'avait pas l'air d'un chrétien, malgré son accoutrement... On eût dit un Maure, un Arabe, de retour de Terre Sainte. Mais il ne semblait d'aucune religion ni d'aucune armée – ou peut-être, de toutes à la fois. Il m'a parlé de ce secret, sans en dire davantage. Il m'a dit qu'il se rendait...

– Où cela ?

– A Montségur, messire.

Trencavel médita quelques secondes et dit :

– Il faudra nous enquérir de cela.

Il se tut encore quelques secondes.

Puis il regarda de nouveau Escartille et s'approcha de l'enfant qu'il tenait entre ses bras.

– Cet enfant... C'est ton fils ?

Escartille acquiesça de nouveau. Le vicomte s'aperçut du teint de l'enfant et lui toucha le front. Il était brûlant. Trencavel se tourna aussitôt vers l'une de ses servantes.

– Cet enfant mourra si l'on ne prend pas soin de lui immédiatement. Je vous le confie, ma chère Léonie, si son père en est d'accord. Emmenez-le et portez-lui secours !

Le troubadour abandonna Aimery à la jeune femme qui se présentait. Il se sentait lui-même de plus en plus mal, comme si sa tension nerveuse, qui retombait subitement, s'accompagnait d'une effroyable envie de s'allonger, de dormir, de récupérer. Un drôle de brouillard tombait devant son regard ; il vit la jeune femme qui emmenait l'enfant, lui chuchotant des mots à l'oreille pour le calmer, avant de disparaître derrière les tentures. Puis Trencavel plongea ses yeux dans les siens.

– Ainsi, tu étais là-bas.

Il inspira profondément.

– Raconte-moi.

Escartille parla avec peine, chacun de ses mots ravivant à sa mémoire l'horreur de ce qu'il avait vu. Entre deux vertiges, il pouvait lire les émotions qui tour à tour se peignaient sur le visage de Trencavel. C'était comme si le vicomte, lui aussi, avait participé à chacun de ces instants. Des ombres voilaient son front, ses yeux se faisaient ténèbres ; la tristesse s'emparait de lui un moment, puis une flamme vengeresse paraissait de nouveau attiser sa colère. Il eut autant de mal à supporter les diverses scènes que le troubadour lui relatait avec force détails ; non qu'il fût ignorant de ces visions tragiques dont Escartille se faisait à présent l'écho auprès de lui, mais il ne supportait pas l'idée que ces souffrances aient été infligées aux siens sans qu'il ait rien pu tenter. On avait éradiqué la population de Béziers, en même temps que la cité elle-même – le second fief de son domaine ! Lorsque le troubadour en eut fini, il réunit ses dernières forces pour lui faire part de son désir de retrouver Louve et Don Antonio de Bigorre. Il eut bien une vague honte, en cet instant, de parler de ses petites aventures à celui qui n'avait plus d'autre choix que de faire face à la déferlante annoncée ; même en cette situation critique, Escartille ne pouvait s'empêcher d'admirer la stature et la noblesse du jeune homme qui, bien qu'il fût à peine plus âgé que lui, s'apprêtait à braver la tempête. Mais de son côté, Trencavel ne pouvait reprocher au troubadour l'effondrement qu'il percevait chez lui, et qu'il ne comprenait que trop.

– Don Antonio de Bigorre ?... dit Trencavel. Oui, je le connais.

Il mit une main sur l'épaule d'Escartille. L'œil du troubadour s'alluma tandis que son cœur était soudain transporté d'un nouvel espoir.

– Il est reparti il y a quelques jours avec sa fille, et d'autres Aragonais, dit Trencavel.

Et, lisant la déception mortelle qui affligeait soudain le visage du troubadour, il ajouta :

– Je suis désolé.

– Reparti, répéta Escartille.

Cette fois, la tension du troubadour était à son comble. Il vacilla encore, prêt à s'effondrer. Il n'avait plus guère la force de dire quoi que ce soit, à présent que tous ses espoirs étaient de nouveau ruinés.

Revenant à ses préoccupations immédiates, Trencavel se tourna vers ses conseillers.

Le ballet de la conversation, tendu, recommençait de plus belle.

– Ce troubadour nous parle des Aragonais, dit l'un d'eux, qui se nommait Pierre-Roger de Cabaret. Ne peut-on rappeler Pierre II à nous et le faire intervenir en notre faveur ?

– Il ne peut rien pour nous, répliqua le vicomte. Il est tenu au pape par son couronnement catholique !

Il passa la main sur ses yeux en soupirant.

– Vingt mille personnes. Ils ont massacré vingt mille personnes ! Mais comment ont-ils pu !

Trencavel frappa du poing sur la table et poussa un juron, avant de lever les bras, dans un froissement de cape. Il enrageait, autant contre l'Eglise que contre lui-même.

– Et c'est mon oncle, mon propre parent, qui épouse la cause ennemie ! Qu'il ait voulu gagner du temps, qu'il ait cherché à s'attirer les faveurs du pape en faisant mine de vouloir chasser les hérétiques d'Occitanie, c'est une chose. Mais qu'il force le zèle jusqu'à prendre les armes contre nous !.. Avait-il besoin d'aller aussi loin pour donner le change ? Nous voilà isolés, et c'est toute la chrétienté qui marche sur nous ! Au nom du ciel, pourquoi ne nous laissent-il pas en paix !

– Il faut négocier, dit Pierre de Termes, l'un de ses appuis les plus fidèles. Votre oncle est de retour à Toulouse, on ne sait encore ce qu'il fera. Rien n'est joué.

Pierre se tenait à l'autre bout de la table. L'air chafouin, il était enveloppé dans un long manteau noir ; seul son drôle de nez crochu dépassait de son capuchon.

Trencavel se tourna vers lui.

– Depuis que votre oncle s'est retourné contre nous, poursuivit le baron, vous êtes aux yeux de Rome la première tête à faire tomber. Carcassonne est votre capitale, il faudra la défendre jusqu'à la mort, ou trouver les moyens de négocier avec Arnaud-Amaury une sortie honorable à ce conflit. Nous avons déjà tenté de convaincre les légats à Montpellier. Pourquoi ne pas essayer de nouveau ? Après tout, avez-vous jamais agi contre les intérêts de l'Eglise ? Jamais ! Voilà ce qu'il faudra leur dire.

Trencavel éclata d'un rire amer.

– Ah, la belle affaire ! Et vous croyez que ce discours leur fera baisser les armes, après ce qui vient de se passer ? Alors qu'ils sont convaincus que Dieu soutient leur bras ? Vous pensez qu'ils rentreront chez eux sans avoir davantage fait montre de leur force, une force qu'ils ont mis un an à rassembler, dans le seul but de nous asservir ?

– Alors, envoyons nos seigneurs battre la campagne ! proposa un autre, qui se nommait Antoine de Jonc. Réveillons les consuls de chaque bourg, et cette fois, préparons une véritable défense, à la mesure du pays ! Si les croisés attaquent Carcassonne de front, ils savent tout de même que la place est sans doute la seule qui puisse leur tenir tête... Attendons qu'ils nous encerclent et travaillons à les prendre à revers, au moment où ils ne s'y attendront pas !

Trencavel se prit la tête entre les mains.

– Si je comprends bien, Antoine, vous voulez encercler cinquante mille croisés, avec une poignée de paysans et de soldats que la seule vue de l'ennemi suffira à effrayer...

Les barons se regardèrent en silence.

Trencavel écarta les bras.

– C'est donc tout ce que nous avons trouvé ?...

Nouveau silence.

Trencavel se dirigea furieux vers la sortie de la salle, sans tenir compte de l'éclaireur encore agenouillé. Au dernier moment, il s'arrêta et se tourna vers Escartille.

– Quant à toi, Escartille de Puivert...

Durant tout ce temps, le troubadour n'avait plus rien écouté.

A présent, il sentait ses jambes le quitter.

– Messire, plaida-t-il faiblement, je... je n'ai plus de raison d'être ici... Je dois les retrouver... Je dois... fuir...

Il porta la main à son front.

Dans un cliquetis de métal, Trencavel posa de nouveau sa main gantée sur l'épaule du troubadour. Il n'eut pas le temps d'aller plus loin. Escartille vacilla de plus belle ; il tremblait maintenant de tous ses membres. Ses yeux chavirèrent.

Il tomba en avant.

– Quelqu'un pour aider cet homme ! cria le vicomte. Allez !

Il y eut un long trou noir.

Lorsque, enfin, Escartille se réveilla, il ne distingua d'abord que les murs d'une chambre blanchie à la chaux, striée de quelques fissures qui dessinaient comme des serpents tout autour de lui. Puis il sentit le contact de draps humides contre son corps. Son front était couvert de sueur. Longtemps, il alterna entre des périodes de sommeil profond et de semi-conscience. Il s'éveillait, subitement, s'entendait prononcer quelques mots dans son délire, avant d'être de nouveau happé par l'épuisement. Une main fraîche venait de temps en temps lui caresser le visage, lui donner à boire ou à manger.

Puis il se réveilla pour de bon.

Il était effectivement dans une chambre, à l'abri du soleil qui, au-dehors, était plus brûlant que jamais. Une jeune femme était là, vêtue d'une robe noire. C'était la servante qu'il avait aperçue lors de la réunion du conseil de Trencavel. Peu à peu, tout lui revint en mémoire : Louve, le sac de Béziers, le saut de la cathédrale, la fuite éperdue dans la campagne en direction de Carcassonne.

Il se dressa sur son séant. On lui avait ôté ses vêtements avant de nettoyer ses plaies.

– Aimery ! dit-il. Où est-il ? Comment va-t-il ?

La jeune femme s'approcha de lui. Sa chevelure d'or encadrait des yeux d'un bleu profond. Elle lui sourit et dit d'une voix apaisante :

– Ne craignez rien, messire, l'enfant va bien. Il avait besoin de repos et d'une nourriture saine. Il a eu un peu de fièvre, mais moins que vous. Vous avez de la chance. Mes sœurs et moi nous occupons de lui.

Un peu calmé, Escartille retomba contre son oreiller. Il avait encore mal au crâne.

Il lui fallut quelques secondes pour rassembler ses pensées.

– Qui êtes-vous ?

– Je m'appelle Léonie, dit la jeune femme. Je suis l'une des servantes du vicomte. C'est moi qui ai veillé sur vous, messire. Pardonnez-moi de...

Elle baissa les yeux avec une délicieuse discrétion et rougit légèrement :

– D'avoir dû ôter vos vêtements pour m'occuper de vos blessures.

Escartille se racla la gorge.

– Ne m'appelez pas messire, je vous en prie. Je n'ai de noble que mes chansons, et je ne chante guère ces temps-ci. Dites-moi plutôt... combien de temps suis-je resté dans cet état ?

– C'est que... vous avez frôlé la mort, semble-t-il. A la vérité, vous êtes resté longtemps sans connaissance.

– Longtemps ? C'est-à-dire ?

Léonie hésita et détourna les yeux vers la fenêtre, dont les vantaux étaient ouverts. Un rayon de lumière venait s'échouer sur le lit.

Tout à coup, Escartille eut un choc. Son visage s'assombrit.

Non ! Non, ne me dites pas que...

– Ne vous levez pas, messire !

Le jeune homme venait de sortir de son lit, emportant avec lui le drap de lin. Il marcha lentement vers la fenêtre. A mesure qu'il avançait, les rumeurs, les bruits de la ville se faisaient plus forts, plus insistants.

Emmitouflé de blanc, le troubadour se pencha enfin vers l'ouverture.

Mon Dieu, c'est bien ce que je craignais.

– Ils sont là, n'est-ce pas ? dit-il à l'adresse de la servante. Ils sont là !

Escartille manqua de s'effondrer sous le coup.

Les croisés étaient arrivés devant Carcassonne le 1er août. Deux jours plus tard, ils avaient pris le Bourg, au nord, au son des *Veni Sancte Spiritus*. Trencavel n'avait rien pu faire. Le Castellar était mieux fortifié ; il avait pu repousser un premier assaut, mais cela n'avait pas suffi. Le vicomte était cependant parvenu à massacrer la garnison que l'ennemi venait de mettre en place. Oui, cette fois, de véritables opérations militaires étaient engagées. Escartille, du haut de la fenêtre du palais, dans le donjon, passa la main sur son visage horrifié. Il voyait à nouveau de la fumée, on se battait encore aux abord du Castellar, non loin des murailles.

Ils sont venus, pensa le troubadour. *Ils sont venus et tout recommence !*

Une immense vague de faiblesse le submergea. Léonie se précipita vers lui et l'aida à regagner sa couche.

Pris au piège, une fois encore ! Mais que Vous ai-je fait, Seigneur ?

Il se retourna vers Léonie :

– Je cherche Don Antonio... Don Antonio de Bigorre et sa fille, une Aragonaise du nom de *Loba,* la Louve. Savez-vous où ils sont allés ?

Léonie n'avait jamais entendu parler du chevalier aragonais.

Elle promit de se renseigner, sitôt que le troubadour

irait mieux ; mais il était de nouveau impensable de quitter la ville en ces circonstances.

Dans la soirée, on lui amena Aimery.

Au-dehors, les combats continuaient.

Escartille prit le bébé dans ses bras. Il le regarda longtemps, jouant avec lui, glissant un doigt entre ses petites mains, essayant de le faire sourire. L'enfant avait retrouvé ses bonnes joues et son teint de lait.

– Alors, mon bonhomme, te voilà sauvé ! Tu peux dire merci à tes nouvelles mamans. Léonie, vos herbes, vos philtres et vos breuvages font merveille.

Escartille le plaça sur ses genoux, le fit boire, lui chanta des chansons. Il s'efforçait de dissimuler son abominable tristesse, à l'idée que son intuition avait été la bonne, et qu'il était passé si près de revoir sa belle. Oui, il jouait de malchance, mais tout n'était peut-être pas perdu. Léonie, continuant de papillonner autour de lui avec ses sœurs, ne tarda pas à lui apprendre que d'autres ambassades espagnoles étaient attendues à Carcassonne. Tandis que la guerre faisait rage plus que jamais autour de la ville, le troubadour, encore faible, se résolut alors à profiter de ce répit forcé ; il y trouva même le moyen de passer quelques jours voisins du bonheur.

Ce fut à cette époque qu'il commença à écrire son Livre de Vie.

Cette idée avait germé en lui après avoir assisté au massacre, alors qu'il s'endormait sur la colline, non loin de Béziers. L'amour, la mort, la guerre, voici ce que l'on trouverait dans ce Livre, à chacune de ces stances que le troubadour commençait à écrire. Ne pouvant se déplacer longuement, Escartille se fit procurer des encres multicolores et des rouleaux de parchemin. Ce travail lui permettait de rester en éveil et d'épancher son cœur. La rumeur des combats montait chaque jour jusqu'à lui ; il rageait de ne pouvoir quitter la ville, mais il lui fallait être actif. Il déversait son angoisse et la muait chaque fois en de nouvelles stances. Il écrivait avec frénésie, jusqu'à un nouvel épuisement. Il s'était fait le serment intime de relater fidèlement les épisodes de cette guerre qui venait d'embraser l'Occitanie. Son Livre serait un poème, un long poème courtois ; il y raconterait la vie de Puivert et sa rencontre avec Louve, il déroulerait le fil de ses aventures sur des milliers de vers alexandrins. Lorsqu'il pensait à cette œuvre, dont il voyait jaillir les contours, il se sentait guidé par une voix impérieuse qui lui commandait de témoigner de son histoire. Il rêvait ! Il rêvait tandis que Trencavel, au-dehors, s'efforçait de contenir les assauts répétés du légat de Cîteaux. Oui, songeait-il dans ses moments de délire, son récit serait un chef-d'œuvre ; il rédigerait ce conte en langue occitane, on le jouerait, on le chanterait dans toutes les cours. *Une histoire, c'est comme une fleur...* Voilà ce que disait son père, autrefois. Et il dirait tout, tout ce qui était en train de se passer.

Senhors, esta canso es faita d'aital guia
Com sela d'Antiocha et ayssi's versifia
E s'a tot aital so, qui diire lo sabia

« Messeigneurs ! Cette Chanson est faite sur le modèle
de la Chanson d'Antioche, elle est versifiée
de la même manière et composée sur le même air,
pour qui sait la réciter. »

Le Livre de Vie – n'était-ce pas celui que l'on trouvait au centre du paradis ? Cet arbre dont le feuillage était autant de lettres composant un alphabet sans fin, un texte sans cesse recommencé, qui englobait le monde. L'écriture du troubadour serait le reflet de cette image. Ce serait le poème tout entier qui, avec ses entrelacs colorés, sa calligraphie aussi libre que minutieuse, ses laisses successives et multicolores, évoquerait une fleur, un bouquet, un arbre, un buisson ardent ! Escartille se retrouva bientôt avec une grande quantité de rouleaux, qu'il glissait les uns après les autres dans sa besace.

Durant tout ce temps, Léonie essayait de le distraire comme elle le pouvait.

– Montrez-moi donc comment vous faites cela, dit-elle au troubadour en lui tendant Aimery.

Escartille allongea l'enfant et lui ôta ses langes sans pouvoir refréner une grimace.

– Ma foi, c'est toujours plus puant. Est-ce signe qu'il reprend vie ?

Léonie regarda le troubadour s'évertuer à changer les langes. Escartille avait procédé maintes fois à cette redoutable opération, mais toujours à sa manière. Il enroulait devant et derrière, pliait à gauche et à droite, sans trop se soucier du reste, tant que le linge tenait et que tout cela se soldait par un nœud bien serré. Etre soudain sous les yeux attentifs de Léonie le rendait nerveux. Elle rit en regardant ses mains se débattre l'une par-dessus l'autre. Aimery, lui aussi, souriait.

– C'est cela, moquez-vous, dit Escartille. Ce n'est pas une saine occupation pour un homme !

– Ah ? dit Léonie. Vous préférez sans doute des guerres plus sérieuses... Mais allons ! Si vous devez encore être seul un moment avec cet enfant, il faudra bien que vous sachiez vous en occuper. A ce propos...

Léonie leva les yeux vers le troubadour.

– Qui est la mère de ce petit ?

Escartille fronça les sourcils. Une lueur de tristesse passa dans son regard.

Léonie baissa le visage.

– Est-ce... cette Louve dont vous m'avez parlé, et que vous recherchez tant ?

– Oh... C'est une longue histoire, dit Escartille.

Ils se turent quelques secondes.

– Je dois la retrouver, répéta-t-il.

Léonie comprit que le troubadour ne souhaitait pas aborder ce sujet davantage. Elle sentait qu'il brûlait de laisser libre cours à son émotion et de se jeter au-dehors, séance tenante. Elle eut un nouvel éclat de rire et se pencha vers l'enfant.

– Laissez-moi faire ! dit-elle. Je vais vous montrer.

Escartille recula d'un pas et la regarda langer avec art tandis qu'elle continuait :

– Ce qu'il faudrait à cet enfant, c'est un sain gouverneur. Diable ! N'avez-vous pas songé à le confier à quelqu'un ? Comptez-vous faire son éducation seulement en chansons ?.. Il lui faudrait un tuteur, assurément. Et il lui faudrait...

Elle baissa d'un ton, si bien qu'Escartille n'entendit pas la fin de sa phrase.

– Que dites-vous ? demanda-t-il.

– Rien, dit Léonie. Rien.

Elle tourna brièvement vers lui son joli minois. Il crut à son tour y déceler une pointe de tristesse ; puis Léonie retrouva le sourire et se pencha encore sur l'enfant, frottant son nez contre celui du bébé.

Il lui faudrait une véritable mère, songea-t-elle.

Chaque jour, Léonie informait Escartille des batailles qui se succédaient à l'extérieur.

Un matin, elle entra dans la chambre avec une grande précipitation et s'écria :

– Je l'ai vu, Escartille ! Il est là !

– Qui donc, Léonie ? Qui est là ?

Elle avait un sourire angélique.

– Le roi, messire ! Le roi lui-même !

– Le roi ! Mais quel roi ? interrogea encore Escartille.

– Le roi d'Aragon ! s'écria Léonie.

Escartille était dans son lit. Il se dressa sur son séant.

– Comment ? Que dites-vous ?

– Le roi est là ! Il a rencontré le comte de Toulouse ! Notre cher comte est revenu, il a fait tendre son riche pavillon dans un pré, au bord de l'eau, auprès d'un bois touffu. Et c'est là qu'il a retrouvé le roi, à ce que l'on m'a dit. Ils sont revenus de Catalogne et d'Aragon, pour nous sauver !

Escartille trépignait à son tour.

– Le roi ? Mais où est-il ?

– Ne l'entendez-vous pas, messire ?

Léonie aida le troubadour à se lever ; elle l'attira vers l'embrasure de la fenêtre qui dominait la ville et tendit un index tremblant :

– *Là.* Il est là !

Et Escartille le vit.

Il était entré dans Carcassonne. Accompagné de cent chevaliers, Pierre d'Aragon avait rencontré les croisés la veille au soir, alors qu'ils étaient en train de dîner autour de viandes rôties. Quand les seigneurs l'avaient vu s'approcher, leur ton avait changé. Ce jour-là, c'était en maître de l'Occitanie que Pierre II se présentait aux légats. Car c'était bien lui que l'écheveau complexe des allégeances du Midi désignait comme le souverain ultime de la terre occitane, par-delà les frontières pyrénéennes. Trencavel et le comte de Toulouse eux-mêmes ne lui devaient-ils pas hommage ? Et voici que ce roi que l'on n'attendait plus se présentait ici en libérateur ! Dans le camp occitan, on l'accueillait comme tel. Les liens avec l'Aragon s'étaient tissés depuis des siècles : l'une des sœurs du roi était l'épouse de Raymond VI et l'autre, Sancie, était mariée au futur Raymond VII, encore tout jeune. Pierre II s'avançait maintenant face aux chevaliers de l'ost. Oui, c'était soudain un roi puissant que les croisés trouvaient devant eux, et qui plus est, un roi catholique, en première ligne de la lutte contre les Maures ; depuis de longues années, le pape Innocent III lui accordait toute son attention. Les princes et les prélats, Arnaud-Amaury en tête, étaient venus le saluer et lui dire : *Soyez le bienvenu.* Les rues de Carcassonne étaient en liesse. Pierre était entré avec seulement trois de ses compagnons ; dès qu'il l'avait su, Trencavel s'était porté à sa rencontre avec ses gens ; la population marchait derrière les chevaux, baisait les pieds du monarque, jetait des vivats, lançait des fleurs ! La joie était immense, car tous ces habitants étaient ses vassaux et ses amis. Le roi n'était pas venu pour batailler, il n'avait pas avec lui de forces suffisantes ; mais il serait sans nul doute un allié précieux pour trouver une issue à la guerre.

– Vous vouliez partir en Aragon ? dit Léonie. Regardez : c'est l'Aragon qui vient à nous.

– Descendons ! dit Escartille. Descendons maintenant !

– Non, restez ici ! Je vous raconterai. Je vais y aller.

Elle se dirigeait déjà vers la porte.

– Je vous dirai ce qui se passe, je vous raconterai tout !

Escartille resta seul un long moment. Lorsque, enfin, Léonie revint, des étoiles brillaient dans ses yeux. Ses joues étaient roses et enfiévrées. Elle respirait la joie et frappait dans ses mains de soulagement.

– Oh, Escartille ! J'ai vu l'un de nos soldats qui a assisté à l'entretien ; nous ne parlons plus que de cela en bas. Le roi a d'abord écouté, oui, il a longuement écouté notre cher vicomte, qui lui a raconté ce que les légats avaient fait à Béziers, comment ils avaient tout détruit sur leur passage et passé tout le monde au fil de l'épée. Le récit que le vicomte a fait de cet épisode a profondément ému tous ceux qui se trouvaient là ; et le roi n'était pas en reste. Lorsque le vicomte a terminé, le roi a parlé à son tour. Voilà ce qu'il dit alors : « Baron, je vous ai bien entendu ; mais il ne faut pas vous plaindre de ce qui est advenu. Ne vous avais-je pas moi-même invité à bannir les hérétiques ? Vous avez continué à les accepter sous votre toit et à les laisser se réunir et professer leurs erreurs insensées. Mais je ne puis vous voir en proie à de si vifs tourments sans réagir. Vous cherchez un remède aux angoisses qui vous accablent ? Il n'est guère d'autre solution que de s'entendre avec les Français ; vous vous pensez à l'abri à l'intérieur de vos murailles, mais ne vous y trompez pas, vicomte : leur armée est nombreuse, j'ai vu ces hommes et leur détermination inébranlable.

Votre ville abrite de nombreuses familles, des femmes et des enfants. Il vous faut conclure un accord. Pour vous, je suis prêt à jouer ce rôle, car ce qui se passe en ce pays m'afflige et éveille en moi une douloureuse compassion. »

Léonie s'était assise sur un tabouret ; voici qu'elle arpentait maintenant la pièce en long et en large, en imitant tour à tour le roi et le vicomte. Escartille sourit ; l'enthousiasme de la jeune femme était communicatif.

– Le vicomte a approuvé cette proposition Pensez donc ! Cet homme est notre salut ! Il prit la parole à son tour, rejetant sa cape par-dessus ses épaules et posant un pied en avant. « Sire, disposez de moi et de la ville comme il vous plaira. Nous sommes vos débiteurs de toujours et vos fidèles vassaux ; votre père Alphonse, déjà, nous témoignait la plus grande affection. Nous vous resterons fidèles quoi qu'il advienne. » Là-dessus, les deux hommes se donnèrent l'accolade. Puis le roi remonta sur son destrier en disant qu'il allait de ce pas rejoindre le légat de Cîteaux, qu'il multiplierait ses instances pour faire cesser ce conflit au mieux des intérêts de tous. Il s'en fut superbe au milieu des acclamations, jusque dans la forêt les gens l'ont suivi ; et il s'éloignait tandis que des feuilles lumineuses semblaient tomber et tournoyer autour de lui. Il doit être en train de parlementer en ce moment même L'espoir est revenu, Escartille ! Après cela, les gens de Carcassonne se sont...

Le troubadour l'interrompit. Il avait lui aussi accueilli tout ce discours avec soulagement. Son visage s'était illuminé d'une autre sorte d'espoir. Il prit les mains de Léonie :

– Le roi Pierre II est là, dit-il. Le roi d'Aragon !

Mais Louve ? Et Don Antonio de Bigorre ? Sont-ils là également ?

– Je n'en sais rien encore, dit-elle.

Elle fit une pause, son sourire se crispa légèrement.

Puis, retrouvant son enthousiasme – et sa respiration – elle ajouta :

– Mais je vous promets de vous le dire dès que possible.

Le soir même, Escartille put enfin descendre de la tour. Il voulut quitter le palais aussitôt, mais les entrées et les sorties étaient contrôlées. Il insista. Il demandait à sortir, au mépris du danger ; on resta sourd à sa requête. Il lui fallait l'autorisation de Trencavel ou de l'un de ses barons qui, pour l'heure, étaient tous inaccessibles. Aidé de Léonie, Escartille se rendit dans une chapelle où le vicomte et ses proches avaient pour habitude d'aller se recueillir. Il n'y trouva personne. Après ce jour faste, le jeune homme sentait lui aussi que ses forces lui revenaient ; une énergie nouvelle courait dans ses veines. A tous les gens qu'il croisait, il demandait des informations ; personne ne pouvait lui répondre et, partagé entre l'angoisse et l'enthousiasme, il éprouvait les sentiments les plus contradictoires. Eh bien, il irait voir par lui-même ! Escartille s'était avancé tout près de l'autel avant de tomber à genoux. Léonie, elle, était restée sur le pas de la porte et le regardait. Il semblait prier, enveloppé de blanc, le visage levé vers les vitraux.

Escartille retrouvait soudain espoir. Demain au plus tard, il saurait ! Il sortirait enfin, par tous les moyens ! Faudrait-il encore attendre cette nuit ? Si le roi d'Aragon était là, n'y avait-il pas les meilleures chances pour que Don Antonio, l'un de ses plus précieux chevaliers, l'ait accompagné dans son ambassade ? Peut-être n'était-il parti que pour mieux revenir ! N'était-il pas l'un de ses plus valeureux émissaires ? N'était-ce pas cela qui, déjà, l'avait conduit sous les murs de Puivert, de Peyrepertuse, de Quéribus, de Lastours, de Roquefixade ? Alors, peut-être Louve serait-elle là aussi, quelque part ! Dans l'ombre de ce bois où ils avaient posé leur campement ! Tout près, aux portes de la ville ! N'était-ce pas ce signe du destin que le troubadour avait appelé de ses vœux ?

Il continuait de rêver, s'abandonnant avec ferveur à son espoir retrouvé.

Derrière lui, Léonie s'était assise, les mains sur les genoux.

Le lendemain, Escartille se leva. Léonie lui avait préparé de nouveaux vêtements. Il revêtit sa tunique, serra contre sa taille la boucle de son vieux ceinturon, où il avait glissé la fronde de Charles de Montesquiou. Il enfila ses bottes, vérifia les cordes et l'archet de son rebec, avant de faire passer l'instrument par-devers lui. Il glissa sa besace et ses rouleaux de parchemin sur son autre flanc. Dans un sourire, il rajusta sur son crâne son galurin à plume d'oie, puis fit quelques pas en inspirant l'air à pleins poumons. Il se sentait libéré. Oui ! Il était un homme nouveau.

– Que faites-vous ? lui demanda Léonie.

– Je me lève, ma belle amie. Ne le voyez-vous pas ?

– Restez donc couché ! dit la jeune femme. Vous êtes encore faible.

– Allons ! Je suis en pleine santé, et Aimery aussi. Grâce à vous, Léonie.

En passant près d'elle, il s'arrêta. Il regarda la jeune femme, qui levait vers lui des yeux bleus comme l'azur. Une délicieuse mèche blonde voletait sur son front. Il fut intrigué par ce qu'il crut déceler dans le regard de la servante. Elle était au bord des larmes.

– Alors... Vous allez partir ?

Escartille sourit et lui caressa la joue.

– Oui, ma douce Léonie. Vous m'avez été d'un grand secours. Jamais je n'oublierai ce que vous avez fait pour moi. Mais je suis las de ces aventures et d'autres horizons m'attendent.

Léonie ne put s'empêcher de laisser couler une larme.

– Mais comment ferez-vous ? On se bat encore au-dehors !

– Je ne sais pas, dit le troubadour. Je vais voir le vicomte.

Il la prit dans ses bras et la serra contre son cœur. Ils restèrent ainsi un moment, puis Escartille se dirigea vers l'escalier qui menait au corps principal du palais.

– Le vicomte ! dit Léonie, qui trottait derrière lui. Mais il tient de nouveau conseil en ce moment même ! La ville est débordée, messire ! Escartille, s'écria-t-elle encore. Escartille !

– Raison de plus, dit Escartille. On ne m'y prendra pas deux fois.

– Il y a quelque chose que je ne vous ai pas dit, souffla Léonie en ravalant ses sanglots, la gorge nouée.

Mais le troubadour dévalait déjà les escaliers quatre à quatre.

Lorsqu'il fit irruption dans la salle du conseil, Escartille pensait se voir fermer l'entrée par les gardes qui s'y trouvaient habituellement en faction. Il n'en fut rien ; il tomba au milieu d'une rare agitation. Tous les barons étaient là ; leurs blessures, la poussière sur leurs justaucorps ou leurs armures témoignaient des coups et des contrecoups qui se donnaient toujours au-dehors, dans la plus grande fureur. Les barons puaient la sueur et le sang ; ils marchaient en long et en large, lançaient de temps à autre un ordre à leurs écuyers et sergents qui venaient au rapport et repartaient dans la minute. Escartille ne bougea pas durant plusieurs secondes. Il ne tarda pas à apprendre ce qui s'était passé. La partie s'était jouée si vite que tous s'étaient trouvés pris de cours. L'Eglise avait décidé de lancer un autre ultimatum. Le roi d'Aragon avait tenté d'intervenir pour favoriser une nouvelle négociation. Arnaud-Amaury voulait bien admettre l'innocence du vicomte ; il aurait la vie sauve et la permission de sortir avec douze chevaliers de son choix ; mais la ville et ses habitants serait laissés aux croisés. « J'aimerais mieux être écorché vif ! » s'était écrié Trencavel. Et le roi levait le camp ! En ce moment même, il devait plier bagage, ulcéré par l'échec insultant de sa médiation ! Escartille, au milieu de ces barons qui allaient et venaient autour de lui, s'assit sur un tabouret, les épaules tombantes, le visage décomposé.

– *Anatz, baro,* à cheval ! s'écriait le vicomte. Equipez-vous tous, allez prendre vos épées et tous ensemble, donnez la charge contre l'armée !

– Par ma foi ! s'exclamait Pierre-Roger de Cabaret, si vous voulez suivre mon conseil, ne faites pas de sortie ! Car au matin, sitôt qu'ils auront pris leur repas, les Français chercheront à vous enlever les derniers accès à l'eau qui nous restent !

– Il a raison, dit un autre. S'ils tiennent l'Aude, nous sommes perdus. Nous n'avons déjà plus rien dans les citernes !

Ah non ! se dit Escartille. *Une fois, passe encore ; mais deux ! Je ne Vous laisserai pas faire, Seigneur ! Je refuse de me rendre encore sans me battre, si près du but ! Non, il n'est pas trop tard ! Je dois encore pouvoir gagner les troupes d'Aragon, et m'abriter sous l'aile de Pierre II. Mais comment sortir d'ici avec Aimery, sain et sauf ?*

Tout à coup, Trencavel en personne se planta devant lui.

– Tiens, te voilà debout, toi ! Eh bien, joins-toi à nous, tu ne seras pas de trop.

Escartille leva les yeux.

– Me... Me joindre à vous ?

– Tu es revenu des morts sans doute, jeune homme. Te voilà guéri grâce à nous. L'Aragon s'enfuit et nous voilà seuls ! Sois heureux d'être encore des nôtres, et de défendre notre belle Occitanie. Allons ! Donnez-lui un drapeau, et qu'il gagne l'escorte !

– Mais...

Trencavel l'interrompit.

– Je n'ai pas le temps de faire la conversation.

– Je veux sortir d'ici !

– Je t'en donne une belle occasion. Et cesse de gémir...

Il se détourna et rejoignit ses soldats en grommelant :

– ... J'ai une ville à sauver, par Dieu.

Mais va-t-on me dire ce que je fais là ?

Escartille, juché sur un vieil alezan au sabot lourd

et crotté, son étendard en main, vit les immenses portes de la ville de Carcassonne s'ouvrir devant lui.

La population s'était de nouveau rassemblée tout autour d'eux. Elle s'écartait devant les cavaliers. Escartille fut bousculé ; les chevaux piaffaient derrière lui. L'un d'eux se cabra en hennissant.

– Avance ! Avance donc !

L'escorte s'ébranla. Escartille, les yeux écarquillés d'horreur, ne cessait de tourner la tête vers la fenêtre du donjon où devaient se trouver Aimery et Léonie. Il aurait tout fait pour revenir en arrière, mais la foule était trop compacte. Il était jeté au-dehors, son vœu n'était-il pas exaucé ? Il sortait de la ville ! Mais seul.

Non, non, non !

Escartille continuait de regarder autour de lui, désemparé. Il passa à côté du cadavre d'un cheval, que l'on avait éventré pour se nourrir, à moins qu'il n'eût succombé à une quelconque maladie. Ses entrailles, dévorées d'insectes, gisaient au-dehors. Plus loin, c'était un bœuf, et un autre encore, qui avaient subi le même sort. Des femmes et des enfants en guenilles s'en approchaient ; d'autres montaient dans les citernes, s'échangeaient des gourdes presque vides. A présent qu'il sortait de sa chambre, Escartille pouvait constater que la situation était bien pire qu'il ne l'avait pensé.

Trencavel, pris à la gorge, tentait une contre-proposition.

Un parlement venait d'être dressé devant la cité, sous le pavillon du comte de Nevers.

Trencavel s'y rendait avec cent chevaliers et de nombreux pages de sa suite. Escartille était derrière lui, à quelque distance. Il voulut s'arrêter. Comment ? Il était encadré par une forêt de lances. Qu'il s'avise de dévier de ce flot et on l'eût submergé sans vergogne. Au-dehors, le paysage des tentes cernant la cité était assez comparable à celui que le troubadour avait vu à Béziers. Il pestait contre Dieu et tous les saints, éternuant de temps à autre sous l'effet d'un nuage de poussière ; ou bien c'était une nuée de mouches qui venait virevolter autour de lui, se poser sur son front, sur son nez, sur la crinière ou la croupe de son cheval. Il entendait ce cliquetis terrible des armes que l'on préparait, et qu'il ne connaissait déjà que trop ; gonions, heaumes et gamboisons, de Chartres, d'Edesse ou de Blaye luisaient sous le soleil d'août. Les chevaliers avaient glissé leur bras sous l'écu, frappé d'emblèmes héraldiques ; et l'escorte avançait vers ce pavillon maudit où Arnaud-Amaury, comme une vipère au fond de son antre, attendait le jeune vicomte assiégé. En arrivant en vue du pavillon, non loin du bois où, hier encore, le roi d'Aragon avait établi son camp, Trencavel leva la main. L'escorte s'arrêta.

Le vicomte descendit de cheval.

Il s'apprêtait à se rendre sous la tente. Il fit signe à trois de ses chevaliers et se tourna vers ses pages et ses hérauts.

– Que deux d'entre vous m'accompagnent. Et levez haut vos enseignes ! Soyez fiers de notre défense.

Escartille ferma les yeux.

Seigneur Jésus-Christ, ne me dites pas qu'ainsi le sort peut s'acharner toujours sur la même créature.

– Allons, troubadour ! Toi qui as pu constater la cruauté de ces hommes à Béziers, viens. Viens donc les prendre de face, et voir à quoi ils ressemblent.

Escartille serra les dents.

Laissant l'escorte à bonne distance, Trencavel, ses chevaliers, Escartille et un autre homme avancèrent en direction du pavillon. Arnaud-Amaury reçut le vicomte comme il avait reçu la délégation de Béziers, entouré de ses chefs de guerre, ainsi que de nouveaux prélats qui l'avaient rejoint sur le chemin de ses tristes conquêtes. Parmi eux, Escartille repéra un homme qui lui parut aussitôt plus terrible et antipathique que les autres. Il s'appelait Aguilah et, comme le défunt Pierre de Castelnau, avait longtemps fréquenté les clercs de l'abbaye de Fontfroide. Grand, élancé, il portait une aube blanche, une étole mauve et des gants de velours ; il tenait en main un bâton surmonté d'une croix. Ses cheveux noir de jais étaient coupés très court. Il avait des yeux petits et rapprochés, légèrement en amande, qui lui donnaient un air faux. Ce regard de biais surmontait un nez aquilin. Sa bouche dessinait sur son visage une moue caractéristique du mépris profond qu'il devait porter sur toutes choses. Aguilah de Quillan avait été fraîchement promu évêque dans le diocèse d'Albi ; cet homme d'à peine trente ans vouait à la cause catholique un zèle infatigable. Proche de Foulque de Marseille, qui ne tarderait pas à faire parler de lui en fondant en terre cathare sa Confrérie Blanche, véritable institution de combat contre l'hérésie, Aguilah s'était empressé de rejoindre le légat de Cîteaux dès qu'il avait senti souffler le vent de la réaction. Il comptait bien continuer à grandir dans l'ombre d'Arnaud-Amaury, l'un des confidents d'Innocent III. Aguilah était l'un des plus jeunes représentants de l'épiscopat : sa volonté de fer, la sûreté de ses appuis et la réputation de sa famille l'avaient subitement hissé à un rang inespéré. Il avait su profiter de cette situation exceptionnelle, où une foi si intransigeante ne pouvait être que payée de retour dans ce pays troublé. Depuis quelque temps, ceux qui croisaient son regard, furieux et pénétrant, le disaient illuminé de l'intérieur. C'est que, fort de sa récente accession à la dignité épiscopale, Aguilah se sentait plus que les autres envoyé par le Christ ; la vue de ces hérétiques qui n'avaient cessé d'humilier ses proches lui était devenue intolérable. Le temps d'agir était venu.

Un autre de ces croisés attira l'attention d'Escartille. Il semblait doué d'une force herculéenne. Il avait une figure large, une barbe noire et fournie, des sourcils drus. Escartille retint son nom à l'apostrophe que l'un de ses compagnons lui lança. Il s'appelait Simon de Montfort. Il était déjà dans la force de l'âge – quarante-cinq, peut-être cinquante ans. On le connaissait pour ses qualités militaires et sa grande intelligence tactique. Il n'était encore qu'un petit seigneur d'Ile-de-France, que la guerre des Albigeois avait rameuté comme des centaines d'autres ; pourtant, son fief, coincé entre Paris et Dreux, était important : il s'étendait de la vallée de la Seine à celle de Chevreuse. Montfort possédait aussi le titre de comte de Leicester en Angleterre et disposait d'une certaine richesse. Surtout, il venait de se distinguer par une action héroïque, lors de l'assaut du Castellar : au moment où les croisés battaient en retraite, il s'était jeté dans un fossé pour sauver un blessé, sous une pluie de pierres et de flèches. Cela n'avait fait que rappeler aux légats le prestige d'un homme qui, des années plus tôt, avait combattu avec les armées de Philippe Auguste lors de la quatrième croisade, refusant de se mettre à la solde des Vénitiens, et revenu de Terre Sainte après un an de combats. On savait, à présent, qu'il avait l'étoffe pour devenir lui aussi l'un des bras séculiers de cette guerre.

Trencavel, Escartille et les chevaliers étaient entrés. Ils formaient cercle au cœur du pavillon.

– Messire Trencavel... commença Arnaud-Amaury d'une voix tranchante. Vous aussi avez dû entendre les *Veni Sancte Spiritus*... Ce sont les chants de Dieu que l'on clame sous vos murs... Car c'est Lui qui s'apprête à prendre possession de votre fief, vous qui avez si négligemment refusé de souscrire au marché que nous vous proposions. Je comprends que votre protecteur, le roi d'Aragon, soit reparti fort courroucé de votre entêtement.

Trencavel ne fut pas décontenancé le moins du monde.

– Vos conditions étaient inacceptables. Vous le savez. Je suis venu négocier.

Arnaud-Amaury eut un petit rire, et échangea avec les siens un sourire railleur.

– Négocier, oui, oui... Bien sûr.

Il se tourna vers Aguilah et leva une main :

– Aguilah, mon ami, dites-lui ce que nous en pensons.

Aguilah se passa la langue sur les lèvres et, sortant de son immobilisme, avança d'un pas.

Escartille, dans son coin, tremblait comme une feuille.

Je ne sais pourquoi, mais quelque chose me dit que tout cela ne va pas bien se passer.

Aguilah attendit quelques secondes, puis se pencha en avant.

– Négocier... Mais négocier quoi ? Vos puits sont à sec et l'eau vient à manquer dans toutes vos maisons... Le bétail que vous avez rassemblé dans votre enceinte est abattu jour après jour, et nous sentons d'ici les puanteurs des carcasses que vous entassez dans toutes vos ruelles... A vrai dire, il vient de chez vous des parfums de putréfaction, vicomte. Sans doute l'annonce de votre échec imminent. Et les mouches ! Ah, j'oubliais les mouches ! Elles tournent, n'est-ce pas, par nuées ! Elles s'apprêtent à faire de bons repas... Un vrai festin, comme celui de Béziers, que vous seul avez préparé, messire Trencavel, par votre obstination ! Négocier ? C'est la reddition immédiate, ou la mort par la soif et l'épidémie, vicomte. Quant à nous, nous ne sommes pas pressés. Que voulez-vous, nous savons votre vaillance, mais vous êtes trop jeune pour soutenir un siège, et vos gens trop peu nombreux.

Les yeux de Trencavel étincelèrent.

– Le sang que vous avez accumulé sur vos mains éclabousse votre foi, et vous n'avez pas à vous targuer des misérables forfaits que vos armées ont accomplis à Béziers ! *Qu'êtes-vous venus chercher ?*

A ces paroles, Arnaud-Amaury leva un sourcil. Il sembla soudain à Trencavel que le prélat se crispait. Il se tut de longues secondes, échangeant avec Aguilah un regard entendu. Tous deux, en fait, avaient pâli.

Voyant le champ libre, Simon de Montfort, sanguin, intervint à son tour en rugissant :

– Ne nous encouragez pas, messire, à dire au monde ce que vous êtes ! Vous êtes un hérétique, un mécréant, tout comme ceux que nous vous demandons de nous livrer maintenant ! Nous avons avec nous des gens de Limousin, de Périgord, d'Auvergne, de Gascogne, de Saintonge, de toute la France ! Nous défendrons la vraie foi d'ici jusqu'à Constantinople, s'il le faut ! Il n'est plus temps de tergiverser. Que les vôtres nous rejoignent, ou bien qu'ils meurent !

Arnaud-Amaury s'amusait à présent de la colère de Simon. Mais il paraissait avoir pris une subite résolution. Il laissa de nouveau planer un instant de silence et reprit à son tour, en baissant d'un ton :

– Vous voulez épargner votre ville ? Vous y êtes parvenu, je vous le promets...

Il tapota tranquillement de ses doigts sur l'accoudoir de son siège et fit à Montfort un léger signe de tête. Alors, il ramena les mains en coupe sous son menton et dit :

– Le sire de Montfort s'emporte facilement, mais il a raison, messire Trencavel. Ce jour est un jour faste, un de plus. En Sa grande clémence, le Seigneur accepte que vous nous rendiez aujourd'hui les armes.

Trencavel regarda autour de lui.

Un groupe de soldats, qui stationnait jusqu'alors à l'entrée du pavillon, venait d'entrer. Le jeune vicomte lança au légat un regard empli d'horreur et de dégoût.

Escartille, qui n'avait pas perdu une miette de cet échange, écarquilla les yeux.

Voilà. Nous y sommes !

J'en étais sûr.

– Je vais retourner dans mes murs, s'écria le vicomte, tendant l'index devant lui. Et par Dieu, nous nous battrons jusqu'à la mort !

Les soldats s'approchèrent. Deux arbalétriers pointaient leur arme sur Trencavel. Il tira l'épée, le comte de Nevers en fit autant, imité par Montfort et le duc de Bourgogne. Les chevaliers du vicomte sortirent leurs armes à leur tour.

– Vous n'irez nulle part, messire.

– J'étais venu pour négocier ! Pour négocier, traître !

Arnaud-Amaury plissa les yeux, un sourire sur les lèvres. Escartille, à force de trembler, faillit lâcher l'étendard qu'il tenait encore en main avec fébrilité. Il croisa les yeux du page qui les avait accompagnés ; un garçon qui devait être plus jeune que lui encore ; il était blême et suait à grosses gouttes. Ils échangèrent un regard. Tout autour de lui, ce n'était plus qu'un cercle d'armes, fers dégainés, pointés les uns contre les autres, prêts à se croiser. Il suffisait d'un geste malheureux à présent. Trencavel et les barons n'osaient bouger, assurant au sol leurs appuis, se tournant légèrement de droite et de gauche, pour tenter de contrôler tous les fronts à la fois. Le temps sembla ainsi suspendu durant presque une minute.

Un piège. C'était un piège !

Un piège indigne, qui transgressait toutes les lois de l'honneur.

Mais Arnaud-Amaury n'avait que faire de l'honneur, sinon de l'honneur de Dieu. Il avait une mission suprême, qui dépassait toute autre considération. Et Carcassonne devait tomber coûte que coûte. Le seul moyen d'y parvenir était, simplement, de la décapiter.

Peut-être... Peut-être alors trouverait-il le Secret – le Secret terrible, odieux, insoutenable qui avait brui jusqu'aux oreilles d'Innocent III.

– J'accepte que vous me donniez votre épée, vicomte, dit-il. Vous n'avez pas le choix. Vous avez ma parole qu'aucun mal ne sera fait aux innocents de votre ville. Je dis bien : *aux innocents*, ajouta-t-il en insistant sur ces derniers mots.

Escartille s'écarta d'un pas.

Regardant toujours à droite et à gauche, Trencavel hésita longtemps, écarlate de fureur. Il se préparait à bondir, ses sangs bouillaient. Mais une dizaine d'arbalètes étaient pointées dans leur direction, autant d'épées, de haches et de fléaux. Toute tentative d'assaut ou de fuite était vaine. Il fit sur lui-même un effort démesuré pour contenir sa colère. Puis, les lèvres tremblantes, écœuré, il dit :

– Messires chevaliers, sortez d'ici avec nos hérauts.

– Par ma foi, dit l'un d'eux, vicomte ! Jamais ! Vous m'entendez ! Jamais !

– *Sortez !* cria Trencavel d'une voix puissante. Sortez ou nous périrons tous ! Carcassonne a besoin de vous et je suis encore votre chef. Alors sortez !

Il y eut un nouvel instant d'hésitation. Arnaud-Amaury, qui n'avait pas bougé de son fauteuil, fit un geste de la main en signe d'assentiment.

Lentement, les chevaliers baissèrent leurs armes.

Escartille se tenait tout contre Trencavel. Ils étaient dos à dos, l'un armé de son épée, l'autre de son enseigne dérisoire. Le vicomte, sifflant entre ses dents, glissa alors à l'oreille du troubadour :

– Par Dieu, que ce crime odieux ne reste pas impuni. Va prévenir mon oncle, le comte de Toulouse, et raconte-lui ce qui s'est passé.

Et il ajouta :

– C'est sur vous que repose désormais le destin de l'Occitanie.

Ils furent jetés au-dehors.

Escartille fut ébloui par la lumière.

Trencavel abaissa son arme.

Le cercle se referma sur lui.

L'escorte, qui était restée à l'écart, guettait l'issue des négociations ; certains se dressaient sur leur cheval, pour tenter de distinguer, derrière les barrages qui s'étaient mis entre eux, ce qui se passait là-bas. Ils virent quelques silhouettes sortir de la tente, mirent leur main en visière, tournant sur leurs destriers. Ils ne purent rien tenter, perdus au milieu des nuées de croisés et de routiers qui n'attendaient qu'un signe pour les dépecer. La nouvelle se répandit comme une traînée de poudre. Carcassonne ne tarda pas à capituler à son tour. Cette fois-ci, les habitants sortirent de la ville sans trop de heurts, sous le contrôle de l'ennemi qui refrénait l'audace des brigands. Le butin de la ville, immense comme elle, superbe comme elle, fut trié méthodiquement entre les vainqueurs.

Mais une autre surprise attendait Escartille.

Lorsqu'il remonta dans le donjon, il ne trouva trace ni de Léonie, ni d'Aimery.

Le troubadour resta quelques instants devant le petit lit où l'on devinait encore la marque du corps de l'enfant.

Un rouleau de parchemin s'y trouvait.

Reviendrez-vous, sire troubadour ?
A l'heure qu'il est, je ne sais où vous êtes ;
Je ne sais si votre folie vous a poussé hors les murs
[de cette ville,
Je ne sais pas même si vous êtes mort !
Je n'ai pu me résoudre à abandonner l'enfant
aux mains de ces mécréants qui nous chassent.
Je quitte ma ville ! Nous quittons la ville comme des gueux !
Aimery est avec moi, et le souvenir de vous.

Si vous lisez ceci, nous trouverons abri quelque part –
[à Toulouse, je l'espère !
Si vous lisez ceci, rejoignez-nous !
Je prie pour vous !

Escartille resta tétanisé quelques instants.

Bien sûr. Que pouvait-elle faire d'autre ?

Puis il se précipita au-dehors.

Il sortit, ballotté par le flot des habitants que l'on avait choisi, cette fois, de laisser partir. Autour de lui, on ne savait trop ce qui s'était réellement passé, ni comment tout cela avait pu basculer si vite. On murmurait que Trencavel s'était livré de lui-même, pour épargner la vie de ses sujets, et qu'en échange, les croisés avaient accepté de leur laisser la vie sauve. Déjà, on chantait son nom avec tristesse, on le comparait au Christ, on le couvrait de louanges. De toutes parts, des chariots, des colonnes d'habitants désormais sans refuge s'enfuyaient par les routes et les collines, en une myriade de taches brunes et blanches. Escartille regardait autour de lui, plus accablé que jamais.

Léonie avait été entraînée, elle aussi. Et elle avait emmené Aimery avec elle !

Il ne put retenir un cri de stupéfaction en voyant tout à coup, le long d'une route qui disparaissait au loin, au milieu du flot humain qui passait entre les croisés, le chevalier qu'il avait aperçu quelque temps plus tôt.

Il le regardait, figé en sa majesté, sa cape blanche flottant dans le vent, une épée étincelante à son côté. Son cheval, noir comme la nuit, semblait souffler des flammes de ses nasaux.

Escartille s'écria :

– Hé ! Vous !

Le cavalier ne répondait pas.

Escartille tourna la tête.

– Il est là ! Le cavalier ! Il est là, ne le voyez-vous pas ?

Mais personne ne semblait faire attention à son délire.

Il se jeta en avant, jouant des coudes autour de lui ; deux croisés, croyant qu'ils avaient affaire à un fou, le laissèrent passer. Il sortit de la ligne où il se trouvait, pour gravir un monticule de terre. Il trébucha, ses mains touchèrent le sol ; il se releva en les essuyant contre sa tunique.

– Vous ! Que faites-vous ici ?

– Je ne pensais pas te retrouver là, troubadour.

– Que faites-vous ici ?

Le cavalier ne le regardait pas. Il dit enfin :

– J'ai accompli ma tâche.

– Comment ? Quelle tâche ?

– Celle qui m'a fait traverser la moitié du monde.

– Vous êtes allé à Montségur, n'est-ce pas ? Pourquoi ? Qu'avez-vous apporté là-bas ?

Le Cavalier regarda Escartille. Il paraissait immense au-dessus du troubadour.

– Oublie, mon garçon. Oublie que nous nous sommes rencontrés.

Son visage s'assombrit.

– Il y a dans cette vie des choses qu'il vaut mieux ne pas savoir, crois-moi. Des vérités bouleversantes, qui peuvent ruiner à jamais l'espérance des hommes. Oui, il existe des lumières dont il ne faut pas trop s'approcher. Lorsque l'on veut contempler Dieu en face...

Escartille regarda un instant en direction des colonnes qui s'échappaient comme une marée des portes de la ville.

Lorsqu'il se retourna, le cavalier avait disparu.

Escartille cligna des yeux.

Avait-il encore rêvé ?

Devant lui, les hommes, la route, la poussière, à n'en plus finir.

Escartille, perplexe, finit par regagner la route et la cohue des habitants.

– Léonie ! cria-t-il. Léonie, Aimery ! Où êtes-vous ?

Il eut beau chercher, il ne put les retrouver aux abords de la citadelle.

Carcassonne la grande était tombée, elle aussi ! Seule restait Toulouse à présent ! La ville de Raymond VI, le premier fief du Languedoc !

C'est sur vous tous que repose désormais le destin de l'Occitanie.

Raymond-Roger Trencavel, premier personnage du Languedoc après Raymond VI, fut jeté au cachot et placé sous la vigilance des hommes d'Aguilah et de Simon de Montfort.

Abandonné au fond de sa prison, il mourut de dysenterie quelque temps plus tard. On soupçonna Montfort et Arnaud-Amaury de l'avoir empoisonné.

La nuit était tombée sur le pavillon d'Arnaud-Amaury.

Le légat était assis, dans l'ombre. Devant lui se tenait l'évêque Aguilah, raide comme un piquet, une main sur son sceptre. Deux flambeaux éclairaient l'endroit où ils se trouvaient ; et des milliers tout autour, près du pavillon. Arnaud-Amaury avait laissé planer entre eux un long silence. Ce fut Aguilah qui, sortant de son mutisme, se décida à parler.

– Ils résisteront. Je connais ces Occitans. Ils résisteront jusqu'au dernier.

– Ils ploieront jusqu'au dernier, rectifia le légat. Et peu importe le temps qu'il nous faudra.

Il se tut encore, avant de reprendre :

– Oui, cette guerre sera longue, mon ami. Peut-être plus longue que nous pouvons le penser nous-mêmes. Béziers est tombée, Carcassonne se rend. Mais ce n'est rien encore. Simon de Montfort et tous les autres se battront avec zèle tant que nous n'aurons pas vaincu. Ce que je viens de vous confier, Aguilah, suffit assez à faire comprendre quelle est la vraie raison de ce combat. Nous ne pouvons renoncer. Nous n'en avons pas le droit. La chose est trop folle, trop importante. Si folle que l'Histoire l'oubliera comme un conte, une légende de plus. Et pourtant...

Il étendit devant lui une main longue et décharnée.

– Et pourtant, nous sommes ici, cinquante mille hommes assurés du pouvoir de l'Eglise.

Il ferma les yeux.

– Des armées entières pour vaincre ces cathares et empêcher que leur secret ne se répande. Des hommes de toutes les nations voisines se lèvent sans savoir même pour quelle cause ils se battent, hors les privilèges que nous pouvons leur accorder. Les cathares ont-ils raison ? Ont-ils tort ? Peut-on vraiment croire à ce qu'ils pensent avoir trouvé ? Croyez-moi, Aguilah, la question n'est pas là. La question est à la dimension de cette guerre : insensée, démesurée. Pierre de Castelnau lui-même ne pouvait soupçonner ce que nous savons aujourd'hui Alors, il faut qu'ils meurent. Il en va de notre propre survie et de celle de toute la chrétienté. Ils sont bien peu, ceux qui peuvent le comprendre. Je gage que vous en faites partie – n'est-ce pas ?

Aguilah, le visage sombre, redressa le menton. Il se caressa la gorge un moment, avant de dire :

– Ainsi soit-il, sire légat. Ainsi soit-il.

9

Exégèse

Juillet 2000

Lettre d'Antoine Desclaibes à Philippe Poussin
Paris, le 16 juillet 2000.

« Cher Philippe,

Cela est désormais certain : il y a là une énigme dans laquelle j'engage désormais tout ce qui en moi respire. C'est comme si ce troubadour m'entraînait dans son tourbillon. Le manuscrit manifeste à plusieurs reprises que quelque chose fut dissimulé à Montségur dès le début de la guerre. L'Eglise le savait et cette raison, ainsi que tu le pensais, était suffisamment puissante pour mettre en mouvement des milliers d'hommes, durant quarante années de combats. Certes, il y eut des flux et des reflux : mais quelle constance dans cette quête inlassable et sanguinaire, dont l'objet même se dérobe encore à nous ! Suivant notre intuition, j'ai poussé ma recherche un peu plus loin. Je me suis souvenu de ce que tu me disais au sujet des légendes gravitant autour du site ; je me suis renseigné, en particulier, sur celle de l'abbé Saunière, que tu avais évoquée. Tu vas comprendre bientôt pourquoi elle a attiré mon attention plus que les autres.

En 1885, un prêtre âgé de trente-trois ans, Bérenger Saunière, arriva dans la paroisse de Rennes-le-Château. Quelques années plus tard, il entreprit des travaux de rénovation dans l'église locale, Sainte-Marie-Madeleine. Lorsque les ouvriers soulevèrent la partie supérieure de l'autel, ils s'aperçurent que l'une des deux colonnes sculptées de l'époque wisigothique était creuse, et contenait plusieurs tubes de bois renfermant des rouleaux de parchemin. Deux d'entre eux étaient des arbres généalogiques du XIIe et du XIIIe siècle ; les autres étaient des documents codés, rédigés au XVIIIe siècle par l'abbé Antoine Bigou, l'un des prédécesseurs de l'abbé Saunière. Celui-ci avait été l'aumônier de la famille Blanchefort dont le château, paraît-il, avait longtemps abrité un "grand secret" transmis de génération en génération.

L'abbé Saunière, incapable de déchiffrer ces parchemins, apporta son manuscrit à son supérieur direct, l'évêque de Carcassonne, qui l'envoya aussitôt à Paris consulter des experts. Il y passa trois semaines et, lorsqu'il revint, il était devenu mystérieusement riche. Au cours des années suivantes, il continua d'effectuer des fouilles en secret sous l'église et dans le cimetière. Menant grand train, il se fit bâtir une maison de style Renaissance, la villa Béthania, et une tour de style néogothique qu'il baptisa tour Magdala. Il restaura l'église et la décora de tableaux représentant le Chemin de Croix. Il y installa aussi d'étranges statues et fit placer sous l'autel un bas-relief qui était la réplique exacte d'une église des environs. Sculptures et peintures comportaient toutes des différences insolites avec la vision dogmatique traditionnelle... Etait-ce là un autre code secret qu'il restait à déchiffrer ? Au fronton de l'église, on pouvait lire une inscription en latin : *Terribilis est locus iste. Ce lieu est effrayant.* Les fonts baptismaux étaient posés sur la statue d'un affreux démon, Asmodeus, le gardien du trésor légendaire du roi Salomon.

On sait que Saunière, après la découverte des parchemins, rapporta de Paris deux reproductions de tableaux. L'un d'eux était *Les Bergers d'Arcadie*, de Poussin – tu t'amuseras, mon cher Philippe, de voir qu'il s'agit de l'un de tes homonymes. Ce tableau lui aurait permis, ainsi que l'épitaphe figurant sur une tombe du village voisin, de déchiffrer le langage codé des parchemins. Comment l'abbé Saunière était-il devenu soudain immensément riche ? En quoi consistait ce fameux secret ? On pense, bien sûr, au fameux trésor cathare sorti clandestinement de Montségur. Son train de vie et sa conduite peu orthodoxe valurent en tout cas à l'abbé d'être suspendu de ses fonctions par l'évêque de Carcassonne. Il fit appel au Vatican, qui le réintégra dans ses fonctions. En 1917, il eut une attaque et mourut quelques jours plus tard. On raconte qu'il se confessa sur son lit de mort, et que le prêtre fut tellement choqué de ses paroles qu'il refusa de lui administrer les derniers sacrements.

Si je me permets de te rafraîchir la mémoire à ce sujet, mon cher Philippe, c'est que j'ai plusieurs révélations d'importance à te faire concernant à la fois les fouilles de Montségur, les aventures d'Escartille, le mystère de ce cavalier inconnu et mon précieux manuscrit.

Premièrement, j'ai de bonnes raisons de penser que *les fameux rouleaux de parchemin que j'ai en ma possession sont ceux que retrouva l'abbé Saunière à la fin du XIXe siècle*, sous la forme codée que leur donna son prédécesseur, l'abbé Antoine Bigou. Cela expliquerait de quelle façon ils ont pu se retrouver en enfer, ici, à la Bibliothèque nationale. Considérons les choses avec objectivité : on se demande comment l'abbé est devenu riche après la découverte de ces parchemins codés. On sait que sa fortune lui est miraculeusement apparue après avoir consulté les "experts" parisiens... Ma conviction est faite : ces "experts", sans doute des pontes de l'Eglise catholique, *l'ont acheté*.

Pourquoi, me diras-tu ? Pour prix de son silence, à n'en pas douter ! *L'Eglise a voulu que cet homme se taise parce qu'il avait fait une découverte exceptionnelle.* Ce ne serait donc pas le trésor cathare qui serait la source de son subit enrichissement : pourquoi aurait-il continué ses fouilles après son retour de la capitale, sans résultat, s'il était déjà en possession du fameux "trésor" ? Pourquoi le curé chargé de son extrême-onction se serait-il formalisé outre mesure de ses délires, s'il ne lui avait fait une révélation précise concernant ce qu'il avait découvert – non pas *l'endroit* où pouvait se trouver le trésor, mais la *nature* de celui-ci ? Une nature suffisamment hérétique pour damner le malheureux... Admettons une seconde que l'abbé Saunière ait tout simplement retrouvé et lu les parchemins d'Escartille, ou leur équivalent codé... Eh bien, figure-toi que l'archiviste a fini par retrouver dans quelles circonstances l'aventure d'Escartille est parvenue jusqu'en enfer : le manuscrit a été déposé en 1918, quelques mois après la mort de Saunière... et devine par qui ? Par l'archevêque de Paris ! Serions-nous à notre tour, mon ami, sur la piste du trésor de Montségur ?

Deuxièmement, à propos du trésor. Voici une autre preuve que celui-ci n'a pu être découvert par l'abbé Saunière – mais que, peut-être, il avait pu en connaître la *signification* exacte. On sait que le trésor fut arraché à Montségur peu de temps avant le bûcher des parfaits, *dans un simple baluchon* confectionné à l'aide d'une couverture. Indépendamment de toutes les légendes plus ou moins ésotériques, il est admis par les scientifiques que ce "trésor" a dû être dissimulé quelque temps dans une grotte voisine, avant d'être transporté plus tard en Italie où survivaient encore une poignée de Bons Chrétiens. Il semble que les minutes de l'Inquisition confirment ce fait. Mais que pouvait-on transporter dans ce baluchon ? Etait-ce le trésor lui-même... ou ces parchemins, dont le secret permettrait de conduire jusqu'à lui ? Je t'accorde qu'il ne s'agit là, pour le moment, que de conjectures. Mais elles s'appuient sur autre chose encore.

En effet, l'archiviste et moi avons fait une découverte bien intéressante.

A force de relire ces rouleaux de parchemin, notre attention a été attirée par certains sigles et certains chiffres qui se trouvent consignés en leurs marges à plusieurs reprises. Je n'y avais guère prêté intérêt jusque-là, alors que, des heures et des heures durant, l'archiviste et moi avons eu ces *rotulus* sous les yeux ! Nous pensions qu'il s'agissait d'une simple numérotation des laisses ou des couplets, sans doute consignés lors de la reliure, et non par le troubadour lui-même ; des numéros destinés à remettre en ordre les morceaux, vieux et disparates, de ces feuillets. Il faut te dire en outre que ces chiffres sont très peu nombreux, et qu'ils semblent suivre, dans l'ensemble, une progression logique. Rien de bien curieux *a priori.* Mais en y regardant plus attentivement, l'archiviste a eu soudain l'une de ces vertigineuses intuitions qui le caractérisent. On pourrait penser qu'elles lui viennent de nulle part ; c'est mal le connaître. Je sais, moi, qu'elles sont issues de ces innombrables années qu'il a passées à traquer la vérité de textes bien plus complexes que celui-ci. *Il s'agit de références,* a-t-il dit. *De références... à la Bible.*

Et la chose m'a alors paru évidente.

Voici les passages que nous avons pu isoler :

> Puis, prenant du pain, il rendit grâces, le rompit et le leur donna, en disant : "Ceci est mon corps, livré pour vous ; faites cela en mémoire de moi." Il fit de même pour la coupe après le repas, disant : "Cette coupe est la nouvelle Alliance en mon sang, versé pour vous." (Luc, XXII, 19-20.)

> Quand ils l'eurent crucifié, ils se partagèrent ses vêtements en tirant au sort. Puis, s'étant assis, ils restaient là à le garder. Ils placèrent aussi au-dessus de sa tête le motif de sa condamnation ainsi libellé : "Celui-ci est Jésus, le roi des Juifs." Alors sont crucifiés avec lui deux brigands, l'un à droite et l'autre à gauche. (Mat. XXVII, 35-38.)

> Ressuscité le matin, le premier jour de la semaine, il apparut d'abord à Marie de Magdala dont il avait chassé sept démons. Celle-ci alla le rapporter à tous ceux qui avaient été ses compagnons et qui étaient dans le deuil et dans les larmes. Et ceux-là, l'entendant dire qu'il vivait et qu'elle l'avait vu, ne la crurent pas. (Marc, XV, 9-11.)

Il y en a d'autres encore, extraits des quatre Evangiles, des Nombres, des Psaumes ou du Livre des Rois. Tous ces renvois s'attachent soit à l'eucharistie et à la résurrection du Christ, soit à l'eschatologie finale, et à la présence sur terre du Démon. Peut-être cela est-il dû à la seule folie du relieur qui, vers le XVIIe siècle, a dû annoter le manuscrit de ses propres fantasmes ; toujours est-il que leur signification m'échappe. Et la dernière de ces annotations m'a stupéfié. Il ne s'agit pas, cette fois, d'une citation biblique, mais d'une sorte d'épigramme, en guise de conclusion de l'un des couplets :

LA PREUVE EST ICI.

Je scrute maintenant ce manuscrit d'un œil tout différent. A nouveau, l'impression de me trouver en face d'une sorte de contre-Evangile, de grimoire apocryphe, s'est emparée de moi. Tout cela fleure un ésotérisme suspect, mais nous devons nous rendre à l'évidence : il nous cache encore quelque chose, entre les lignes ! Ces références sont-elles une piste ? Et de quelle preuve s'agit-il ? Serait-elle en relation avec le trésor ? Avec la crucifixion elle-même ?

Mais pour les cathares, la question du corps du Christ ne saurait nous conduire nulle part : ne savons-nous pas qu'ils nient la résurrection ? Selon eux, nos enveloppes corporelles ne sont que des images façonnées par le Démon... Peut-être faudrait-il alors chercher dans cette direction : celle d'une *preuve théologique de l'existence du Diable*, maître de la Terre ! Une preuve qu'il est bien à l'origine du monde, celui de la matière – le nôtre ! Je frémis rien que d'y penser. Serait-ce là le sens réel de la bataille occitane ? Il n'y a pourtant rien de diabolique en apparence dans la suite du conte du troubadour, si ce n'est la terrible cruauté avec laquelle continuent les exactions ; si ce n'est que l'*hérésie* reste au cœur de cet affrontement. La "machine de guerre" dont parlait Pierre de Castelnau visait avant tout les conceptions religieuses des cathares. Oui, vu sous cet angle, l'enjeu de cette guerre semble bien d'ordre eschatologique. Il n'y aurait rien d'étonnant à ce qu'il ait suscité tant de morts, en rencontrant ces esprits encore pétris des visions de l'An Mil et de celles de saint Jean. Comme si l'Eglise avait eu connaissance de ce secret, qui prenait pour elle le visage absolu du Dragon, causant un schisme sans précédent, qui aurait à la fois constitué, soudé et débordé les Eglises cathares d'Europe. Un secret arrivé d'Orient, un secret diabolique, inadmissible aux yeux de Rome et déposé à Montségur...

Mais sa nature exacte reste incompréhensible.

Les hérétiques, fils de Satan...

Je me demande à présent : *quel est le lien entre tout cela ?*

Bien à toi,
Antoine. »

10

Louve

1210-1213

« Ainsi fus-je moi-même jeté parmi les loups
Et pour ma Louve drapé comme l'agneau.
Je pris le bâton, la bible et le méreau
Pour marcher vers le ciel. »
ESCARTILLE DE PUIVERT,
Chanson albigeoise, « Le Livre de Vie ».

Le départ de Carcassonne signifia pour Escartille le début d'une longue errance au milieu de toutes les atrocités.

Montfort ! Désormais, ce nom errait sur toutes les bouches. Depuis la défaite de Trencavel, le titre de vicomte de Béziers et de Carcassonne était vacant. Un titre dont les grands barons de France ne voulaient pas, conscients que l'entreprise engagée en Occitanie violait le droit féodal au profit de l'Eglise, et que le contrôle de ces domaines serait plus que jamais difficile. Une commission composée de deux évêques et de quatre chevaliers avait donc désigné Simon de

Montfort, qui venait d'accepter la tâche impossible de conforter l'autorité catholique en Occitanie, à la condition de pouvoir recourir à tout instant au bras des croisés. L'ost français, en effet, n'était composé que de soldats de passage ; sitôt achevée la quarantaine, ils plieraient bagage. Il faudrait renouveler les effectifs. Montfort, en terre de conquête, ne pouvait compter que sur la force pour faire valoir ses positions. Toulouse demeurait, et si Raymond VI avait perdu des pièces maîtresses, Montfort savait que le cadeau qu'on venait de lui faire avait tout de la récompense empoisonnée. L'homme qui, quelque temps plus tôt, n'avait pour fief que ses terres d'Ile-de-France s'empressa de s'arroger le soutien des moines de Cîteaux, leva un cens de trois deniers par feu pour en faire hommage au pape, arpenta ses domaines en triomphateur et obtint à son tour l'hommage des consuls et des vicomtes depuis Béziers jusqu'à Castres et à Limoux.

Escartille n'avait guère eu de mal à se trouver un nouveau destrier au milieu de la débâcle de Carcassonne. Proie facile sur ces routes dangereuses, il se rendait d'un bourg à un autre, d'une cité à l'autre ; il avait d'abord voulu se rendre à Toulouse, dans l'espoir d'y retrouver Aimery et Léonie. Mais plusieurs personnes lui avaient indiqué qu'après la prise de Carcassonne, les routes principales vers la ville comtale avaient été coupées. Le troubadour était sans cesse contraint à maints détours ; et sitôt qu'il parvenait à une destination, il devait caracoler vers une autre. C'était comme si Léonie elle-même s'évertuait à brouiller les pistes. Arrivé non loin de Mirepoix, il récolta plusieurs nouvelles, de la bouche d'un ancien bourgeois émigré de la ville des Trencavel, qui connaissait Léonie. Il disait l'avoir aperçue se dirigeant avec ses sœurs, non vers Toulouse, mais vers le château de Lavaur. Escartille décida donc de faire un premier crochet dans cette direction. Il priait à chaque instant pour que tout se passe bien et qu'il retrouve Aimery sain et sauf. Une autre information, enfin, avait achevé de le jeter dans une profonde tristesse : Puivert, le beau et doux château de Puivert, celui des amants et de la poésie, était tombé aux mains de Montfort.

Alors qu'il chevauchait, Escartille pensait aux paroles que Trencavel lui avait soufflées sous le pavillon ennemi : *Par Dieu, que ce crime odieux ne reste pas impuni. Va prévenir mon oncle, le comte de Toulouse, et raconte-lui ce qui s'est passé. C'est sur vous que repose désormais le destin de l'Occitanie !* Sans doute, aujourd'hui, Raymond VI savait-il ce qui était réellement advenu. On murmurait qu'il continuait de correspondre activement avec le roi d'Aragon et que, peut-être, Pierre II reviendrait malgré l'échec de sa médiation à Carcassonne. Mais le « destin de l'Occitanie » était un lourd fardeau, et le troubadour n'avait d'autre envie que de laisser passer cette guerre sans y prendre la moindre part, en dépit des coups du sort répétés qui le lançaient sans cesse au-devant des pires dangers. Aimery ! Louve ! Voici ce qui l'inquiétait. Escartille galopait, virevoltait comme une abeille ivre, et ne trouvait chaque fois devant lui que l'effet de la cruauté de Montfort et du suppôt obscur de la cause ennemie, l'évêque Aguilah. Le troubadour passait au milieu des villes, des campagnes et des villages, et un seul mot lui venait à l'esprit : la terreur. Les cathares les plus réputés allaient maintenant se réfugier dans des abris sûrs, les parfaits troquaient leur robe noire contre des vêtements moins voyants, les seigneurs occitans s'agenouillaient devant l'ennemi ou fuyaient vers la montagne. Oui, l'Eglise était entrée de pied ferme en Occitanie ; elle avait cruellement frappé le cœur de la population ; mais le comte de Foix, qui campait dans les monts de l'Ariège, avait encore toutes ses forces, et Raymond VI représentait toujours une menace. Montfort, aidé de Guy de Lévis, Bouchard de Marly, des frères Amaury, de Normands, Champenois et autres auxiliaires du Nord, multipliait alors les coups de force et cherchait à frapper les esprits.

En chemin, Escartille arriva à Bram, non loin de Cabaret ; ce fut pour apercevoir les croisés qui venaient de se saisir du château après une résistance de trois jours. Montfort fit sortir la garnison. Escartille était caché sur une colline voisine quand il comprit ce qui était en train de se passer. De loin, il ne distinguait que les troupes de Montfort et une centaine de silhouettes, celles des soldats que les Français venaient de faire prisonniers. On les avait alignés en rangs successifs. Le troubadour entendit alors des cris déchirants ; il ne put deviner ce qu'il en était exactement, mais il lui sembla que l'on faisait défiler les vaincus à tour de rôle devant un groupe de croisés brandissant l'épée. Il pensa que leur tâche était d'occire chacun des malheureux, en permettant aux autres d'assister à ces mises à mort. Il vit également que l'on avait allumé des torches, au beau milieu du jour. Passé les hurlements, pourtant, les prisonniers ne s'effondraient pas sur le sol pour rendre l'âme. Ils étaient relevés de force et un autre groupe de chevaliers catholiques les entraînait un peu plus loin, avant de les enchaîner les uns aux autres. A l'approche de la population – une foule de petites gens qui provenaient des bourgs décimés du voisinage – Escartille se décida à sortir de son repaire et descendit la colline, tout en restant encore à bonne distance des forces de Montfort. Si Bram était tombé, le château de Cabaret, en revanche, situé plus au nord, résistait encore. Une idée abominable avait alors germé dans l'esprit de Montfort pour impressionner les défenseurs adverses. Au moment où Escartille s'arrêta, tous les prisonniers, loqueteux, plaintifs et ensanglantés, étaient attachés les uns aux autres en file indienne. Les cohortes de croisés relevèrent bientôt leurs fanions et s'ébranlèrent lourdement, encadrant cette procession terrible qui commençait son ascension vers Cabaret.

Lorsqu'il comprit enfin ce qui s'était passé, Escartille dut se retenir de vomir.

Les prisonniers marchaient deux à deux. On venait de leur brûler ou de leur arracher les yeux. Ils avançaient en claudiquant, deux coulées de sang jaillies de leurs orbites, leurs paupières disparues sous la chair à vif, ou noires et puantes ; certains, en outre, avaient eu le nez coupé, dont un morceau pendait parfois au-dessus de leurs lèvres, cisaillées elles aussi. Il montait de cette colonne décharnée des cris et des gémissements ; des prisonniers tombaient à genoux de souffrance et d'épuisement, on essayait de leur porter secours, pour être aussitôt repoussé par la garde. Elle aussi relevait les victimes qui s'effondraient ; mais c'était pour les forcer à marcher encore. La procession s'arrêtait alors quelques instants, puis repartait sur un rythme haché, dans de nouvelles plaintes. « Cela suffit, donnez-leur de l'eau, soulagez-les ! » Des réactions de plus en plus vives fusaient parmi les quelques groupes de paysans qui s'aventuraient auprès de la haie des soldats. Lorsque l'on donnait de l'eau aux prisonniers, c'était pour leur jeter au visage, avant de les gifler. Quelques-uns de ces malheureux, puisant leurs forces au-delà de l'humain, trouvaient encore moyen d'aider leurs compagnons de torture. Et par-dessus les fanions et la file des soldats de Montfort, Escartille reconnut l'homme qu'il avait déjà vu sous la tente du légat Arnaud-Amaury : le jeune évêque Aguilah était perché sur un cheval, vêtu de blanc comme l'Ange Exterminateur, son aube inondée de lumière. Il reconnut ce nez en bec d'aigle, ces yeux rapprochés, ce visage long, fermé à toute émotion. Sa main, couverte d'anneaux, tenait un sceptre rutilant. *Ainsi,* pensa Escartille, *c'est lui, Aguilah, cet évêque maudit, c'est lui que je retrouve ici !* Autour de lui, de tous côtés, les soldats repoussaient de leurs piques les habitants des environs, d'où montaient encore des protestations rebelles. On se marchait dessus, certains tombaient en avant, bousculés par d'autres. La garde était nerveuse, mais Aguilah, lui, ne bronchait pas, encadré de deux prêtres, qui portaient chacun un crucifix. Au bout de ces bras tendus, sur les étendards et la poitrine des soldats : les croix étaient partout, devant ce supplice, devant ces gens désormais sans patrie et sans refuge ! Ils marchaient, un pas après l'autre, entre deux effondrements, déjà chassés de chez eux et chassés du monde, exterminés dans leur foi et dans leur âme, jetant autour d'eux des regards aveugles et égarés, accusant de leur souffrance les autres qui restaient là, autour d'eux, à les contempler. Un peu plus loin, c'était Montfort, Montfort lui-même, le colosse en armure, entouré de Guillaume et Robert de Poissy. Sa cruauté avait inventé un dernier tour de savante torture : il avait pris soin de préserver le premier des prisonniers : lui seul avait gardé un œil ; il avait pour tâche de conduire ses proches dans cette pathétique ascension vers Cabaret. Ainsi, c'était un borgne qui guidait la procession de ces cent prisonniers ! Un borgne qui, sans doute, n'attendait plus rien du Royaume des Cieux. Les hérétiques, ou présumés tels, n'étaient plus des êtres humains, mais des créatures de l'enfer : on les traitait comme telles.

N'y tenant plus, le troubadour s'en fut.

Il était comme eux désormais, sans patrie et sans refuge, et de tous les endroits qu'il approchait montaient le cri de ces tortures et la fumée des bûchers que l'on allumait. Agresseurs et agressés étaient contraints de riposter de façon toujours plus effrayante ; on tranchait pieds et mains, que l'on s'envoyait mutuellement dans des linges sales. Il y avait dans les deux camps des combattants coupés en morceaux, mutilés, écorchés vifs. De château en château, les croisés faisaient abattre des branches pour construire des chats et des chattes, ces galeries couvertes formées de poutres et montées sur roues ; on taillait le bois à la lisière de toutes les forêts. Lorsque les machines étaient prêtes, on les acheminait près des remparts ; abrités par leurs engins de siège, les soldats jetaient de la terre et de nouveaux branchages pour combler les fossés. Les mangonneaux, catapultes moins lourdes que les pierriers ordinaires, venaient renforcer les dispositifs d'assaut des enceintes fortifiées. Et de nouveaux massacres embrasaient le pays.

Mais toi, Escartille, vas-tu rester longtemps ainsi, sans rien faire ?

Les routes de l'Espagne me sont fermées, encore et toujours.

Béziers, Carcassonne. Et c'est à Lavaur que je dois me rendre à présent !

A Lavaur se trouvaient plus de quatre cents parfaits et parfaites hérétiques. Lorsque le troubadour s'y rendit, il était déjà trop tard ; il ne trouva pas trace de Léonie, ni d'Aimery. Les soldats de Montfort étaient allés si vite qu'ils en donnaient le vertige ; déjà, ils arpentaient le *castrum,* nouvellement conquis ! Escartille ne put que continuer le récit des exactions en écrivant page après page son *Livre de Vie*. Les croisés avaient décidé de briser un nouveau symbole de la résistance occitane. Dame Guiraude, maîtresse de ces lieux, n'avait pas hésité à faire de sa forteresse un refuge privilégié pour les Bons Hommes. Cette châtelaine, superbe, avait affronté le regard de la chevalerie qui se présentait en conquérante à l'intérieur de ses murs. Lorsque l'on était venu la trouver, elle s'était dressée devant eux en s'écriant : « Vous voici donc ! Eh bien, sachez, vous qui vous pensez vainqueurs, qu'en venant ici vous vous perdez tout à fait. Oui, il y a deux Eglises aujourd'hui : l'une possède et écorche, l'autre fuit et pardonne. Et c'est la vôtre que vous couvrez de honte ! » Sans doute n'avait-elle pas imaginé que l'on transgresserait toutes les lois de l'honneur pour lui préparer une fin si terrible. Elle fut traînée hors du château, avec une brutalité inouïe. Elle avait les vêtements à moitié déchirés ; on commença par la lapider, des volées de pierres aiguisées vinrent écorcher son front, ses bras, sa poitrine, ses jambes. Puis on la précipita au fond d'un puits où, sans doute, elle dut se briser les deux jambes. Enfin, on boucha l'accès au puits par de nouvelles pierres. Elle expira ainsi, dans les entrailles de la terre, dans l'obscurité humide de ce puits où elle jeta son dernier souffle, ensevelie vivante sous des quintaux de roc.

Les quatre cents hérétiques furent brûlés non loin d'elle.

La neige tomba sans que la quête d'Escartille ait trouvé la moindre issue. Le troubadour ne comptait plus les jours. Les collines et les montagnes furent enveloppées de blanc. Le cours des ruisseaux sembla un moment se figer, ainsi que la nature tout entière. Les oiseaux cessèrent de chanter. Les rongeurs allèrent s'enfouir dans leurs tanières. Le ciel des saisons chaudes avait disparu sous les nuages.

Ce fut dans la ville d'Arles, et non à Toulouse, que le troubadour, en désespoir de cause, alla trouver le comte Raymond. Après le sac de Béziers, puis la mort de son neveu à Carcassonne, Raymond n'avait pas passé un jour sans ruminer sa colère et son chagrin. Les conquêtes répétées de Montfort avaient sur son cœur des effets contradictoires. Elles le confortaient dans sa résolution de rassembler des troupes, tout en lui signifiant chaque fois avec un peu plus d'acuité que le choix des armes risquait davantage de condamner l'Occitanie que d'assurer sa libération. Sitôt qu'il se trouvait entraîné par son désir de vengeance, ce qui lui restait de lucidité l'invitait au contraire à rester prudent. Chaque geste tourné contre l'ost français retirerait au pape la possibilité de revenir à une plus grande clémence, et légitimerait du même coup la croisade lancée contre lui. Ce dilemme n'avait cessé de l'obséder. Un jour, il tonnait contre lui-même qu'il lui fallait prendre enfin la décision de braver l'ennemi et décidait de ne plus balancer. Il se promettait de prendre les armes dès le lendemain. Mais, la nuit passée, il revenait à la raison. C'est qu'avant d'être le suzerain guerrier et vengeur d'une Occitanie aux abois, Raymond se sentait dépositaire d'une civilisation dont les espoirs reposaient sur un gouvernement pacifique et éclairé. Amoureux de poésie et de liberté, sa finesse et sa hauteur de vues ne pouvaient que se retourner contre lui.

A ses yeux, une seule guerre valait la peine : une guerre politique, qui consistait à gagner le cœur du pape. Il s'était rendu auprès de lui pour plaider sa cause, en livrant aux croisés son fief narbonnais en gage de sa bonne volonté. Il en restait à l'attitude qu'il avait déjà adoptée à Saint-Gilles : ployer pour mieux se relever ensuite, lorsque serait passée la tempête, et arracher au pape la suspension des hostilités. En son absence, les clercs catholiques de Toulouse n'avaient cessé de multiplier les brimades. Le peuple, exaspéré, s'était soulevé sous la houlette des bourgeois et des consuls de la ville. Avancées, contre-avancées, pourparlers et négociations continuaient à vive allure, et au milieu de ces calculs sans fin, chacun poussait tour à tour des pions qui venaient enliser un peu plus l'Occitanie dans l'incompréhension et la poursuite des combats.

Pendant ce temps, les relations du comte avec la maison d'Aragon avaient continué, comme on le disait dans tout le pays. Le roi s'était même décidé à entamer également une action diplomatique d'envergure auprès d'Innocent III. Il avait cru, un moment, marquer des points décisifs : le pape l'avait écouté avec attention et, soudain perplexe devant le récit qu'on lui faisait des atrocités commises en son nom et celui du Christ, il avait adressé des lettres de réprimandes sévères à Arnaud-Amaury et Simon de Montfort. Un concile avait été convoqué à Lavaur en toute hâte, opportunité décisive pour le comte de Toulouse de s'y disculper. Mais entre-temps, les évêques catholiques avaient persuadé Innocent de revenir sur des positions plus fermes à l'égard de leurs ennemis. Si bien qu'une nouvelle fois, les comtés de Béziers, de Foix et de Comminges étaient déclarés hérétiques. Simon de Montfort, de son côté, réunissait à Pamiers une assemblée chargée d'établir de nouveaux statuts politiques pour le pays : il accordait à l'Eglise des privilèges étendus, confirmait les dîmes et les redevances, et se préparait à poursuivre sa décapitation en règle de la noblesse locale. Les coups de théâtre et les retournements de situation ne cessaient de se succéder et, tandis que l'on tergiversait, Toulouse devenait bel et bien aragonaise. Lieutenant du roi, le chevalier de Scala, dépêché par Pierre II, s'était installé dans la ville comtale ; les barons catalans se répandaient dans les rues pour y faire la cour aux dames. Personne n'était plus dupe de l'affrontement qui se préparait. Le roi d'Aragon était reparti réunir son armée à Barcelone. Raymond VI savait qu'il pénétrait en ce moment même en Occitanie par la Gascogne, sous les acclamations de la population.

Escartille descendit de cheval au milieu des soldats qui encadraient le comte.

– Sire comte ! Je savais que je vous trouverais ici.

Raymond n'avait pas la tête à écouter le troubadour

qui s'avançait vers lui avec tant de candeur, au point de surprendre ses archers. Il attendait d'un moment à l'autre les émissaires des légats du pape, qui devaient lui porter une nouvelle proposition de négociations. Revêtu de son haubert de mailles, la main sur l'épée, Raymond tourna vers Escartille un regard oblique. Sa petite troupe, surprise elle aussi, se préparait à toutes les éventualités.

– Qui est-ce, celui-là ?

– Je suis Escartille de Puivert, sire comte, l'un de vos plus fidèles sujets. Pardonnez-moi de venir ainsi me placer sous votre protection ! Mais j'ai vu les derniers instants de liberté de votre neveu, sous le pavillon du comte de Nevers, où se tenaient Simon de Montfort et Arnaud-Amaury. Je n'ai cessé de fuir par tout le pays, et d'y chercher mon jeune fils, qui a disparu à Carcassonne. Je ne sais plus que faire ni où aller : je n'ai plus que vous vers qui me tourner !

Déjà, la garde s'était saisie de lui pour l'emmener ; Raymond marqua un temps d'hésitation, puis fit signe à ses hommes.

– Tu ne manques pas d'audace, troubadour, de venir ici. Sais-tu où tu te trouves ?

– Au milieu de la guerre, sire comte, croyez-moi, je le sais plus que quiconque !

– Tu as vu mon neveu se faire prendre, dis-tu ?

– Oui, sire Raymond, je l'ai vu, j'ai été entraîné moi-même au milieu de ces événements incroyables, et je ne puis y repenser sans un chagrin profond, je...

– Tais-toi, dit soudain Raymond en apercevant, au loin, un groupe de cavaliers qui venaient dans sa direction. Nous verrons cela plus tard.

Tandis que les cavaliers s'approchaient, l'un de ses

hommes lui tendit un parchemin dont il prit rapidement connaissance. Il fronça les sourcils et hocha la tête.

– Rendez-vous est pris, mes amis ! Pierre II nous rejoindra en mon fief de Toulouse. Voici donc où nous en sommes aujourd'hui. Albi est tombée, et Castres, et Caussade, Fanjeaux, Gontaud, Mirepoix, Puy-le-Roque, Saverdun, Tonneins ; le château de Termes a succombé après neuf mois de siège ; la garnison d'Alayrac a été massacrée ; les prisonniers de Bram ont été mutilés...

Et le comte continuait de lire le rouleau qu'il avait sous les yeux.

Il porta une main gantée à sa tête.

Ils sont partout. Nous sommes submergés !

> Minerve : cent quarante cathares brûlés.
> Lavaur : quatre cents hérétiques portés au bûcher.
> Quatre-vingts hérétiques ont été jugés aussi à Strasbourg, nous a-t-on rapporté.
> Ananclet : massacrés.
> Auterive : brûlés.
> Biron, Castelsarrasin, Cauzac, Hautpoul : assiégés et massacrés.
> Montgey : totalement détruit.

La liste était interminable.

Le comte roula le parchemin en exhalant un soupir de chagrin et de colère. Les volutes de son expiration dansèrent un instant dans l'air froid. Il rajusta sa cape sur ses épaules et surveilla l'arrivée des cavaliers. Enfin, ceux-ci s'arrêtèrent devant lui. L'un des chevaux se cabra, soulevant de la neige avec ses sabots. Le cavalier de tête portait une cape bleue par-dessus la croix. Il ne descendit pas de sa monture, mais tendit au comte un nouveau rouleau de parchemin. Raymond ne le prit pas et rétorqua :

– Vous me faites attendre ici en plein vent, et vous espérez, peut-être, que je vais docilement souscrire aux conditions de la charte élaborée par vos légats, après l'avoir lue moi-même... Lisez-la bien haut, messire, que nous puissions tous l'entendre !

Le cavalier hésita une seconde. Il regarda ses compagnons, haussa un sourcil, puis céda. Il déroula le parchemin, s'éclaircit la gorge et commença sa lecture. La charte ordonnait au comte de chasser les routiers, de livrer les juifs et les hérétiques, comme toutes les chartes précédentes ; mais elle allait, cette fois, beaucoup plus loin. Il était désormais interdit au comte et à ses chevaliers de manger plus de deux sortes de viande ; ils ne devaient plus se vêtir d'étoffes de prix, mais seulement de grossières capes brunes ; et le florilège ne s'arrêtait pas là.

– Le comte de Toulouse devra également abattre les murs de ses châteaux et de ses forteresses. Ses barons ne résideront plus en ville, mais à la campagne, parmi les vilains. Si les croisés du Christ les attaquent, ils ne devront leur opposer aucune résistance. Le sire comte lui-même devra gagner la Terre Sainte, où il demeurera le temps qu'il nous plaira...

Durant le temps que dura cette litanie, Raymond resta impassible ; il n'eut, tout au plus, qu'un léger frémissement. Escartille avait reculé de quelques pas, encadré des soldats. Lorsque l'émissaire des légats eut achevé sa lecture, le comte laissa planer un instant de silence, puis s'avança et lui ôta la charte des mains. Il commença d'abord d'un ton tranquille, mais sous lequel on sentait déjà percer la plus grande des fureurs :

– Voilà qui mérite d'être amélioré, par le Père Tout-Puissant !...

Et il éclata soudain, rugissant, brandissant la charte devant lui.

– C'est donc à ces commandements que les légats me mandent d'obéir ! Eh bien, par tous les saints, je vais la lire souvent, croyez-le bien ! Je vais à Toulouse avec cette charte dans les mains, et elle sera lue partout ! Chevaliers, bourgeois et prêtres n'en rateront pas une ligne, assurez-en vos maîtres ! Oui, ces clauses indignes seront placardées partout où se trouve âme qui vive, dans nos cités, dans nos villages, sur les portes de nos chaumières !

Le cavalier s'agita sur son destrier :

– Si vous refusez ces conditions, les domaines qui vous restent seront livrés au premier occupant ! Votre excommunication sera confirmée ! La rupture des négociations vous sera entièrement imputée !

Cette fois, le comte bondit en avant ; il saisit le cavalier par la cape avec une telle vigueur qu'il faillit en tomber de cheval. Ses doigts s'étaient refermés sur le tissu au point de le faire craquer. Il hurla :

– *ANATZ !* Vous direz aux légats, mon ami, que je vous renvoie avec le plus profond mépris !

Il fut bientôt à cheval à son tour. Ses barons prirent place à ses côtés.

– Allons à Toulouse.

Et Escartille, qui remontait péniblement sur sa monture :

– Accepterez-vous, sire comte, que je me joigne à vous ?

Déjà, la troupe partait. Raymond se retourna.

– Tu me diras les dernières paroles de mon neveu.

Lorsqu'ils franchirent les murailles de la cité toulousaine, sous les vivats de la foule, il sembla à Escartille qu'un peu de cette gloire retombait sur lui. Raymond n'avait pas tardé à lui signifier sa confiance, et plus encore : il avait redonné vie à cet espoir qui ne cessait de fuir le troubadour depuis qu'il était parti de Puivert. Escartille ne pouvait plus, désormais, rester étranger à toute cette guerre ; sa tête était chargée de souvenirs et, à chevaucher ainsi tout près de l'homme sur qui reposaient maintenant les dernières chances occitanes, il se sentait pénétré d'émotions nouvelles, investi d'un rôle qui le surprenait lui-même – tout simplement parce que, pour la première fois, il commençait à se sentir acteur de ce drame dans lequel il avait d'abord été plongé malgré lui. Oui, entre la triste mémoire du massacre de Béziers et la brève rencontre qu'il avait faite du jeune Trencavel, il entrevoyait à présent les raisons supérieures qui poussaient tous ces hommes à se défendre. Et voici qu'il se sentait soudain, sans pouvoir encore l'expliquer, dépositaire à son tour d'une parcelle de cette cruelle responsabilité. Il était paradoxal que ce sentiment survienne dans un moment où il se trouvait plus que jamais dépossédé de tout – mais n'était-ce pas justement parce qu'il était dans cette situation que son point de vue s'en trouvait changé ? Oui, il prenait à son tour un peu de hauteur ; il discernait les enjeux de ces batailles sans merci. Il commençait à faire le deuil de sa volonté éperdue de fuite, comme s'il renonçait à une illusion, une illusion de plus. A voir les seigneurs qui les rejoignaient un à un, il avait la sensation d'être lié avec eux par une étrange communauté de destin, dont la ville comtale devenait soudain le centre, l'orgueil des naufragés ; seigneurs autrefois grands, barons puissants dépouillés de leurs terres et de leurs biens, fuyards que l'on appelait désormais les *faidits,* chevaliers sans terre et sans autre patrie que celle qu'ils se choisissaient maintenant, en pleine conscience des risques qu'il leur faudrait affronter.

Toulouse avait accueilli des cohortes de parfaits et de parfaites en robes noires ; on les voyait au milieu de la population, glisser parmi les croyants. Les donjons du palais se dressaient dans le soleil, les cloches sonnaient à la volée. Sans doute, l'évêque catholique devait-il déjà attendre Raymond de pied ferme pour lui faire ses remontrances. Pour l'heure, Raymond chevauchait avec les consuls de la ville et le lieutenant de Scala ; tous discutaient de l'arrivée imminente de Pierre II. A mesure que s'enchaînaient les épisodes de sa vie, Escartille regardait ces cathares assemblés sous le ciel toulousain d'un œil différent. Alors qu'il circulait au milieu des fleurs lancées depuis les balcons, il ne pouvait s'empêcher de se laisser pénétrer d'interrogations nouvelles. Les cathares... C'était cet homme vêtu aux couleurs de la nuit qui souriait sur son passage ; cette jeune parfaite qui laissait échapper des larmes ; cette femme encore, qui portait un enfant dans ses bras, et lui rappelait furieusement la défunte Eglantine ; ces marchands, ces bourgeois qui se sentaient prêts à affronter de nouveau des orages interminables. Ici et là, à l'imitation des barons, Escartille se baissait, tendait une main pour toucher celles de ces inconnus. *Deus charitas est ; qui manet in charitate in Deo manet.* Un seul mot, emprunté aux Ecritures, était la clé de voûte de leur édifice : la charité. Voilà ce qui apparaissait aujourd'hui à Escartille. Les cathares tentaient de revenir à la source de cette métaphore : le pain de la Cène, celui qu'on lui offrait ici et là, n'était autre que ce pain supersubstantiel de l'oraison dominicale que professaient les cathares – il n'y avait de pain que la charité elle-même, contre l'hostie des eucharisties catholiques, devenue pour eux l'élément d'un rituel absurde et inique, d'un alibi aux pires des renoncements. Cette vertu surnaturelle offrait aux croyants d'aimer sans cesse au-delà d'eux-mêmes, pour s'élever vers Dieu. Elle différait du pur esprit ; elle était infiniment supérieure à l'ordre de la matière, cette matière toujours changeante, charriée par le fleuve du temps. Tandis que le troubadour avançait à la suite du comte de Toulouse, le temps, lui, semblait suspendu ; il n'était plus que chaos, vaine éternité du Mal. Et pour l'heure, il n'y avait d'autre vérité que celle de ces mains tendues. Autour d'Escartille, les croyants cathares s'agenouillaient auprès des parfaits : ils faisaient leur *melhorament,* leur adoration liturgique en signe de déférence pour ceux qui avaient choisi de mener une vie tendue vers la perfection ; ils avaient, chaque mois, leur *aparhelament,* devant l'évêque cathare ou l'un de ses coadjuteurs : ils se confessaient et se disposaient à nouveau à une stricte observance de leur idéal. Qu'y avait-il de plus beau que cette confiance sereine, réitérée comme un acte de foi, en dépit de tout ? Qu'y avait-il de plus beau que ces instants où, au plus fort de l'incertitude, tous témoignaient encore à Raymond, par leurs acclamations, leur indéfectible soutien ? A son tour, Escartille sentait qu'il portait un autre regard sur lui-même, écho lointain de la somme d'espérances et de douleurs qu'il devinait dans les yeux des autres Occitans.

Promettez-moi que vous la sauverez... que vous sauverez... l'Occitanie !

Escartille fut soudain arraché à ses réflexions. Il déborda d'allégresse lorsqu'il entendit une voix claire l'apostropher depuis les rangs de la foule.

Il tourna la tête, sortant de cette rêverie qui l'avait promené dans les rues de Toulouse comme au ralenti, et aperçut soudain le joli visage de Léonie.

Elle tenait Aimery entre ses bras.

Escartille se sentit exulter ; en un clin d'œil, il fit signe au comte, sauta de son cheval et se précipita pour serrer la servante et son fils dans ses bras. Raymond sourit et poursuivit sa marche.

– Vous êtes vivants ! s'écria le troubadour en les couvrant de baisers. Si vous saviez comme j'ai craint de ne jamais vous revoir ! Si vous saviez comme je vous ai cherchés !

Léonie était avec ses sœurs, qui se pressaient autour d'eux. Escartille les embrassa toutes ensemble.

– Ainsi, vous êtes parvenues à gagner Toulouse ! Je ne l'espérais plus ; je suis passé par Bram et Cabaret, par Lavaur et Arles pour y retrouver notre cher comte ; j'avais entendu dire...

– Je vous raconterai, sire troubadour, dit Léonie. Nous avons fui Carcassonne très vite, sans savoir ce que vous deveniez, et avec cette même crainte de ne jamais vous retrouver. J'ai veillé sur Aimery avec la plus grande attention. Nous avons échappé mille fois aux pires dangers ; imaginez-vous ! Nous étions toutes les trois, moi et mes deux sœurs ! Trois femmes, un enfant, dans ces campagnes ravagées par les routiers... Nous avons dû nous précipiter à Lavaur, en effet, en espérant que dame Guiraude nous sauverait, le temps de retrouver escorte pour gagner Toulouse ; mais dès que nous avons su que les croisés allaient se présenter sous le château, nous sommes reparties en carriole jusqu'ici, accompagnées d'un groupe de parfaits. Dieu nous a guidées, Escartille ! Et nous voici !

– C'est un heureux jour, Léonie, dit-il en la serrant encore dans ses bras, et ils se font rares, en cette saison !

Ils restèrent longtemps enlacés, puis Escartille se retourna vers son cheval. Il remonta sur l'animal en prenant Aimery avec lui.

Toi, Aimery, te revoilà avec moi ! Le destin, pour une fois, nous a été clément !

Au bord des larmes, mais un large sourire sur le visage, il se pencha vers Léonie :

– Rendez-vous au palais, Léonie ! Je vous y ferai entrer, le comte s'est ouvert à moi sur notre chemin ; c'est que je lui ai raconté la noble conduite de son neveu, par des détails qui ne pouvaient le tromper quant à l'exactitude de mon récit. J'ai promis de chanter pour lui, lorsque les temps seront plus gais. Il souscrira à ma demande.

Escartille sourit encore et donna du talon contre les flancs de sa monture.

Longtemps, Toulouse fut en liesse.

Puis, doucement, le calme revint, avec le soir.

Au milieu de la nuit, Raymond veillait dans la grande salle du palais, éclairée par un chapelet de flambeaux. Quelques barons étaient encore là. Ils discutaient à voix basse, sous les voûtes. On ne tarderait pas à se coucher pour prendre un peu de repos. Escartille était parvenu à faire entrer Léonie et ses sœurs à l'intérieur de l'enceinte comtale, comme il l'avait promis. Elles veillaient encore sur l'enfant comme de bonnes fées. Mais pour l'heure, le troubadour se tenait assis près du comte, qui lui avait demandé de lui chanter un ou deux poèmes. Escartille s'était exécuté doucement, sans troubler la quiétude du lieu. Le comte fermait les yeux, et le troubadour, qui les gardait grands ouverts, croyait voir défiler devant lui le souvenir de ces jours de Puivert où le temps glissait sans importance. Il eut même, cette fois, une pensée pour le triste sire de La Cornette, et surtout pour cette pauvre Aurore de Pamiers, qu'il avait séduite avant de l'abandonner. Il s'en voulait aujourd'hui de tant de légèreté... Il voyait encore ce lierre grimpant jusqu'à sa fenêtre losangée, ce balcon qui n'attendait que lui. C'était avant Louve, avant l'enchaînement sans fin de ces terribles épisodes ; cela ne datait pas de si longtemps, et Escartille, pourtant, se représentait ces moments arrachés à la vie, comme les fleurs d'un jardin disparu. Il en souriait. Il aurait aimé la revoir, la jolie Aurore, pour se faire pardonner ses débordements empressés. Oui, elle aussi – qu'était-elle devenue, dans tout cela ?

Le comte Raymond, quant à lui, était sorti de son mutisme après quelques couplets. Dans le silence, il recommençait à se confier au troubadour. La chose était curieuse : voyait-il en Escartille une oreille si complice, qu'il se décidât ainsi à s'épancher sans méfiance, malgré une rencontre à ce point récente ? A cela, pourtant, le troubadour avait plusieurs réponses. Outre la curiosité et la compassion pour son neveu, Raymond trouvait sans doute matière à apprécier Escartille pour d'autres motifs. Devant les siens, il ne pouvait plus faire état de la moindre faiblesse ; devant l'ennemi ou les étrangers, encore moins. Escartille ne faisait partie ni des uns, ni des autres. Il était seulement l'une des figures de son peuple que Raymond avait croisée par hasard. Cette position dans laquelle se trouvait le troubadour convenait sans doute au comte qui, de surcroît, avait toujours porté attention aux hommes de chants, de lettres et de poésie.

Dans l'après-midi, Escartille avait également fait la connaissance du jeune Raymond VII. Car le comte avait un fils, conçu autrefois avec Jeanne d'Angleterre. Raymond VII devinait déjà qu'il aurait pour tâche, un jour, de reprendre le flambeau de la défense occitane. Il pensait qu'il lui faudrait de la patience ; que la guerre durerait, des années peut-être. Escartille avait pu déceler dans les traits du jeune homme la même noblesse que celle de Trencavel, tempérée par cette gentillesse tranquille qu'arborait souvent son père. Un agneau qui apprenait à devenir loup. Grand, brun, les joues creuses, il avait dans le regard une lueur à la fois douce et fière. Il n'attendait que de conduire le bras de la chevalerie occitane. Il portait au comte un dévouement sans bornes et était prêt à lui obéir en tout. Oui, il aurait sans doute les mêmes qualités et les mêmes défauts que son père. Le courage, l'intelligence, l'esprit de liberté. Mais aussi ce scrupule à massacrer – qui, en temps de guerre, était dangereux. Ce soir-là, le jeune Raymond était parti à la rencontre du roi d'Aragon, qui était attendu pour le lendemain, dans la matinée.

Lorsqu'il eut fini de jouer et de chanter pour le comte, Escartille se renfonça dans sa chaise.

Raymond ne le regardait pas ; ses yeux étaient perdus dans le vide lorsqu'il se mit à parler :

– L'Occitanie... Pourquoi nous battons-nous, mon ami ? Eh bien, pour elle. L'Occitanie, ses vallées larges et fertiles, l'opulence de ses terres, la gracieuse étendue de ses prairies, le délicieux agrément de ses bois, la fertilité de ses vignes, la douceur de l'air et la pureté des eaux... L'Occitanie au pied des collines et des roches vives, l'Occitanie et ses donjons, ses châteaux par-dessus les rivières, l'Occitanie et ses montagnes balayées par les vents ou brûlées par le soleil... Que serons-nous dans mille ans ? Se souviendra-t-on encore de nous ?... Et qu'étions-nous, il y a mille ans ? Voilà, troubadour, ce qu'il me faut défendre. Comme tout cela est étrange : nous vibrons pour le présent, pour les cœurs de ces gens que nous aimons et que nous devons défendre ; poussés dans nos retranchements, nous donnerions nos vies pour assurer la préservation de nos convictions et de notre foi ; mais sitôt que notre quête d'absolu devient le motif de notre action, c'est lui-même qui semble nous dénier le droit de persévérer. C'est donc que nos amis ont raison ! Dieu a quitté la terre, Escartille, crois-moi.

Il grimaça, en une expression presque pathétique, déconfite, incongrue pour une personne telle que lui, et répéta :

– Dieu a quitté la terre.

Il eut une inspiration, puis continua :

– Si le monde est l'œuvre du Diable, notre cause est

juste. S'il est l'œuvre du Dieu catholique, c'est Lui qui est injuste. Mais s'il n'y a pas de solution... Si le *nihil* l'emporte sur tout... Nous ne sommes que des hommes, Escartille. A tout prendre, cette cause-là ne doit-elle pas être défendue ? Pourra-t-on nous damner d'y avoir cru ? Oui, il y a mille ans, nous n'étions rien, et nous disparaîtrons sans doute. Ce qu'il restera de tout cela est un profond mystère. Je te dis que nous luttons pour l'Occitanie, mais au fond, c'est autre chose. Il en va toujours ainsi des guerres qui se jouent au-delà de nos biens et de nos possessions, pour toucher à nos consciences. Nous nous battons pour ce que l'Occitanie *représente*. Vois-tu, Escartille ? Nous nous battons pour nos illusions ! Pour le droit d'en avoir encore, peut-être ! Comme tout cela est cruel !

Il se leva lentement et posa une main sur le dossier du fauteuil où le troubadour se trouvait. Puis, fermant de nouveau les yeux, il dressa le visage vers les voûtes de pierre.

– Et il se trouve que *moi*, j'ai été désigné pour affronter cela. Que je suis seul, bien que nous soyons nombreux... Oh, je me sens fort de ce que tu as vu dans les rues aujourd'hui, fort du roi qui vient à notre secours, fort de ces gens, qui ne jurent que par leur suzerain. Mais combien j'aurais voulu passer anonyme en cette vie ! J'aurais voulu continuer de goûter à ces banquets, sortir de la tourmente pour ne consacrer ma vie qu'à l'étude de ce qui m'est cher, et mener mon peuple sur le seul chemin que je sais possible et fructueux. Celui de la paix.

Il serra le poing. Il marchait autour de la chaise, lentement, parlant autant pour Escartille que pour lui-même.

– Comment vouloir la paix lorsque tous ne pensent qu'à la guerre ? Oui, que dira-t-on dans mille ans, si ma tâche traverse l'Histoire ? Crois bien que je ne tire ni gloire ni vanité de cela ; loin de m'emplir d'aise, cette seule idée suffit à assombrir mes pensées, et cette ombre préside à chacune de mes décisions. Je sais, Escartille, comprends-tu ? Je *sais* que j'ai raison d'avoir ployé comme le roseau, ainsi que je l'ai fait jusqu'à maintenant, malgré Béziers, malgré la mort de mon neveu, malgré ces villes pillées et massacrées. *Et je sais que j'ai tort d'avoir raison.*

Il s'arrêta, les sourcils froncés, contemplant le sol.

– Que pensera-t-on de la liberté dans mille ans ?

Le troubadour leva les yeux vers Raymond VI.

Celui-ci sembla soudain sortir de ses méditations.

Il alla chercher non loin une épée, qui en croisait une autre sous deux écus frappés des armoiries de Toulouse. Puis il revint vers Escartille.

Il lui posa le plat de l'épée sur l'épaule.

– Regarde, Escartille.

Le troubadour ne comprit pas. De nouveau, il leva les yeux vers le comte.

– Regarde cette lame. Désormais, c'est elle qui va parler. Nous serons bientôt prêts, Montfort le sait. Le choc sera sans doute terrible, et sans plus de rémission qu'à Béziers, Carcassonne, Bram ou Lavaur.

Il fit mine d'adouber Escartille, qui ne bougeait pas.

Puis il lui tendit l'épée.

– Regarde, troubadour. Toi qui ne pensais qu'aux cours d'amour, aux dames et aux laisses bien composées. Prends cette épée avec toi, tu seras des nôtres. De ceux que la nature portait vers l'amour, et que les circonstances feront guerrier. Tu as porté l'étendard de mon neveu, tu porteras le mien.

Escartille cligna des yeux, ne sachant comment prendre ce simulacre d'adoubement.

– Prends-la.

Le troubadour hésita un instant.

Puis il se saisit de l'épée.

Le lendemain, Escartille se retrouva dans cette même salle.

Mais cette fois, ils n'étaient plus cinq ou six, disséminés dans cet endroit immense, ils étaient plusieurs centaines.

Le troubadour tenait Aimery entre ses bras, non loin du fauteuil où avait pris place le comte de Toulouse ; il s'était aligné avec les barons sur le flanc droit de la salle, et faisait face aux autres barons qui composaient une haie similaire. Léonie était avec ses sœurs derrière la garde toulousaine. Elle envoyait de temps en temps un sourire au troubadour. Sur un signe de Raymond, le brouhaha s'apaisa. On annonça alors le roi d'Aragon, qui fit son entrée avec sa suite, entre les immenses tentures rouges qui encadraient les portes de la salle. Il avait plus que jamais l'air d'un conquérant. Son armure brossée et lustrée pour l'occasion, ses armes déployées, il s'avançait, dans le plus grand silence. Le jeune Raymond VII était avec lui. Arrivé à quelques mètres du comte, son visage se détendit. Il sourit et écarta les bras en avançant encore. Le comte de Toulouse lui donna l'accolade. Ne se contenant plus, la foule partit dans un tonnerre d'acclamations.

– Vous voici, murmura Raymond à son oreille. Voici enfin notre bras le plus précieux.

Raymond recula de quelques pas et se tourna vers l'assemblée.

– Mes amis, saluez l'arrivée du roi !

Tous s'agenouillèrent. C'était un beau spectacle que de voir ces soldats, ces consuls, ces dames de Toulouse baisser la tête, écarter les pans de leurs capes, de leurs robes et de leurs manteaux, et ce roi, debout avec le comte, qui promenait sur eux un regard bienveillant. Pierre II venait de repousser les Maures à Las Navas de Tolosa, à la suite d'une bataille épique où des milliers d'Espagnols avaient trouvé la mort. Plus que jamais, en roi très chrétien, il pouvait se prétendre l'un des plus ardents défenseurs de l'Eglise catholique. Auréolé de cette gloire nouvelle, il avait espéré amadouer Innocent pour lever la mainmise catholique sur ses terres occitanes. Il s'était trompé. Le pouvoir des évêques de Rome avait été le plus fort. Pierre II ne décolérait pas ; et puisqu'il en était ainsi, il avait décidé de venir mener lui-même le combat. Raymond VII alla se placer auprès de son père, tandis que la foule se relevait. En se redressant, le troubadour vit le chevalier de Scala qui suivait le roi.

Et il eut soudain un tel choc qu'il manqua de défaillir. Instantanément, il plaça sa main sur l'épaule de son voisin, un soldat qui, surpris, tourna la tête vers lui en haussant un sourcil.

– Lui, murmura le troubadour. *Lui !*

Revêtu de sa cape noire, avec pour motif trois roses d'or entrelacées, l'allure fière et hautaine, une main s'attardant sur son épée damasquinée, le chevalier Don Antonio de Bigorre avançait à son tour, tout près de Scala. Il avait ce même pli de dédain sur les lèvres, ce même regard dur et pénétrant qui, à Puivert, avait su transpercer le troubadour mieux que ne l'eût fait la dague la plus effilée.

Lui !

Les chefs aragonais entraient dans la salle avec leurs gens ; ils rejoignaient ceux de leur pays qui séjournaient déjà depuis plusieurs semaines à Toulouse ; les Occitans les accueillaient avec chaleur ; les uns et les autres commençaient de se mêler, tandis que Raymond VI continuait son mot de bienvenue. Don Antonio passa alors tout près du troubadour. Lui aussi, abandonnant provisoirement son masque impassible, avait esquissé un sourire, regardant lentement à droite et à gauche. Et soudain, il se figea, tombant nez à nez avec Escartille. Il en eut un instant le souffle coupé. *Vous,* disaient ses yeux. *C'est vous que je retrouve ici !* Les deux hommes se regardèrent sans ciller, puis Don Antonio considéra l'enfant qu'Escartille tenait entre ses bras. Aimery levait vers lui un visage frais, ses mains dansant autour d'un morceau de tissu qu'il s'évertuait à saisir. Il répétait sans suite les premières syllabes qu'il avait apprises à prononcer, et jetait au-dessus de lui un regard plein de curiosité. Un tremblement – était-ce encore de colère ? – agita la lèvre inférieure de Don Antonio, mais pour la première fois, il parut désorienté. Il fronça les sourcils et, un bref instant, lança un coup d'œil derrière lui, en direction des portes.

Cela n'échappa pas au troubadour, qui suivit aussitôt cette direction.

Loba la Louve était là, avec Inès, sa confidente, et les autres servantes de son aréopage.

Louve était là !

Le cœur d'Escartille bondit dans sa poitrine ; si ce

n'était le commandement de l'étiquette et le nombre de ces gens qui envahissaient la salle en rangs serrés, il se serait précipité en avant. Il voulut crier, mais son cri resta bloqué dans sa gorge. *Louve est ici, sous mes yeux !* répétait en lui une voix chantante ; il s'en trouvait soudain paralysé. C'était comme s'il assistait à un glorieux miracle, à une résurrection, à une nouvelle épiphanie. Oui, elle se présentait ici, à Toulouse, plus belle que jamais, une rose rouge pour diadème dans sa chevelure, sa robe catalane cernée de fermaux de pierrerie, ces voiles tantôt noirs, tantôt transparents, accompagnant avec grâce chacun de ses pas ; elle était splendide comme au premier jour, lorsqu'il l'avait vue pénétrer dans la cour de Puivert – et comme au premier jour, on se retournait sur son passage. Escartille exultait. Il croisa de nouveau le regard, sombre, de Don Antonio. Celui-ci ne bougea pas durant quelques secondes, avant d'être rappelé à ses devoirs par son ami, le chevalier de Scala. Il hésita une seconde, plantant toujours son regard dans celui d'Escartille, puis rejoignit les siens.

Le troubadour rit sous cape. Louve ne l'avait pas encore vu ! Ce fut sans doute là le moment le plus délicieux qu'Escartille goûta de toute sa vie. Un moment bref et qui suscita pourtant en lui un sentiment d'intense plénitude, comme s'il se sentait soudain confiant en tout, maître de l'univers. Elle avançait doucement, sans savoir encore sur qui elle allait tomber, et le troubadour savourait ces secondes avec délectation, imaginant déjà le visage de la belle lorsqu'elle l'apercevrait enfin ; son cœur était à nouveau bousculé de questions – l'aimerait-elle comme avant, serait-elle aussi transportée que lui de le revoir ? Elle glissait sur la pierre comme une déesse antique, montée sur son plus grand appareillage, elle filait vers lui ! Escartille serra Aimery plus fort contre sa poitrine et, riant à demi, croyant à peine à ses propres mots, il murmura à l'enfant :

– Aimery, devine qui est là ?

Il souffla :

– *C'est ta maman, fils ! C'est ta maman !*

De l'autre côté, il vit Léonie qui ne l'avait pas quitté des yeux et qui, manifestement, avait compris qu'il se passait quelque chose. Elle fronça un sourcil, regardant tour à tour le troubadour puis Don Antonio et Scala, avant de chercher enfin dans la même direction qu'Escartille. Le troubadour lui fit un clin d'œil.

Et, mû alors par une soudaine impulsion, il leva l'enfant vers les voûtes, à bout de bras, en éclatant de rire.

Quelques personnes se tournèrent vers lui, stupéfaites.

Louve avançait toujours. Elle plissa les yeux sous ses cils noirs en voyant devant elle un peu d'agitation. Elle aperçut l'enfant juché par-dessus la tête des soldats, mais ne le reconnut pas tout de suite. Un sentiment singulier pénétra alors son âme. Elle saisit fébrilement le poignet d'Inès, qui marchait à côté d'elle, comme autrefois à Puivert, lorsqu'elle ne la quittait pas, dans les allées, au milieu des parterres. *Mon Dieu, serait-ce... serait-ce...* Elle accéléra le pas, et d'un coup sec, son autre main déploya son éventail sévillan, où l'on retrouvait les roses entrelacées de la maison de Bigorre. Son cœur trembla d'émotion.

Et elle le vit à son tour. Le troubadour de Puivert, qui souriait, leur enfant dressé au-dessus de lui !

– Inès ! Par le Seigneur Tout-Puissant, ils sont là !

Loba crut qu'elle allait s'évanouir. A mesure qu'elle approchait d'Escartille et d'Aimery, elle sentait des larmes irrésistibles lui monter aux yeux. Enfin, ils se retrouvèrent face à face. Il vit son regard éperdu, ses prunelles noires, son corps tremblant, qui réitérait le miracle de sa présence ; et elle le vit, son jeune amour, son rêve poétique, qui portait le fruit de leur union, ce fruit hérétique aux yeux de son père. Alors qu'ils se trouvaient ainsi, à n'avoir plus qu'un geste à faire pour se toucher, à donner vie à ce songe de retrouvailles qu'ils n'avaient fait que caresser si longtemps, tous les mots qu'ils avaient imaginé se dire leur échappaient – ils avaient vécu cette scène des milliers de fois en rêve, et voici qu'ils ne savaient plus que dire ! *Loba* regarda Aimery.

Le troubadour lui tendit l'enfant.

– Nous voici ensemble, dit simplement Louve.

Elle sentit une larme rouler sur ses joues et mouiller son sourire, tandis que, plus loin, Don Antonio assistait à ce spectacle sans pouvoir l'interrompre – et sans plus savoir s'il le voulait réellement, au fond de lui. Il se borna à serrer le poing, inspira profondément, puis lâcha un rire en voyant Scala, à l'invitation du comte Raymond, se jeter au milieu d'un arc-en-ciel de courtisanes.

Lorsque vint le soir, Escartille gagna la chambre de Louve, dans l'une des ailes du palais.

Il trouva Don Antonio sur le seuil de la porte.

Le voyant arriver, l'Aragonais se raidit. Escartille détailla ce visage long et dur, ces rides perceptibles sur son front et autour des paupières, ces cheveux de cendre. Ils restèrent ainsi quelques secondes, puis Don Antonio comprit que le troubadour ne bougerait pas, même s'il lui passait l'épée au travers du corps.

– J'imagine que vous comptiez franchir cette porte, dit-il.

– En effet, dit Escartille.

Don Antonio le dépassait d'une tête. Sa bouche se tordit. Il laissa planer un instant de silence, avant de reprendre :

– Et vous aimeriez que je vous laisse passer, vous, un poète, un troubadour qui ne sait rien de la vie, qui ne pense qu'à chanter les vertiges de sa propre légèreté.

– Un ami du comte de Toulouse, rectifia Escartille. Et l'un de ses fidèles serviteurs.

Il venait de poser la main sur l'épée que, la veille au soir, Raymond VI lui avait remise. Il n'avait osé dire « soldat » ni « chevalier », même s'il commençait de le penser. Il avait vu déjà tant d'horreurs, il avait failli mourir tant de fois qu'il ne comptait plus ces occasions où il aurait pu rendre l'âme ; il se sentait plus fort, mais savait aussi que jusqu'à présent, il n'avait jamais combattu l'ennemi face à face. Don Antonio, qui revenait avec le roi de Las Navas de Tolosa, ne pouvait encore le considérer qu'avec mépris. Eh bien ! Il lui montrerait ce que l'orgueil de ce chevalier espagnol refusait encore de voir. Il lui montrerait que le jeune homme insouciant d'autrefois était mort et que, héraut malgré lui de Trencavel, il serait bientôt compagnon d'armes du comte de Toulouse. Un compagnon d'armes ! Cette idée résonnait encore de façon insolite dans son esprit ; pour peu qu'il s'y attardât, elle lui semblait tout à fait folle ; il ne connaissait rien à la guerre, l'avoir vue n'était pas l'avoir pratiquée. Il avait encore peine à se convaincre lui-même et pourtant, une raison obscure le poussait à croire qu'il n'avait plus le choix. Son entrée dans Toulouse, puis les confidences inattendues de Raymond VI l'avaient touché plus encore qu'il ne voulait l'admettre. Plutôt que de renâcler encore à une tâche qu'il devinait sans doute au-dessus de ses forces, il était décidé à prendre les devants. Et le regard à la fois tranquille, méprisant et provocant de Don Antonio le renforçait dans ces dispositions.

Don Antonio inspira encore.

– Louve est avec ton fils, troubadour... Je viens de les voir tous deux. Sais-tu que j'aurais pu choisir d'égorger l'enfant cette nuit même – et toi avec ?

– Pourquoi ne le faites-vous pas ? demanda Escartille.

L'Espagnol redressa le menton. Il plissa les yeux, presque amusé de la repartie de ce jeune insolent. Le troubadour avança d'un pas. Don Antonio hésita encore un instant sur la conduite à tenir, ne bougeant toujours pas.

– Cessons donc cette mascarade, dit le troubadour avec assurance. Ce n'est ni votre honneur, ni votre sang qui sont en cause. En revanche, c'est ma vie, la sienne et celle d'Aimery.

Don Antonio plissa encore les yeux. Puis il dit :

– En Espagne, commença-t-il... mais sans doute ne connais-tu pas ce pays, troubadour... en Espagne, nous avons des jardins immenses, des fontaines cernées de massifs fleuris, des toits blancs comme le soleil au lever du jour, des balcons qui respirent le bonheur... C'est là que Louve a grandi, au milieu de la maison d'Aragon. Sa mère a été tuée par les Maures, il y a de cela des années. Elle n'avait pas treize ans que déjà, les princes de Catalogne et de Castille, les représentants de la plus haute noblesse de Saragosse, de Grenade, de Cordoue et de Séville demandaient sa main. Notre bon roi Pierre lui-même aurait souhaité la connaître. Il m'a fait son ambassadeur, l'un de ses plus grands chevaliers. Louve a été aimée de tous sans que jamais, avant toi, personne ait pu porter la main sur elle. Je la destinais aux plus grands. Et toi troubadour, tu l'as ensorcelée, elle a cédé. Je devrais te faire périr, oui, à l'instant même, comme j'aurais dû le faire à Puivert déjà. Mais bientôt, nous irons combattre. Et ce soir...

Il fit un effort démesuré sur lui-même.

– Ce soir devrait être un soir de paix.

Il s'écarta.

Escartille eut peine à le croire, mais Don Antonio le laissait entrer.

Il franchit le seuil de la porte.

L'Aragonais resta là quelques secondes, seul, sa main gantée contre le pommeau de son épée.

Il écouta les premières effusions de joie.

Il baissa les yeux, puis retrouva son masque d'impassible autorité.

Et il s'en fut.

– Je n'ai cessé de t'aimer, et pourtant, mon Dieu ! Voilà qui est insensé... Je réalise que je ne sais presque rien de toi, rien d'autre que ce rêve que j'adore.

Louve sourit.

– Si tu m'aimes, mon ami, c'est peut-être pour cela. Parce que... je ne suis pour toi qu'un rêve.

Escartille sourit à son tour. Lorsqu'il était entré, Louve tenait Aimery dans ses bras. Ils étaient restés longtemps tous les trois enlacés. Puis le jeune homme lui avait raconté ce qui s'était produit, depuis qu'Inès lui avait apporté l'enfant à Puivert ; il lui avait raconté comment le comte de Toulouse avait fait amende honorable à Saint-Gilles ; il lui avait dit de quelle manière il s'était retrouvé à Béziers. Il s'était attardé sur le récit de son saut miraculeux de la cathédrale, sur l'apparition étrange de ce cavalier volant vers Montségur, puis sur ses craintes et ses espoirs sans fin, à Carcassonne. A son tour, Louve lui avait détaillé les emportements de son père, lorsque Don Antonio avait su qu'elle aurait un fils ; elle avait parlé des couloirs sombres de cet ermitage où elle avait été conduite, comme une pestiférée ; puis, de la naissance d'Aimery, du départ d'Inès par une nuit sans lune, l'enfant dans ses bras, et de ce déchirement qu'elle avait alors éprouvé. Retournée en Aragon, elle s'était rendue à Barcelone de son propre chef, au moment où Pierre II, assisté de Don Antonio, y rassemblait son armée. Et elle était revenue en Occitanie. Les récits des deux amants s'interrompaient, s'entremêlaient parfois ; ils se cédaient mutuellement la parole dans des exclamations de surprise, enchaînaient tour à tour des bribes de leur narration, dont ils retrouvaient le fil après de longues digressions. Escartille montra à Louve les parchemins de son *Livre de Vie*, dont elle lut quelques rouleaux avec émotion, courbée sur cette écriture ronde et fleurie.

Lorsque leurs histoires se tarirent enfin, ils laissèrent place au silence.

Loba alla déposer Aimery délicatement dans son berceau, puis revint vers le troubadour.

– Penses-tu que l'amour n'est qu'un rêve égoïste, projeté sur la personne aimée ? demanda Escartille.

Louve s'était allongée sur le lit.

– L'amour... Non, je crois que l'amour vrai est tout autre chose.

– Dis-moi, Louve, toi qui as croisé ma vie comme un songe que l'on m'a soustrait aussitôt, et que je retrouve aujourd'hui avec l'émerveillement de te savoir présente, avec l'angoisse que le temps n'ait émoussé notre belle et secrète tendresse...

Escartille avait les cheveux en bataille, et cet air perpétuellement dépassé par les événements dans lequel Louve, non sans raison, ne voyait que la fragilité de l'homme de bien, et une noblesse qu'elle estimait davantage que celle de la naissance.

– Louve, je ne sais plus ce qu'est l'amour, maintenant que je l'ai sous les yeux.

Elle hocha la tête en continuant de sourire. Lentement, elle remontait l'échancrure de sa robe catalane.

– Veux-tu que je te dise ce qu'est l'amour, troubadour ?

Escartille se jeta à ses pieds.

Loba marqua une pause ; elle ramena ses jambes devant le troubadour et les maintint serrées, juste devant son nez, lui qui sentait ses sangs s'échauffer et jetait subrepticement des coups d'œil vers les courbes de son corps, comme autrefois, lorsqu'il rêvait de la conquérir, dans les jardins de Puivert. Mais elle lui prit gentiment le menton et le força à la regarder dans les yeux. Le troubadour sourit et se noya tout à fait dans le regard de l'Aragonaise.

Elle commença, comme une mère faisant la leçon à son enfant :

– L'amour, je vais t'en parler, puisque grâce à toi, à cause de toi, j'en connais tous les tourments... L'amour est d'abord une impulsion étrange, une attirance pour la personne aimée ; parfois, elle tombe subitement de cieux inespérés, elle fait soudain croire en la beauté de la vie ; parfois, elle se découvre, troubadour, elle survient alors qu'on ne s'y attend pas, après de longs moments passés ensemble. Elle vient avec la foudre, ou mûrit avec patience, préparant en secret son avènement... Puis, l'amour devient séduction, angoisse, délire ! N'avons-nous pas vécu chacun de ces instants ? Oui, j'ai prié au cœur de cet ermitage tandis que tu frôlais la mort dans l'enceinte de Béziers, nous avons tremblé tous deux et traversé les affres les plus douloureuses, les angoisses les plus mortelles. Mais aujourd'hui, il rejaillit comme il est né à Puivert. Te souviens-tu, lorsque nous écoutions ce cathare que ta cour avait reçu, et qui parlait seul, devant les flambeaux ? Te souviens-tu du regard que nous échangeâmes à ce moment ? Je crois que c'est là que les choses furent scellées, sans que ni toi, ni moi y puissions rien. Tu veux savoir ce qu'est l'amour, Escartille ?

Le troubadour s'approchait d'elle, inexorablement.

– Il est ce baiser invisible du soir ; il est cette caresse du destin qui, d'un instant à l'autre, nous fait passer d'enfer en paradis, ou de paradis en enfer ; il est l'aile d'une colombe aveugle qui se frappe contre les murs en cherchant les nuages ; il est...

Elle fit à nouveau silence quelques secondes.

– Il est ce qui nous échappe et que nous cherchons sans cesse, souffla-t-elle.

Elle sourit, tandis qu'Escartille, n'y tenant plus, se jetait sur elle.

La nuit fut magnifique.

Lorsque, alanguis par tant de plaisirs, *Loba* et Escartille se retrouvèrent pantelants, de longues confidences passionnées succédèrent à l'ivresse. L'émerveillement du soir ne pouvait leur faire oublier ce qui les attendait encore, ni l'incertitude de la prochaine bataille à venir. Louve devina que le troubadour était inquiet. Elle mesurait soudain combien les récents événements l'avaient changé.

– Je sais, murmurait Escartille, que le comte voudrait me voir défendre sa belle cause ; il voudrait que je me batte à leurs côtés, moi qui ne sais que manier la vièle, la flûte et le rebec. Je sens qu'il appelle à lui tous les Occitans. Il appelle les soldats de métier, les bourgeois et les marchands, les tisserands et les cordonniers, les paysans et tous les croyants cathares. Ils sortent de chez eux, ils accourent déjà ! Et nous voilà tous emportés. Ton père, Don Antonio, attend de me voir à l'œuvre pour prix de sa clémence, je le sens aussi, je l'ai vu dans son regard. J'ai peur et je ne sais pas comment épouser cette cause que je comprends si bien aujourd'hui, qui me touche au plus profond de mon âme, et qui cependant ne peut que nous apporter la souffrance et le sang. Que disent ces cathares, Louve, mon amie ? Que porter le fer contre autrui est la pire des choses, que répandre le sang est faire l'œuvre du Diable, et se subordonner à lui dans sa vaste entreprise de destruction de l'esprit et de la charité ; ces mêmes parfaits seront contraints de se défendre pourtant et de renier leur foi par leurs actes, tout comme les catholiques, qui se sont engouffrés à plaisir dans ces massacres sans issue... Que dois-je faire, *Loba* ?

Louve attendit quelques secondes. Escartille la

regarda. Un rayon de lune illuminait son front. Elle semblait réfléchir.

Puis elle dit :

– On attaque vos maisons, on brûle vos familles. Le roi est là, ainsi que mon père, le chevalier de Scala, Raymond et son fils, et le comte de Foix qui bientôt va nous rejoindre. Pouvez-vous rester sans rien faire ? Dis-moi, Escartille : si aucune guerre n'est juste, c'est entre deux maux qu'il faut choisir. C'est là notre triste condition. Seule ta conscience peut t'aider à te sortir de ce pas, mon ami. Sera-t-il dit que, laissant les Occitans se battre sans toi, tu te seras enfui ? Tu sais que jamais alors je ne pourrais te suivre – ni moi, ni Aimery. Est-ce cela que tu souhaites ?

Escartille la prit dans ses bras.

– Non, voyons ! Jamais ! Comment peux-tu penser cela ?

Alors, elle se tourna vers lui :

– Eh bien allez, Escartille ! J'ai peur moi aussi. J'ai peur pour toi, pour mon père, pour nous. Mais revenons donc sur terre ! Et si la terre est du Diable, si une Eglise hypocrite en prend soudain le visage, allons à sa rencontre ! Je suis catholique, Escartille, et il n'est pas de foi plus fervente que celle de l'Espagne. Mais les catholiques eux-mêmes ne se reconnaissent plus dans ces horreurs ! Puisqu'il nous faut faire face et choisir, allez donc, mon cher amour !

Escartille la regarda. A son tour, après Raymond VI, elle semblait l'adouber de ces paroles qu'elle avait tant de peine à prononcer. Ses yeux brillaient dans la nuit. Elle chercha sa main et la serra de toutes ses forces.

– *Soyez hérétique,* Escartille. Allez, et défendez votre pays aux côtés de mon père.

Léonie se tenait avec ses sœurs dans une autre aile du palais comtal. Par une ouverture pratiquée dans le mur, elle observait la tour voisine, et ce vitrail derrière lequel, elle le savait, devaient se trouver Louve et Escartille. Depuis que l'Aragonaise était arrivée, on avait enlevé à Léonie le soin de s'occuper d'Aimery ; et le troubadour n'avait plus d'yeux que pour sa belle. Léonie s'était avoué depuis longtemps déjà ses propres sentiments. Ils lui étaient devenus clairs à elle-même ; et ce soir, elle souffrait au plus profond de son cœur, même si sa sagesse lui enjoignait de se réjouir du bonheur enfin retrouvé d'Escartille. Après tout, Léonie n'avait-elle pas toujours pensé qu'Aimery avait besoin d'une mère ? Eh bien, il l'avait à présent.

Léonie eut un faible sourire. Elle sentit passer une brise froide sur ses cheveux.

Elle serra contre elle son manteau de lin, sous lequel sa poitrine se levait et s'abaissait régulièrement, au rythme de sa respiration.

Derrière elle, l'une de ses sœurs s'approcha ; elle vint caresser sa joue et lui ôter une larme.

– Allons, petite sœur, dit-elle. Viens, viens avec nous. Ne reste pas ici, tu vas attraper la mort.

Elle enlaça Léonie par les épaules pour la ramener doucement à l'intérieur.

Léonie jeta un dernier regard vers le vitrail, le donjon, puis la cité de Toulouse, endormie.

Tu vas attraper la mort.

Les Occitans se préparèrent longtemps à l'inéluctable combat.

Cette rencontre décisive eut lieu le 12 septembre 1213.

A cette date, Aimery avait fait ses premiers pas.

Escartille avançait au milieu des soldats, son drapeau à la main.

Ils étaient plusieurs milliers, non loin des rives de la Garonne, rassemblés autour des marmites, des tentes et des chevaux. Ici, ils se mettaient debout pour revêtir leurs casaques rembourrées ; là, ils laçaient leur heaume, un genou en terre, échangeant des rires et des exclamations de mutuel encouragement. Plus loin, les chevaliers garnissaient de fer leurs chevaux, les couvrant de housses de mailles et d'étoffes armoriées. Ils brossaient, polissaient, affûtaient leurs lames. Ils s'agitaient autour du troubadour, entourés d'une innombrable quantité de gens de pied qui les aidaient à s'apprêter. Partout, on se préparait à la bataille.

– Que Montfort fasse sa prière ! entendait Escartille.

– Nous sommes prêts !

– Il est temps de leur montrer enfin qui nous sommes, chevaliers du Midi !

Lorsque le signal fut donné, on se rassembla. Les combattants montèrent à cheval pour gagner leurs lignes. Escartille continuait de déambuler parmi eux, pour rejoindre l'autre extrémité du front et transmettre à Don Antonio et au chevalier de Scala le message que Raymond VI venait de lui confier. Les chevaliers se levaient, se regroupaient, se comptaient ; on hissait les bannières et les pennons de toile. La marée, peu à peu, s'organisait. On se mettait en rang dans des cris, brandissant déjà les pieux et les épées, dans des bruits de métal et de sabots. Une pluie fine s'était mise à tomber. Le ciel était d'un gris uniforme. Escartille trouva Don Antonio alors qu'il enfilait son casque.

– Messire, de la part du sire comte de Toulouse : attendez que le roi votre suzerain ait pris les devants pour vous jeter à votre tour dans la bataille, par le flanc droit !

Don Antonio interrompit son geste et leva les yeux vers le troubadour.

Il se tut pendant une seconde, puis dit :

– Retourne auprès du comte, héraut, et dis-lui que nous ferons ainsi qu'il le demande.

Les deux hommes échangèrent un regard en silence. Escartille fit pivoter son cheval et repartit au galop dans l'autre sens.

Don Antonio monta à son tour sur son destrier. Il tourna au trot devant les siens ; Scala fit de même et ils parcoururent les rangs en s'écriant :

– *Aux armes, chevaliers ! Pour l'Aragon et pour notre roi !*

Escartille rejoignit Pierre et le comte de Toulouse. Les chevaux de leur armée piaffaient. Ils s'ébrouaient, donnaient des coups de sabots. Les deux souverains avaient revêtu leur haubert de mailles. Leurs mains gantées tenaient solidement les rênes de leurs montures. Le roi, pourtant, n'avait pas revêtu ses ornements de majesté. Selon un usage qui avait fait ses preuves, il avait, la veille, échangé son équipement avec celui de l'un de ses chevaliers, de façon à tromper les Français. Ceux-ci n'ignoraient pas que s'ils parvenaient à le tuer, ils porteraient un coup fatal à l'armée ennemie. Oui, Pierre le savait : dans cette bataille, ce serait lui, le roi catholique vainqueur, que l'on chercherait à abattre avant tout autre. Ainsi, un second roi, un roi-leurre de circonstance, se tenait-il un peu plus loin, entouré de sa garde rapprochée. Pierre lui fit un léger signe de tête ; l'autre répliqua par un geste de la main contre son heaume.

– Le temps est venu, dit Raymond en se tournant vers Pierre.

Il y eut un silence, puis Raymond reprit :

– Regardez le lieu où va se jouer le combat, regardez cette plaine. Elle est bien herbeuse, voyez comme, par endroits, elle miroite d'eaux vives. Nous ne sommes pas loin du fleuve... Je persiste à penser que nous aurions dû construire un camp et repousser l'ennemi, plutôt que de nous jeter sur eux. Je crains ces affrontements en terre découverte, où il ne peut y avoir d'autre vainqueur que celui qui reste debout après quelques heures, sans possibilité de se replier... Il faut se méfier de ces chevaliers et écuyers français ; ils sont plus disciplinés que nous.

– Il n'est plus temps de nous disputer, comte Raymond, répondit le roi. Je suis fatigué, croyez-moi, mais je sais que la bravoure suffit. La chevalerie aragonaise est impétueuse, elle a su vaincre les Maures. Votre fils et le comte de Foix sont d'ardents chevaliers. Eux à gauche, Scala et Antonio de Bigorre à droite, nous au milieu, voici une belle carte offensive. Nous avons notre leurre et je sais combien cette ruse a su nous rendre service par le passé. Alors ne doutons pas, et que Dieu soit avec nous.

Ils regardaient les lignes ennemies, qui s'étaient organisées de la même façon, dans la plaine de Muret.

Du côté de Montfort, on criait également aux armes. Français et Bourguignons sortaient en frémissant de leur campement, Poitevins, Flamands, Lorrains, Gascons venaient du château de Muret pour s'aligner à leur tour, revêtus de casques, de gonions et justaucorps matelassés, de pourpoints d'étoffe piquée en plusieurs épaisseurs, de cottes de siglaton ; la croix sur la poitrine, ils tenaient fermement leurs boucliers, vidaient une gourde, serraient le poing, l'œil furieux au-dessus du nasal, montés sur les rouans et les alezans. Une à une, les régions déployaient au vent les bannières de leurs maisons.

– Pour le pape et pour la France !

– Finissons-en avec l'hérésie !

– Que les cathares fléchissent et meurent !

Montfort s'était longtemps recueilli avant l'assaut.

De quel côté sera Dieu aujourd'hui ?

Il s'était agenouillé devant la croix et le calice. Aguilah, dans sa robe blanche, était venu le trouver :

– Pressons-nous, les nôtres n'attendent que de se jeter dans la bataille !

– Laissez-moi quelques minutes encore, Aguilah. Laissez-moi contempler mon Rédempteur.

Aguilah, lentement, l'avait contourné. Il s'était saisi du calice, juste au-dessous du crucifix, et l'avait levé devant les yeux de Montfort. Le comte avait récité le *Nunc dimittis*, puis avait dit, dans un souffle :

– Allons, et s'il le faut, mourons pour celui qui a daigné mourir pour nous !

Le colosse noir s'était redressé.

De quel côté sera Dieu aujourd'hui ?

Escartille voyait les hérauts et messagers adverses parcourir les armées, filer d'un bout à l'autre des lignes, leur reflet glissant par-dessus les flaques d'eau, leurs étendards se croisant et claquant dans le vent.

Ils sont prêts, pensa Escartille. *Eux aussi, ils sont prêts !*

Puis, lorsque toutes les lignes furent constituées de part et d'autre, il y eut un long silence.

Les deux armées se toisèrent longuement.

Pierre II, le visage dur, prit une profonde inspiration.

– Tenez vos rangs !

Il fit de nouveau signe au roi-leurre qui, sur cette injonction silencieuse, tira l'épée.

Il la brandit au-dessus de sa tête.

Tous regardèrent cette épée tendue vers le ciel...

Il l'abaissa, d'un coup.

Et les armées fondirent l'une sur l'autre.

Les Toulousains criaient « Toulouse ! » et les Gascons « Comminges ! », « Foix ! » criaient les autres, ou « Montfort ! », ou « Soissons ! ». Le comte et les meilleurs de ses barons, les chevaliers du pays, le roi et son leurre, tous chargeaient, battant le flanc de leurs montures. Une armée de piquiers, de fantassins protégés par des casques de fer ou de cuir bouilli, avançait avec les frondeurs, les vouguiers, les arbalétriers qui encadraient, parfois à une quinzaine, d'autres corps de chevaliers.

Escartille se retrouva alors au beau milieu du déchaînement.

Seigneur, m'y voici ! Me voici au cœur de ces atrocités !

Pour la première fois, il participait directement au combat. Pour la première fois, il était contraint de se battre lui aussi, l'arme à la main. Pour Louve. Pour Aimery. Pour l'Aragon et l'Occitanie. Il ne se trouvait que dans l'arrière-garde, à présent, non loin des pavillons toulousains. Mais il voyait arriver sur lui le souffle de la bataille. Il entendait le fracas épouvantable des armes. Elles dansaient, assez loin encore, épées et fléaux levés vers le ciel, s'agitant par-dessus les lignes, mais elles se rapprochaient ! Tremblant de tous ses membres, le troubadour faisait sa prière. Le temps semblait à la fois s'accélérer et se dilater. L'affrontement durerait-il ? Jusqu'à la nuit, peut-être ? Jusqu'à ce que la prairie soit jonchée de cadavres, que chaque pouce de terre soit recouvert de victimes agonisantes ? Qui serait le vainqueur, à la tombée du jour – et à quel prix ?

Escartille fut précipité au milieu des combattants.

Son étendard tomba, lacéré. Le manche se brisa et disparut dans la terre, sous le piétinement des chevaux. Des particules de boue venaient moucheter les housses de ces montures de constellations auxquelles se mêlait le sang des chevaliers. Escartille sortit l'épée que lui avait remise le comte de Toulouse. *Parage !* hurlaient encore les hommes du Midi, autour de lui. *Parage,* ce cri résumait à lui seul l'honneur épique de la chevalerie occitane. *Parage,* c'était le cri de la courtoisie, de la civilisation contre la barbarie ; *Parage,* symbole du ralliement, de l'éthique et de la fierté de tout un peuple, qui rassemblait ses valeurs persécutées par le dogme et l'ignorance.

Le hurlement, sauvage, plein de colère et de terreur, jaillit du cœur d'Escartille, le troubadour devenu héraut, puis soldat :

– *Parage !*

Il fit tournoyer l'épée au-dessus de sa tête.

– Que voyez-vous ? Que voyez-vous ? demandait Louve, allongée, Aimery auprès d'elle.

Elle n'osait regarder au-dehors, d'où lui parvenait le chant funèbre de la guerre, cette guerre menée par des hommes qui, en cet instant, n'avaient plus rien d'humain.

– Que voyez-vous ?

Inès, sa confidente, écarta d'une main la tenture de l'entrée du pavillon, le visage livide. Léonie, également, se trouvait là. Escartille avait parlé d'elle à *Loba* ; pour rien au monde, elle n'aurait laissé partir le troubadour sans l'assurer de son soutien. Comme bien souvent, la plupart des familles des combattants étaient venues à leur suite. On avait planté les tentes loin devant le château de Muret. La coutume voulait qu'elles s'associent aux exploits de leurs chevaliers par les prières les plus ardentes ; pourtant, rien n'était plus cruel, en ce jour, que de se retrouver ici, à assister à ce choc terrible, sans pouvoir rien faire.

Inès avait la gorge nouée. Elle était incapable de proférer le moindre mot. Ce fut Léonie qui, l'œil rivé sur la plaine, répondit à Louve.

– Les hommes se battent, Madame. Je vois... Oui, Madame ! Je vois le troubadour, mon Dieu ! Il porte l'épée au-dessus de lui, il frappe, ma foi, il a l'air vaillant ! Il frappe de tout son saoul ! Mon Dieu, il paraît si proche !

Louve ferma les yeux, ses mains soudain crispées sur le drap de lin, une larme roulant sur ses joues.

– Et je vois votre père, Madame ! Votre père charge à son tour ! Il rejoint le roi avec le chevalier de Scala !

Ils tranchent et brisent tout ce qui se met en travers de leur route !

Faites, Seigneur, qu'il ne leur arrive rien. Faites qu'ils soient sauvés !

Escartille marqua un temps d'arrêt lorsqu'il tua un soldat ennemi pour la première fois.

Celui-ci venait d'être blessé par un chevalier du Midi ; touché à la carotide, il s'était presque effondré sur le troubadour. Trois chevaux, dont celui d'Escartille, avaient lourdement basculé à la renverse, les genoux brisés avant que leur encolure ne ploie, et que leurs naseaux ne viennent souffler dans la boue. Les combattants les plus mobiles tentaient de trancher leurs jarrets et de désarçonner les cavaliers ennemis. Devant Escartille, le chevalier toulousain avait été broyé d'un coup sous le poids de sa monture. Son adversaire, pris en tenaille, réunissant ses dernières forces, avait voulu assener sur Escartille un dernier coup. Les muscles tendus, le troubadour avait agi plus tôt. Son épée s'était enfoncée à l'endroit même de la plaie. Le soldat avait hurlé, et son hurlement s'était mué en un curieux gargouillis. Une gerbe de sang avait éclaboussé Escartille en plein visage. Il avait senti le souffle de sa victime. Il avait croisé ses yeux. Retirant son épée de la gorge du cadavre, il songea avec horreur, en un éclair, que le contact de la lame avec la chair produisait un effet bien étrange. La peau et les organes opposaient d'abord une légère résistance ; puis, dès qu'elle avait trouvé l'issue, l'épée s'enfonçait d'un coup, pénétrant au plus profond de la gorge ennemie.

J'ai tué, Seigneur ! J'ai tué un homme !

Il se retourna, l'épée ensanglantée, ne pensant plus qu'à ces odeurs entêtantes de boue et de mort parmi lesquelles on se roulait autour de lui. Un cheval s'était relevé et essayait de galoper, soufflant et soufflant encore avant de tomber de nouveau.

Une ombre se dressa soudain au-dessus d'Escartille.

– Fils de chien ! hurla un Français.

Il frappa avec tant de vigueur que le troubadour, pour parer le coup, tomba à la renverse et s'étala dans une mare de boue.

– Oh, Madame ! s'écria Léonie. Escartille est en mauvaise posture. Il, mon amour ! il...

– NON ! s'écria Louve, se précipitant vers l'entrée du pavillon, sa robe déroulant son volumineux drapé derrière elle.

Aimery éclata en sanglots.

Les gens de trait, alignés et agenouillés de part et d'autre, mouchaient leurs ennemis par des jets qui couvraient parfois cent cinquante mètres.

Une flèche fendit l'espace et vint sauver le troubadour *in extremis*. Escartille se releva en prenant appui sur son épée. Non, à ce rythme-là, il ne tiendrait jamais. Il tourna sur lui-même. Des gouttes de sang tombaient devant ses yeux. Le tumulte était indescriptible. Les destriers hennissaient et se cabraient, fumants, l'écume aux lèvres. On frappait sur les heaumes de Pavie dans des bruits retentissants ; auprès d'Escartille, l'un des Aragonais reçut un si grand choc que sa targe fleuronnée se fendit en deux, avant d'exploser tout à fait ; il fut écrasé d'un coup de masse. Partout, des lances venaient se briser avec fracas contre les boucliers. On se battait au corps à corps ; les arçons se rompaient. Tous les gens de l'ost étaient maintenant jetés dans la tempête : Angevins, Normands et Bretons, Provençaux ralliés aux Français, mais aussi Allemands, Bavarois, Saxons et Frisons, Longobards et Lombards, tous fondaient sur les chevaliers du Midi. Certains tendaient des arcs courts d'Orient, fabriqués de deux cornes de bœuf reliées par un simple ressort métallique, qu'ils manipulaient avec aise, décochant parfois plus de vingt flèches à la minute. Les écus craquaient, les enseignes aux couleurs alternées s'échouaient dans la boue. Des pennons ensanglantés virevoltaient un instant dans l'espace, comme indécis, avant de tomber à leur tour, abandonnés par les mourants. D'autres hommes de Montfort, plus de deux mille encore, sur leurs coursiers de Hongrie, armés d'épieux aiguisés ou de fléaux, caracolaient en avant sitôt que les rangs se dispersaient. On se battait jusqu'à la lisière du petit bois.

Un cercle s'était formé autour d'Escartille, un cercle vide. Il lui sembla assister au ralenti à tous ces événements. Il crut un moment que le silence tombait de nouveau sur la plaine, il n'entendait plus que son propre souffle, le sang qui tambourinait à ses tempes, et le bourdonnement qui lui tenaillait le crâne. La pluie avait redoublé de violence. Chacun se battait au hasard, sans ordre ni tactique.

Puis, soudain, Escartille revint à la réalité.

Une clameur de joie jaillissait de toutes parts.

L'Occitanie sentait bondir sa poitrine, car par-dessus les combats, la croix raimondine, croix d'or, vidée, cléchée et pommelée, emblème héraldique de la famille comtale de Toulouse, resplendissait dans le vent ; ce n'était pas le comte lui-même, non ! C'était

Raymond VII, son fils, qui s'engouffrait au milieu des lignes ennemies avec sa suite ! On l'assistait, on se jetait autour de lui, on se ralliait à son drapeau, on relevait les bannières de cendal, et la bataille reprenait de plus belle.

– Rien n'est perdu, Madame ! Le jeune comte Raymond repart à l'assaut !

Côte à côte, Léonie et l'Aragonaise ne perdaient rien de ce qui se jouait devant elles. Louve, une main sur le bras de la servante du défunt Trencavel, regardait l'étendue de cette plaine où l'on trébuchait au milieu des chevaux morts et des lances rompues. Certaines montures, lâchées sur la prairie, couraient sans savoir qu'on ne les dirigeait plus. Oui, elles tournaient toutes seules ! L'œil immense, affolé.

– Mon père ! Où est mon père ?

Aimery, abandonné sur le lit et ses draps de lin, continuait de pleurer.

Louve tomba à genoux.

– Seigneur Dieu, si Vous existez, ne restez pas sourd à mes appels, pas aujourd'hui, pas alors que les êtres qui me sont les plus chers tentent de nous sauver ! Oui, avec toute l'humilité de la pauvre créature que je suis, pardonnez-moi, je Vous en supplie, de Vous demander ainsi une preuve – mais cette preuve, donnez-la-moi, Seigneur Tout-Puissant !

On sut alors de quel côté se trouvait Dieu – ou le Diable – ce jour-là.

Sur la plaine de Muret, les événements se précipitèrent encore.

Parmi les chevaliers français se trouvaient deux

hommes du nom d'Alain de Roucy et de Florent de Ville. Avant la bataille, ils n'avaient cessé de jurer à Montfort qu'ils tueraient le roi Pierre II, ou mourraient. Ils s'étaient frayé un chemin parmi les Occitans avec tant de hargne que, peu à peu, ils s'étaient placés à proximité du roi-leurre, sans savoir qu'ils se trompaient d'ennemi. En deux coups d'épée, ils eurent enfin l'occasion qu'ils espéraient. A leur grande surprise, le roi ennemi ne soutint pas leur assaut. Ils étaient prêts à le pourfendre lorsque Alain s'écria :

– Ce n'est pas lui ! Florent, ce n'est pas lui ! Le roi est meilleur chevalier !

Pierre II, qui se trouvait non loin, n'y tint plus. Il se tourna vers les deux Français, releva la visière de son casque et rugit :

– Le roi, le voici !

Un sourire se peignit sur le visage de Florent de Ville. Ses yeux étincelèrent. Il se lança, son compagnon à sa suite, dans un corps à corps sans merci avec Pierre II, qui riposta avec ardeur. Autour d'eux, on comprit la situation ; la ruse des Aragonais avait été mise au jour. Les Français fondaient à présent sur leur proie. Les Occitans se mirent comme ils pouvaient en travers de leur route. Et ce fut alors que l'impensable se produisit.

Le roi fut d'abord touché à l'épaule ; il entendit un craquement, un coup sourd et violent vint résonner dans sa tête. Un flot de sang jaillit et commença à couler sur son bras. Sonné, il reçut un autre coup en pleine face, par le côté, qui déforma son heaume et lui écrasa une partie du visage, sans qu'il pût voir lequel de ses deux agresseurs l'avait touché pour la deuxième fois ; le dernier coup fut assené alors qu'il vacillait déjà et tombait à genoux.

Seigneur Dieu, non, pas cela ! Est-il dit que je dois mourir ainsi ?

Ce dernier coup fut fatal. Il s'écrasa sur le sommet du heaume, qui se fendit en deux. La cervelle du roi coula sur son front. Un voile noir tomba devant ses yeux. Le roi, à genoux, oscilla un instant...

Puis il s'effondra.

Pierre II, roi d'Aragon, était mort.

Les combats parurent cesser quelques secondes, d'un bout à l'autre de la plaine, à mesure que la nouvelle se propageait parmi les deux armées. Les traits déformés par l'horreur, les Occitans suspendirent un instant leurs efforts. Visages tournés vers le cercle de boue où l'Aragon tout entier venait de s'échouer. C'était comme si chacun d'entre eux avait reçu ces mêmes chocs que venait de subir le roi.

Sous le pavillon de Louve tomba une effarante consternation. L'Espagnole porta une main à sa bouche. Les cheveux blonds de Léonie balayèrent son front fiévreux.

– Le roi est mort, murmura Inès, sortant de sa torpeur. *Ils l'ont tué !*

Le vent, le silence.

Et puis de nouveau, ce cri : *Parage !* clamé par les combattants encore valides.

La bataille avait pris pour les Français de l'ost une tournure inespérée. On vit, sur un monticule de terre, se dresser la silhouette noire et herculéenne du comte Simon de Montfort. La pluie tombait en cascade, un éclair déchira le ciel. Montfort ! Il était le sang et le tonnerre, il portait sur son torse la croix du Golgotha,

Navas de Tolosa, se défendit quelques secondes encore. Mais une hache vint subitement lui faucher une jambe. Il fit un pas en arrière, sur l'autre, agitant les bras comme un pantin, le visage déformé par la douleur – ce visage qu'Escartille avait connu si froid, si impassible. Dans la bataille, Don Antonio était redevenu un homme ; et c'était en chevalier qu'il mourait. Le troubadour essaya de prendre appui sur ses mains ; il était au bord de l'évanouissement. Ses coudes ployèrent sous lui. Il retomba face contre terre, la boue achevant de couronner son front et ses sourcils de taches brunes.

On levait encore les armes au-dessus de l'Aragonais. Ce fut d'un coup de poignard au cœur que l'on acheva Don Antonio de Bigorre.

Il rendit son dernier souffle en regardant le ciel.

Tout cela tournait au cauchemar. Les Occitans et les Espagnols battaient en retraite dans un parfait chaos, certains abandonnant leurs armes. La cavalerie était en déroute ; les milices toulousaines qui avaient osé s'aventurer jusqu'au château de Muret voyaient soudain fondre sur elles les chevaliers français, qui les taillaient en pièces.

– Oh, mon Dieu... murmura Escartille.

Là-bas, tout là-bas, on les refoulait vers les rives de la Garonne. L'infanterie reculait en masse – c'étaient quinze, vingt mille hommes, une armée entière qui refluait, soudain pressée vers les berges du fleuve. Les flots de la Garonne grondaient sous la pluie ; à cet endroit, son lit était profond, le courant rapide. La moitié de l'infanterie se retrouva ainsi livrée au fleuve, méconnaissable et déchaîné ! Certains, trop lourds dans leur armure, coulaient à pic ; d'autres, blessés, rougissaient de leur sang cette crue torrentielle ; ce n'était plus un fleuve, mais l'Achéron, charriant ces milliers de noyés au milieu de branches rompues, d'écus tournoyant sur eux-mêmes, avant d'être avalés par le rugissement furieux.

Puis Escartille regarda dans une autre direction.

Louve.

Il sentit alors une effroyable terreur monter en lui. Les drapeaux étaient tombés. Emportés par leur élan, les croisés de l'ost, égorgeant tout sur leur passage, se précipitaient maintenant bien au-delà des lignes de Raymond VI, qui se repliait avec son fils.

Au-delà des lignes – là où se trouvaient les tentes bariolées de jaune et de blanc.

Lève-toi, Escartille.

Je t'en prie, lève-toi !

Il fit sur lui-même un effort démesuré, les dents serrées, pour retrouver appui. Il réussit à mettre un genou en terre, puis l'autre. Il était désarmé. Son épée avait disparu elle aussi, quelque part à ses côtés. Il la chercha vainement dans la boue, mais la douleur de son bras le rappela à l'ordre. Il se releva enfin... et se mit à courir. Au loin, *là-bas* – les croisés faisaient irruption à l'intérieur des pavillons.

Escartille courait ; il courait par-dessus les monticules de terre et de corps répandus les uns sur les autres ; il courait par-dessus les chevaux exhalant de leurs poitrails sanglants un dernier soupir ; il courait par-dessus ces armes abandonnées, par-dessus ces pennons déchirés, ces écus brisés.

Par pitié, je vous en supplie, tout, mais pas cela !

Il vit, au loin, que l'on écartait les tentures du pavillon où se trouvait Louve. Deux soldats de l'ost s'y engouffrèrent. Escartille courait, et toute l'armée croisée semblait le poursuivre, sous la pluie battante. Le troubadour distingua *Loba* qui levait les mains, en poussant un cri strident. Il crut que son cœur allait sortir de sa poitrine.

Il arriva à l'entrée du pavillon.

Autour de lui, d'autres tentes avaient été brisées, par dizaines. Elles s'étaient effondrées après quelques coups bien appliqués sur leurs montants. Des morceaux de toile déchirée, parfois lacérée de part en part, flottaient dans le vent. Les sphères dorées qui les surmontaient avaient perdu tout leur lustre ; certaines avaient roulé sur le sol, à demi avalées par la terre.

Le spectacle était pathétique.

Lorsqu'il écarta les tentures, retenant son souffle, les croisés avaient déjà disparu. Leur triomphe était complet. Certains continuaient de poursuivre les Occitans, çà et là, sur la plaine herbeuse. La plupart refluaient à leur tour en chantant et en adressant au ciel des actions de grâces et des cris de victoire.

Et Escartille les vit.

Loba était couchée sur le sol. Son visage charmant était tourné dans la direction de Léonie, qui gisait à côté d'elle. Toutes deux, les yeux encore agrandis par l'effroi, semblaient se regarder. Léonie avait été touchée au cœur, par un épieu qui la traversait encore. Elle était clouée à terre, les mains crispées contre l'arme qui s'était enfoncée dans le sol après l'avoir transpercée. Elle respirait – elle respirait encore, et tandis que le troubadour se penchait vers elle, elle eut le temps de souffler :

– Je... vous... aime, troubadour.

Un peu plus loin, Inès, ou plutôt, une partie de son corps, traînait contre la toile de la tente, lourde masse effondrée à terre. En une fraction de seconde, la servante de Louve avait été décapitée. Sa tête, dont Escartille ne pouvait voir que les cheveux, avait échoué un peu plus loin, sans doute après avoir roulé un instant sur le lit, emportée par l'élan de ce choc qui l'avait séparée de son corps. Et Louve... Louve la belle, Louve la princesse ! Une profonde estafilade courait d'un bout à l'autre de l'oreille de l'Aragonaise. On lui avait tranché la gorge. Le sang maculait son surcot et sa robe catalane, à moitié déchirée. Les cordelettes cisaillées autour de sa poitrine dénudée, dansaient encore doucement. Sa bouche, cette bouche aux lèvres rouges, qu'Escartille avait tant baisée, tant mordue, était ouverte sur le néant. Son corps tout entier était étendu de façon curieuse, à moitié sur la couche qui se trouvait derrière elle, les bras en croix, et les jambes écartées par-devant, l'une d'elles décrivant un angle bizarre. Son éventail sévillan gisait abandonné, tout près d'elle.

Elle s'appelait Loba, la Louve, c'était une noble dame que son père, seigneur aragonais, menait par le comté de Foix et de Toulouse. Une peau moirée, privilège des femmes du Sud ; une chevelure brune et bouclée qu'elle coiffait avec un soin extrême ; un fard discret, qui accentuait la délicatesse de ses traits ; des seins comme ces fruits de l'Alhambra de Grenade. Et son regard... Oh, ce regard ! Escartille y voyait les étoiles et la noirceur de la nuit ; elle le dissimulait derrière un éventail sévillan, dont l'indolence faisait chavirer le jeune troubadour.

Escartille tomba à genoux.

Il entendait encore les cris des hommes de Montfort et d'Aguilah, dans le lointain.

Louve, Louve d'Aragon, Louve des jardins de Puivert, Louve de ses rêves d'amour éperdu ! Louve la mère de son enfant, Louve, ce songe espagnol, ce mot qu'il prononçait mille fois chaque jour ! Louve n'était plus !

Elle sortait de l'intérieur du château, encadrée de ses servantes. Elle apparut sublime. Elle était recoiffée et revêtue de la plus superbe de ses robes, dont les volutes dansaient autour d'elle. Des broches d'or enserraient sa chevelure. Une mantille recouvrait ses épaules, dont les pans s'écartaient doucement à mesure de sa marche. Le fard cachait mal sa pâleur et le désarroi que l'on pouvait lire sur son visage. Sa blessure s'y peignait à présent de telle façon qu'Escartille la prenait lui-même en plein cœur. Etait-ce là le résultat de son désir égoïste ? Comment le troubadour avait-il pu la condamner ainsi à cette humiliation ? Ses yeux étaient rougis de larmes. Elle jouait de son éventail. Elle était devenue l'emblème du péché et du mensonge. Devant Puivert, ce château pourtant habitué à tous les élans de la fine amor, à toutes les malices et toutes les trahisons !

Escartille se coucha sur le corps de sa belle, les bras en croix. Un hurlement indescriptible jaillit de sa poitrine, le hurlement d'une bête traquée, blessée à tout jamais.

Louve, Léonie, la servante, Don Antonio – le roi !

Alors tout est fini, pensa-t-il.

– Louve !

Un flot de larmes roula sur ses joues.

Tout est fini.

Louve avançait toujours. Elle plissa les yeux sous ses cils noirs en voyant devant elle un peu d'agitation. Elle aperçut l'enfant juché par-dessus la tête des soldats, mais ne le reconnut pas tout de suite. Un sentiment singulier pénétra alors son âme. Elle saisit fébrilement le poignet d'Inès, qui marchait à côté d'elle, comme autrefois à Puivert, lorsqu'elle ne la quittait pas, dans les allées, au milieu des parterres. « Mon Dieu, serait-ce, serait-ce... » Elle accéléra le pas, et d'un coup sec, son autre main déploya son éventail sévillan, où l'on retrouvait les roses entrelacées de la maison de Bigorre. Son cœur trembla d'émotion.

Et elle le vit à son tour. Le troubadour de Puivert, qui souriait, leur enfant dressé au-dessus de lui !

– Inès ! Par le Seigneur Tout-Puissant, ils sont là !

Escartille entendit alors des pleurs, non loin de lui.

Il contourna la couche et ses draps ensanglantés, trébucha, se releva.

Il ne vit qu'une partie du linge, en boule, sur le sol. Il le souleva.

C'était Aimery qui, lui aussi, semblait hurler à la mort. Escartille le serra dans ses bras de toutes ses forces, le visage inondé de larmes.

Et la nuit, noire, profonde, tomba tout à fait.

*

* *

> Si un croyant doit être consolé sur-le-champ, il faut, s'il le peut, qu'il fasse son *melhorament* et qu'il prenne le livre de la main de l'Ancien. Celui-ci doit l'admonester et le prêcher avec des arguments appropriés et avec toutes les paroles qui conviennent au *consolament*.

– Sieur Escartille de Puivert, vous voulez recevoir le baptême spirituel qui, dans notre Eglise de Dieu, délivre le Saint-Esprit par la sainte oraison et l'imposition des mains des Bons Hommes. Evoquant ce baptême devant ses disciples, Notre-Seigneur Jésus-Christ dit, dans l'Evangile de saint Matthieu : *Allez et instruisez toutes les nations, baptisez-les au nom du Père et du Fils et du Saint-Esprit. Enseignez-leur à garder toutes les choses que je vous ai commandées. Et voici que je suis avec vous pour toujours jusqu'à la consommation des siècles...*

Escartille se tenait agenouillé devant le parfait. Ils se trouvaient quelque part au sommet d'une colline de l'Ariège, envahie peu à peu par le crépuscule, au milieu des ruines d'une place forte aujourd'hui rasée. Entre ces piliers effondrés, ces morceaux de roc qui affleuraient par-dessus les herbes rases, le vent soufflait.

– ... Ce saint baptême par lequel le Saint-Esprit est donné, l'Eglise de Dieu l'a maintenu depuis les Apôtres jusqu'à ce jour, et il est venu de Bons Hommes en Bons Hommes jusqu'ici. Il le fera jusqu'à la fin du monde. Vous devez comprendre qu'il a été donné à l'Eglise de Dieu de lier et de délier, de pardonner les péchés et de les retenir ; le Christ l'a dit, dans l'Evangile de saint Jean : *Comme le Père m'a envoyé, je vous envoie aussi.* Lorsqu'il eut prononcé ces paroles, il souffla sur eux et leur dit : *Recevez le Saint-Esprit ;*

ceux à qui vous pardonnez les péchés, ils leur seront pardonnés, et ceux à qui vous les retiendrez, ils seront retenus. Et, dans l'Evangile de saint Matthieu, il dit encore à Simon Pierre : *Je te dis que tu es Pierre, et sur cette pierre je bâtirai mon Eglise et les portes de l'Enfer n'auront point de force contre elle. Je te donnerai les clés du Royaume des Cieux, et quelque chose que tu lies sur terre, elle sera liée dans les cieux, et quelque chose que tu délies sur terre, elle sera déliée dans les cieux...*

En ce 13 janvier 1214, Escartille était méconnaissable. Les cheveux coupés, les traits tirés, les joues creuses. Il avait maigri au point que ses membres semblaient des bâtons d'argile, noyés dans les vêtements qu'il était sur le point de délaisser pour toujours. Il avait réfléchi longtemps, jeûné longtemps ; il avait voulu son *endura* plus ascétique encore qu'à l'ordinaire ; seuls ses yeux brûlaient toujours d'une flamme ardente. A genoux, les yeux baissés vers le sol, la mâchoire serrée, il écoutait l'homme qui se tenait debout au-dessus de lui, dont la robe noire s'agitait doucement. Autour de lui, la colline surplombait les vallées lentement avalées par l'ombre. On pouvait encore distinguer au loin les contreforts pyrénéens, et çà et là, le profil des châteaux conquis par les soldats de l'ost.

– Dans l'Evangile de saint Marc, il dit : *Mais ceux qui croiront, ces signes les suivront : en mon nom ils chasseront les démons, et ils parleront de nouvelles langues, et ils enlèveront les serpents, et s'ils boivent quelque breuvage mortel, cela ne leur fera pas de mal. Ils poseront les mains sur les malades et ils seront guéris.* Il dit encore dans l'Evangile de saint Luc : *Voici que je vous ai donné le pouvoir de marcher sur les serpents et les scorpions, et sur toute la force du Démon, rien ne vous nuira.* Si vous voulez recevoir ce pouvoir, il faut que vous respectiez tous les commandements du Christ et du Nouveau Testament. N'oubliez pas qu'il a ordonné que l'homme ne commette ni adultère, ni homicide, ni mensonge ; qu'il ne jure aucun serment, qu'il ne vole pas, qu'il ne fasse pas aux autres ce qu'il ne veut pas qu'on lui fasse ; et que l'homme pardonne à celui qui lui fait du mal, et qu'il aime ses ennemis, et qu'il prie pour ses calomniateurs et pour ses accusateurs, et qu'il les bénisse. Si on le frappe sur une joue, il doit tendre l'autre, et si on lui vole la tunique, qu'il donne aussi le manteau, qu'il ne juge ni ne condamne.

Le deuil, cette fois-ci, était consommé. Escartille abandonnait ses oripeaux de troubadour. Il ne garderait que son rebec, en souvenir de sa vie passée – ou plutôt, de ses vies passées. Sa première vie, celle des chants, des bonheurs et des amours de Puivert. La seconde, celle où l'on avait versé le sang des Albigeois, celle de la guerre, celle de Louve. Comment avait-il pu supporter tant de souffrance ? Maintes fois, il avait songé à se donner la mort. Sa vie, pensait-il, n'avait plus le moindre sens. Débarrassée de toute forme d'espoir. Il avait commencé par se laisser mourir. Mais Aimery était encore là. C'était l'enfant qui l'avait sauvé. Alors, il était allé trouver l'une de ces grandes dames de l'Eglise cathare. Esclarmonde était la sœur de Raymond-Roger, comte de Foix. Veuve de son mari, Guillaume de L'Isle-Jourdain, depuis le début du siècle, elle s'était engagée dans la défense de la foi cathare. Elle avait reçu le *consolament* de Guilhabert de Castres lui-même, avant de s'installer à Pamiers. C'était là qu'Escartille l'avait rencontrée. On disait que son prénom signifiait *éclaire le monde* : en tout cas, elle avait éclairé le sien. *Ne te retourne pas, ne te retourne plus, Escartille de Puivert,* lui avait-elle dit. *Tu vis encore, tu vis malgré toutes les épreuves que tu as traversées ; c'est donc que ni ta quête, ni ta mission d'esprit et de charité en ce monde ne sont achevées. Prends le bâton et sois digne de cette chance qui te reste.* Et Escartille, après avoir vu tous les renoncements que ce choix impliquerait, s'était décidé à l'écouter. Renoncements – mais à quoi renonçait-il, au fond, lui qui déjà se trouvait dépouillé de tout, comme ces *faidits* qui avaient combattu avec lui dans la plaine de Muret ? Esclarmonde avait alors confié son initiation à un autre parfait, proche de Guilhabert de Castres, Sicard de Bellery, dont il était devenu le *socius,* le fidèle adjoint. C'était avec lui qu'il se tenait ce soir en haut de la montagne.

– Il faut surtout que vous haïssiez ce monde, ses œuvres et tout ce qui dépend de lui. Car saint Jean dit, dans l'Epître : *O mes très chers, n'aimez pas le monde, ni les choses qui sont dans le monde. Si quelqu'un aime le monde, la charité du Père n'est pas en lui. Car tout ce qui est dans le monde est convoitise de la chair, convoitise des yeux, et orgueil de la vie, laquelle n'est pas du Père, mais du monde ; et le monde passera, ainsi que sa convoitise, mais celui qui respecte la volonté de Dieu demeurera éternellement.* Et le Christ dit aux nations : *Le monde ne peut vous haïr, mais il me hait, parce que je porte témoignage de lui, que ses œuvres sont mauvaises.*

Le parfait continua quelques instants encore, puis ce fut au tour d'Escartille.

– Priez Dieu pour moi afin qu'il me donne la force de suivre ces préceptes.

Il fit son *melhorament*, selon le rituel, et reprit :

– Pardonnez-moi. Bon Chrétien, je vous supplie pour l'amour de Dieu de m'accorder ce bien que Dieu vous a donné. Je demande pardon à Dieu, à l'Eglise et à vous pour les péchés que j'ai pu commettre, ou dire, ou penser, ou faire.

– Par Dieu et par nous et par l'Eglise, qu'ils vous soient pardonnés.

Ce fut à cet instant qu'Escartille fut consolé. L'Ancien prit les Evangiles et les posa sur son front ; puis il invita Escartille à mettre la main sur le Livre avant de prononcer avec lui :

– Bénissez-nous, pardonnez-nous.

Il était singulier de voir ces deux hommes, seuls et en fuite, au sommet de leur colline et au milieu de ces ruines, qui répétaient ensemble les paroles de leur rituel, sans autre spectateur que ce ciel nocturne vers lequel ils semblaient se tourner.

– Père saint, accueille ton serviteur dans ta justice, et mets ta grâce et ton Esprit saint sur lui, dit le parfait.

Ils prièrent ensemble, murmurant la sixaine, puis l'*Adoremus*, pour la deuxième fois.

Enfin, les deux hommes embrassèrent le Livre.

Escartille revêtit sa robe noire. D'un mouvement sec, il serra la cordelette de sa ceinture. Un étui de cuir se trouvait à son flanc ; il y enfila la Bible que lui tendait le parfait. Il passa sa besace par-dessus son épaule. A quelques pas de l'endroit où il se trouvait, ils avaient allumé un feu. Escartille y jeta ses vieux vêtements, sales et déchirés, et les regarda brûler de longs instants. Puis il se tourna vers l'une des extrémités de la colline, d'où jaillissait une langue rocheuse aux contours déchiquetés. Il s'avança, plantant au sol son noueux bâton de bois, avant de revêtir son capuchon. Au sommet de la roche, il regarda autour de lui. Le vent sifflait à ses oreilles, son manteau noir s'agitait avec lui. L'Occitanie, ce soir-là, semblait à ses pieds ; les champs disparaissaient peu à peu dans l'obscurité. Le pays, immense, était rappelé à l'ombre. Cette ombre avait un nom : l'Eglise catholique. Escartille était devenu parfait cathare : on l'appellerait désormais fils de Satan ou pauvre du Christ ; il serait châtié ou adoré. Il se souvint de ces mots qui étaient nés dans son esprit, lorsqu'il était penché sur le cadavre de *Loba : Tout est fini.*

Il revit aussi le visage de Louve, couchée à ses côtés dans le palais toulousain, un rayon de lune éclairant son front, ses yeux brillants tournés vers lui.

Soyez hérétique, Escartille. Allez, et défendez votre pays aux côtés de mon père.

Escartille inspira profondément.

C'est pour toi, Louve, pour toi que je ferai cette guerre. Et je la ferai avec les plus belles armes du monde : avec celles de la paix.

Tout est fini ?

Sa silhouette noire se découpait là-haut, au-dessus du rocher.

En pensée, il rectifia :

Non. Tout ne fait que commencer.

SECONDE PARTIE

Le trésor de Montségur

11

Fiat lux

Août 2000

Lettre d'Antoine Desclaibes à Philippe Poussin
Paris, le 17 août 2000.

« Je n'ai pas eu de nouvelles de toi depuis ma dernière lettre, où je te faisais part de ma perplexité devant les découvertes que nous avions faites : le mystère entourant la destinée de l'abbé Saunière, l'énigme du trésor cathare, et ces références insolites aux passages bibliques que je t'avais indiqués. *LA PREUVE EST ICI,* disait le manuscrit. Philippe, bon Dieu ! Je sais maintenant ce que cela veut dire, tu comprends ? *Je sais ce que cela veut dire !*

Je suis dans un état d'excitation que tu n'imagines pas. Je n'ai pas dormi de la nuit, l'archiviste non plus. Nous n'avons soufflé mot à personne de ce que nous venons de dévoiler. Il faut nous taire ! J'ai désespérément cherché à te joindre, sans succès. Mais où es-tu ? Ne parvenant à te retrouver, j'ai décidé une nouvelle fois de prendre ma plume ; il me fallait t'écrire pour rassembler mes idées et parvenir à exprimer clairement ce qui vient de m'arriver.

Philippe, attends-toi à l'incroyable ! J'ai continué mon effort de traduction dans les conditions que je t'ai déjà dépeintes. Mon ardeur, loin de s'émousser, augmentait de jour en jour, comme si je pressentais que j'étais au bord de trouver encore quelque chose, tout près d'une révélation vers laquelle mes recherches semblaient naturellement me porter. J'ai alors constaté que le poème d'Escartille était vraisemblablement incomplet. Il y a en tout cas une ellipse de trente ans ; la première partie du récit s'interrompt brusquement, au lendemain de la bataille de Muret et de la mort de Louve. Comme si, tout à coup, le troubadour, devenu cathare, n'avait plus écrit une ligne. *Le Livre de Vie* n'avait-il plus de sens, dès lors que Louve n'était plus, que son souffle n'animait plus les élans de son cœur, que seuls des tourbillons de cendres envahissaient désormais son âme ? Toujours est-il qu'Escartille semble n'avoir repris la plume que quelque temps avant le siège final de Montségur. Qu'a-t-il fait durant toutes ces années qui séparent les combats de Muret de l'année 1242, où il revient subitement sur ces trois décennies, dramatiques pour la population occitane ? Je l'ignore. Il ne nous livre là que des clés éparses, tu le verras dans ce que je t'envoie. Il a apparemment sillonné inlassablement le pays, avant de trouver un refuge momentané dans les montagnes pyrénéennes, en compagnie de son fils, qu'il a élevé seul, jusqu'à ce qu'Aimery devienne lui-même un homme... Et c'est dans une situation plus terrible encore que je les ai retrouvés. L'institution inquisitoriale a été créée. Pour eux, ou plutôt contre eux, Philippe ! Voilà ce que l'on ignore trop souvent : que l'acte de naissance de l'Inquisition a répondu à la volonté systématique de détruire les cathares ! L'Inquisition, le gant de fer et de sang qui transforma l'Occitanie en pays occupé ! Tu verras que les méthodes employées, les réactions populaires, le déchirement des familles, tout cela n'a rien à envier aux moments les plus sombres de notre XXe siècle. Nous n'avons rien inventé : nous n'avons fait que raffiner les modèles existants.

J'en étais là, lorsque l'archiviste m'apporta un document tout à fait exceptionnel. Il s'agissait d'une lettre d'Innocent III, rédigée sans doute peu de temps avant sa mort et adressée, sous le sceau de la confidentialité, à l'évêque Aguilah de Quillan. Je sortis aussitôt de ma torpeur. La missive était elle aussi répertoriée dans l'enfer de la Nationale, noyée au milieu d'autres documents d'époque, dont la plupart, oubliés des historiens, continuent de croupir entre ces murs. Mais elle était en partie illisible. Certaines phrases ont été biffées, effacées, Philippe ! Par qui ? Peut-être l'abbé Saunière l'a-t-il eue entre les mains ; peut-être est-elle passée également par l'archevêché de Paris. Qu'importe ! Nous n'aurons aucun moyen de le savoir. La question du *pourquoi* est beaucoup plus intéressante. Mais lis, lis donc !

> Innocent, serviteur des serviteurs de Dieu, à notre bien-aimé évêque Aguilah de Quillan, fidèle serviteur de la foi en Jésus-Christ, salut et bénédiction apostolique. Cela fait plusieurs années maintenant que nous avons été avisés de cette terrible rumeur que nous ont rapportée certains Croisés de Terre Sainte ; plusieurs années que nous avons eu vent de l'histoire de ce

chevalier, dont nul n'a pu nous communiquer le nom, bien que de très saintes personnes aient pu attester de son passage, de Jérusalem à Antioche, d'Antioche à Gibraltar, puis des confins de l'Espagne à l'Occitanie. On le dit tantôt maure, tantôt de peau blanche. Aucun récit ne concorde exactement, mais tous sont d'accord sur un point : ce chevalier, hérétique sans doute, abandonné de la Lumière de Notre-Seigneur après l'avoir servie les armes à la main, a apporté avec lui le malheur comme il l'eût fait de la peste. Le secret qu'il porte avec lui, vous en avez eu par nous connaissance ; il nous faut à tout prix dissiper ce mystère, et il va de notre salut qu'aucune ambiguïté ne demeure à ce sujet. Ce que cet homme dit avoir trouvé ne peut qu'encourager le feu de tous les blasphèmes et de toutes les hérésies. La question n'est pas de savoir s'il existe la moindre authenticité dans ces prétendues .... ais c'est la foi tout entière que menacent ces folles allégations, si par malheur elles venaient à semer le doute dans l'esprit des bons croyants. Nous ne pouvons voir en cela qu'une nouvelle manœuvre du Diable et de ses ministres.

Satan travaille contre nous. Nos vertueux soldats du Christ, forts de leur zèle et de nos prédications, ont sillonné sans relâche les terres du midi de la France. Vous seul, Aguilah de Quillan, et quelques autres avec lesquels vous avez mené cette guerre contre la dépravation hérétique, savez ce que dissimule cette lutte fratricide, devant laquelle nous n'avons pas le droit de reculer. Qu'au nom de Dieu le Père Tout-Puissant et du Fils et du Saint-Esprit, par l'autorité des Apôtres Pierre et Paul et par la nôtre, ... Oui, je vous mande de persévérer en vos recherches, jusqu'à ce que ce chevalier soit retrouvé et qu .... Nous l'avons cru à Termes, à Minerve, à Muret, à l'abri de l'un de ces châteaux, de ces villages, de ces multiples refuges hérétiques. Retournez toute la terre s'il le faut, et si nous venons à mourir, pour rejoindre Notre-Seigneur Jésus-Christ, que jamais votre quête ne soit interrompue. Nous saurons nous assurer que notre successeur sera avisé de ce secret, et l'engagerons à continuer lui aussi dans cette tâche que nous nous sommes assignée, pour le bien de l'Eglise et de la foi.

A vous et aux vôtres, Aguilah de Quillan, incombera cette mission, et vous recevrez pour cela tout le soutien de Dieu et de son Vicaire pour la rémission de vos péchés, et des péchés de cette terre corrompue par l'ivraie. Retrouvez l .... servent en présence de Dieu dans la sainteté et dans la justice.

Donné au Latran, le .... de notre pontificat.

Le document est authentique, cela n'est pas douteux. Et voici de nouveau mentionné notre chevalier, celui que nous avions laissé à Béziers et Carcassonne, notre *Parzifal* échappé d'Orient ! Innocent demande à Aguilah de le retrouver, lui et son secret, même s'il doit pour cela "retourner toute la terre" !

Et cela n'est rien à côté de ce qui m'attendait encore, le soir même.

La révélation m'a été faite dans des circonstances si folles, si inattendues, que je suis resté là longtemps, à la contempler, les yeux écarquillés, saisi de stupeur comme si j'avais croisé le regard de Dieu lui-même – ou du Diable ! Ce soir-là – c'était avant-hier – je m'étais décidé à demander à l'archiviste d'emporter avec moi quelques rouleaux de parchemin. Il va sans dire que d'ordinaire, ce genre d'"emprunt" est impossible, à moins de passer par les procédures *ad hoc*, qu'encadrent de multiples cachets, tampons et autres autorisations administratives. L'archiviste me connaît suffisamment, aujourd'hui, pour n'avoir pas hésité une seconde. Tu connais mon petit appartement de la rue de Turenne : eh bien, j'étais dans mon salon, à mon bureau, les *rotulus* déployés sur mon sous-main. Derrière moi, la fenêtre était ouverte, non loin de cette reproduction du fameux tableau de Courbet, *L'Origine du Monde*, dont tu as toujours trouvé la place incongrue. Il devait être près d'une heure du matin. Epuisé, je venais d'ôter mes lunettes ; je me frottais les yeux lorsque soudain, comme par un fait exprès, je me suis retrouvé dans le noir – les plombs venaient de sauter. J'ai tressailli, pris d'une soudaine appréhension, avant de m'apercevoir de ce qui se passait. Je me suis alors faufilé à la cuisine pour y chercher une bougie, puis jusqu'au disjoncteur, derrière la porte de ce débarras où je range mes manteaux et mes costumes. Rien à faire : il m'apparut assez vite que cette panne momentanée concernait tout le quartier. Je pensais que le courant serait rétabli d'ici quelques minutes. Pestant et soufflant, je suis revenu m'asseoir à mon bureau, la bougie à la main.

J'ai fait alors une erreur qui aurait pu me coûter cher. J'ai posé la bougie en fragile équilibre sur le sous-main. Au moment où je m'asseyais, elle tomba : je vis la flamme s'approcher des rouleaux et l'un d'eux faillit prendre feu instantanément. Une pensée idiote a alors traversé mon esprit, je m'en souviens très nettement. J'ai pensé aux ordalies d'autrefois, ces Jugements de Dieu par lesquels l'Eglise demandait au Seigneur d'attester de la vraie foi et de la vérité. On plaçait la main du prétendu menteur sur des braises ardentes, ou bien le texte hérétique qu'il avait écrit. Si sa main, ou le texte, brûlait, il n'en fallait pas plus pour qu'il soit convaincu de duplicité au regard du Tout-Puissant...

J'ai redressé la bougie au moment où le parchemin allait prendre feu. De la cire a coulé. Saisi d'une bouffée d'adrénaline, j'ai mis quelques secondes à reprendre ma respiration, à la fois soulagé et encore furieux de la bêtise irréparable que j'avais failli commettre. Mon front était en sueur, je l'épongeai d'un mouchoir. Puis je me suis penché de nouveau sur le parchemin que je venais de sauver *in extremis*.

Et là...

Je ne m'en suis pas rendu compte immédiatement. Il m'a fallu plisser les yeux et me pencher sur lui avec attention.

Ans que la guerra parca ni sia afinea,
I aura mot colp fait et mota asta brizea,
E mot gomfano fresc n'estara per la prea...

« Mais avant que la guerre ne s'apaise et n'ait pris fin,
Il y aura beaucoup de coups donnés et de lances brisées,
Maint gonfalon neuf jonchera la prairie... »

C'était le texte que j'avais sous les yeux... Mais il était comme barré d'une ligne que, jusqu'alors, je n'avais pas remarquée. A y bien regarder, d'ailleurs, ce n'était pas une ligne, mais plusieurs, qui s'entrecroisaient, qui semblaient... *dessiner* quelque chose. Je poussai une exclamation de stupeur, reculant sur mon siège. Mes pensées se bousculaient soudain dans mon esprit. Ces lignes n'étaient pas ici quelques secondes plus tôt, j'en étais absolument certain. Je contemplai encore le parchemin durant un instant, cherchant à comprendre.

Puis mes yeux se posèrent de nouveau sur la bougie.

L'ordalie... Le jugement de Dieu...

Elle était là, droite, élancée, sa flamme dansant dans le courant d'air venu de la fenêtre, quelques gouttes de cire glissant jusque sur mon sous-main.

Lentement, je la pris. Mes mains tremblaient, Philippe, comme si je m'étais trouvé tout à coup devant le Buisson Ardent. Puis j'approchai de nouveau la flamme du parchemin.

Alors le miracle se produisit.

Ce ne fut d'abord qu'une simple estompe, comme une succession d'ombres courant soudain sous les vers du poème que j'avais sous les yeux. Je continuai, les ombres s'étendirent ; leurs contours se précisèrent ; par endroits, des lignes jaillirent devant moi, avec une incroyable netteté. Je vis un cadre, tracé d'une main malhabile, surgir en surimpression, derrière mes laisses et mes couplets ; puis une rose des vents, frappée des quatre directions, Nord, Sud, Est, Ouest. Je vis des points, des croix, des noms de montagnes, de châteaux et de villages qui m'étaient devenus familiers. Devant moi, Philippe, une carte naissait, s'épanouissait comme une fleur, sans que je puisse arrêter cette apparition !

Elle explosa à ma vue, littéralement, dans son intégralité.

J'y voyais l'Ariège et le Razès, les Corbières et le Sabarthès ; j'y voyais l'Occitanie de Limoux et Pamiers jusqu'à Ax-les-Thermes et aux Pyrénées orientales, en passant par Montségur, Quéribus, Peyrepertuse. Et là, entre Ussat et Vicdessos, une croix cernée de flèches, une croix grecque, semblable à celles dont étaient frappés les méreaux cathares, ces pièces de métal qui servaient aux hérétiques de signe de reconnaissance. Elle était là ! Et le dessinateur avait ajouté les contours d'une grotte, comme illuminée de l'intérieur...

Cela ne peut pas être un hasard, Philippe, comprends-tu ? Quel tour du destin m'a mis sur cette voie ? Une puissance supérieure n'a-t-elle pas *voulu* que les choses se passent ainsi ?

Montségur, Montségur !

Nous nous trompons, Philippe ! Ce n'est pas là qu'il faut chercher, non !

Regarde attentivement cette carte que je t'envoie.

Le trésor cathare, le secret du cavalier ?

Tu n'as qu'à suivre les flèches.

Antoine. »

12

Inquisitio heretice pravitatis

Avril 1242

> *« Et je la vis seule au milieu de l'ennemi*
> *Elle défendait sa foi, elle défendait sa vie ;*
> *Et je lus dans ses yeux le message divin :*
> *Crois en l'amour seul, et du mal te défies. »*
> ESCARTILLE DE PUIVERT,
> Chanson albigeoise, « Le Livre de Vie ».

Un soir, au milieu des fougères de la forêt de Pamiers, entre les bouquets d'ajoncs et de genévriers noyés dans une clarté nébuleuse, marchaient un paysan et sa femme ; tous deux jetaient aux alentours des coups d'œil inquiets. Le paysan portait une besace, gorgée de pains, de fouaces et de vin, qui rebondissaient contre son ventre à mesure qu'il avançait, d'un pas martial. *Presse-toi !* disait-il à sa moitié, qui, les joues enflammées, traînait deux paniers chargés de légumes, de farine et de miel ; elle clopinait derrière lui avec difficulté, les pieds meurtris par ses vieux souliers. Au détour du sentier, ils s'aventurèrent au milieu des frondaisons. Puis vinrent d'autres voyageurs. Ce fut d'abord un homme seul et à cheval, portant une houppelande rouge, des bourses pendant à ses côtés. Un riche tisserand. Des coffrets recouverts de velours et des sacs de vêtements reposaient sur la croupe de l'animal. Le marchand avançait au pas, attentif au moindre bruit, le visage tordu par l'angoisse, soufflant à s'en exploser les poumons. Il plissait les yeux dans l'obscurité. Arrivé à l'endroit précis où le paysan et sa femme s'étaient écartés du sentier, il descendit de cheval, s'approcha d'un arbre aux branches déchiquetées et se pencha pour en regarder l'écorce. On pouvait y voir distinctement deux traits parallèles, taillés au moyen d'un couteau. Oui, c'était bien le signe dont lui avait parlé le *ductor*. Il prit alors son destrier par les rênes et se fraya à son tour un chemin au milieu des ronces. Quelques instants plus tard, un chariot fit son apparition, empli de fourrage, et sur lequel trois gaillards étaient montés. L'un d'eux, la trogne mouchetée de taches rouges, sauta du chariot et scruta les alentours, avant de siffler par trois fois. Des ombres sortirent du bois et, en un clin d'œil, écartèrent le foin, laissant apparaître de nouveaux sacs de nourriture et de vêtements, ainsi que des arbalètes, des dagues et des armes de jet. Rapidement délesté, le chariot repartit sur le sentier comme il était venu. Le silence retomba sur la forêt, uniquement troublé par le chant de quelques oiseaux isolés.

On se rendait dans une clairière, la clairière des rebelles, celle des révoltés de l'Occitanie.

Non loin de là, Escartille avait lui aussi installé son maigre campement.

Il rêvait.

Le légionnaire romain touchait de sa lance le cadavre qui se trouvait à terre, comme pour vérifier qu'il était bien mort. Il rajusta son casque luisant sous la pluie battante ; au pied du rocher, le sol sablonneux n'était plus que tourbe. Le vent hurlait aux oreilles du soldat. Il releva la tête un instant ; les éclairs et le tonnerre avaient cessé, mais les nuages noirs obscurcissaient toujours l'horizon. Il avait peine à croire ce qu'il venait de voir. Il se tourna de nouveau vers le cadavre, puis vers le décurion Cassius, qui se trouvait non loin.

– Allons, dit-il dans un rire féroce, passe-moi le fer !

Cassius le regarda un instant, interloqué ; puis il lui passa l'instrument, qui rougeoyait dans le soir. L'embout du fer dessinait le corps d'un animal – un chien.

Le légionnaire rit encore, puis, saisissant le fer, il l'appliqua sur le front du mort.

La marque rouge pénétra profondément la chair en fumant, dégageant des odeurs de viande grillée. Autour d'eux, la tempête revenait.

– Tiens ! s'écria le légionnaire, heureux de sa trouvaille. Tiens, brigand, c'est ainsi que je procède avec les gens de ton espèce. Meurs comme ce que tu es... un chien !

D'autres soldats s'amusaient autour de lui. Ils s'efforçaient de se rassurer après ce qu'ils avaient vu. L'un d'eux s'approcha et, se moquant toujours, jeta un écriteau dans l'endroit où l'on allait rouler le cadavre.

– Voilà qui te tiendra compagnie !

L'écriteau tomba dans un bruit et sembla avalé par

la terre. L'autre soldat retira le fer du cadavre. Puis il passa la main sur ses lèvres et, dans un crachat, il poussa le voleur.

Celui-ci tomba dans la fosse qu'on lui avait préparée.

Escartille se réveilla.

Il lui fallut quelques secondes pour retrouver ses esprits.

Mon Dieu, quel rêve étrange !

La tête encore tout obscurcie de ces pensées, il se redressa et s'assit.

Toutes ces visions de persécution l'avaient atteint. Elles le portaient aux cauchemars les plus insolites. Il s'étira, se passa les mains sur le visage.

Plus de trente ans s'étaient écoulés depuis le début de la guerre.

Escartille était assis sur un rondin de bois, devant l'endroit qu'il avait choisi pour passer la nuit. Il avait changé. Ses années de pèlerinage incessant, de fuites et de secrètes batailles l'avaient transformé. Des rides couraient à présent sur son front. Le teint pâle, les joues creuses, il avait pourtant récolté au fil de ces années un double menton et un ventre rebondi. Mais voilà qui n'était pas le prix de bombances répétées ; il n'avait connu que des disettes et des privations. Ses bras n'étaient plus que des bâtons noueux et secs, comme celui qu'il n'avait pas cessé de planter devant ses pas, sur les routes d'Occitanie, puis dans ce refuge pyrénéen où il s'était terré quelques années. Sa physionomie curieuse s'était modelée au fur et à mesure de ses pérégrinations ininterrompues. Un parfait errant, voilà ce qu'il était devenu. Il avait arpenté tous les sentiers de ce pays, s'efforçant de répandre une Parole qui s'était révélée à lui. Il avait longtemps réfléchi à la profondeur et à la réalité de sa vocation. Assurément, elle était née de la disparition de Louve, de l'idée qu'il ne pourrait jamais plus chérir aucune autre femme. Etait-ce par volonté de vengeance qu'il s'était engagé sur un chemin aussi difficile ? Pas vraiment. Il s'était trouvé acculé, contraint de choisir pour continuer à subsister. Sans doute sa religion était-elle née de cette soif de vivre qu'il n'avait cessé d'éprouver, alors que, dans le même temps, toutes ses raisons de l'épancher lui avaient été soustraites. De cette contradiction, il avait fait un moteur, une passion zélée, intarissable, échafaudée sur les cendres de sa vie passée. A partir de ces fondations détruites, il s'était bâti une nouvelle destinée, qui lui permettait de sublimer sa douleur et de retrouver une joie nouvelle, plus haute, plus belle aussi, jaillie des affres de ses anciennes souffrances. Jamais pourtant, il n'avait abandonné les rouleaux de son *Livre de Vie*, même s'il avait cessé d'écrire durant toutes ces années. Il les conservait dans sa besace, à côté de son rebec et de son vieux bonnet.

Et il se retrouvait là, dans son ample robe noire, assis sur ce tronc de bois.

Il n'avait pas oublié les fleurs. Il n'avait pas oublié Puivert, ni ces jeunes femmes qu'il avait coutume de séduire. Lorsqu'il y pensait, un léger sourire s'étirait sur ses lèvres ; son front s'éclaircissait un instant. Il tendait les doigts dans le vide, comme pour saisir à nouveau ces bribes de mémoire qui menaçaient de le fuir. Bercé de cette trouble nostalgie, il hésitait entre le rire et les larmes. Ces souvenirs étaient devenus une force. Il savait, au moins, pourquoi il se battait. Pour la beauté de son paradis perdu. Un combat beau puisqu'il était vain, perdu d'avance. Mais il valait à lui seul toutes les peines qu'Escartille avait endurées. Puis, d'autres pensées venaient le traverser, et son visage s'assombrissait. Le feu, les armes, les murailles tombant avec fracas, les gémissements des martyrs, tout lui revenait d'un coup. Les âmes déchirées en la cathédrale de Béziers, les flèches incandescentes qui venaient en pulvériser les vitraux ; l'enfer bourdonnant d'insectes où étaient abandonnés pêle-mêle les cadavres carbonisés, sous les tentures volant dans la brise ; Carcassonne et son Christ défunt, ce Trencavel bafoué et jeté au cachot ; Muret et sa plaine herbeuse, ses pavillons inondés de sang et de pluie. Soudain, il entendait les clameurs, le cri de soulagement et de joie des populations occitanes, le jour où elles avaient appris la nouvelle :

Montfort
Es mort
Es mort
Es mort !
Viva Tolosa
Ciotat gloriosa
Et poderosa !
Tornan lo paratge et l'onor !
Montfort
Es mort
Es mort
Es mort !

Simon de Montfort, l'ennemi entre tous, avait fini par périr. Après la bataille de Muret, Raymond de

Toulouse et son fils avaient quitté leur capitale, tandis que Montfort s'était lancé dans de nouvelles conquêtes. Le Dauphin du trône de France, en personne, s'en était mêlé : d'avril à octobre 1215, Louis VIII était venu mener sa croisade personnelle aux côtés de Simon. Le pape, de son côté, avait convoqué un concile d'arbitrage à Latran, où le comte de Foix avait de nouveau échoué dans la défense de la cause occitane. Alors que tout semblait perdu, Raymond et son fils, réfugiés à Gênes, étaient revenus dans leurs domaines de Provence. Marseille et Avignon leur avaient fait un accueil délirant. Escartille, une fois de plus, était là ; apprenant que le comte et son fils étaient revenus d'Italie, c'était en parfait qu'il s'était rendu à son tour en Avignon pour y retrouver le comte Raymond. Celui-là, qui ne l'avait pas revu depuis la tragédie de Muret, où Escartille n'était alors que l'un de ses hérauts, l'avait embrassé avec effusion, et salué avec respect : c'était désormais un ministre cathare qu'il avait devant lui. Il en était ainsi de l'espoir des Occitans : plus il était sanglé et perdu, plus il rejaillissait avec des forces nouvelles. *Parage !* Il suffisait d'une étincelle pour que la flamme de la fierté occitane s'allume de nouveau...

Et tout avait recommencé.

Montfort avait dû se battre sur deux fronts ; tandis que Raymond regagnait l'Espagne afin d'y lever une armée, son fils assiégeait Beaucaire avec le concours des Marseillais. C'était lui qu'Escartille avait rejoint. Ils avaient embarqué sur des bateaux et suivi le cours du Rhône. A chaque aurore, les trompes et les cymbales faisaient frémir les rivages. Les nefs gréées pour cette parade étincelaient sous l'azur. Puis ils avaient chevauché jusqu'à Beaucaire, oriflammes en tête. La prise de la ville avait résonné comme un coup de semonce pour Montfort : cette fois, le signal de la reconquête était lancé ; on ne le pensait plus invincible. Toulouse s'était révoltée une fois encore. Simon, engagé en Provence, avait subi revers sur revers. Raymond VI avait pu rentrer dans sa capitale libérée.

La reconquête.

Le frère de Simon de Montfort, Gui, avait été tué. Simon lui-même avait trouvé la mort devant Toulouse. Un charpentier de la ville avait façonné une pierrière avec des matériaux des chantiers de Saint-Sernin et du bois de sorbier. Ce n'était pas un homme qui l'avait actionnée, mais des femmes, des femmes et des jeunes filles toulousaines. Simon avait reçu la pierre sur son heaume d'acier. Ses yeux, sa cervelle, ses molaires avaient explosé. Son front s'était enfoncé et ses mâchoires s'étaient démantibulées. Alors, on avait entendu une immense clameur de soulagement qui, aujourd'hui encore, résonnait aux oreilles d'Escartille.

Montfort
Es mort
Es mort
Es mort !

Dès lors, la monarchie française n'avait pas eu d'autre solution que de se substituer à Montfort pour rétablir l'ordre. Le prince Louis, fils de Philippe Auguste, s'était jeté dans la bataille avec vingt évêques, six cents chevaliers et dix mille archers. Son premier exploit avait été de se saisir de Marmande et d'y massacrer ses habitants, soit plus de cinq mille personnes.

Mais une à une, toutes les grandes figures du début de la guerre étaient passées de vie à trépas. Raymond VI tout d'abord. Sur son lit de mort, le bon comte de Toulouse, l'homme bafoué de Saint-Gilles, le chef tourmenté de la capitale occitane, qui toujours avait préféré la quête de la paix aux foudres de la guerre, s'était ouvert une dernière fois de ses incertitudes, avant de passer le flambeau à son fils, le jeune Raymond VII. Lorsque Escartille avait appris cette nouvelle, il en avait été profondément touché. Il avait pensé à leurs longues chevauchées, à leurs discussions devant l'âtre, et à ce silencieux adoubement avant le choc de Muret. Il avait longtemps prié pour lui.

Quelque temps après, le fils du défunt Raymond-Roger Trencavel était rentré dans Carcassonne pour reprendre les combats, en souvenir de son père assassiné. Un homme mourait, d'autres se levaient, la roue tournait.

Innocent III, le pape qui avait lancé les chevaliers du Christ à l'assaut de l'Occitanie, était décédé.

Philippe Auguste enfin, le roi de France, avait rendu l'âme à son tour, cédant la place à Louis VIII.

Ainsi, aux alentours de 1218, dix ans après le début de la guerre, les deux partis ennemis n'avaient pas avancé d'un pouce.

Mais la conquête royale s'était mise en marche. La campagne, une fois lancée, avait duré plus de deux ans, de 1224 à 1226. Les gens du Midi, déjà exsangues, s'étaient heurtés à une puissance qui conjuguait les forces royales et celles de l'Eglise. Raymond VII n'avait pu faire front. En quelques mois, les Occitans avaient tout reperdu, ou presque. Louis VIII n'avait eu de cesse de consolider son autorité en Languedoc. A la mort du roi, en Auvergne, tandis que l'on sacrait Louis IX, le jeune comte de Toulouse ne possédait plus que sa ville capitale ainsi que quelques lambeaux de territoires. Il n'avait eu d'autre choix que de se soumettre, comme son père en d'autres temps. Une assemblée s'était réunie à Meaux pour arrêter les préliminaires d'un traité de paix. Celui-ci avait été signé à Paris, le 12 août 1229, en la cathédrale Notre-Dame, sous la houlette de Blanche de Castille. La mère du roi de France, régente de fait, avait une poigne vigoureuse. Catholique convaincue, elle voyait d'un très mauvais œil l'hérésie méridionale et y accordait bien plus d'importance que ne l'avait fait Philippe Auguste. Par le traité de Meaux, Raymond VII gardait Toulouse et une partie du Languedoc ; mais il était convenu qu'à sa mort, ses biens reviendraient à sa fille Jeanne, promise à... Alphonse de Poitiers, le frère du roi. Autrement dit, toutes les possessions du comte de Toulouse passeraient immanquablement à la Couronne de France.

La défaite et l'humiliation étaient consommées.

– Père, à quoi pensez-vous donc ? Vous avez l'air sombre.

Escartille, les mains sur le front, fut ramené à la réalité.

Il releva la tête.

Devant lui, Aimery se redressait, les bras chargés de branches, en prévision du feu qu'ils ne tarderaient pas à allumer. Le jeune homme adressa à son père un sourire clair.

Escartille se racla la gorge.

Le visage de Louve dansa un instant devant lui.

– Je songeais à ce qui nous a amenés ici, fils, dit-il.

Aimery jeta le bois auprès de lui et s'assit à son tour en poussant un soupir satisfait.

– Voulez-vous me raconter encore Béziers, père ? Racontez-moi comme vous m'avez porté au milieu de la ville en flammes, comment nous avons sauté de la cathédrale... Parlez-moi de la jouvencelle qui m'a sauvé, la belle Léonie des Trencavel ! L'aimiez-vous comme ma mère ?

Aimery saisit la bogue vide d'une châtaigne et la lança machinalement devant lui.

– Allons ! dit-il, les yeux brillants, sortez donc vos rouleaux de parchemin et lisez-m'en un peu. Vous savez combien j'aime vous entendre. Pourquoi ne pas reprendre la plume ? N'avons-nous pas tant de choses à raconter ?

Escartille considéra son fils quelques instants. Il se tenait assis devant lui, les pieds en tailleur, un sourire sur le visage. Escartille hésita quelques instants, puis sortit ses parchemins et, éclairé à son tour d'un léger sourire, il se mit à lire. Les yeux de son fils, comme ceux d'un enfant qui savoure le conte à la veillée, brillaient plus que jamais.

N'avons-nous pas tant de choses à raconter ?

Toutes ces années, Escartille avait élevé Aimery, jusqu'à en faire cet homme que lui-même n'avait pu être. Ils n'avaient connu que la fuite, les dangers et les longues marches, mais Escartille avait su léguer à son fils les clés de son propre et douloureux apprentissage. Il lui avait tout donné. Qu'il était loin, le temps où il tenait l'enfant contre lui, au milieu des essaims de flèches ! Jamais, en souvenir de Louve, il n'avait renoncé à sa tâche : qu'Aimery grandisse et l'accompagne, qu'il soit heureux malgré la guerre. Il lui avait tant parlé de sa mère, de leur amour, de leur longue séparation et de ces inoubliables retrouvailles, quelque temps avant sa mort !

La religion cathare n'interdisait pas que ses représentants pussent, dans une vie antérieure, avoir été mariés, ou qu'ils aient eu un enfant. Aussi l'enfance d'Aimery avait-elle été marquée par cette situation insolite. Il avait vite tout connu de sa propre genèse. Son père, le tenant par la main, lors de leurs longues marches sur les routes d'Occitanie, lui avait raconté leur histoire des milliers de fois. Ce père que, très tôt, Aimery avait appris à comprendre, à aimer. Il avait appris à respecter sa souffrance passée. Il le chérissait, comme il chérissait le souvenir de cette mère qu'Escartille n'avait cessé de lui peindre sous un jour si passionné, si adorable ; il ne la connaissait que par les mots dont Escartille avait usé pour la lui représenter ; il s'était fait d'elle sa propre image, Louve, une image sublime d'amour, de fougue et de bonté. Avec la beauté naïve de l'enfant qui méconnaît l'âpreté de la réalité vécue par ses parents, il parait leur aventure de toutes les qualités, il y projetait ses propres rêves. Il se plaisait souvent à penser que Louve continuait de cheminer à côté d'eux.

– C'est aussi ce que je m'imagine, lui avait dit Escartille, un jour qu'Aimery s'était ouvert à lui de ce sentiment.

Aimery avait vite appris. Les lois du *trobar*, l'art d'aimer, les vertus de la courtoisie ; le chant, la poésie, le maniement de la vièle et du rebec, la passion pour les lettres et la musique. La philosophie, bien sûr, du moins celle qu'Escartille s'était construite, et qui avait rencontré celle de la religion cathare. Il lui avait appris ce qu'était le Mal. Il lui avait montré ses différents visages, comment le reconnaître, apprendre à l'éviter, parvenir à le vaincre, parfois. Il lui avait raconté le poème de la Création, la déchéance de Satan, la corruption du monde et ses étincelles de beauté ; il lui avait enseigné le sens des rituels, du *consolament* et du *melhorier*. Il lui avait expliqué les batailles des deux Eglises, celle de Rome et celle qu'il représentait, et comment leur affrontement, loin de se nouer à partir de la seule réalité des choses matérielles, avait trouvé sa source dans la nature de leurs options de pensée. Lorsque Escartille avait commencé ses prédications, il juchait son fils sur ses épaules, ou bien l'installait là sur un tonneau de vin, là sur un chariot empli de foin, ou sur la margelle d'un puits. Son fils goûtait ces moments où il voyait ce père étrange que des populations tantôt timides et silencieuses, tantôt bruyantes de joie et de vie, venaient écouter, sur la place du village, à l'ombre d'une chapelle en ruine. Il l'aidait lorsqu'il se rendait auprès des pauvres, des malades et des mourants. Alors, tous deux se penchaient sur les plaies, les nettoyaient, les pansaient, comme les plaies de tout un monde en péril, un monde qui suintait, qui puait la douleur. Mais Escartille avait voulu que son fils ne soit pas seulement élevé à la dignité de l'esprit et de la charité. Il lui avait appris à se défendre auprès des meilleurs chevaliers de Raymond VI, puis de Raymond VII, non pour encourager sa violence, mais pour qu'il n'en fût pas aveuglé, et qu'il comprît le sens de *Parage,* ce code d'honneur de toute une civilisation –

la leur. Aimery savait manier l'épée à une et deux mains ainsi que toutes les armes de jet ; il excellait dans le tir à l'arc et à l'arbalète, chevauchait avec adresse. Il était aimé des femmes et en avait aimé certaines.

Pour Escartille, Aimery était toute sa vie.

Depuis le traité de Meaux-Paris, Raymond VII avait tout tenté pour en amoindrir les conséquences. Il avait cherché à maintenir ses droits en Provence, avant que celle-ci ne lui échappe complètement. Mais les cathares n'étaient pas morts. En 1240, trois ans plus tôt, le fils de Raymond-Roger Trencavel s'était de nouveau révolté. Parti d'Espagne avec quelques chevaliers *faidits* et des corps de routiers, il n'avait obtenu que de petits succès avant d'échouer devant Carcassonne. Non, *Parage* n'était pas mort et les cathares non plus, mais la situation était précaire.

L'Eglise avait inventé l'Inquisition.

C'était pour lui échapper que, ces derniers temps, Escartille et Aimery s'étaient retranchés dans un refuge des montagnes pyrénéennes.

Et voici qu'ils revenaient au cœur même du pays. Quelques jours plus tôt, les deux cavaliers avaient fait halte au sommet d'une colline, qui dominait les terres occitanes. L'air était encore frais en ce mois d'avril, mais les cieux étaient cléments. Aimery, heureux de rompre avec la vacuité de cette retraite à laquelle lui et son père s'étaient provisoirement résolus, exultait. Il s'était agenouillé pour embrasser la terre et la saisir à pleines poignées, la laissant couler entre ses doigts. Escartille l'avait regardé longuement, pénétré lui aussi d'une émotion singulière. Il s'était revu comme autrefois, se tortillant sur sa selle, avec son chapeau à plume d'oie, son instrument de musique à ses côtés, sa tunique poussiéreuse et ses bottes trouées. Il se rappelait ce cheval à la robe rabougrie, prêt à s'effondrer à tout instant, qui l'avait conduit de Béziers à Carcassonne ; il se rappelait le nouveau-né cahotant contre sa poitrine ; et, bien sûr, les prisonniers de Bram, la châtelaine vaincue de Lavaur, et tout le reste. Aimery, aujourd'hui, avait trente-trois ans – l'âge même de cette guerre albigeoise, avec laquelle il était né. Une abondante chevelure noire tombait sur ses épaules, encadrant un visage noble, aux traits réguliers. Il portait une cape sombre ; un calice entremêlé de fleurs était brodé sur sa tunique, par-dessus sa cotte de mailles. L'écu glissé à son bras reprenait ce motif. Sa main droite était recouverte d'un gant de cuir. Loin au-dessus de lui, un faucon pèlerin décrivait des cercles dans l'espace. Aimery avait recueilli ce faucon peu de temps auparavant ; il l'avait trouvé blessé auprès d'un ruisseau, et s'était vite attaché à l'animal. Sa façon singulière de lui parler, de commander jusqu'aux révolutions que le rapace faisait dans le ciel, avait surpris Escartille, prompt à deviner là, chez son fils, une faculté insolite. L'oiseau était devenu pour eux un compagnon de route. Aimery, enfin, s'était redressé avant de se retourner vers Escartille et d'échanger avec lui un franc sourire. Les deux hommes s'étaient abandonnés de longs instants à la contemplation de ces vallées qui se déroulaient à leurs pieds. Les parfums entêtants de la région revenaient chanter en eux ; le cours des ruisseaux qui serpentaient entre les collines, la beauté des champs couchés sous le ciel, la silhouette des bourgs, des clochers et des châteaux, tout cela se rappelait soudain à eux, jaillissant de leur cœur. Ces visions si chères, qu'Aimery avait si patiemment, si secrètement espérées, scellaient enfin leur retour : celui du père et de son fils, qui entendait sourdre de ses entrailles le cri de ses premières années.

A présent, ils se retrouvaient là, en cette forêt de Pamiers. C'était l'urgence de la situation qui avait poussé les deux hommes à sortir de leur retraite. Ils sentaient que le moment de vérité approchait. Après tout, en trente ans, il y avait eu déjà tant de revirements que rien ne semblait définitivement perdu, surtout pas la foi des uns et des autres. Au contraire, c'était souvent dans de telles circonstances que les Occitans étaient saisis de sursauts inespérés, qui faisaient une nouvelle fois pencher la balance en leur faveur. Alors ils avaient décidé de se lancer à nouveau par les chemins, pour y continuer leur œuvre.

Escartille lut encore quelques instants ses rouleaux de parchemin.

Aimery l'écoutait, bercé par cette voix familière, qui lui rappelait son enfance. La pénombre gagnait. Lentement, le chant des oiseaux se taisait. Un cerf brama au loin. Une biche, sur le qui-vive, dressa son regard entre les feuillages, puis disparut. Ils n'entendaient plus que le murmure du ruisseau auprès duquel ils s'étaient arrêtés. Bientôt, Escartille n'y verrait plus rien. Ils mangeraient un peu de leurs provisions, puis Aimery irait s'allonger aux côtés de son père, et ils tâcheraient de reprendre des forces. La journée du lendemain serait certainement éprouvante.

Soudain, Escartille et Aimery furent alertés par des mouvements furtifs dans les broussailles.

Escartille étendit la main, aux aguets, faisant signe à son fils de ne plus bouger.

– Chut, fit-il, un doigt sur les lèvres.

Ils crurent d'abord au passage de quelque bête sauvage, mais le bruit se réitérait à intervalles réguliers. Craignant l'assaut d'une bande de brigands, les deux hommes se levèrent. Escartille enfourna ses rouleaux de parchemin dans sa besace, puis se saisit de son bâton. Rabattant son capuchon, il fit signe à Aimery, dans un froissement des manches de son manteau. Le jeune homme comprit. Tous deux se baissèrent.

Ils rampèrent parmi les fougères, jusqu'au sommet d'un talus.

Ils se regardèrent, stupéfaits.

Une jeune fille – elle devait avoir quinze ans à peine – courait parmi les buissons, ses cheveux blonds dansant derrière elle, ses vêtements s'accrochant aux épineux. Elle jetait autour d'elle des yeux inquiets, sentant venir la nuit et craignant sans doute de ne pas trouver son chemin à temps.

– Eh bien, chuchota Aimery, les forêts ne sont plus ce qu'elles étaient... Nous attendions des brigands, et voici que des jouvencelles se promènent au milieu de nulle part...

Escartille fronça les sourcils.

– C'est curieux, dit-il. Elle est en fuite, ou bien...

– Ou bien ? demanda Aimery, tournant vers son père un regard interrogateur.

Derrière lui, sur la branche d'un arbre tendue pardessus le ruisseau, le faucon poussa un cri.

Héloïse de Lavelanet, éperdue au milieu de ces bois, courait en sa robe blanche.

On eût dit une fée, une petite fée aux ailes lumineuses et vibrantes, qui, égarée en cette sombre forêt, guettait le hurlement des loups, comme le signal de l'hallali.

Cours, Héloïse, cours !

Elle était venue jusqu'ici pour y retrouver l'un de ces endroits où l'on accueillait les croyants d'une foi impie. Elle était venue y retrouver sa sœur aînée, Aude, disparue quelques années plus tôt et qu'elle n'avait pas revue depuis son enfance. Ses oreilles indiscrètes avaient surpris une conversation dans la *foganha* de la maison, la cuisine où son père chuchotait avec un mystérieux personnage, sans doute un *ductor*, agent de liaison des hérétiques, venu l'avertir qu'Aude était de retour dans les environs.

Clandestinité.

Tout, désormais, était clandestin.

Le *ductor* qui discutait dans la cuisine avec le père d'Héloïse était l'un de ceux qui guidaient les Bons Hommes et les croyants dans les campagnes, les villes et les forêts, pour leur permettre d'échapper à leurs poursuivants tout en continuant à assurer la survie de la communauté. Leur responsabilité était immense dans l'organisation de la secte hérétique ; ils connaissaient les chemins et les endroits sûrs, la liste des familles amies et des abris possibles en cas d'alerte. Ces agents de liaison représentaient pour l'Inquisition une proie de premier ordre. Qu'ils soient arrêtés, et pouvait commencer, à force de harcèlement et de torture, le terrible florilège des révélations. Lorsque les *ductores* se présentaient au domicile des adeptes de la religion cathare, en ces temps de répression systématique, ils commençaient par gratter à la porte ; ils vérifiaient que l'endroit était sûr, en prévision de l'arrivée des Bons Hommes. On discutait quelques minutes à voix basse. Puis le messager allait prévenir les parfaits qu'ils n'avaient rien à craindre. Ombres glissant sur les pavés, capuches enténébrées, les voilà qui traversaient la ville, à deux, trois ou quatre, marchant sous la lune. On les attendait avec solennité, les hommes préparaient la cheminée, les femmes couvraient leurs cheveux et voilaient leurs jambes, on avait couché les enfants. Les parfaits entraient ; lorsque la porte se refermait sur eux, ils ôtaient leur capuche, respiraient un peu, souriaient enfin. Les femmes s'approchaient, faisaient leur révérence, l'adolescente imitait sa mère, sans oser lever les yeux sur les hérétiques, murmurant du bout des lèvres son adoration en occitan. On invitait les nouveaux venus à se réchauffer devant l'âtre, à s'asseoir à la table pour se restaurer d'un repas frugal. Puis les parfaits se dévêtaient de leurs manteaux ; le petit cercle insolite se détendait, on discutait de choses et d'autres. Enfin, les Bons Hommes commençaient leur prêche. A tout moment, ils pouvaient être surpris. Il suffisait qu'un voisin malintentionné ait remarqué ces silhouettes inconnues glissant par le village, qu'il ait vu le profil emmitouflé du *ductor* frappant à la porte, qu'il ait pressenti ce qui se tramait... et la rencontre pouvait tourner au drame. Lorsque la situation le permettait, on préférait recevoir les Bons Hommes dans des granges, des caves ou des pigeonniers, pour leur permettre, en cas d'alerte, de se lancer à couvert, de refermer sur eux les serrures d'un coffre, de gagner un souterrain ou une trappe dissimulée sous le foin. Des oiseaux s'envolaient dans la nuit, des flammes tremblaient dans l'étable, des reflets couraient sur le bord d'un lac. Le silence revenait.

Mais tout cela n'était rien en comparaison de ce qui s'était passé chez Héloïse.

Cours, Héloïse.

Sa sœur, Aude, s'était enfuie autrefois pour rejoindre un repaire de nonnes hérétiques, situé à deux pas du monastère catholique de Prouille, et ce malgré la colère de son père qui, lui, rendait chaque semaine ses devoirs au Christ ressuscité. Rien n'était pire que ces dissensions, d'abord secrètes, insidieuses, qui venaient se lover comme un serpent dans le cœur des familles avant d'éclater soudain au grand jour. *Petite sotte !* hurlait une mère à sa fille, qui menaçait de dénoncer ses parents à l'Inquisition parce qu'elle venait de découvrir qu'ils adoraient les Bons Hommes. *Maudite sois-tu !* avait lancé à Aude son propre père. Jalousie, amours déçues, trahisons, dettes et créances venaient se greffer sur les antagonismes anciens, laissant parfois des blessures béantes, déchirures crachant le fiel, le chagrin, les remords.

Coupable ! Hérétique ! Oui, tu es coupable, COUPABLE !

– Aude... avait murmuré son père. Aude !

L'agent de liaison était venu seul. Par sa bouche, Aude lui avait signifié que, malgré les années, elle aimait encore ses parents et n'avait cessé de penser à eux, à ce départ précipité dans la nuit. Cette nuit où elle s'était envolée, en larmes, sûre pourtant de sa décision. Son père s'était emporté devant le *ductor* :

– Qu'elle revienne ! Qu'elle abandonne ses oripeaux d'hérétique, qu'elle abjure devant nous, devant l'Eglise et le pape, qu'elle quitte l'endroit où elle se cache ! Mais pourquoi a-t-il fallu qu'elle se range parmi eux ? Pourquoi n'est-elle pas restée ici, avec les siens ?

Il avait frappé du poing à en casser la table, son épouse en larmes à ses côtés.

Le *ductor* avait répliqué avec fermeté :

– Elle vous demande de l'aider. Elle a confiance en vous. N'est-elle pas votre chair, votre sang ? Elle pense que vous la comprendrez, et que vous lui porterez secours. Que vous *nous* porterez secours.

– Vous aider ! Pauvres fous ! Aider un rêve ? Vous mourrez tous et vous le savez ! Rendez-la-moi ! Ce sont les vôtres qui l'ont entraînée !

Et sa femme avait renchéri :

– Chaque jour, chaque nuit, j'ai prié pour elle. Le bon abbé de Marois est venu passer sous notre toit des heures interminables, à se joindre à nous pour le salut de ma fille. Chaque semaine, maintenant, nos récoltes sont mauvaises, les chevaliers passent au milieu de nos champs et piétinent tout ce qui peut y pousser... Ils détruisent d'un trait ce que nos bras ont mis des années à rassembler. Notre pays est à feu et à sang depuis plus de trente ans, oui ! Trente ans ! A qui la faute de tout cela ? A vous, à vous tous qui avez voulu renier la Sainte Eglise. C'est vous les responsables ! Nous passons chaque instant dans la terreur, par votre faute ! Et tout cela encore ne serait rien, si à cause de vous, Aude n'était pas partie. Vous n'avez fait que nous arracher nos propres entrailles.

Elle serra le poing. Ses doigts en devenaient blancs. Des cheveux dépassaient du bonnet dont sa tête était couverte. Des larmes de chagrin et de colère ruisselaient maintenant sur ses joues. Elle se leva soudain et s'écria, dressée devant le *ductor* :

– Alors comment OSEZ-VOUS vous présenter devant moi ?

Le *ductor*, qui se tenait droit devant elle, dans son manteau noir, ne bougea pas. Il essuya cette gifle verbale avec sang-froid, se contentant de planter ses yeux dans ceux de la femme, qui brillaient de tous les feux.

– Elle vous aime. Elle a fait trop de chemin pour renoncer. L'aiderez-vous ?

Il se tourna vers le père.

– Par pitié, elle est traquée, comme nous tous. L'aiderez-vous ?

– Je... Je...

Le père finit par hurler, postillonnant, les bajoues gonflées de sang :

– Non ! Non ! Jamais !

Le messager était reparti.

Ils avaient peur ! Peur pour eux, pour leur maison, pour ce que l'on dirait dans le village. Et cette peur atroce était plus forte que tout. Rien, sans doute, ne les ferait céder, pas même les implorations de leur fille, si elle se fût trouvée en chair et en os devant eux.

Telle était l'œuvre de l'Inquisition dans cette Occitanie occupée.

Son plus grand tour de force.

Aude ne reviendrait pas.

Folle Héloïse ! Elle avait suivi secrètement le *ductor*, seule, laissant ses parents à leurs méditations. Déchirés, honteux, ils s'étaient enfermés dans la chapelle du village avec l'abbé Marois et sans doute – ô comble de naïveté, de trahison ! – sans doute, les inconscients, lui parleraient-ils de ce qui venait de se passer, et donneraient-ils au bon abbé tous les renseignements qu'il ne manquerait pas d'utiliser.

Héloïse s'en allait retrouver sa sœur. Elle voulait la voir. Un instant seulement lui suffisait. La voir vivante. Puis elle rentrerait, le cœur réchauffé, plein de ce fugace éblouissement. Oserait-elle lui parler ? Elle n'en était pas sûre. Mais quand elle rentrerait, elle irait aussitôt trouver son père. Il comprendrait, cette fois. Héloïse n'avait pas hésité. Il fallait qu'elle y aille. Qu'elle se jette au-dehors, pour vivre et respirer.

Cours, Héloïse.

Intrigués, Escartille et Aimery suivirent la jeune fille, abandonnant leurs chevaux et le faucon auprès du ruisseau. Après quelques secondes d'hésitation, Héloïse s'engagea dans les fourrés. Les deux hommes descendirent du talus où ils se trouvaient. Ils franchirent le sentier qu'Héloïse venait d'emprunter. Les marques gravées par le *ductor* sur le tronc d'arbre ne leur échappèrent pas. Héloïse aussi les avait repérées.

Ils suivirent sa trace jusqu'à un nouveau talus. Aplatis sur le sol, entre deux buissons de fougères, ils assistèrent alors à un curieux spectacle.

Héloïse se tenait à quelques mètres d'eux, en contrebas, cachée elle aussi derrière un bosquet épineux. Elle avait retrouvé sa sœur, dans cette clairière nimbée d'une lumière irréelle, où dansait encore un dernier rayon de soleil. Mais la jeune fille ne s'était pas encore montrée, malgré le froid qui la saisissait. Elle contemplait cette scène étrange, sans se douter qu'elle était elle-même observée.

– Regarde, chuchota Escartille à son fils.

L'endroit où se trouvaient les clandestins était vaste. Une cinquantaine de personnes, debout ou assises sur l'herbe et les pierres, entouraient Aude habillée de noir. D'une voix douce, la parfaite parlait à l'assemblée, berçant cet auditoire de sa voix aux inflexions musicales ; cette voix chantait aux oreilles d'Héloïse comme une résurrection. On trouvait là des hommes de toute condition, paysans, bourgeois, artisans, écuyers et seigneurs des environs ; chacun d'eux avait bravé le danger pour acheminer ses provisions jusqu'ici et venir l'écouter, elle ! Elle qui n'avait pas trente ans, que l'on traquait comme ses semblables, fuyardes solitaires, courant vers tous les refuges pour éviter la persécution. Aude était parfaite, Bonne Femme revêtue, depuis maintenant deux ans. Les mains tendues, elle laissait voguer dans la brise quelques mèches de ses cheveux blonds, elle souriait de temps en temps, noyée dans cette lumière finissante, ange et sorcière, appât de tous les séraphins et de tous les démons. Environnée de ballets de lucioles, elle continuait sa prédication, forte de sa singulière beauté, se tournant tantôt vers les uns, tantôt vers les autres ; on l'écoutait dans un silence recueilli, on admirait cette femme qui se fondait peu à peu dans l'obscurité. Lorsqu'elle fut tout à fait rattrapée par les ténèbres, des flambeaux s'allumèrent un à un autour de la clairière. Ses yeux ardents, piquetés d'or, semblaient balayer l'espace, pour mieux transpercer le rideau noir qui tombait sur ce nouveau théâtre d'ombres. A ses hanches, pendu à un cordon qui lui faisait office de ceinture, elle portait un étui de cuir dans lequel elle avait rangé sa bible, ainsi qu'une petite marmite personnelle qui accompagnait tous ses déplacements. Qui pouvait reconnaître en ces victimes les châtelaines insolentes et légères du temps des cours d'amour occitanes ? Combien étaient-elles, ces parfaites itinérantes, ces veuves qui avaient jadis rejoint les couvents cathares pour y trouver la paix et la dignité que le monde leur refusait, ces fausses nonnes capables de tout pour secouer le joug de leurs seigneurs et maris ? Combien étaient-elles aujourd'hui, prêtes à marcher sur le bûcher plutôt que de devenir relapses, et de porter ces croix brodées, infamantes, dont l'Inquisition accoutrait celles et ceux qui avaient abjuré leur foi ? Dès le début de la persécution, la plupart des Bons Hommes et des Bonnes Femmes s'étaient résolus à quitter leur austère accoutrement pour se vêtir comme tout le monde. Tandis que les hommes se rasaient et coupaient leurs cheveux, abandonnant leur toque ou leur bonnet au profit d'amples manteaux à capuchon, Aude avait elle aussi délaissé provisoirement son vêtement hérétique, le temps de gagner l'abri de la forêt. Mais dès qu'elle s'était installée dans ce refuge, elle s'était ceinte, de nouveau, de ce fil de lin symbolisant son allégeance à la religion cathare ; sous l'aisselle, à même la peau, courait ce fil blanc, que l'on pouvait trancher si promptement, pareil à celui que l'oiseleur glisse sous l'aile des colombes. Elle avait revêtu sa robe noire pour poursuivre son office, et s'en irait bientôt retrouver d'autres groupes de parfaits et de parfaites, retranchés au cœur des forêts d'Avellanet, de Bosc-Blanc ou de Salabose. Les hérétiques d'Occitanie ne pouvaient vivre désormais que de la charité des croyants. Dans l'ombre, la contre-Eglise échafaudait patiemment un vaste système de liaisons, pour recevoir ces dons que la communauté lui faisait parvenir. Aude, qui craignait de devoir fuir à chaque instant, confiait toutes les richesses qui lui parvenaient à quelques personnes sûres, chargées de les dissimuler dans des cachettes connues d'elles seules et susceptibles, en cas d'urgence, d'être mobilisées à tout moment. Ce soir-là, tout autour d'elle, des vivres étaient entassés, nourriture, vêtements, armes, coffres d'or et d'argent. Des cabanes faites de maigres branchages avaient servi de refuge à la parfaite et sa suivante, sa *socià*. Il y en avait deux ou trois dans la clairière, et autant juchées sur les arbres. Dans les cimes, quelques guetteurs surveillaient les alentours. Mais ils ne s'étaient pas aperçus de l'arrivée d'Héloïse.

– Ne bouge pas, dit Escartille à son fils, en mettant une main sur son épaule.

Ce fut à cet instant qu'Héloïse se décida à signaler sa présence.

Elle se leva, franchit les buissons devant elle et avança.

Héloïse sortait de l'ombre.

On se retourna dans un sursaut d'angoisse, craignant d'avoir été découvert. Il y eut alors, parmi les rangs de la secrète assemblée, un moment de stupeur. Héloïse marchait, écartant doucement le voile qui entourait son visage, ses épaules, glissant au milieu des cathares dans sa robe blanche. Elle se frayait un chemin parmi les rangs des hérétiques ; tous les regards convergeaient vers elle. La jeune fille avançait, ses pas mouraient l'un après l'autre sur le tapis de feuilles jonchant la clairière. On n'osait pas la toucher, on admirait même la soudaine beauté de cette apparition. Sa grâce et l'émotion singulière que l'on pouvait lire dans ses yeux suffisaient à imposer la retenue des clandestins.

Puis, certains crièrent, prêts à bondir sur elle.

– Laissez-la ! dit Aude.

L'avait-elle reconnue ? Pas encore. Il fallut qu'Héloïse s'approche, jusqu'à se trouver tout près d'elle.

Elle s'arrêta enfin.

Aude resta interdite, la main sur sa bible. Elle pencha la tête sur le côté. Elle cilla, puis ses yeux s'agrandirent. Elle regarda sa sœur, surgie d'une enfance oubliée, déflorée aujourd'hui, perdue par la guerre.

Toi ! Ma sœur, est-ce bien toi ?

Elles ne dirent pas un mot.

Héloïse se sentit pénétrée d'une intense sensation de chaleur. Son cœur se souleva de tendresse. Enfin, Aude sourit et écarta les bras. Héloïse l'embrassa avec effusion, oubliant les devoirs qu'il était convenu de rendre à une femme de la condition de son aînée. Elles pleurèrent ensemble.

– Toi, murmura Aude, toi, petite sœur, ma cadette de Lavelanet ! Tu es ici ! Mais que fais-tu, seule dans ce bois ? Père t'a laissée partir ?... Il a vu le *ductor*, n'est-ce pas, le messager que je lui ai envoyé ! Mais... Il ne devait pas dire où je me trouvais ! Je voulais...

– Père n'a cessé de penser à toi, il veut que tu rentres ! Le monde entier te cherche, depuis si longtemps !

– Je ne peux pas, Héloïse. Je ne peux plus. Il est trop tard. Mon Dieu, tu dois mourir de froid !

Elle se tourna vers les gens entassés dans la clairière.

– Qu'on lui donne un autre manteau !

Cela fut fait aussitôt.

– Dis-moi, ma douce, ma tendre sœur, reprit Aude, comment es-tu arrivée jusqu'ici ?

Héloïse baissa les yeux, ses mains se tordant contre sa robe.

– Je... J'ai suivi le messager...

Aude se tourna vers un coin de la clairière ; elle n'en croyait pas ses oreilles.

Bâton en main, le *ductor* se trouvait là, en effet, dans son manteau noir.

– Suivi, Jean. Tu as été suivi, mon Dieu ! Et par une enfant !

Les deux sœurs se regardèrent longuement. Héloïse, une main contre la bouche, les lèvres tremblantes, hésitait entre les sanglots et les rires.

Aimery se tourna vers Escartille :

– Eh bien, qu'attendons-nous ? Ces gens-là sont des nôtres.

Escartille ne répondit pas, plissant les paupières.

– Ils se cachent comme nous et tous les autres, reprit Aimery, pourquoi n'irions-nous pas...

– Tais-toi, dit Escartille.

Il se passe quelque chose d'autre. Quelque chose...

Tout à coup, Aude entendit craquer une brindille. La parfaite ne bougea plus, releva les yeux. Les croyants s'agitaient de nouveau, tendant l'oreille. Certains se levèrent et scrutèrent les frondaisons. Aude se retourna, à droite, à gauche. Deux guetteurs venaient de siffler du haut des arbres, imitant les oiseaux. *Qui va là ?* s'écria l'un d'eux, se jetant cette fois au pied de l'arbre, l'épée en main. Un homme avança alors en trébuchant, surgissant à son tour des fourrés. Il s'effondra quelques mètres plus loin, dans la clairière. Aussitôt, on souleva les bottes de foin et les amoncellements de linges. Une dizaine d'arbalètes furent pointées dans sa direction. L'homme s'essuya la bouche, d'où coulait un filet de sang. Il tenait en main un bâton et portait des traces distinctes de brûlures aux poignets et aux chevilles. Dans son dos, sa chemise était maculée de pourpre.

– C'est un autre guide ! entendit-on. C'est Forcas, Aude !

Héloïse écarquilla les yeux. On aidait le guide à se relever. Aude s'avança. Une brise nouvelle s'était levée, agitant les pans de sa robe noire. La parfaite ne tarda pas à s'apercevoir des meurtrissures dont le nouveau venu était couvert.

Une irrépressible angoisse monta en elle.

– Mais... Tu es blessé ? Ils t'ont...

Tout à coup, le *ductor* saisit les mains de la jeune femme ; il s'agenouilla devant elle en pleurant. Sa voix déchirante retentit au milieu de l'assemblée.

– Pardonnez-moi, Bonne Femme !... Ils ont menacé de faire brûler ma femme et mes deux filles !

Aude comprit aussitôt.

Oh non, murmura-t-elle, *non. Tout, mais pas cela.*

Une vague de terreur se répandit parmi les croyants.

Aimery écarquilla les yeux, tandis qu'Escartille lui plaquait la tête contre le sol couvert de mousse.

Non, non, Seigneur, non !

Il y eut un sifflement d'oiseau, puis un autre, à l'autre bout de la clairière. Les clandestins se précipitèrent pour saisir leurs armes tandis que de toutes parts, maintenant, les guetteurs sifflaient depuis les arbres.

Des ombres s'avançaient dans la forêt ; une multitude de silhouettes fantomatiques se faufilait entre les arbres, les buissons, les fougères.

On encercle la clairière, pensa Aude. *Nous sommes découverts !*

Une flèche jaillit de l'obscurité. Elle vint transpercer le tisserand arrivé à cheval quelque temps plus tôt. L'homme s'effondra, le flambeau à la main. Puis ce fut le tour du paysan, qu'un coup bien ajusté sur le crâne envoya aussitôt *ad patres*, sous les yeux de sa femme, qui tenait encore, tremblante, ces paniers de provisions qu'elle avait apportés avec elle. Un autre flambeau tomba et les flammes commencèrent de lécher les frondaisons. Des carreaux d'arbalète surgirent de la nuit. Autour de la parfaite, trois personnes s'affaissèrent, foudroyées. La multitude ennemie se répandait dans la clairière. Un guetteur fit une chute de vingt mètres avant de s'écraser et de rouler sur le sol devant Héloïse, qui hurla. Les autres, échappés de leurs branchages, se jetèrent dans la mêlée. Certains s'élancèrent dans les broussailles et furent aussitôt cueillis par une flèche ou un coup de masse.

Une voix furieuse retentit alors.

– Sus à la secte d'hérétiques ! Je veux que ce nid soit exterminé, vous m'entendez ?

Aude posa une main sur le bras d'Héloïse.

– Va-t'en, je t'en prie, va-t'en, plonge dans la forêt et retourne à la maison !

Héloïse tourna sur elle-même, désemparée, ne sachant que faire.

La parfaite redressa la tête, regardant autour d'elle. Une confusion absolue régnait à présent dans la clairière et le feu gagnait. Les soldats français surgissaient de tous les coins, comme autant de diables sortant de la nuit. Ils avançaient à découvert et embrochaient à tour de bras. Une volée de carreaux siffla encore dans l'espace. La parfaite se tenait maintenant au centre de ces combats, environnée de flammes, au milieu des cris et du fracas des armes. Soudain, un arbre tout entier s'alluma. Il s'embrasa comme une torche, à quelques mètres d'elle. Les flammes et les volutes de fumée noire montèrent vers le ciel. Bouffées de cendres, tourbillons de feuilles ! Au milieu de ce spectacle infernal, Aude, en sueur, se tourna vers le *ductor* :

– Par ta trahison, ce sont d'autres vies que tu condamnes !

Le *ductor* se prit la tête entre les mains et s'écria :

– D'autres vies ? Ils vous auraient pris de toute façon, dit-il. Ils avaient un autre informateur. Ils ont suivi...

– Qui ? demanda Aude. *Qui ?*

Le ductor releva les yeux et tendit son index.

– *Elle.* Ils l'ont suivie, elle. La petite.

Héloïse se sentit basculer dans un cauchemar. C'était dans sa direction qu'était tendu ce doigt accusateur. Dans sa direction !

Elle se tourna vers sa sœur. Celle-ci eut alors un regard terrible.

Un poignard, qui resterait à tout jamais planté dans le cœur de la jeune fille.

– Mais... Aude, *ce n'est pas moi !* s'écria Héloïse en portant une main à sa poitrine. Je n'ai rien fait !

Aude se redressa. Les hérétiques tombaient un à un. Un croyant se mit en travers, essayant de faire rempart de son corps pour la protéger, au risque de sa propre vie.

– Fuyez ! FUYEZ ! hurla la parfaite.

Elle tournait sur elle-même, dans sa robe noire agitée par le vent. Elle écartait les bras, raide, toujours debout, tandis que l'on courait en tous sens autour d'elle. Aucune arme, aucun projectile ne semblait devoir la toucher. De la forêt jaillit alors un homme à cheval. Il était en armure et releva le heaume au milieu du désastre. Le cheval se cabra devant Aude, dont les tympans étaient vrillés par ces bruits de sabots, ces hennissements affolés, ces soulèvements de terre et de poussière, ces cliquetis de métal. C'était une masse immense, lourde, qui à elle seule semblait envahir la place tout entière. Le chevalier français avait une chevelure hirsute, une barbe abondante, un œil crevé. Il abattit son épée sur le croyant qui protégeait Aude et ce dernier tomba, crachant des remugles sanglants. La pointe de l'épée fut aussitôt contre la gorge de la parfaite.

– Aude de Lavelanet, ton âme est à moi !

– La honte soit sur vous, dit-elle sans esquisser le moindre geste, redressant le buste dans une profonde inspiration. La honte soit sur vous ! Vous tuez des innocents au nom de Dieu !

– Laisse donc ton Dieu où il est, belle parfaite ! Tu comparaîtras devant lui bien assez tôt !

Aude vit que ses espoirs d'échapper à cette situation tragique étaient désormais vains. Sur sa gorge, la pointe de l'épée se faisait insistante. Tendue, les poings serrés, elle ne bougeait plus. Un dernier homme tenta de s'interposer, tandis que, partout, des cadavres et des blessés jonchaient le sol. C'était Forcas, le traître, le guide à la chemise lacérée.

– Forcas ! cria la parfaite.

Il venait de tomber à ses pieds.

– Pour d'autres vies, madame...

Il rendit son dernier soupir.

Aude, enfin, tendit les bras devant elle.

Elle se constituait prisonnière.

Héloïse hurla, prête à se jeter au secours de sa sœur ; mais déjà, une main ferme, une main d'homme qu'elle ne connaissait pas, s'était refermée sur son avant-bras. On la tirait, on l'entraînait vers les profondeurs de la forêt de Pamiers !

– Venez ! Vous ne pouvez plus rien pour elle !

Cours, Héloïse, cours !

Aude, Aude ! hurlait encore Héloïse, tandis qu'elle courait dans la nuit, abandonnée aux bras de ces inconnus qui la sauvaient. Ses vêtements se déchiraient au milieu des ronces et des buissons épineux. Il lui semblait que les arbres se courbaient sur elle pour mieux l'étouffer, que la futaie, en sa sombre et abondante végétation, cherchait à l'avaler, dardant sur elle des serres griffues. Ses bras, ses jambes s'égratignaient dans le noir, des perles de sang venaient consteller sa peau. Elle avait chaud et se sentait horriblement mal. Mais Aimery et Escartille l'entraînaient encore. Ils se hâtèrent de rejoindre leur campement et de prendre leurs chevaux.

Cours, Héloïse, cours.

Le faucon hurla dans la nuit. Héloïse l'entendit. Elle ne savait plus où elle se trouvait, plongée dans son cauchemar. Et elle pensa :

Ce n'était pas moi, Aude. Je te le jure ! Ce n'était pas moi !

J'ai fait bien attention.

Le guide t'a menti ! Il t'a menti !

Dès qu'ils furent hors de danger, Escartille, Aimery et Héloïse tâchèrent de reprendre leur souffle. Au plus profond de la forêt et de la nuit, ils guettèrent les bruits alentour. Lorsqu'il leur apparut qu'ils étaient en sécurité, pour quelques heures au moins, ils prirent le risque d'allumer un feu. Ils offrirent à la jeune fille quelques-unes de leurs provisions. Haletante, ses cheveux collés sur son front par la sueur, Héloïse pleurait, parlait par saccades. Elle leur raconta ce qui l'avait menée jusque dans cette forêt. Bientôt, ce fut une intarissable plaidoirie. Son innocence de jeune fille laissait place à une colère d'adulte, d'une maturité inattendue, dont chaque mot claquait comme une gifle. C'en était trop pour sa jeune conscience ; l'adolescente éplorée laissait place, déjà, à la femme bafouée par l'horreur de ce qu'elle avait vu, de ce qu'elle n'avait cessé de vivre chaque jour. Sa poitrine se soulevait au rythme des vagues de chagrin et de douleur qui la submergeaient.

– Aude, prise elle aussi !... Le peuple est persécuté, messires, vous le savez ! L'Inquisition ne cesse d'écumer les campagnes pour convaincre les hérétiques ! Leur cruauté est sans limites. Chacun se méfie de son voisin. Il n'y a plus de justice qui tienne ! Ici, les accusés n'ont aucun droit, sinon celui de préparer leur propre perte ! Dans le meilleur des cas, ils sont condamnés à des pénitences canoniques... Avez-vous vu ces défilés, dans nos villes et nos villages ? On pousse les nôtres à porter la croix pour hérésie, on les contraint à faire des pèlerinages, une police de tous les instants les oblige à assister aux cérémonies et aux sacrements, sinon on les poursuit pour un rien ! D'autres sont enfermés dans des cachots où ils ne peuvent tenir ni debout, ni couchés... On les torture de faim et de soif... Et pour les moins chanceux... c'est le bûcher ! Mes parents me croient sotte. Ils pensent que je ne comprends pas tout ce qui se passe ! Mes propres parents, *si Dieus me benaziga !*

La jeune fille s'interrompait encore par moments, promenant autour d'elle ses yeux égarés et se mouchant dans le revers de sa robe. Des flammes dansaient sur son visage.

– Et aujourd'hui, c'est Aude qu'ils ont entre leurs mains ! Elle croit que c'est de ma faute, vous comprenez ?

Elle éclata en sanglots. Aimery lissait les plumes de son faucon. L'animal tournait la tête à droite et à gauche, fermant et ouvrant son œil à intervalles réguliers, les serres reposant sur le gant de cuir que le jeune homme portait à la main droite. Aimery fit un mouvement du bras, le rapace poussa un cri strident et alla se percher sur une branche, non loin d'eux. Aimery se tourna encore vers Héloïse ; il avait soudain envie de la prendre dans ses bras pour la réconforter, mais n'osait faire le moindre geste. Il regarda son père. Un tel discours, de la part d'une femme encore si jeune, le surprenait lui aussi. Mais la guerre avait tôt fait de permettre aux âmes innocentes de ne pas le rester trop longtemps. Le sang qui coulait dans les veines d'Héloïse était sans doute plus proche de celui de sa sœur que de celui des parents qui l'avaient reniée, ou qui s'apprêtaient à le

faire ce soir même, dès qu'ils sauraient ce qui s'était passé.

Héloïse les surprit encore. Elle redressa la tête pour s'exclamer :

– Elle ne pourra se défendre ! Les hérétiques n'ont personne pour avocat ! Quiconque porte leur voix dans un tribunal est déjà considéré comme suspect ! Le seul fait de s'en mêler devient un chef d'accusation... Depuis que les inquisiteurs sont arrivés en ville, ils n'ont eu de cesse d'aligner des noms sur leurs registres. Ils dressent des listes, des listes, encore des listes ! Ils ont proclamé un temps de grâce d'une semaine, en invitant les croyants à se déclarer. Les plus couards y sont allés, bien sûr, pour s'accuser eux-mêmes ! Ils confessent des vétilles, ou inventent des fautes imaginaires, parfois pour en cacher de bien plus graves... Mais les juges le savent et s'en moquent bien. Ils en profitent pour leur demander, en guise de repentance, de dénoncer d'autres suspects. Alors, les accusés essaient de biaiser... Ils citent leurs ennemis personnels, pour mieux s'en débarrasser. Ou bien, ils attaquent des innocents, des gens qu'ils savent irréprochables ! Les inquisiteurs sont plus rusés qu'ils ne le croient... Ils recoupent chacun des témoignages, et ils en ont, ça oui, vous n'imaginez pas tout ce qu'ils ont consigné ! Et il suffit de deux citations pour être convoqué à leur tribunal ! Il suffit que vous soyez cité deux fois, au hasard de leurs interrogatoires, quelle qu'en soit la raison, pour braver l'Eglise tout entière ! Deux *citations*, c'est tout ! dit-elle, levant les doigts devant ses yeux.

Aimery n'en revenait pas. Les yeux d'Héloïse s'emplirent de tristesse. Son calme nouveau n'était qu'une façade ; elle avait besoin de rassembler ses esprits.

– Je me souviens de... cette femme, il y a des années de cela... C'était le jour de la Saint-Dominique, on avait donné partout des messes solennelles. Après l'une d'elles, l'évêque Aguilah apprit, alors qu'il se lavait les mains, qu'une grande dame venait de recevoir le *consolament* dans une maison voisine. L'évêque prit cela pour une provocation, qui le mit dans une fureur épouvantable. Il se rendit à l'adresse qu'on lui donnait... Il était avec le prieur du couvent des dominicains, et d'autres moines. La pauvre vieille était mourante, à demi aveugle. Quand on lui annonça la venue de Monseigneur, elle crut... elle crut qu'il s'agissait, non pas de l'évêque catholique, mais de l'évêque cathare. Imaginez-vous pareille méprise ? Et croirez-vous ce que fit Aguilah, sitôt qu'il le comprit ? Il... mon Dieu, il profita du quiproquo sans l'ombre d'une hésitation. Il joua d'allusions, de propos à double sens, pour encourager la vieille à se dévoiler...

Héloïse eut un rire amer, au milieu de ses larmes. Ses épaules tressautaient de chagrin.

– Quelle perfidie ! Elle était là, sur son lit de mort, faible et égarée, plissant les yeux pour essayer de discerner, dans la pénombre, les traits de l'homme qui lui parlait... Elle lui avait même donné la main, elle le caressait de ses doigts, il la touchait ! Son front ridé se tordait, elle souffrait, haletait à chacune de ses paroles... Aguilah obtint tout de la confession qu'il était venu chercher. Il la poussa à affirmer que jamais elle ne parjurerait sa foi en l'Eglise cathare... Et quand elle fut tout entière à sa merci... Il tomba le masque !

Les sanglots d'Héloïse redoublaient.

– Oui, il la déclara hérétique aussitôt, heureux de sa trouvaille, jubilant tout haut de son ignoble forfaiture ! La vieille n'eut pas d'autre solution que de s'obstiner... Elle, qui sentait l'imminence de sa mort et se savait condamnée de toute façon, ne pouvait plus rien changer à ses dires. Alors Aguilah fit mander le viguier. Ils la jugèrent devant son lit, en lieu et place de son agonie. Elle les regardait, ses cheveux gris encadrant son visage blême, réalisant soudain l'atrocité que ces monstres s'apprêtaient à commettre, hésitant encore à croire que des hommes pouvaient en venir à de telles extrémités. Ses yeux s'agrandissaient d'effroi à mesure que l'évidence s'imposait à sa conscience, ou à ce qu'il en restait. Puis, à la suite de ce jugement sommaire... On la transporta au Pré-du-Comte, sur un bûcher... et on l'y transporta, messeigneurs, avec son lit, car elle ne pouvait se lever ! On la brûla aussitôt, tandis qu'elle était encore couchée, au milieu de ses draps, sur les quatre pieds de son vieux lit de bois. Après quoi, Aguilah s'en fut au réfectoire des dominicains, où tous firent bonne chère, en rendant grâces à Dieu.

– C'est incroyable, murmura Aimery.

Héloïse pleurait.

Quelque chose en elle acheva de se briser.

– Et moi, j'étais là, lorsque l'évêque Aguilah, dans cette pièce plongée dans la pénombre, accomplissait sa traîtrise. J'étais là. J'avais quatre ans à peine... Une femme veillait sur moi, dans un coin de cette chambre. J'étais debout, elle avait mis ses mains sur mes épaules. Je me souviens de ce bois sombre, du parfum de l'encens, de la froideur de ces draps blancs ! Nous ne pouvions rien dire, rien faire, seulement assister à ce spectacle !

Ce fut avec une voix d'enfant qu'elle jeta enfin :

– Cette femme... c'était ma grand-mère, vous comprenez ? C'était ma grand-mère !

Escartille et Aimery commençaient à peine à soupçonner tout ce qui avait pu se passer dans cette famille, déchirée par la guerre sur trois générations. Une aïeule cathare, des parents restés catholiques, sans doute par terreur, ou par lassitude, autant que par conviction. Et des enfants... Seigneur, des enfants perdus !

– C'est incroyable, répéta Aimery, touché par la beauté et la souffrance de la jeune fille.

Le front d'Escartille s'était assombri.

– Aguilah, siffla-t-il entre ses dents, comme si ce nom maudit n'avait pas cessé de le quitter.

Héloïse le regarda.

Lentement, elle se leva. Elle resta ainsi un instant, droite, raide, les poings serrés, les flammes continuant de danser derrière elle.

– Messeigneurs, vous m'avez sauvée, je vous dois la vie. Que pourrais-je faire pour vous en remercier ? Faudra-t-il que je vous demande une autre faveur ? Il m'est impossible, à présent, de revenir en arrière. Je crois que les cathares n'ont plus qu'un seul espoir. Et sans doute était-ce aussi le seul espoir de ma sœur.

– Un espoir ? Lequel ? demanda Aimery.

Les yeux d'Héloïse brillaient dans la nuit.

Elle marqua un temps, puis dit avec douceur, dans un souffle :

– Il n'est plus qu'un refuge, un seul. Un château vers lequel convergent nos dernières espérances. C'est vers lui que tous les parfaits et les croyants tournent à présent leurs regards ; c'est lui que l'on chante dans les prières de ces réunions secrètes, où les âmes vibrantes s'échangent les feux les plus ardents ; c'est lui encore, que la population voit comme le symbole de notre foi, la foi de notre Occitanie. C'est lui, enfin, que l'on sait imprenable.

Elle se tourna vers eux. Pour la première fois, un léger sourire détendit son visage :

– Je vous parle de Montségur.

Elle inspira encore une fois.

– Mais avant... Avant, il nous faut la retrouver.

Héloïse répéta :

– Il faut retrouver Aude.

Le procès d'Aude de Lavelanet eut lieu le 27 avril 1242.

Toulouse, au cœur de la tempête ! Voilée de nouveau, Héloïse se retrouvait solitaire comme Aude l'avait été, l'âme brisée par ce regard que la parfaite lui avait lancé, avant qu'elles ne se séparent dans de si terribles circonstances. Escartille avait hésité. Sa première intention, en quittant avec Aimery son refuge pyrénéen, avait été de gagner Toulouse pour y retrouver ses anciens appuis auprès des proches de la famille raimondine : il lui fallait contacter quelques personnes sûres, susceptibles de lui indiquer de quelle façon se rapprocher de la communauté clandestine, sans toutefois la mettre en péril. Le paradoxe – mais Escartille était devenu coutumier de ces situations – voulait que Toulouse fût précisément l'endroit qui focalisait l'attention de l'Inquisition. Plus que jamais, la ville était déchirée ; et plus que jamais, il lui faudrait arriver et repartir *incognito*. Les récents événements le confortaient dans l'idée de cette première destination ; mais une nuance de taille s'y ajoutait : la détermination d'Héloïse, prête à retrouver sa sœur coûte que coûte. Rien ne suffisait à lui faire entendre raison. Il était désormais hors de question qu'elle rebrousse chemin vers le logis parental. Escartille, sans le dire, était d'ores et déjà convaincu de l'issue tragique qui risquait de résulter de cette situation. Au plus profond de lui-même, il sentait que, suivant sa propre voie, Héloïse cheminait vers les mêmes révélations, le même apprentissage, la même maturité que la sienne, conquise dans la douleur. Et il savait qu'il était inutile de vouloir entraver cette impérieuse nécessité.

Oui, ils se jetaient dans la gueule du lion.

Avant d'arriver à Toulouse, Escartille avait été contraint de changer de vêtements. Sa robe noire était trop voyante et on l'aurait arrêté immédiatement. C'était avec une émotion singulière qu'il s'était procuré de nouveaux habits, semblables à ceux qu'il portait dans sa jeunesse, et qu'il avait exhumé son galurin d'autrefois, dans lequel il avait piqué une nouvelle plume d'oie. Puis il s'était passé son rebec autour de l'épaule, et ils étaient entrés en ville, sous l'œil méfiant de la population autant que des autorités ecclésiastiques. Toulouse était encore à demi campagnarde. On y passait des murailles, on y voyait des échoppes ouvertes sur des places caquetantes, des préaux dégorgeant leur foin et leurs paillasses humides. Par endroits, la ville était ouverte sur les champs, il n'y avait que quelques pas à faire pour se retrouver hors les murs, sans même s'en rendre compte. Les tours de certains hôtels bourgeois étaient démolies, d'autres avaient été reconstruites. La richesse et la pauvreté s'y côtoyaient chaque jour. Le bourg était devenu plus cathare que le cœur de la cité. Depuis la mort de Raymond VI, la ville avait changé. La population s'était en partie renouvelée mais la hargne demeurait. De temps en temps, on voyait passer l'un de ces hommes à la poitrine recouverte d'une croix blanche : les membres de la Confrérie Blanche, autrefois créée par Foulque de Marseille, inlassables prédateurs des hérétiques, des juifs et des banquiers. Une Confrérie Noire, société secrète rivale, s'était constituée pour lui faire face. D'un quartier à l'autre, les rixes se succédaient régulièrement. Le comte, le consulat et la haute bourgeoisie faisaient ce qu'ils pouvaient pour mettre des bâtons dans les roues de l'Inquisition. Ils organisaient des fuites et des sauvetages, ergotaient sur toutes les décisions cléricales, chassaient parfois certains de leurs adversaires. De violentes disputes éclataient, tantôt au coin d'une rue, tantôt auprès d'un jardin, sur une place. On raillait les théologiens parisiens, chargés de remodeler les âmes : leur occitan approximatif suffisait à les discréditer. Les prêches des dominicains étaient fréquemment interrompus. Lorsqu'ils allaient porter leurs citations dans les familles appelées à comparaître, ils recevaient des bordées d'injures. Le prieur brandissait la croix et le reliquaire. Quelques années plus tôt, les consuls s'étaient même rendus en personne au couvent dominicain avec des sergents d'armes et une foule de bourgeois ; ils avaient jeté les religieux dans la rue, et ceux-ci avaient quitté la ville en chantant des *Te Deum* et des *Salve Regina*. Mais en retour, les inquisiteurs citaient à comparaître des notables de la cité. Les victoires n'étaient jamais que provisoires ; elles changeaient de camp sans cesse, comme une girouette ivre. Ici, des cathares repentis, vaincus, apprêtaient leurs armes pour un prochain départ en Terre Sainte. On les voyait auprès des auberges, harnachant leurs chevaux. Là, des pèlerins, qui eux étaient affublés de croix jaunes, sillonnaient les rues pour faire pénitence à Saint-Sernin. Les deux mouvements se rencontraient, s'affrontaient, se mêlaient, composant ce flux et ce reflux jamais achevé de succès et de défaites.

Le procès d'Aude serait public ; d'ordinaire, pourtant, lorsqu'ils rendaient ainsi justice au nom de leur Eglise, les inquisiteurs procédaient aux auditions de témoins à huis clos. Cette grande invention, qui leur permettait d'user de tous les procédés et de jouer de tous les ressorts du cynisme pour recueillir les informations dont ils avaient besoin, avait accentué le climat de terreur et de suspicion qui pesait sur l'Occitanie. En vérité, une machine bureaucratique sans précédent s'était mise en route. Le traité de Meaux avait engagé le comte de Toulouse à combattre lui aussi les hérétiques déclarés en les faisant traquer par ses bayles sur ses propres terres. Les commissions inquisitoriales avaient d'abord été confiées aux évêques. A tout moment, les représentants de l'Eglise pouvaient visiter les maisons et dépendances des habitants, descendre dans les caves, explorer les greniers, organiser des battues pour déloger les suspects de leurs terriers. Puis, dès 1232, le nouveau pape, Grégoire IX, avait chargé les ordres dominicains, désormais affranchis de toute autorité épiscopale, de prendre en main les instructions. Leur droit de regard était absolu ; on payait les ouvriers, les sergents, les délégués du bourg pour assister sur ordre les inquisiteurs ; évêques, recteurs, clercs, magistrats, bayles, viguiers, soldats et officiers civils, agents spéciaux devaient leur faciliter la tâche ou les accompagner dans leurs opérations de police. Des *exploratores,* espions et maîtres-chiens, battaient la campagne, provoquaient les délations, encourageaient les trahisons à force de chantage et de ruses. Certains, jouant de la situation, pouvaient en tirer un profit considérable. Dans le même temps, l'ensemble des biens, mobiliers et immobiliers, maisons, terres, commerces tenus par les hérétiques tombaient dans l'escarcelle de l'Eglise. Aucun des développements théologiques de la contre-religion, même construits par la force des circonstances, n'échappait aux tribunaux de l'Inquisition. Avec les persécutions, les hérétiques avaient instauré le pacte de *convenenza,* par lequel les croyants convenaient avec l'Eglise cathare qu'ils seraient consolés à l'heure de leur mort, même s'ils n'avaient plus toute leur conscience, et s'il leur était impossible de proférer le *Pater* à haute voix. Ce pacte de *convenenza* était devenu un repère décisif dans l'exécution des procédures inquisitoriales. Les questions pleuvaient sur les suspects et la tyrannie était sans limites. *Reconnaissez-vous ces hommes ? En quoi consistait leur prédication ? Les avez-vous adorés, avez-vous béni le pain, de quelle manière ? Avez-vous eu avec les hérétiques des relations familières ? Quand ? Comment ? Qui vous a mis en relation avec les membres de la secte ? Combien de temps sont-ils restés sous votre toit ?*

A peine Escartille, Héloïse et Aimery étaient-ils entrés dans la ville qu'ils eurent vent de ce nouveau procès qui s'annonçait – un parmi tant d'autres et pourtant, l'un de ceux qui avaient valeur de symbole. Ils confièrent le faucon et leurs chevaux à un marchand qui accepta de les garder sous son préau, moyennant quelques sous qu'ils possédaient encore. Puis ils ne tardèrent pas à se renseigner, avec toute la discrétion nécessaire. Aude était enfermée au Mur. Au Mur ! Dans l'une de ces cellules horribles où, tordue entre la position assise et la position debout, elle ne pouvait que gémir, compter chaque minute, sans autre solution que de s'en remettre à la pureté de sa propre foi, pour ne pas aussitôt fléchir et abjurer ! Héloïse aurait voulu lui parler, derrière ces grilles cloutées de fer, à la lueur des flambeaux. Etre là encore avec elle, pour rattraper le temps perdu, un temps qui risquait maintenant de s'enfuir à tout jamais. Mais il était vain d'espérer avoir la moindre possibilité d'accès aux cachots, sans s'y retrouver soi-même. Héloïse le savait et cela la hantait : Aude passait par l'épreuve ultime, une nouvelle *endura*. Dans quel état lui apparaîtrait-elle ? Exsangue, tremblante, rouée de coups ? Avait-elle la moindre chance de s'en sortir vivante ? Il fallait se rendre à l'évidence : personne ne pourrait la sauver ! Alors qu'y aurait-il au bout de tout cela, sinon le bûcher ?

Ce jour-là, les religieux tenaient à faire l'exemple ; il était important que chaque personne de la cité toulousaine puisse constater *de visu* avec quelle adresse le tribunal allait une fois de plus confondre les hérétiques, et leur en imposer par ses infaillibles raisonnements théologiques. En outre, Aude avait été capturée en flagrant délit ; les inquisiteurs n'en avaient pas grand-chose à craindre. Le procès eut lieu dans le couvent des dominicains, non loin de la Maison de l'Inquisition, dans un réfectoire auquel on accédait

après avoir franchi le cloître et monté les quelques marches d'un escalier de pierre. Les accusés n'ayant pas d'avocat, Aude arriverait sans défense aucune, et ce d'autant plus qu'il s'agissait d'une femme.

A l'heure dite, Escartille, Aimery et Héloïse se glissèrent dans le tribunal monastique au milieu de la multitude, qui jouait des coudes et se serrait de tous côtés. Ce fut donc avec les bourgeois, les sergents et paysans des alentours qu'ils se retrouvèrent coincés sur les gradins installés pour l'occasion, face aux juges. On murmurait, on s'agitait, on hochait la tête, le visage grave. Une lumière sépulcrale balayait l'endroit, contrastant avec la blancheur du jour. Quelques disputes montaient, puis retombaient à la vue des archers et des soldats disposés de part et d'autre du lieu. Ils étaient une quarantaine, sans compter l'escorte personnelle des inquisiteurs, qui s'élevait à plus de trente hommes disséminés sur les gradins. Une forêt de lances encadrait la populace. En bas, un parterre d'indigents, de mendiants, d'enfants en guenilles et de vieilles folles trépignait dans des cris. Lorsque le gros de la foule fut entré, on voulut fermer les portes donnant sur le cloître. Certains s'étaient hissés jusque sur les poutres, par-dessus les gradins, ou auprès des rares ouvertures par lesquelles pénétrait la lumière.

– Ouh, ouh, ouh ! criaient-ils, faisant tournoyer leurs bras en narguant les autorités qui, craignant d'être débordées à tout instant, leur envoyaient des coups d'œil mauvais.

Il y eut de sourdes protestations de la part des citadins qui ne pouvaient plus accéder au tribunal surchargé ; on entendit des cris et des sifflets, certains étaient coincés en travers de l'entrée. On décida finalement de laisser les portes ouvertes, et un nouveau cordon de soldats, lances entrecroisées, s'installa auprès d'elles.

La salle était profonde et humide ; au pied des gradins, sur la droite, se trouvait le banc des accusés. Installés côte à côte, Escartille, Héloïse et Aimery avaient peine à voir ce qui se passait. Devant eux, deux géants ne cessaient de se lever et de se baisser pour interpeller leurs camarades assis un peu plus loin. A leur droite, un aubergiste corpulent, au faciès de taureau, menaçait de ratatiner Héloïse, l'obligeant à se pencher dangereusement au-dessus d'une femme à l'opulente poitrine, tandis qu'elle luttait pour retirer son pied coincé entre deux gradins. Elle se contorsionna jusqu'à se dégager enfin, puis regarda en direction de l'estrade. La table devant laquelle siégeaient les juges avait été recouverte d'un dais brodé d'or et de noir, parsemé de croix, dont la plus grande était entremêlée avec les armoiries de Rome et la figuration de la tiare papale ; voilà qui rappelait à tous quelle suprême autorité commandait les débats, et sous quelle ombre tutélaire justice serait rendue. Escartille vit un groupe de soldats déboucher par une porte située au fond de la salle. L'un d'eux annonça l'arrivée de la cour. Un aubergiste aviné se dressa en faisant tournoyer son index, prêt sans doute à tonitruer quelque profonde vérité. Il prit un coup sur la tête et fut contraint de se rasseoir.

Les juges entrèrent dans le brouhaha général ; à nouveau, des sifflets se firent entendre. Cette apparition fit trembler Héloïse. Elle mit une main sur sa bouche et murmura pour elle-même : *Mon Dieu, pourquoi ? Quelle folie m'a prise de venir assister à cette horreur ?*

Son regard revint vers les juges, puis vers Escartille,

dont la main se crispait sur son bâton, qui ne l'avait pas quitté.

– Qui est-ce ? demanda celui-ci, désignant les inquisiteurs à sa voisine de gauche.

C'était une paysanne joufflue, qui roulait des yeux exorbités. Les mains jointes sur sa robe, elle triturait nerveusement quelques fils de tissu grossier.

– Comment, messire, vous ne le savez pas ? L'homme que vous voyez ici, à la barbe noire, c'est Etienne de Saint-Thibéry, un bon père franciscain, répondit-elle. Et l'autre, avec la barbe blanche, s'appelle Guillaume Arnaud. Ce sont eux les seuls vrais juges de la cause qui se dispute aujourd'hui. Les autres, je ne les connais pas. On attend l'évêque Aguilah cet après-midi, avec le sénéchal royal de Carcassonne ; et je crois, mon Dieu ! que les juges veulent faire diligence dans le traitement de cette affaire.

Le tribunal était à présent au complet.

Les deux hommes, barbe noire et barbe blanche, prirent place côte à côte, sur des fauteuils d'égale dimension, exactement au milieu de l'estrade, devant une longue table.

Ils portaient chacun l'austère vêture de leur ordre ; Etienne de Saint-Thibéry, le premier, avec son regard de loup, son nez aquilin, était passé maître dans l'art de la controverse théologique. Grand et sec, il venait de ramener une main sous son menton et, les yeux plissés, paraissait détailler le visage de chacun des membres de la foule. Son aube sombre lui donnait l'air d'un oiseau de mauvais augure. Il n'avait pas fallu longtemps pour que ce franciscain intransigeant impose sa redoutable réputation. Bras armé de Dieu pour les uns, fanatique pour les autres, il mettait un zèle de tous les instants à l'exécution de sa sacrée tâche, dans le droit fil des recommandations de son mentor, Aguilah lui-même. L'autre, Guillaume Arnaud, représentait l'ordre dominicain. Le front bombé sous sa tonsure, il s'empêtrait dans sa bure à chacun de ses mouvements ; ses sourcils fournis se rejoignaient l'un l'autre par-dessus son nez ; son menton venait s'écraser en plis adipeux par-dessus son crucifix. Il agita un instant ses amples manches afin de les retrousser, puis se pencha pour échanger quelques mots avec le greffier, à qui l'on avait réservé une petite table au pied de l'estrade, et qui venait d'arriver. Il se tourna ensuite vers Etienne et lui parla à l'oreille. Le franciscain approuva en silence, sans quitter des yeux les membres de l'assemblée, qu'il continuait d'ausculter un à un. De chaque côté des inquisiteurs, les assesseurs prirent place à leur tour. On trouvait là Garsias d'Aure, Bernard de Roquefort, Raymond Carbonier, Raymond Costiran, dit Raymond l'Ecrivain, car il était, comme Escartille, un ancien troubadour, devenu quant à lui archidiacre catholique de Lézat. Tandis que le greffier affûtait sa plume, deux abbés s'approchèrent d'eux. Ils portaient de lourds registres, qu'ils disposèrent devant Guillaume Arnaud. Il y en avait six ; Guillaume ouvrit l'un d'eux et, s'efforçant de se concentrer, fronça ses sourcils broussailleux pour décrypter ce qu'il avait sous les yeux. Des sommes rédigées page après page, d'une écriture minuscule. De volumineux recueils à la couverture marquée de sceaux incompréhensibles, et qui rassemblait tout ce que l'humanité pouvait avoir de plus perfide.

Enfin, on fit venir l'accusée.
Héloïse sentit son cœur bondir.

Sa sœur était toute de beauté et de majesté tranquille ; elle avançait au milieu des archers dans sa robe noire, une lourde croix pendant à son cou ; mais les cernes profonds sous ses yeux, son corps famélique, tout indiquait ces privations qu'elle avait dû supporter.

Et le procès commença.

Escartille, à cet instant, éprouva lui aussi une émotion pathétique.

C'était soudain l'histoire de trente années de guerre qui refaisait surface. Aude n'était pas seulement Aude. En ce jour, elle était l'Occitanie à genoux.

Etienne de Saint-Thibéry attendit patiemment que le silence se fasse dans la salle bondée ; des « *chuuut !* » parcoururent les rangs, et finalement, on se tut complètement. Chacun retenait sa respiration. D'une voix grave et profonde, Etienne de Saint-Thibéry lut au nom du pape la mise en accusation. Courbé en avant, Guillaume Arnaud renchérit en précisant chacun des chefs imputés à la prévenue. Mais il était si près de son rouleau et mettait tant de concentration dans sa lecture qu'il en oubliait de donner de la voix.

– Plus fort ! osa un manant, aussitôt transpercé du regard par un archer.

Guillaume toussa une ou deux fois, se racla la gorge et monta le ton.

Bientôt, l'accusée fut priée de se lever.

Aude s'approcha de la barre dressée devant elle. La foule put contempler son visage. Elle se préparait à l'ultime combat de sa vie. Sa sérénité n'était que façade, et Héloïse ne devinait que trop la tension qui nouait les entrailles de sa sœur. Les yeux de la parfaite étincelaient encore, ils avaient le même éclat que dans la forêt ; mais quelque chose avait changé. On y décelait la stupeur du soldat demeuré seul au milieu des cadavres, sur le champ de bataille. Oui, elle était sur le point d'affronter l'Eglise tout entière, une puissance qui la dépassait totalement, et elle le savait. Sentait-elle déjà, au plus profond d'elle-même, le soufre de ces flammes qui l'attendaient sur le bûcher ? Au moment de pénétrer dans la salle, elle avait été saisie d'une angoisse mortelle, voyant converger vers elle tous les regards, mesurant le poids de ce pouvoir qui fondait sur elle, la colère des uns, la compassion des autres. Bien sûr, elle ne pouvait deviner que parmi la foule se trouvait Héloïse, qui demeurait voilée. Elle jouait là ses derniers instants de vie ; mais elle avait la ferme volonté de confondre ses bourreaux aux yeux de ce monde assemblé, dont elle sentait depuis déjà si longtemps l'exaspération grandissante, devant les horreurs perpétrées par ces tribunaux fantoches et cette guerre sans fin. Elle savait d'ores et déjà qu'en rendant la séance publique, les inquisiteurs faisaient sans doute une grossière erreur. Si autrefois, on organisait des débats contradictoires où chacun s'exprimait librement, ces débats n'avaient plus cours aujourd'hui. Mais elle se défendrait coûte que coûte : c'était désormais la seule gloire à laquelle elle pouvait aspirer.

Pour ta vie, Aude. Pour tes derniers instants de vie.

Elle passa la langue sur ses lèvres et, mains dans le dos, se redressa fièrement, embrassant du regard le conseil des juges et de leurs adjoints.

Héloïse, au bord des larmes, se retint de crier. Aimery le sentit et lui prit la main, accentuant sa pression à mesure qu'il devinait l'émotion submerger le cœur de la jeune fille. Aimery s'imagina lui-même dans une posture semblable, se demandant comment il aurait agi s'il se fût trouvé en face de ce tribunal. L'abjuration, si jamais Aude acceptait de s'y résoudre, suffirait-elle à la sauver de la vindicte des ecclésiastiques de la grande Eglise ? Oui, ces secondes devaient avoir pour elle le vertige de l'éternité. Et si par malheur elle décidait de persévérer en sa folie... Elle n'avait plus qu'un mot à dire, un pas à faire, et il faudrait ajouter son deuil à tous les autres, ceux qui, depuis presque quatre décennies, avaient embrasé les campagnes. Aimery se dit qu'en de telles circonstances, il aurait cherché des yeux une épée introuvable, puis, sans doute, les yeux de son père. Mais pas Aude. Elle était là comme une femme voulant mourir en seigneur, ou plutôt, en ce qu'elle était : en parfaite. Aimery devina obscurément que l'enjeu de ce procès, et de tous les précédents, était d'un autre ordre. Aude puisait sa force ailleurs, dans un autre monde, une autre forme de pensée. C'était cette force qui faisait peur.

La voix d'Etienne de Saint-Thibéry, froide et tranchante, retentit sous les voûtes.

– Aude de Lavelanet, vous êtes accusée d'hérésie, de parjure envers Notre-Seigneur, de prédication blasphématoire et de sorcellerie... Ces accusations reposent sur le recoupement des soixante-quatorze témoignages recensés par nous, juges commis par la Très Sainte Eglise, et consignés dans les registres ci-devant présentés, au vu et au su de qui voudra les consulter. Aude de Lavelanet, il vous est donné de vous défendre maintenant et de répondre devant nous et devant le peuple chrétien de vos agissements.

Le juge releva les yeux et les planta dans ceux de la jeune femme, qui ne cilla pas. Un lourd silence s'était abattu sur l'assemblée. Chacun sut, à ce moment, que les premiers mots qui seraient prononcés par l'accusée scelleraient son sort.

Aude n'eut pas l'ombre d'une hésitation. Ses mots tombèrent d'un coup, sur un ton aussi ferme que celui d'Etienne.

– Vous mentez.

Le juge fit la grimace. Il aurait sans doute aimé que les choses finissent rapidement.

A ses côtés, Guillaume Arnaud hocha la tête avec une triste condescendance.

L'un des assesseurs se caressa le menton et plissa les yeux. Courbé en avant, le greffier avait déjà noté la réponse. Le premier inquisiteur soupira, puis saisit l'un des registres.

La partie était engagée.

– Aude de Lavelanet, vous êtes accusée d'avoir par trois fois craché sur les Saintes Ecritures dans votre asile clandestin de la forêt de Pamiers ; dix-huit témoignages attestent que vous avez souillé ainsi les Evangiles, avant de donner sermon de la foi cathare ; que, vous-même initiée à leurs mystères et à leurs blasphèmes, vous avez assisté à l'ordination de ministres hérétiques, et que vous les avez adorés comme on vous a adorée. Cinquante-quatre autres témoignages affirment que vous avez soutenu sans hésiter d'autres parfaits dans la pratique du *consolament,* encouragé de pauvres âmes à signer le pacte de *convenenza* et affirmé à des mourants que leur foi mensongère les sauverait. Vingt et un témoignages, en outre, disent que vous avez converti d'autres personnes des villes de Fanjeaux, Foix, Mirepoix, Laurac, Montréal, Auterive, Saverdun, Avignonet.

Une rumeur parcourut l'assemblée. Guillaume Arnaud redressa la tête et jeta un regard noir en direction de la foule. Aude corrigea un par un les chefs d'accusation qui lui étaient reprochés. Lorsque Guillaume Arnaud l'interrogea sur sa foi, à grand renfort de citations bibliques, Aude contre-attaqua aussi vertement. La foule, suspendue à leurs lèvres, suivait ce tournoi avec attention, rebondissant d'une réplique à l'autre, dans l'attente d'un vainqueur.

Un sourire à peine visible se dessina sur le visage d'Etienne de Saint-Thibéry. C'était le moment qu'il préférait, et il s'efforçait de dissimuler sa jouissance. Devant cette accusée qui ne se laissait pas démonter, et se permettait de le toiser d'un regard si fier, Etienne, piqué au vif, se prépara à entrer en lice. A ses yeux, Aude n'était qu'une de ces créatures naïves que la rêverie cathare avait emportée loin de la Vérité ; elle avait entraîné d'autres femmes dans son sillage, ces Bonnes Femmes, comme on les appelait ; elle avait professé à tout bout de champ ses maximes mensongères. La détruire par le verbe serait une apothéose ; elle contribuerait à saper encore le soutien apporté à la secte cathare. Et Etienne avait un avantage. Lui, dans ce tribunal, n'avait rien à redouter.

Il se frotta les mains lentement, dans l'attente du moment le plus opportun pour déclencher ses propres feux.

Guillaume Arnaud, toujours courbé en avant,

commençait à s'enliser dans le florilège de son exégèse. N'y tenant plus, Aude le cloua sur place en quelques mots.

– *Je suis un pauvre du Christ, j'erre et je fuis de cité en cité.* Matthieu, 10-23, *comme les brebis au milieu des loups.* Matthieu, 10-16.

– Vous réfutez le baptême dans l'eau, s'emporta soudain Guillaume Arnaud, levant le bras en s'égosillant. Vous niez la transsubstantiation dans l'eucharistie, vous refusez le sacrement de mariage et celui de l'autel. Le reconnaissez-vous ?

– Nous souffrons la persécution avec les apôtres et les martyrs ; mais nous menons une vie très sainte et très stricte, faite de jeûnes et d'abstinences, passant nuit et jour à prier et à travailler, pour ne retirer de ce travail que ce qui est nécessaire à la vie. Nous endurons tout cela car nous ne sommes pas de ce monde. Mais vous, qui aimez le monde, vous êtes en paix avec lui, parce que vous êtes du monde.

– Vous encouragez l'amour profane, vous poussez les autres femmes à sortir de leur rang, à se livrer aux pires débauches !

– Pour nous distinguer, vous et nous, le Christ a dit : *c'est à leurs fruits que vous les reconnaîtrez.* Nos fruits à nous sont les traces du Christ ! Vous ne savez pas lire ces Ecritures que vous m'accusez maintenant d'avoir souillées ; ce n'est ni mon sang, ni ma salive que j'y ai mis, mais bien ma vie, mes larmes, mon âme tout entière ! Il n'y a qu'un seul sacrement, le salut par imposition des mains, celui qui lave de tout péché et remplit chacun de l'Esprit Saint, car ce salut est amour, tout amour et rien qu'amour. Nos femmes soignent les indigents, les accueillent en leurs maisons et guérissent les maux par la seule vertu de leurs attentions, là où votre grande Eglise condamnerait ces femmes au supplice du cloître, enfermant la fleur de leur jeunesse entre quatre murs stériles, pour le reste de leurs jours ! Là où vos seigneurs les font ramper devant eux ! Ce monde n'est que subornation, il est l'ordre du Mal, qui asservit le roi à l'empereur, le comte au roi, le chevalier au comte, et le peuple à tout le reste ; tout cela n'est pas la volonté de Dieu, mais de Satan, que je combats de toutes mes forces. Ah ! Qu'un baron commande, et les chevaliers marchent sur Termes, Coustaussa et Roquefixade ! Qu'un évêque leur donne quelques miettes, ils s'amusent, ils sont contents ! Et tandis que les hommes d'armes meurent dans le sang que vous dites réclamé par un Dieu avide et cruel, jusqu'à l'autre bout du monde, vous, représentants des plus hautes fonctions qu'il soit donné à l'homme d'incarner sur terre, vous restez à l'abri de vos églises et de vos abbayes opulentes, protégés par le pape et le roi ! Vous, inquisiteurs, vous chassez, jugez, tuez, condamnez à mort ! Vous adorez le sang comme la filiation de la vertu et de l'odieux droit de commander, de père en fils, vous adorez le Malin, en vérité, car il n'est qu'une seule chose qui nous sauve, et c'est le premier des commandements : aime ton prochain comme toi-même, tel est le propos du Dieu bon, tel est l'ordre de la sainte Eglise – et ce n'est pas le vôtre !

– Vous avouez avoir professé que les hérétiques sont de bons chrétiens, que par eux, et par vous, le monde peut être sauvé !

– Je ne l'avoue pas, je le revendique, je le crie bien haut, car cette comédie de justice que vous nous jouez n'est pas justice de Dieu, mais justice humaine, qui n'existe pas ; ma mort ne sera que l'aveu de votre impuissance, car vous prétendez lutter contre l'âme, qui est le fondement divin de notre existence. Vous n'êtes que masque et mensonge, vous lisez en latin les Evangiles par crainte qu'ils ne soient compris, et que leur éclatante vérité vous éclabousse de tout l'opprobre que vous méritez !

– Savez-vous que vous êtes morte, à l'heure où vous parlez ? hurla Guillaume Arnaud, dans un nuage de postillons. Qu'avant l'aube, vous serez réduite en cendres ? Que vos blasphèmes vous condamnent à une éternité de douleurs ?

– C'est vous qui êtes morts, en vérité, morts pour Dieu dont vous bafouez à chaque instant la Parole ! Et je serais encore en vie, davantage que vous-mêmes, si vous viviez cinq cents ans après mon bûcher !

– Vous injuriez ouvertement le Très Saint Père de l'Eglise, vous niez les croisades destinées à délivrer le Tombeau du Christ ?

– Il n'existe pas de guerre juste ! Je nie la guerre, dans son essence même ! Il n'est pas de cause assez bonne pour qu'elle soit asservie au malheur. Cet axiome traversera les siècles, car il n'est pas de ce temps ; il n'est pas du temps de l'homme, illusoire et transitoire ; mais il est d'éternité, comme l'amour lui-même. Que les vertiges de l'Histoire nous le fassent oublier, que la difficulté du monde et la pauvreté de nos conditions tentent de le chasser de nos esprits, il continuera pourtant de donner courage, car l'homme bon sait quelle est la vérité ! Elle n'a qu'un nom, qui est l'amour, par-delà tous les revers ! Et votre pouvoir, ce si glorieux pouvoir dont vous vous réclamez, s'effondrera devant celui de Dieu, qui vous dépasse en tout ! Quelle gloire de vous voir ainsi ligués contre moi, contre toute la terre d'Occitanie, contre les familles que vous poussez à la lutte fratricide ! Oui, quelle gloire ! Mais ne me dites pas qu'il s'agit là de la gloire de Dieu.

Héloïse, les mains serrées, sentait des larmes monter à ses yeux. Aude vaincue triomphait encore ! Elle se libérait enfin de ces prières et de ces mots trop longtemps contenus, trop longtemps cachés dans les forêts de sa fuite. Une fois de plus, la population de Toulouse commençait de rugir, admirative devant l'ardeur de la parfaite, exaspérée des vexations intempestives qu'on lui faisait subir. Escartille, débordé par la fureur de cette femme et le respect qu'elle faisait naître en lui, était fébrile ; il lui semblait qu'il parlait par sa bouche, qu'elle avait su voler ses propres mots pour plaider sa cause, qu'en bref jamais il n'eût pu montrer davantage de beauté dans la reconnaissance de sa foi.

La situation ne tournait pas à l'avantage des inquisiteurs.

Etienne de Saint-Thibéry envoya à droite et à gauche de rapides coups d'œil.

Il était temps de réagir.

Le premier inquisiteur se leva, contourna Guillaume Arnaud, les adjoints et les assesseurs. Il marcha quelques secondes, les mains dans le dos. Puis il s'arrêta devant Aude et la regarda droit dans les yeux.

– N'est-il pas vrai, Aude de Lavelanet, que votre secte prétend que le monde où nous sommes, *creatio ex essentia Diaboli,* est l'œuvre du Démon ? Nieriez-vous que ce principe vous conduit à réfuter le libre arbitre de l'homme sur cette terre ? *Pensez-vous que l'homme est libre,* Aude de Lavelanet ?

– Nous disons que le monde où nous sommes est corruptible et que pour cela, il ne peut avoir été créé par un Dieu incorruptible. Nous disons qu'à choses contraires, il ne peut exister que des principes contraires.

Etienne sourit.

– Oh, vous citez Aristote, à présent. La pensée païenne a toujours été chez vous un bon moyen d'aveugler les esprits... Aristote ! Voilà ce qu'enseignent les Universités d'Occitanie ! Mais vous ne répondez pas à ma question.

– Si Dieu est liberté, comment peut-il, de sa propre volonté, produire l'oppression où nous nous trouvons à présent, et le malheur où vous m'acculez ? Oui, nous pensons que cette terre est un enfer, parce qu'elle est toujours livrée au pouvoir du plus riche, du plus puissant !

Etienne alla ouvrir une bible. Lentement, il la feuilleta, chercha une page. Il posa un doigt sur ses lèvres, méditatif. Puis il s'éclaircit la gorge.

– *Tout ce qui avait été fait en Jésus-Christ était la Vie, et la Vie était la lumière des hommes.* Diriez-vous, Aude de Lavelanet, que ce verset, choisi au hasard parmi des milliers d'autres, répond à votre vision infernale de la foi, et de notre monde ? Diriez-vous qu'il représente, avec exactitude, cette tendance douloureuse qui pousse l'homme bon vers son propre Néant ? Ce que j'y lis, moi, est un message de Lumière. Je ne vois dans vos interprétations qu'un furieux désir de mort... Aude de Lavelanet, pourquoi désirez-vous la mort ?

Il se tourna vers la parfaite. La foule suivait-elle encore la joute qui s'était engagée ? La comprenait-elle ? Ici et là, les fronts et les sourcils se plissaient. Etienne n'en avait cure. L'ardeur était un peu retombée. Il voulait amener Aude là où il la savait la plus vulnérable. Là-haut, sur les gradins, Escartille devina que l'inquisiteur avait un plan.

Qu'il manigançait.

N'y va pas, Aude. Ne va pas sur le terrain de cet homme.

Aude, elle aussi, fronça les sourcils.

– Cette phrase est inexacte. Il faut lire : *Seul ce qui avait été fait en Jésus-Christ était la Vie, et la Vie était la lumière des hommes.*

– Ah... *Seul ce qui avait été fait en Jésus-Christ...* Autrement dit, le reste, ce monde qui est le nôtre, est l'œuvre du Démon... Vous nous accusez de ne pas traduire la Bible en langue vulgaire, mais la traduction que vous en faites est sujette à des interprétations sans le moindre fondement, Aude de Lavelanet. Vous y lisez ce que vous voulez y voir, et de vos erreurs de pensée procèdent vos erreurs de comportement... Pourquoi désirez-vous la mort ?

Il referma la bible, dans un claquement sec.

Il la regarda encore :

– Je vais me faire l'avocat du Diable, Aude de Lavelanet. Ce Diable que votre hérésie, sans même le savoir, en vient à adorer comme le vrai Dieu... Je vais, quelques instants, abandonner à mon tour la vraie foi, oublier la Vie et la Lumière... Je vais, Dieu me pardonne, renoncer à mon sacerdoce, l'espace de quelques minutes, pour adopter votre point de vue... Ainsi, selon vous, il existe une racine éternelle du Mal, une lutte entre Deux Principes, dont on ne sait d'ailleurs, dans votre bouche, lequel est issu de l'autre – car il faut bien qu'il y ait un Créateur premier, une raison primordiale, n'est-ce pas ? Je vais donc être hérétique devant vous, le temps d'un songe...

Il réunit ses deux mains sous son menton.

– Vous me donnez le choix entre adhérer à l'ordre du Mal, ou renoncer à la vie terrestre, charnelle et temporelle, c'est bien cela ? Quelque chose m'échappe, dans cette savante construction, Aude de Lavelanet. Si le monde est mauvais, je suppose qu'il nous faut le changer, jusqu'à renverser les ordres existants, peut-être. Mais comment le changer si, ici-bas, Satan est et sera toujours tout-puissant ? Comment le changer, si cette religion nous interdit radicalement toute forme de violence ? Quelle alternative, enfin, proposez-vous ? Nous voici livrés aux chimères, aux seules forces aveugles, à une succession de hasards, là où notre liberté n'a plus de place... Il n'est d'autre solution que de fuir ce monde, de se retrancher derrière une ascèse des plus strictes... Oui, vous fuyez, Aude de Lavelanet... L'esprit et la charité ne peuvent admettre de laisser la place au corps...

Il fit une pause, avant de reprendre :

– *Le corps,* Aude, cette chair à laquelle vous niez l'espérance de toute résurrection, niant du même coup celle du Christ, le sens de son martyre et celui de l'Eucharistie... Ce corps qui est vôtre, qu'en rien il ne faut sauver, ce corps promis au *nihil...* Et les hommes, libérés de leur gangue, de leurs enveloppes, comme des papillons de leur chrysalide, passeraient d'existence en existence, leur âme seule se réincarnant en ce monde, jusqu'au Jugement final ?.. Mais que faites-vous du *corps du Christ* lui-même, Aude ? Il ne saurait être rien pour vous !

– C'est la charité du Christ qui est la source de ma foi.

Danger, pensa Escartille. Il le sentait, ce danger, il le sentait monter, grandir ; mais il ne comprenait pas où l'autre voulait en venir.

Etienne sourit. Il inspira lentement, puis assena :

– N'est-il pas vrai, Aude, que votre foi, cette foi ardente, que vous dites si belle et si grande, qui vous rend si prompte à dénoncer le monde comme étant l'œuvre du Mal, recommande aux personnes ordonnées comme vous de demeurer pures ? N'est-il pas vrai qu'elle exige de vous de respecter en tous points la chasteté qui fait votre règle, chasteté qui procède de cette corruption naturelle de la chair, damnée par avance ?

Aude cligna des yeux à plusieurs reprises.

Pour la première fois, elle sembla hésiter.

– Cela est vrai.

Etienne de Saint-Thibéry passa fugitivement une main sur sa joue.

– Bien... N'est-il pas vrai qu'en dehors de votre *socià*, cette suivante, adjointe, confidente avec laquelle vous ne cessiez de vous déplacer de forêt en forêt, se trouvait également un homme, et plus exactement...

Etienne de Saint-Thibéry fit un geste en direction des soldats postés près des portes qu'Aude avait franchies, avant de venir à la barre. On introduisit alors dans la salle un homme d'une trentaine d'années, que l'on avait manifestement torturé, lui aussi. Il portait une chemise blanche, ouverte sur son torse dégoulinant de sueur, des braies maculées de terre, des chausses trouées. En voyant le regard interloqué de la parfaite, il baissa les yeux, hochant la tête et retenant ses larmes.

– ... Et plus exactement cet homme-là, Jean de Montréal, agent de liaison lui aussi pour le compte de votre secte, entre les communautés de Mirepoix, de Lavelanet et de Carcassonne ?

Héloïse, sur les gradins, plissa les yeux. Cet homme n'était autre que le mystérieux personnage venu parler à son père, dans la *foganha* de la maison, avant qu'elle ne s'enfuie à son tour ; ce *ductor* qu'elle avait suivi de Lavelanet à Pamiers, et qui, contrairement à Forcas, avait jusque-là échappé à la mort. Débarrassé de son manteau noir et de son bâton, il avait perdu toute noblesse.

La parfaite cligna encore des yeux, sa bouche s'agrandit de stupeur.

Elle avait compris.

Ses mains tremblèrent sur le barreau de bois.

– Vous ne répondez pas... Cet homme-là n'était-il pas dans la forêt de Pamiers avec vous ?

– Il... Il y était, dit Aude dans un souffle.

– Bien, dit Etienne de Saint-Thibéry. Nieriez-vous, à présent...

Et il s'approcha du barreau, le sourire aux lèvres, les yeux brillants :

– Nieriez-vous qu'en la forêt de Pamiers, vous avez entretenu avec cet homme un commerce charnel, oui, charnel, au mépris des règles que vous vous étiez fixées, vous, parfaite, exemple irréprochable de pureté et de chasteté en ce bas monde ? Nieriez-vous que cet homme a posé les mains sur vous ? Et je demande à la foule, ici, de me pardonner cette misérable évocation, nieriez-vous qu'il a caressé votre poitrine, soulevé votre vêture, qu'il vous a souillée de ses attentions, alors que reposait non loin de vous les Ecritures dont vous deviez suivre l'enseignement à la lettre ? Le nieriez-vous ?

Aude regarda Jean de Montréal, de nouveau tremblante ; ses lèvres furent agitées d'un léger frémissement ; elle se tourna vers la foule, désemparée, ne sachant plus que dire.

– Vous... vous ne pouvez pas... C'est ridicule...

– *Le nieriez-vous ?* recommença Etienne d'une voix retentissante. Vous qui professez la vérité par-dessus tout, si fière de votre propre perfection, drapée dans votre majesté illusoire, dites-le-nous ! Dites-nous quelle est cette vérité !

Sur les gradins, Héloïse se leva, prête à hurler, à se jeter en avant ; Aimery la retint, lui plaqua une main sur la bouche, la força à se rasseoir. Un nouveau mouvement d'agitation balaya la foule, des têtes se tournèrent dans leur direction. Etienne leva un œil, Aude vit au loin cette femme voilée, qu'elle ne pouvait reconnaître.

– *Quelle est la vérité ?*

Elle baissa le regard.

– Une fois... Une fois, nous nous sommes aimés. J'étais... si seule.

Elle était effondrée.

Je te tiens, pensa Etienne, cruel, voyant sa proie se débattre devant une attaque qu'elle n'avait pas prévue.

– Et vous, Jean de Montréal ! Avant d'être *ductor* pour le compte des hérétiques, vous, simple croyant, n'étiez-vous pas marié à une femme du nom d'Alazaïs de Bugarach ? N'avez-vous pas été uni à cette femme d'un sacrement catholique ? N'êtes-vous pas encore marié à cette épouse ? Vous l'avez abandonnée, Jean de Montréal. Vous avez abandonné votre femme pour ces sombres activités dans lesquelles les parfaits et parfaites vous ont entraîné. N'est-ce pas cela aussi, la vérité ?

Jean ne dit rien. Il se contenta de baisser encore les yeux en hochant la tête.

Son silence parlait de lui-même.

– Et vous, Aude, à l'heure où vous vous donniez à cet homme, ne saviez-vous pas qu'il était marié ? Ne saviez-vous pas qu'en le laissant vous toucher, vous rompiez vos vœux autant que les siens, bafouant deux religions à la fois ?

Aude non plus ne répondait pas.

– Le saviez-vous ? Répondez.

– Je... Je...

– Répondez.

– Je le savais. Mais... vous déformez tout, vous...

– Ah ! Elle le savait ! s'exclama Etienne de Saint-Thibéry, les bras écartés, en se tournant vers la foule, à présent interdite.

Il reprit :

– Elle le savait, l'entendez-vous ? Que penser alors de vos discours, belle parfaite, que penser de vos grands principes d'éternité et de vos belles prédications, lorsque vous les bafouez vous-même si facilement, dans le secret de votre conscience, en jouissant comme une catin sur la Bible ? Est-ce à des gens comme vous que les cathares confient leur religion ? A des prostituées adultérines ?

Le masque de fermeté de la parfaite venait de se décomposer. Cette fois, c'en était plus qu'elle ne pouvait le supporter. Le sang avait reflué de son visage ;

il n'était plus question de controverse théologique ni de vérité divine, en cet instant. Héloïse retrouva sa sœur telle qu'en elle-même, femme, humaine.

Victime.

Le silence était retombé à l'intérieur de la salle. Il s'étirait, long, terrible.

Un voile de larmes lui couvrit les yeux.

– Je l'aimais.

– Ah ! s'exclama Etienne. Vous l'aimiez !

– Est-ce un crime ?

– Au regard de votre foi comme de la nôtre, au regard des propres sources de votre engagement, oui, c'en est un, et des plus graves ! Que penser d'une parfaite qui, ployée en avant sous les assauts de la honte, les cuisses écartées, glorifie soudain comme une sorcière ce corps qu'elle dit tant abhorrer, après son prêche du soir ? Pour vous-mêmes, cathares, le péché de chair est le plus grave d'entre tous ; il entraîne la perte immédiate du bénéfice spirituel du *consolament,* celui que vous avez reçu, et celui que vous n'avez cessé de dispenser lors de vos réunions secrètes. Ce ne sont pas les lois de l'Eglise catholique qui vous condamnent, Aude. Ce sont aussi celles de votre secte. Ce n'est pas seulement une hérétique à la foi catholique que nous jugeons ici, c'est une hérétique à sa propre foi !

– Je l'aimais...

Aude regarda Jean, qui avait mis les mains sur son visage.

– Pourquoi, Jean ? Pourquoi ?

– Traîtresse au monde entier, vous voudriez que nous vous écoutions davantage !

Derrière les rideaux se trouvaient deux hommes, dans l'ombre, auprès d'une bassine.

Le premier venait de sortir de la bassine un rouleau de parchemin humide, dont l'encre avait coulé. L'autre achevait d'humecter un second rouleau de quelques gouttes d'huile.

– Es-tu prêt ? chuchota l'un.

– Oui, répondit son acolyte.

– Je recommande donc votre âme à Dieu, ce Dieu que vous avez renié ! s'écriait Etienne à l'intérieur de la salle, admonestant la foule. Et c'est à lui, une fois encore, que je remets votre destinée, Aude de Lavelanet !

Un autre signe.

C'est à nous.

Les deux hommes écartèrent les rideaux et s'avancèrent avec les parchemins. Etienne s'en empara. Il les brandit, jouant du bras à droite et à gauche, si bien qu'il était impossible de s'apercevoir des larmes d'eau qui avaient coulé sur l'un, et d'huile sur l'autre. La foule se tendit en avant, tandis qu'Etienne passait rapidement devant les assesseurs. Puis il les montra à Guillaume Arnaud, qui, clignant des yeux, opina du chef.

– Oui, je m'en remets à l'ordalie, au jugement de Dieu ! J'ai ici, dans ma main droite, un texte des Ecritures ; et dans ma main gauche, le recueil de votre profession de foi, profession de l'hérésie cathare, de vos principes absurdes !

Un rire fusa parmi la foule. Etienne foudroya l'assemblée du regard et monta d'un ton. A cet instant, il jouait son va-tout.

– Guillaume Arnaud, pouvez-vous confirmer à l'assemblée que je détiens bien ici les versets de saint Jean qui attestent de la résurrection du Christ en sa splendeur, et ici, un libelle hérétique, où l'on clame qu'il existe des vies après la mort, sur cette même terre, que ce monde est l'œuvre de Satan, qu'il n'existe qu'un seul sacrement, et autres sortes de mensonges ?

Guillaume Arnaud, qui n'y voyait goutte, se pencha sur les parchemins. Tassé sur son fauteuil, il fit mine de parcourir des yeux ces documents, qui lui furent aussitôt soustraits ; puis il prit un air inspiré et déclara doctement :

– Je l'atteste au nom du pape et de la Très Sainte Eglise.

Alors d'un geste ample, Etienne demanda à ce qu'on lui amène une bougie.

– Comment... comment pouvez-vous, sanglota Aude.

– Ici, la proposition de notre Eglise, ici, celle des hérétiques !

L'ordalie. Le jugement de Dieu.

Il passa la bougie sur le premier parchemin. Léché par les flammes, il roussit sans pour autant s'embraser, durant les quelques secondes où il fut ainsi porté à la chaleur. Puis Etienne porta la bougie sous l'autre parchemin. Il cria avec la foule en lâchant le rouleau, qui venait de prendre feu, instantanément.

– DIEU PARLE, dit Etienne, il parle comme autrefois par le Buisson ! Et il vous condamne, Aude de Lavelanet !

La jeune femme regarda le parchemin se consumer. Les flammes se reflétaient dans ses yeux.

Etienne s'approcha d'elle et lui murmura :

– Par votre péché, vous désiriez la mort. Nous allons vous la donner. Et nous verrons, sorcière, si vous nous revenez en papillon dans une vie prochaine.

– Que faites-vous ? lui répondit-elle en pleurant. Mais que faites-vous ?

– *L'Histoire*, dit Etienne. Je fais l'Histoire.

Aude ne tarda pas à être conduite sur le bûcher.

Il était dressé sur la place voisine, à quelques centaines de mètres du réfectoire, en plein cœur de Toulouse. Les autorités consulaires, les représentants de la dynastie comtale et les seigneurs de la noblesse cathare étaient cruellement absents. Le pouvoir réel avait changé de mains. La foule la suivit, et parmi elle, Héloïse, Escartille et Aimery, impuissants. Il se trouva qu'à cet instant, l'évêque Aguilah et le sénéchal royal de Carcassonne venaient d'entrer en ville ; ils rejoignaient Guillaume Arnaud et Etienne de Saint-Thibéry sur la place, juchés chacun sur un cheval. *Aguilah,* murmura Escartille. Lui non plus n'avait pas cessé de sillonner inlassablement l'Occitanie. De jeune évêque porté par le sang de ses victimes, il était devenu la terreur du pays ; il avait près de soixante ans, mais était toujours aussi maigre, avec ce fameux visage émacié, semé de rides, les cheveux rasés sous sa tiare blanc et or, agrippé à ce sceptre qu'il lustrait chaque jour en pensant à Arnaud-Amaury et aux tourmentes d'autrefois. Il était là, droit sur son destrier, levant sa main gantée au milieu des piques des soldats. Aude fut conduite au-dessus des branchages amoncelés autour d'un lourd poteau de bois solidement ancré dans le sol. Elle y monta, les traits déchirés ; on eût dit que son visage allait glisser sur les os de son crâne, se liquéfier pour se répandre devant elle. Des soldats l'attachèrent, autour du cou, de la poitrine, de la taille, des bras et des pieds. La population se mit à hurler, se pressa en avant. Deux corps de troupes entourèrent aussitôt le bûcher.

– Je vous maudis, juges prévaricateurs ! Je vous maudis jusqu'à la fin des temps ! hurla Aude. Que Dieu ait pitié de vous, car pour moi, c'est au-dessus de mes forces !

Et le brasier fut allumé.

Héloïse fendit la foule.

Elle jouait des coudes, donnait des coups de pied, écartait les gens de ses mains.

Sur un signe d'Escartille, Aimery s'élança à sa suite.

– Aude ! Aude, ma sœur ! C'est moi, Héloïse ! Je suis là, tu m'entends ? Je suis là !

Rien ne l'arrêtait, Aimery avait peine à la suivre ; elle se retrouva au premier rang, le déborda, fut seule devant un cordon de soldats. Elle écarta les bras.

– *Je suis là*, dit-elle en pleurant, tandis que la fumée faisait tousser Aude, et que les flammes commençaient de la dévorer.

Du balcon des auberges, du clocher des églises, et de toutes les maisons entourant ce parvis où la population citadine s'était massée, sans plus oser crier ni se manifester, on la vit. Cette femme, seule, devant une autre qui commençait de brûler. Son voile s'envola soudain dans un vent froid, et fut un instant transporté par les courants d'air, souple, transparent, ondulant.

Le voile s'échoua sur le sol.

Aude avait un moment baissé le menton, sentant la fumée pénétrer ses poumons, les premières flammes s'approcher de ses pieds. Elle releva les yeux, et vit à travers le double rideau de ses larmes et du feu le visage de sa sœur. Ses lèvres tremblèrent ; elle se crut en face d'un ange, elle crut soudain qu'elle était déjà morte, ou que Dieu, en ces instants ultimes, lui envoyait un dernier signe, un dernier message. Immobile, incapable de bouger, ni même de parler, elle garda ses yeux faibles rivés sur cette apparition. Mais c'était bien elle, c'était bien Héloïse ! Héloïse en train de danser, derrière les langues de feu.

Les deux sœurs s'échangèrent ainsi un dernier regard, et le temps n'existait plus.

– Je t'aime, dit Héloïse.

Et elle vit qu'Aude lui répondait :

– Merci, ma sœur, je t'aime, moi aussi.

Que Dieu soit avec toi.

Aude poussa un dernier hurlement

Le feu coupa leur regard.

Héloïse se tourna à droite, puis à gauche.

Hébétée.

Vacillante.

La population bruissait autour d'elle. Héloïse la voyait à peine, elle ne voyait plus tous ces gens rassemblés pour assister à l'holocauste.

Seigneur, qu'est-ce donc que cette terre ?

Aguilah la regardait du haut de sa monture.

Aimery avait rejoint la jeune fille. Il lui mit la main sur l'épaule.

La bouche d'Héloïse se déforma de haine. Saisie

d'hystérie, elle s'apprêtait à se jeter sur l'évêque de toutes ses forces, à sortir ses griffes.

Et Aguilah, le visage de marbre, la fixait toujours du regard.

Aimery et l'évêque croisèrent ce fer silencieux. Le jeune homme, les yeux noirs, brûlants, jura de lutter jusqu'à son dernier souffle contre celui qui les contemplait tous deux depuis son cheval.

– *Pas maintenant*, souffla Aimery à Héloïse. Pas maintenant, il nous tuerait tous.

Il voulut la faire reculer, elle tint solidement, inébranlable, sans bouger. Seule son épaule, sous la pression d'Aimery, décrivait un angle bizarre.

– Pas maintenant.

Puis, entraînée, elle fit un pas en arrière.

Mais ils ne se quittaient toujours pas des yeux.

Aguilah aurait pu les faire saisir à l'instant. Il jugea que ces jeunes fous, sans doute des proches de l'hérétique que l'on venait de brûler, ne méritaient pas cet honneur. D'un geste de dédain, il fit signe aux gens de sa suite, qui tournèrent leurs chevaux avant de s'en aller, d'un port altier, vers d'autres procès et d'autres bûchers.

Escartille, à son tour, avait rejoint Héloïse et Aimery. Il les entoura de ses bras.

Ils restèrent ainsi devant le brasier, au milieu de la place, tandis que, peu à peu, la foule refluait, et que la fumée montait encore en volutes noires vers le ciel.

Aguilah de Quillan, aube blanche, étole mauve, sainte tiare liserée d'or, gants de velours, avançait vers la crypte. Son sceptre à tête d'aigle se balançait légèrement, au rythme de ses pas. D'un signe du menton, il intima l'ordre d'en ouvrir les grilles. Celles-ci poussèrent un long grincement, puis Aguilah s'enfonça dans l'obscurité. Il descendit lentement les escaliers concentriques qui menaient vers les profondeurs. Au bout de quelques instants, il se retrouva à l'intérieur de la crypte. Il ralentit pour écouter les gémissements de souffrance de son prisonnier. Jean de Montréal, amant d'une nuit d'Aude de Lavelanet, était attaché à un mur suintant d'humidité. On avait glissé les chaînes qui immobilisaient ses bras dans les anneaux de la paroi ; ses pieds étaient enchaînés de la même façon. Ils semblaient patiner sur de la paillasse ensanglantée. Devant lui, son bourreau, un croc de fer à la main, excitait des braises qui rougeoyaient sous l'effet d'un feu de circonstance. Lorsque le prisonnier vit arriver Aguilah, il redressa le visage. Il avait le front crasseux, l'œil et les lèvres tuméfiés. Un filet de sang tombait de sa bouche. Son torse était marqué de cicatrices et de brûlures profondes. La crypte n'était éclairée que de quatre flambeaux ; l'ombre du prisonnier s'allongeait devant l'évêque. Sans doute avait-il uriné sous lui, de peur et de douleur. Il avait dû s'évanouir à plusieurs reprises. Il émanait de lui une odeur de bestialité écœurante. Jean regarda l'évêque longuement, soufflant comme un animal blessé, tandis que le bourreau s'écartait. Aguilah, les yeux plissés, droit comme un chêne, le considéra sans rien dire. Puis il fit signe à un jeune garçon qui venait de le rejoindre. Celui-ci lui glissa entre les bras un livre enluminé, relié de cuir, deux cents feuilles de parchemin, sur lesquelles l'évêque laissa courir sa main gantée. Aguilah se passa la langue sur les lèvres et dit, sans regarder sa victime :

– Savez-vous pourquoi je tenais tant à vous retrouver ?...

Le prisonnier ne répondait pas. Aguilah reprit :

– Il y a deux ans, lorsque vous étiez encore à Bugarach, avec votre épouse Alazaïs, vous avez accusé l'un des membres de notre Eglise d'avoir tenté d'abuser de votre nièce... Frère Guillaume, que vous incriminiez de ces faits obscènes, a nié toutes vos accusations. Vous aviez cherché à le tuer, pauvre et stupide guide de forêt. Savez-vous qu'il nous a fallu amputer Frère Guillaume des deux mains, à la suite de votre rixe ? Savez-vous que cet homme de bien ne pourra plus prier, ni rendre ses devoirs à aucun des offices, de matines à complies, comme autrefois ?... L'ignoble souffrance que vous lui avez infligée a failli l'emporter. Et il a, naturellement, continué de nier tout ce que vous lui reprochiez. Vous comprendrez que j'aie moins de mal à accréditer les dires d'un homme dont je sais la valeur dans la foi, que ceux d'un hérétique tel que vous. Et il se trouve... que Frère Guillaume est un de mes lointains cousins, mon ami. C'est là une autre erreur que vous avez commise. Vous avez fait bouillir mon sang – mais c'est bien la justice de Dieu qu'il nous faut accomplir ici.

Le prisonnier ne répondait toujours pas. Il soufflait, simplement.

– Une justice au grand jour, dit Aguilah. Aude de Lavelanet est morte, une petite tête de moins à l'hydre hérétique. L'entendez-vous venir, cette justice, qui se précipitera bientôt en ce pays de toutes parts ? Ne l'entendez-vous pas, déjà, comme une tempête en marche ? J'ai sous les yeux cette parole malsaine que vous ne cessez de répandre autour de vous, avec votre cohorte de « purs », si convaincus de leur mauvais droit. Nous allons rétablir l'ordre jusqu'aux rives de l'océan, comme je m'y emploie depuis trente ans.

– Vous êtes fou, dit Jean.

La chose lui apparaissait maintenant dans toute son évidence.

– Mon Dieu, vous êtes fou.

Aguilah ne put s'empêcher de rire. La petite voix dans sa tête rit avec lui.

Chatistes ! Chatistes ! Oui, les temps sont venus !

– Mais je suis las, dit encore l'évêque. Longtemps, nous avons discuté ; longtemps, vous avez excité notre compassion. Vous êtes restés sourds à nos appels. Il n'est plus temps de revenir en arrière à présent. Je ne vous aime pas, mon ami, ni vous ni les vôtres. Sachez, Jean de Montréal, que votre femme, Alazaïs de Bugarach, cette femme que vous avez abandonnée pour épouser la cause hérétique, vient de donner naissance à une fille. Naturellement, vous ne la verrez jamais ; et naturellement, cela est sans importance, puisqu'elle n'est pas de vous. Avant que vous ne mouriez, je voudrais que vous sachiez une chose. Il est de mon devoir de garder cette enfant sous ma protection. Ainsi, je saurai l'éloigner des influences néfastes de votre famille. Je trouve la chose fort belle : je m'occuperai d'elle, je m'occuperai de cette brebis que je choisis parfaitement au hasard, parmi toutes les brebis égarées.

Il étendit le bras devant lui, d'un geste impérial. Puis il serra le poing.

– ... Et je prouverai que jamais Sathanas ne sera triomphant. Je le vaincrai dans l'âme même de cette créature. Je prouverai, comme l'a dit le Seigneur, que le mauvais grain peut être bonifié, si on le soustrait à sa funeste semence... *Seigneur, notre Dieu,* disent Isaïe et les prophètes, *des maîtres étrangers nous ont possédés sans vous ; faites qu'étant dans vous maintenant, nous ne nous souvenions que de votre nom !* Elle s'en souviendra, mon ami ; elle grandira dans mon ombre et sera fière de son Eglise. La douleur de l'enfantement n'est rien, mon ami, rien en regard de celle qu'éprouve le Christ Rédempteur lorsqu'il se souvient de tous ces enfants que vous ôtez à sa maistrie. Voyez donc : pour vous, je vais réparer le destin. Je serai son gouverneur, son précepteur et sa conscience. J'en ai le pouvoir. Et ce sera là une manière de pardon pour vos fautes, Jean de Montréal. Sans doute le seul pardon que vous méritez.

Il rit.

– Porc ! Chien galeux ! hurla le prisonnier, crachant autant de salive que de sang. Aguilah, vous serez maudit jusqu'à la fin des temps ! Laissez-moi sortir ! Laissez-moi, vous m'entendez !

Aguilah écarta un bras, haussa les sourcils et tendit la main vers le ciel.

– *De profundis clamavi ad te, Domine,* dit-il avec ironie. Oui, adressez vos suppliques au Seigneur, âme déjà damnée, sentez les flammes de l'enfer qui vous attend. Le voyez-vous, ce Dragon, cette bête aux mille visages, qui rampe et se terre dans notre belle Occitanie ? Il sera bientôt à nos pieds, tête tranchée, sa queue déroulée et inerte, sa langue pendante au milieu des fumées. Priez le vrai Dieu, Jean de Montréal, qu'il vous accorde la rémission de vos péchés !

Le prisonnier tirait sur ses chaînes de toutes ses forces, muscles tendus, les veines saillant à ses tempes ; les bracelets autour de ses poignets, de ses chevilles, meurtrissaient sa chair.

Tout à coup, Aguilah s'arrêta.

– Je suis las d'avoir sillonné ce pays à la recherche de votre secret.

Il planta ses yeux dans ceux du prisonnier.

– Quel secret ?

Aguilah le gifla. Une gifle cinglante.

– Quel secret ? Ne vous moquez pas de moi. Celui que vous n'avez cessé de nous cacher ! Je parle des reliques ramenées par un chevalier inconnu et sans religion, en l'an de grâce 1209. Oui, il y a plus de trente ans de cela ! Je parle de ces reliques impies que je sais dissimulées, là, quelque part ! Durant tout ce temps, nous avons écumé les villes et les châteaux, retourné toute la terre ! Mais rien n'a suffi à nous permettre de les retrouver. J'ai cherché sans relâche, pour lever enfin ce mensonge derrière lequel se cache votre secte, et vos champions Bertrand Marty et Guilhabert de Castres !

Aguilah se pencha en avant :

– Eclairez-moi donc, Jean de Montréal. Je n'attends de vous... qu'une simple confirmation de ce que je crois déjà. Il me suffit d'un mot et vous êtes libre. Alors dites-moi, maintenant : *où sont les reliques ?*

Jean releva la tête.

Il resta muet.

Aguilah se tourna vers le bourreau, se passa une main sur les lèvres, puis dit :

– Arrachez-lui les ongles, s'il vous plaît. Arrachez-lui un à un, et qu'il implore chaque fois le Seigneur d'un Notre Père.

Le bourreau, croc de fer entre les doigts, écarquilla les yeux.

Aguilah répéta :

– Cet hérétique a tranché il y a quelque temps les mains de mon cousin, Frère Guillaume. Assurons-nous qu'il ne pourra plus user des siennes. J'ai dit : arrachez-lui les ongles. Et qu'il nous crache son secret ! Bien peu de gens en ont eu vent : je sais qu'il est un des leurs. Alors qu'il en soit ainsi, jusqu'à ce qu'il me révèle la vérité. Telle est la justice du Seigneur, conclut-il en élevant de nouveau son gant de velours, comme il le faisait lors des bénédictions dominicales.

Jean céda après le troisième ongle. Il s'était évanoui par deux fois.

Aguilah lui redressa le menton :

– Alors ? Où est votre trésor ?

Jean souffla un mot inaudible.

– Comment ? Je n'entends pas.

Jean répéta.

Tout à coup, le visage d'Aguilah s'éclaira.

Il recula et tourna sur lui-même, écartant les bras, son sceptre à la main, en riant.

Puis il dit :

– Ainsi, j'avais raison. Merci, Jean de Montréal ! Vous me prouvez ce que je pense depuis longtemps. Plus rien ne nous retient à présent : il faut en finir coûte que coûte.

Puis il se détourna et, lentement, se dirigea vers les marches qui le ramenaient vers la lumière.

– Que fais-je de lui ? demanda le bourreau.

Aguilah dit d'une voix dédaigneuse :

– Tuez-le.

Chatiste ! Fornicateur sacrilège ! criait encore la voix dans sa tête, exultante.

Aguilah ne fut pas mécontent d'échapper à l'obscurité de la crypte. Non loin, son attelage l'attendait. Les yeux tournés vers le ciel bleu, il huma cet air frais qui provenait des massifs montagneux, et laissa quelques instants le soleil réchauffer son front. Un office l'attendait avant la tombée de la nuit ; il devait s'y préparer. Auparavant, il irait faire quérir la fillette d'Alazaïs de Bugarach. Cette enfant serait son chef-d'œuvre. Il assurerait le salut de son âme. *Laissez venir à moi les petits enfants !*

La mission d'Aguilah en cette terre approchait de son terme, et cette idée le transportait.

Il sourit, satisfait, et gagna son attelage.

Bientôt, il n'aurait plus à courir, à passer de ville en ville. Un seul endroit méritait désormais d'être pris d'assaut, un endroit qui n'avait cessé de résister aux forces conjointes du pape et du roi de France.

– Montségur, dit-il pour lui-même. Ainsi, c'est là que tu es.

Et la justice de Dieu, enfin, suivrait son cours.

Jean de Montréal, quant à lui, fut écorché vif et traîné par un cheval dans toute la ville.

13

La dernière quête

Lettre de Philippe Poussin à Antoine Desclaibes
Paris, le 28 août 2000.

« Antoine,

Me voici, grâce à toi, sur la piste de l'énigme la plus incroyable qu'il m'ait été donné de résoudre. Je me sens marcher sur les traces des archéologues qui, avant moi, tentèrent de percer à jour les secrets de Montségur et des cathares, Caussou, Arnaud, Toussaint Chaubet, l'abbé Durand, Jean Tricoire ! Fous qu'ils étaient, sans parler des amateurs qui n'ont cessé de piller les sites de la façon la plus anarchique ! Fou que je suis, de m'être lancé dans cette opération, sur la simple foi de ton document, cette carte à la rose, rose des vents !

La conservatrice du Centre d'études cathares m'a rendu visite à Montségur. Nous avons longuement parlé du château lui-même. Montségur I : les couches les plus profondes. Quartzite moustérien, paléolithique moyen, homme de Néandertal. 40 000 avant Jésus-Christ. Néolithique récent, argile de décalcification, logée dans les failles de la roche naturelle, témoignant d'une occupation humaine dès 3000 avant Jésus-Christ, traces de silex, de broyeurs, de percuteurs, de racloirs. Occupation romaine diffuse, insuffisante pour en tirer des conclusions raisonnables ; Montségur pré-médiéval, si pauvre lui aussi, happé à tout jamais par les mystères de l'évolution naturelle. Montségur II, Montségur cathare, sans cesse détruit et rebâti... Soudain, j'ai parlé de toi à cette femme qui se trouvait à mes côtés, au sommet du *pech.* Pas de ce que tu penses avoir découvert, mon cher Antoine, ni du manuscrit, ni de la carte. Simplement de notre inspiration commune.

La bataille a été longue.

Je l'ai gagnée.

Les municipalités, les instituts et les historiens de la région se sont joints à moi.

Nous sommes arrivés avec nos pelles, nos pioches, nos marteaux, nos burins, nos calques, nos bâches et nos carbones, nos banderoles et nos pieux ; à l'heure où je te parle, une soixantaine de personnes sont disséminées dans cette petite grotte du Sabarthès dont le troubadour et son encre énigmatique ont signalé la présence.

Nous travaillons sans relâche.

J'entends le bruit de nos instruments contre la pierre ; celui du souffle des derniers cathares de Montségur ; celui de nos gens, debout, assis, accroupis, agenouillés sur tout ce que cette grotte pourra nous révéler ; bruit des pinceaux sur la poussière, des lampes de poche qui passent de main en main. La grotte doit faire une centaine de mètres carrés ; sa voûte est encombrée de stalactites qui pendent comme les calicots d'une fête funèbre ; elle est humide et sombre, c'est une gorge amère, prête à vomir ce passé qui nous obsède, une bouche ouverte sur l'inconnu. Nous nous sommes jetés à l'intérieur sans d'autres repères, ni autres instructions que de chercher le secret qu'elle recèle.

Je trouverai.

Philippe. »

14

Le secret de Montségur

1243-1244

> *« Que l'ennemi affûte son épée, qu'il bande son arc et l'apprête, c'est pour lui qu'il apprête les engins de mort et fait de ses flèches des brandons ; le voici en travail de malice, il a conçu la peine, il enfante le mécompte... »*
>
> Psaume VII, Prière du juste persécuté.

Escartille, Héloïse et Aimery marchaient d'un pas pressé dans les rues de la cité toulousaine.

C'était l'heure du crépuscule, un jour après le martyre d'Aude. Les tours du palais comtal, les bâtisses de la ville, le clocher des églises étendaient leurs ombres sur les pavés.

Le matin même, Escartille et ses deux compagnons étaient passés non loin d'un vaste cimetière, auprès des remparts. Ils avaient été témoins d'une scène qu'ils avaient encore peine à croire : un prêtre, entouré de fossoyeurs, exhumait des cadavres. En robe blanche, il faisait tantôt des signes de croix, tantôt d'amples gestes censés jeter l'anathème sur les corps à moitié décomposés qu'il ordonnait de sortir de terre. Les hommes qui l'accompagnaient donnaient des coups de pelle, retournaient les tombes, faisaient tomber les croix. Le prêtre, une bible à la main, se juchait sur les monticules en poursuivant son terrible office, jetant çà et là des coups d'encensoir ou d'eau bénite ; deux enfants de chœur l'assistaient dans cette tâche.

Un moine, lui aussi éberlué par ce spectacle, se signait, les mains tremblantes. C'était à lui qu'Aimery avait demandé :

– Mais... que font-ils ?

Le moine, sans doute l'un des frères dominicains, s'était tourné vers lui. Il roulait des yeux affolés, ronds comme des billes, qui lui auraient donné un air comique si ce n'était le pathétique de la situation.

– Ils déterrent des cadavres d'hérétiques, qui n'ont pas droit à une sépulture chrétienne. Ils les excommunient.

– Ces hérétiques n'ont-ils pas été jugés avant leur mise en terre ?

Ici, le moine avait fait la grimace. Le front soucieux, les traits déformés de honte, il avait dit :

– C'est que... Ils étaient déjà morts, vous comprenez, et enterrés par leurs familles. Leur procès a eu lieu de façon... posthume.

– Vous voulez dire qu'ils déterrent des cadavres pour les juger, *après leur mort ?*

Puis il s'était tourné vers le prêtre qui continuait ses grands gestes.

Aimery avait entendu le moine murmurer :

Dieu Tout-Puissant, je me demande si c'est moi qui

suis fou, ou si Votre monde ne se met pas tout à coup à marcher sur la tête.

Un peu plus loin, des hommes traînaient par les rues des ossements humains, sur des claies, au son des trompes. Depuis un tabouret, un crieur public citait un à un les noms des défunts. Il était vêtu de linge blanc et d'un grand manteau rouge, un chapeau sur la tête. Les bras écartés, il pivotait tantôt à droite, tantôt à gauche, d'une façon presque mécanique. Chacune de ses interventions était ponctuée d'un avertissement : *« Qui atal fera, atal perira ! » : qui ainsi fera, ainsi périra !* Aimery, écœuré au-delà du possible, avait posé fugitivement la main sur le bras du moine ; ils s'étaient regardés, puis le jeune homme était retourné auprès d'Héloïse et de son père. Quelque temps après, le moine, quant à lui, était allé vomir, une main contre les remparts, cassé en deux, étreignant son crucifix avec désespoir. Il se frappait le front contre la paroi et murmurait :

– Pardonnez-nous, Seigneur, pardonnez-nous.

A présent, le trio filait par les rues.

Lorsqu'ils parvinrent à l'enseigne de l'auberge des *Deux Coqs*, Escartille s'arrêta.

Il regarda à droite et à gauche. A l'angle de l'auberge, quelques marches conduisaient vers une ruelle, en contrebas. Ils s'y engagèrent malgré la pénombre, jusqu'à trouver une vieille porte de bois, dont la butée représentait le visage d'une gargouille. Escartille frappa par trois fois. Les coups, sourds, résonnèrent à l'intérieur. Ils tendirent l'oreille : quelqu'un semblait s'approcher de l'autre côté de la porte.

– *Qui va là ?* demanda une voix en occitan.

– Je suis Escartille de Puivert, messire. Nous sommes atten...

La porte s'ouvrit soudain. Un vieil homme, à la barbe drue et aux yeux inquiets, leur apparut.

– Pas de nom, malheureux ! Ne vous a-t-on rien dit ? Montrez-moi votre méreau.

Escartille fouilla dans sa besace et en sortit un jeton de métal, frappé d'une croix grecque.

– C'est un ami de Raymond VII qui m'envoie et m'a fourni ce méreau. Il m'a dit... que vous pourriez nous aider.

Le vieillard regarda le méreau, le mordit de ses dents rongées de caries et de chicots, le regarda encore, puis hocha la tête en soufflant :

– Entrez, vite ! Dépêchez-vous.

Ils entrèrent ; ils se trouvaient dans l'arrière-salle de l'auberge. Une porte donnait sur le corps principal du bâtiment, une autre sur les cuisines ; mais ce fut une troisième, invisible au premier abord, que le vieillard ouvrit avant de les inviter à le suivre. Escartille, Aimery et Héloïse lui emboîtèrent le pas. Un escalier de pierre, éclairé de flambeaux, plongeait dans les profondeurs. Ils descendirent. Les parois du mur suintaient d'humidité. Ils débouchèrent enfin dans une cave assez vaste, dont les voûtes arquées reposaient sur quatre piliers. A droite se trouvaient des sacs de vivres, des fûts de vin et des rangées de bouteilles alignées sur des étagères ; à gauche, des quartiers de viande étaient suspendus à des crochets. A leur arrivée, un homme encapuchonné se retourna. C'était l'un des membres de la Confrérie Noire. Il se tenait auprès d'une table recouverte d'un drap et éclairée de deux torches, un bâton en main. Il considéra en silence les nouveaux venus. On ne pouvait voir son visage, dissimulé dans l'ombre. Enfin, sa voix retentit.

– Vous êtes Escartille de Puivert ?

– C'est moi, en effet. Et voici mon fils Aimery, ainsi que... Héloïse de Lavelanet. Elle a perdu sa sœur hier, elle a...

– Je le sais, dit l'homme. J'étais là. Nous n'avons pas beaucoup de temps. Avez-vous des chevaux ?

– Deux, dit Aimery. Nous les avons laissés non loin des portes de la ville.

– Il nous en faut deux autres, dit le *ductor* au vieillard, qui opina du chef en silence avant de remonter les marches de la cave, avec empressement.

Puis il se tourna de nouveau vers Escartille.

– Pardonnez-moi de ne pas faire mon adoration comme il se doit, mais nous devrons nous épargner toute démonstration durant notre voyage. Vous avez de la chance d'être arrivés jusqu'à Toulouse sans encombre, et d'être encore vivants, surtout après avoir croisé les yeux d'Aguilah. Toutes les entrées et sorties de la cité sont désormais contrôlées. Ils vont vous rechercher. Nous passerons par les souterrains.

– Les souterrains ? dit Héloïse.

– Ils mènent hors les murs. Le vieil homme que vous avez vu saura conduire les chevaux au-dehors. Nous les retrouverons dans la forêt. Faites des provisions si vous n'en avez pas et retrouvez-moi dans la ruelle dans quatre heures. Mais surtout, soyez prudents, ne vous promenez pas trop ; je vais vous donner le nom de quelques amis qui sauront pourvoir à vos besoins immédiats. Surtout, gardez précieusement votre méreau. Nous partirons au milieu de la nuit. Je quitte moi aussi cette ville, elle est devenue bien trop dangereuse. La Confrérie est exsangue ; elle chancelle ; on ne cesse de lui porter des coups dont elle risque de ne jamais se remettre. Je n'ai plus rien à faire ici. Il faut continuer le combat ailleurs. Montségur est le seul asile encore possible pour des gens tels que nous.

Le clandestin s'assit sur une chaise, derrière la table. Il joignit les mains, laissant les manches de son manteau reposer sur le drap blanc.

– Etes-vous bien sûrs de votre décision ? Il n'est pas aisé de monter à Montségur ; d'y vivre, encore moins ; et le quitter est devenu pratiquement impossible. Il est encore temps pour vous de fuir, en Espagne, en Italie, que sais-je ! Vous pouvez encore rebrousser chemin, partir sans vous retourner. Mais il est certain que la communauté a besoin de vous.

Escartille s'éclaircit la gorge.

– La chose est entendue. L'Occitanie est notre pays, c'est elle qui nous a vus naître !... Il n'est plus temps de l'abandonner. Nous n'avons de toute façon nulle part où aller.

– Ma sœur est morte, brûlée vive, dit Héloïse. Je combattrai jusqu'à mon dernier souffle les hommes que j'ai vus hier.

– Allons, dit Aimery.

Aguilah de Quillan, avant de quitter lui aussi la ville comtale, devait conduire un office en l'église de Saint-Sernin. Lorsque les cloches sonnèrent neuf heures, il commença la cérémonie, entouré d'une dizaine d'abbés, ainsi que des inquisiteurs Etienne de Saint-Thibéry et Guillaume Arnaud.

Trois heures avant le départ, Héloïse fit une nouvelle folie. Passant devant les portes de l'église, elle s'y engouffra avec détermination. Surpris, Escartille et Aimery n'eurent pas le temps de réagir.

Héloïse alla sans hésiter prendre place parmi les premiers rangs de l'église. Escartille et son fils, qui s'étaient revêtus eux aussi de manteaux noirs à capuchon, entrèrent à leur tour en toute hâte, sans se signer. Escartille se posta auprès du bénitier, contemplant le reflet des lumières dans l'eau dansante. Aimery, à pas lents, se glissa vers l'avant de la nef.

– *Elle est folle,* siffla-t-il entre ses dents. *Elle est complètement folle !*

Il parvint à se poster juste derrière la jeune femme ; elle lui tournait le dos, mais déjà, elle était encadrée à droite et à gauche par deux autres personnes. De toutes parts, la communauté catholique, repentants, pèlerins et pénitents entraient dans l'église. Aimery était tout près d'Héloïse. Son capuchon dissimulait son visage et il savait qu'il devait l'ôter pour ne pas attirer l'attention ; mais le faire devant Aguilah pouvait être tout aussi dangereux. Il s'efforçait de rester dans l'alignement du pilier qui le masquerait à la vue de l'évêque, dont il avait si longuement croisé le regard lors du bûcher d'Aude. La main crispée sur son bâton, Aimery pouvait, lui aussi, passer pour l'un de ces bons pèlerins en chemin vers Saint-Jacques ; les déguisements que leur avait fournis le *ductor* devaient laisser penser qu'ils n'étaient effectivement que de passage en cette ville troublée. Mais cela ne tromperait pas l'évêque lui-même. Le jeune homme portait une coquille autour du cou, un poisson brodé sur l'épaule ; avec le capuchon, on ne pouvait, en le regardant, préjuger ni de son âge ni de son sexe, sauf à examiner ses mains avec attention. Encore aurait-il fallu beaucoup de discernement pour deviner là des mains d'homme, car malgré son habitude des travaux quotidiens, et son entraînement régulier au maniement des armes, ses doigts avaient conservé la fraîcheur et la finesse d'un artiste, prompt à jouer des cordes de sa lyre. Homme ? Femme ? Vieux ou jeune ? Ainsi grimé, avec son bâton, il aurait pu simuler aussi bien la lépreuse en fuite que le paladin *incognito* en quête de rédemption, prêt à jouer tous les rôles, courbé ou debout, bossu ou hiératique à la manière d'une icône échappée d'une édifiante statuaire chrétienne. Mais la situation risquait de le trahir à chaque instant.

Devant lui, Héloïse assistait au début de la cérémonie.

Aimery inspira et ôta son capuchon.

Héloïse. En cet instant, alors qu'il redoutait le pire, il jurait, pestait contre elle ; pourtant, quelque chose le troublait au plus profond de lui-même. Cette jeune femme le touchait plus qu'il ne voulait l'admettre. Certes, on l'eût été à moins, en de telles circonstances. Il l'avait suivie dans la forêt de Pamiers, il avait vu ses larmes ruisseler devant le bûcher de sa sœur, il avait épousé sa détresse. Et le geste fou qu'elle venait de faire, en entrant dans cette église, dépeignait bien le personnage. Mais pourquoi s'était-elle précipitée à l'intérieur ? Aimery serra le poing. Aguilah allait la voir ! S'ils étaient découverts, c'en serait fini d'eux – et peut-être du *ductor* et de sa Confrérie Noire ! Alors pourquoi avait-elle agi d'une façon aussi insensée ? Il aurait voulu la gifler, hurler à ses oreilles, et tout aussi bien la prendre dans ses bras.

Debout au fond de l'église, Escartille bouillait lui aussi.

Mais que font-ils, par Dieu ! Que font-ils ?

Héloïse était là, debout, raide, devant Aimery.

Nerveux, le jeune homme passa une main sur sa tête.

Lorsque la cérémonie commença, ils durent se signer avec les autres. Aimery et Héloïse n'avaient d'autre solution que de se plier au rituel. Ils firent ce que l'expérience leur avait appris. Ils portèrent la main à leur front avec solennité, copiant les gestes romains et murmurant avec ironie : *aici lo front* ; sous le menton – *aici la barba* ; à droite puis à gauche, près des oreilles : *aici una aurelha et aici l'autra !* Puis, Héloïse ne bougea plus. Aimery voyait sa nuque, devinait le parfum de sa peau, caressait du regard ses cheveux blonds, irisés par la tension qu'elle devait encore éprouver. Et il comprit qu'il la désirait, là, alors même qu'elle se trouvait debout à quelques mètres de l'autel, où venait de se poster le pire de leurs ennemis.

Depuis quelque temps, l'Inquisition avait décidé de proscrire le luxe vestimentaire, imposant aux Occitanes de lacer étroitement leur corps, de fermer leurs jupes, de remonter leurs cols. Et elle, Héloïse... Elle était là, devant lui, symbole vivant de toutes les contradictions de son temps ! Elle eût été aussi belle dans une robe luxueuse, aux franges de perles et de pierres précieuses, taillée d'une soie étincelante et passementée d'or, que dans ce vêtement de tissu grossier dont on l'avait affublée, avant leur départ imminent de la ville...

S'ils arrivaient à partir.

Escartille, de plus en plus anxieux, se pinça les lèvres et refréna un frisson. Un bref moment, il dressa le menton, tenta de les repérer. A ses côtés, une femme lui envoya un regard curieux.

Aimery, Aimery ! Sortons d'ici ! Sortons d'ici tout de suite !

Mais n'était-il pas déjà trop tard ?

Aguilah repéra Héloïse au moment où l'un des abbés commençait la première lecture.

Il en eut le souffle coupé.

Aimery se retrancha derrière le pilier de l'église, ferma les yeux et se mit à prier.

Cette fois, nous sommes bons. Héloïse ! Mais qu'as-tu fait, Seigneur ?

Les yeux d'Aguilah se plissèrent. Il ne cessait de la regarder, les yeux brillants, une main sur son menton, soudain partagé entre fascination et courroux. Il savait qu'il lui suffirait d'un geste, au moment opportun, pour que la garde se saisisse d'elle. Mais si elle était là, peut-être ses compagnons, eux aussi, se trouvaient-ils dans l'église. Pourquoi était-elle venue se présenter devant lui ? En signe de repentance ? Ah ! Le prenait-elle à ce point pour un sot ! Non – il s'agissait bel et bien d'une provocation, d'une scandaleuse provocation ! Cet acte téméraire excita pourtant le cynisme de l'évêque. Parfois, il admirait ces fous d'hérétiques. Il était inutile d'interrompre la cérémonie ; il préférait continuer cet affrontement silencieux, sachant que, dès la fin de l'eucharistie, il sommerait les inquisiteurs de la retenir et de la lui livrer. Il la ferait ramper à ses pieds pour cette incroyable, cette délirante insolence. Il la regardait, jeune femme rebelle, avec sa voilette relevée, cette gonnelle de seconde main, grossière et fendue. Aguilah en avait croisé, de ces femmes habillées à la manière des Catalanes, dont les garde-corps échancrés laissaient deviner les charmes, aux décolletés agrémentés d'un arsenal de cordelières, de bourses et de bandeaux ; elles passaient dans les rues, faisaient tourner la tête de tous les amoureux de la vie et finissaient, les sottes, par s'attirer les foudres de l'Eglise. Il les haïssait de tout son être, ces prostituées, si promptes à se gorger de foutre ! Et elle, devant lui, cette jeune catin, elle redressait la tête, laissant entrevoir sa chevelure libre de toute entrave, le teint de sa peau ! Savait-elle, pourtant, qu'elle n'était qu'un jouet, dont les hommes étaient les maîtres ? Aguilah trouvait soudain dans cette situation inattendue un plaisir frénétique, mêlé d'une haine qui irriguait chacune de ces veines.

Une vision fugitive passa dans son esprit. Il ne savait d'où elle était née, mais elle l'embrasa d'un coup, avant qu'il ne la chasse avec force, ce qui ne fit que redoubler sa colère. Son imagination s'était enflammée, en un éclair. Il s'était vu débarrasser Héloïse de son déguisement, arracher fermails et cordelettes et jouir avec le Diable. *Va-t'en, Sathanas,* se dit-il. Dieu et Diable se retrouvaient alors devant lui, l'un tonitruant ses célestes commandements, l'autre aiguisant à l'envi toutes ces tentations... Lui, ce même démon que l'évêque s'efforçait, peu à peu, de balayer d'Occitanie ! Non loin de lui, Aguilah avait fait venir Alazaïs, la fillette illégitime de l'épouse de Jean de Montréal ; comme il l'avait promis au prisonnier, amant de la belle Aude dans la forêt de Pamiers, il avait arraché cette enfant à sa mère, et commençait de clamer partout qu'il en ferait sa protégée dans la foi.

Il regarda la petite tête blonde, passa une main dans sa chevelure et sourit.

Il l'avait fait asseoir à ses côtés.

Puis il regarda de nouveau Héloïse. Elle ne savait pas qui pouvait bien être cette fillette. Mais cela plaisait aussi à Aguilah.

Aimery, à demi caché par le pilier, risqua à son tour un regard en direction de l'évêque.

Il lut dans les yeux du prélat de la convoitise, de l'orgueil, de la fureur. Autant de sentiments que, d'ordinaire, le masque froid et impassible de l'évêque ne laissait transpercer en aucune manière.

En vérité, c'est vous, l'hérétique, se dit-il.

La cérémonie se poursuivait. Escartille était aussi désarmé qu'Aimery et Héloïse.

Tandis que l'évêque s'associait aux prêches et aux discours des abbés, il cherchait encore à aimanter Héloïse, comme si une autre partie se jouait en même temps que l'office, où il ne cessait de clamer : *les hérétiques sont parmi nous, ils peuvent être vos voisins, votre frère, votre sœur...* Au point qu'il semblait parfois s'échapper du cours de la cérémonie. Il y revenait lorsque la voix du prêtre sonnait à ses oreilles, parlant du Christ, de ses apôtres et des ennemis de la vraie foi. Héloïse supportait la présence insistante de son bourreau en lui envoyant des regards fermés, dont l'indifférence apparente et glacée n'était qu'un défi supplémentaire. Malgré sa naïveté et sa pureté encore virginale, avait-elle pris la mesure de son geste ? Son silence, en cette église, avait pour elle la dimension d'un cri, un cri fulgurant, l'appel de son cœur à une liberté illusoire, qu'elle ne pouvait conquérir ; elle était bel et bien piégée, mais, consciente de la toile qu'elle s'était tissée, elle clamait qu'elle aurait la force de s'en défaire. Et cette voix, tapie dans le sein de la jeune femme, pouvait à chaque instant éclater dans toute sa colère et sa déraison, peut-être maintenant, dans cette église même. Aimery sentait sourdre cette rébellion sublime ; il se souvenait d'un épisode dont Escartille lui avait parlé, autrefois, et qu'il tenait d'un proche de Raymond VI.

Fizas, dame d'honneur de la comtesse Eléonore, l'épouse de Raymond, avait jadis accompagné sa maîtresse jusqu'à Rome. Elle avait emmené avec elle des hérétiques, dont un diacre cathare. Et tandis que le pape célébrait sa messe, en leur présence, c'était à cet homme que Fizas rendait hommage. Oui, en plein cœur de la chapelle apostolique, c'était un diacre hérétique qu'elle adorait en silence !

C'était la même chose ici : Héloïse menait sa révolte en face de l'évêque, devenu pour elle l'emblème du pouvoir et de la terreur.

Je te terroriserai secrètement, Aguilah, disait-elle, *et la nuit venue, ton âme froide et morte te fera te retourner dans tes linges blancs, tu maudiras tour à tour le Tout-Puissant et les cathares, ta vie et ta naissance. Tes prières iront à la Vierge autant qu'à l'Antéchrist, le seul capable d'écouter tes invocations. Je serai ta maîtresse et ton bourreau, je retournerai contre toi l'amour que tu m'as volé, et ce feu te consumera jusqu'à la mort, car mon bouclier est Dieu lui-même.*

A présent, elle se figeait dans des postures d'intense dévotion, égrenait un chapelet incendiaire, aux grains aussi menaçants qu'un arsenal d'armes de jet. Quelle pouvait être la part du jeu et de la foi sincère ? Adorait-elle Dieu comme son seul refuge ? Attendait-elle un autre Dieu, à visage humain, ou Le priait-elle de lui envoyer l'un de ses anges, l'un de ses émissaires pour la libérer, comme autrefois Israël ?

Aguilah voyait encore ce regard l'effleurer avec froideur, puis glisser loin de lui.

Cela suffit, pensa Aimery. Et en observant l'évêque, il lui sembla deviner une vérité atroce.

Est-ce pour cela ? Est-ce pour cela que tu fais la guerre, Aguilah ? Est-ce pour cela, que tu es prêt à mettre tout entier le pays à feu et à sang ? Parce que tu n'as jamais su aimer une femme ?

Il ferma les yeux, humant les parfums qui venaient alors l'habiter tout entier.

C'est elle, Aguilah, ton Occitanie. Ta cathare. Ton hérétique.

Aimery se pencha et souffla :

– Il faut fuir, Héloïse, tu m'entends ? Partons !

Mais il était contraint d'attendre. Il comprenait maintenant tous les mots d'Escartille, ses descriptions des passions du cœur, ses élans de joie et de souffrance qu'il n'avait cessé de clamer en vers et en musique. Il découvrait qu'il aimait, tandis que la cérémonie continuait d'avancer comme un châtiment cruel. Il regardait les voûtes romanes, l'autel où l'on préparait le calice et l'hostie, les enfants de chœur qui, eux aussi, étaient entraînés dans le ballet de cet affrontement. Ils servaient, dans leur robe blanche, des enjeux qui pourtant les dépassaient, et auxquels ils ne devaient pas comprendre grand-chose ; seuls restaient le spectacle quotidien de la violence, l'exaspération des populations et l'inquiétude mortelle de leurs familles.

Vint le moment de l'eucharistie. Les fidèles avancèrent de chaque côté de l'église, en une lente procession, tandis que le prêtre et Aguilah, après avoir consacré le pain et le vin, descendaient solennellement quelques marches pour donner les hosties de communion. *C'est l'heure du petit gâteau,* pensa Aimery, se souvenant de ces paroles qu'il avait entendues quelques années plus tôt, et qui l'avaient marqué ; elles avaient été proférées par un cathare qui, lui aussi, avait péri sous la torture. Sitôt qu'il avait lâché son mot, l'homme avait mis la main devant sa bouche, comme pris en faute, et avait regardé autour de lui avec inquiétude. On l'avait pendu pour ce blasphème deux jours plus tard.

Le feu cathare était là, encore présent dans l'église même. Il était impossible à la population à moitié repentante de ne pas s'y montrer, si elle voulait échapper aux foudres quotidiennes ; et malgré tout, les braises subsistaient, il suffisait d'un rien pour les réveiller. L'esprit de l'hérésie semblait planer avec les volutes d'encens autour de ces piliers. Entre catholiques sincères et convertis de raison, chacun avait fait un choix que le doute persistant ne cessait de mettre à mal. Dans ce pays désorienté, mis à sac depuis trente ans, la plupart pensaient avant tout à protéger leur vie, et celle de leurs familles, quitte à se taire ; les autres ne pouvaient qu'afficher avec arrogance leurs certitudes.

Ce fut bientôt au tour d'Aimery. On le pressa à gauche, jouant des coudes. Une femme lui lançait des éclairs. Le jeune homme mesura de nouveau le danger qui le guettait. *Folie, oui, folie,* se répétait-il sans cesse.

C'était exactement ce que pensait Héloïse en avançant dans l'allée centrale.

Mais sa peur mortelle était balayée par une injonction plus puissante encore.

Qu'il me voie. Oui, qu'il me voie encore.

Et qu'il ne m'oublie jamais.

On pressait Aimery avec exaspération ; il avança, faisant mine de boitiller. Il parvint à se placer de nouveau juste derrière Héloïse, dans l'allée centrale.

Escartille se hissa sur la pointe des pieds ; ce qu'il vit le fit frémir d'horreur.

Non, non ! Vous avez perdu la tête !

– Héloïse, viens, par pitié, viens !

Elle continuait d'avancer. Aimery leva les yeux. Une croix, qui lui parut gigantesque, se dressait derrière Aguilah. Il continua de progresser lentement. Tous deux n'étaient plus qu'à quelques pas de l'évêque, qui donnait l'hostie avec deux autres abbés.

– Héloïse, tu vas tous nous tuer, viens tout de suite !

Héloïse ne l'écoutait pas, comme en transe.

– Héloïse, je ne vais pas pouvoir te suivre !

N'y tenant plus, Aimery sortit du rang.

Il tourna les talons et se retrouva à contre-courant. Il y eut de nouveaux remous et un début de confusion. Alors qu'il s'apprêtait à donner l'hostie à l'une de ses fidèles, Aguilah leva les yeux, vit un homme de dos qui tentait de remonter l'allée centrale. Il ne le reconnut pas et n'alla pas plus loin, davantage intéressé par le moment où elle – *elle,* Héloïse – se trouverait devant lui.

Baissant le regard, Aimery se faufila dans une travée et, de là, retourna vers le fond de l'église. Il échangea avec son père un regard empli d'inquiétude.

Héloïse parvint enfin devant l'évêque.

Elle ne le quitta pas des yeux, ne s'agenouilla pas comme le faisaient les autres.

L'évêque et la jeune fille s'étaient raidis.

Elle ouvrit la bouche.

Il lui glissa l'hostie sur la langue et, à ce moment, leur regard, à l'un et à l'autre, disait :

Tu vas mourir.

L'hostie fondait sur la langue de la jeune femme, et leur secret échange, comme les mots d'un livre ouvert pour eux seuls, avait la précision et la violence de la plus tranchante des condamnations à mort.

Héloïse foudroya Aguilah des yeux... puis tourna les talons.

Il la vit se faufiler à son tour entre les travées. Aguilah faillit hurler, étendit un bras, à la grande surprise des autres communiants ; il jeta un regard vers l'un des sergents d'armes qui l'accompagnait dans tous ses déplacements et tenta de lui faire signe. L'autre ne comprit pas, fronça les sourcils. Il se dressa sur la pointe des pieds et regarda parmi la foule, avant de se diriger vers l'entrée de l'église, la main sur le pommeau de son épée.

– Il faut... dit Aguilah d'une voix étranglée.

Il étouffait de rage. Une vieille femme s'agenouilla

devant lui et tira la langue, levant vers lui des yeux immenses. Au loin, Héloïse sortait, suivie de deux hommes. Le sergent d'armes arriva trop tard.

– *Mais saisissez-la !* cria tout à coup l'évêque.

Le sergent écarta les bras et hocha la tête en signe d'incompréhension ; ses hommes se tournèrent vers l'entrée. La voix d'Aguilah avait résonné sous les voûtes de l'église, au point de couvrir la musique de l'orgue qui accompagnait la communion. L'assemblée s'était figée. Les regards stupéfaits convergeaient vers lui.

– Elle part, souffla l'évêque. Elle part !

Escartille, Aimery et Héloïse avaient couru au-dehors. Aguilah interrompit la cérémonie, descendit de l'autel et manqua de trébucher dans les pans de sa propre chasuble. Il envoya aussitôt ses hommes à la poursuite de la jeune fille – mais le trio avait déjà disparu dans les rues étroites.

Au fond de l'une d'elles, Escartille attrapa la jeune fille par le bras. Il s'écria :

– Vous êtes DEMENTE, m'entendez-vous ? Vous avez failli nous conduire tous les trois sur le bûcher, au moment même où nous devons nous enfuir ! Vous êtes folle !

Héloïse se tourna vers lui. Son visage ne trahissait aucune émotion. C'en était au point qu'elle faisait peur.

– Je voulais qu'il se souvienne de moi, dit-elle.

– Qu'il se souvienne de vous ! Eh bien, soyez rassurée, c'est sûrement réussi ! Mais que pensiez-vous faire en agissant ainsi ?

Les dents serrées, elle ne quittait pas son masque impassible.

– Ce que je voulais faire ?

Elle en tremblait encore.

– *Lui déclarer la guerre,* dit-elle.

Puis elle prit la tête de la marche, le buste redressé.

– Et maintenant, partons à Montségur.

*

* *

Ils montaient vers le château des hérétiques.

Derrière eux, un soleil rougeoyant disparaissait à l'horizon.

En quittant Toulouse, ils avaient retrouvé leurs chevaux et le faucon d'Aimery ; ils avaient prévenu le marchand à qui ils avaient confié les animaux qu'un autre homme viendrait les récupérer, tard dans la nuit. Le marchand n'avait pas posé de questions. Dans ce climat de risque permanent, il était contraint lui-même à la plus grande discrétion. Puis le vieil homme rencontré dans la cave de l'auberge des *Deux Coqs* s'était arrangé pour faire sortir tous leurs biens avec lui. Ils s'étaient retrouvés comme prévu à l'orée de la forêt, après que le *ductor* les eut conduits par les souterrains. Il était temps ; Aguilah remuait toute la ville comtale pour retrouver Héloïse et ses compagnons. Déjà, les inquisiteurs écumaient les rues de la cité, sans laisser aucune bâtisse au hasard. Les agents de la Confrérie Blanche et les *exploratores* étaient venus aussitôt leur prêter main-forte.

Le faucon cria.

Ils montaient, épuisés par une longue chevauchée qui les avait emmenés d'Auterive à Saverdun, de Saverdun à Plaigne et Mirepoix, et de là à la route de

Montségur, en prenant soin d'éviter Lavelanet. Au cœur du pays d'Olmes, ils avaient fait halte à plusieurs reprises. A présent, Héloïse était descendue de cheval ; elle était morte de fatigue et ne pouvait plus supporter d'être juchée sur l'animal. Aimery avait fait de même. D'un bras, il entourait ses épaules, s'efforçant de la réchauffer, car en ces derniers jours d'avril, un froid glacial était tombé sur les environs. Il l'embrassait de temps en temps et lui murmurait des mots d'encouragement. Escartille et le *ductor* les précédaient, au pas. Aimery regarda Héloïse. Ses cheveux dansaient sur son front. Elle avait les joues roses, sa bouche était rouge sang ; elle semblait avoir de la fièvre. Une larme perlait parfois de ses longs cils. Cette fois, elle semblait vaincue ; la tension retombait un peu, mais la douleur et l'abattement physiques achevaient de la vaincre. L'imaginer plus souffrante que jamais était devenu intolérable à Aimery, qui multipliait les prévenances à son égard, bien dérisoires au regard de la situation dans laquelle ils se trouvaient.

En arrivant vers Montségur, avant d'en attaquer l'ascension, ils avaient croisé quelques familles de paysans en guenilles qui, eux aussi, convergeaient vers le château, pour y trouver refuge ou pour y apporter des vivres et des provisions nouvelles. Le spectacle des villages qu'ils avaient traversés était désolant. Lorsque, soudain, l'on comprenait qu'Escartille était un parfait en fuite, on se pressait autour de lui ; des familles entières sortaient sur le pas de leur porte. Ici, c'était lui que l'on appelait « mon père » ; des bras d'enfants se tendaient vers lui, des femmes tombaient à genoux en faisant leur *melhorier* et en demandant l'imposition des mains. Dans ce climat de pleurs et d'espérance mêlés, Escartille, le cœur serré, s'arrêtait de temps à autre pour satisfaire à ces demandes qu'il n'avait pas le courage de refuser, avant que le *ductor* de la Confrérie Noire le presse d'avancer. Un peu plus loin, des soldats de la citadelle du vertige, aux avant-postes, leur avaient demandé leurs méreaux. Ils leur avaient indiqué le meilleur chemin à suivre, mais le *ductor* en était déjà avisé. On l'avait reconnu, c'était un fidèle agent de Bertrand Marty. Il avait fini par ôter son capuchon ; Escartille et les siens avaient découvert un homme vigoureux, d'une quarantaine d'années, aux sourcils noirs, à la barbe drue, le visage fermé ; il ressemblait à l'un de ces montagnards du pays, habitué aux longues routes. Il les avait menés jusque-là sans la moindre hésitation, avec toute la prudence et la rapidité nécessaires.

L'ascension n'en finissait pas. Les derniers rayons du couchant, effleurant les collines, irisaient dans le lointain les contreforts pyrénéens, nimbant le paysage d'une atmosphère étrange. Devant la petite troupe, les arbres semblaient s'entremêler dans des cris silencieux. Ils trébuchaient souvent sur les cailloux ; leurs pieds les faisaient souffrir ; ils continuaient pourtant d'avancer, se soutenant les uns les autres comme ils le pouvaient.

Puis, tout à coup, ils le virent.

– Le voilà, dit Escartille, soufflé par tant de noire beauté.

Bienvenue dans l'Eglise de Satan.

Montségur.

Forteresse du vide.

Château-temple surgi des hasards de la pierre et de la démesure de ses bâtisseurs.

Il était là, le pech de Montségur, cet immense rocher qui semblait suspendre l'édifice entre la terre et le ciel, sanctuaire aux murailles déchiquetées, élevé à la gloire des hérétiques. L'ombre recouvrait peu à peu les vallées entourant la montagne. Un sentier montait en lacets sur son versant ouest. La pente, raide et découverte, était semée d'embûches. A tout instant, on pouvait craindre l'éboulement, et l'on risquait d'être happé dans les gouffres qui cernaient le sanctuaire. Le pic de Montségur était situé sur les terres du suzerain de Mirepoix ; il était tenu par Raymond de Péreille, vassal des comtes de Foix, loin des grandes routes, au cœur de ce pays dévoué à l'hérésie. Le château se perdait dans les brumes, là-haut, à plus de mille deux cents mètres d'altitude, frappé du mystère de ce paysage irréel. De la montagne émergeait une masse cubique, jaillie de la pierre brute, entourée des engins de construction, poulies et plateaux utilisés pour monter les rochers, échafaudages improbables, cordes dansant au milieu de nulle part, par-dessus des à-pics vertigineux. Des lignes chaotiques de cabanes habitées par les constructeurs, bâties à la hâte et fouettées par le vent, esquissaient un village qui déroulait ses lacis de ruelles au seuil des abîmes.

Héloïse leva les yeux.

Elle s'arrêta un instant. Ses jambes fléchirent et elle tomba à genoux.

Aimery se baissa pour l'aider.

– Reprends ton souffle, Héloïse. Nous y sommes presque.

Le faucon poussa de nouveau un cri strident. Dans un battement d'ailes, il vint se poser sur le gant de cuir du jeune homme. Héloïse regarda l'oiseau, avec un vague sourire.

– Ce faucon... dit-elle haletante. Tu es son maître, n'est-ce pas ?

– Oui.

– Où l'as-tu trouvé ?

– Il était blessé sur le bord d'un ruisseau, dans les montagnes. Il est devenu... un ami.

– Tu lui parles... et il te répond ?

Aimery sourit à son tour, caressant le plumage de l'oiseau. Il était brun-gris, avec une sorte d'anneau noir, près du bec. Son œil palpitant semblait les dévisager tous deux. De temps à autre, il poussait un cri, laissant apparaître le filet rouge de sa langue. Ou bien, il s'ébrouait un instant et tournait la tête, avant de retrouver son immobilité.

– En quelque sorte.

– Lui as-tu donné un nom ? dit encore Héloïse, entre deux inspirations.

– Non. Le faut-il ? Quel nom lui donnerais-tu ?

Héloïse se tut quelques instants.

– Il vole, là-haut, par-dessus nos châteaux et toutes ces citadelles de guerre, par-dessus les gouffres, les brumes et les nuages... Il est un peu notre âme noire, Aimery. On disait, autrefois, que les oiseaux emportaient les âmes des hommes en Paradis... Il est... comme le cœur brûlé de ma sœur.

– Aude n'est pas un nom pour un faucon mâle, dit Aimery.

– Alors... appelons-le d'un nom commun à tous les deux, d'un nom qui résumerait ce qu'éprouvent nos cœurs à cet instant même.

Aimery la regarda. Elle lui rendit ce regard.

– Détresse est un nom trop douloureux pour un oiseau, dit-elle.

– Je l'appellerai *Amor*, répondit Aimery. Comme la seule loi de ces cours d'autrefois.

Elle planta ses yeux dans ceux du jeune homme, interdite face à cet aveu.

Devant eux, en surplomb, Escartille et le *ductor* attendaient qu'ils aient récupéré ; ils ne pouvaient entendre leurs chuchotements.

Héloïse sourit, essuyant une larme sur la crasse de son visage.

– Ce mot se décline au masculin et au féminin, au singulier et au pluriel. Il est toujours semblable, mais jamais le même pour qui le prononce. Oui, cela conviendra à cet oiseau. Acceptes-tu que je sois aussi sa maîtresse ?

– Je saurai le lui apprendre, dit Aimery en se penchant pour l'embrasser.

Ils s'enlacèrent.

Escartille ne fut surpris qu'à demi.

Il comprit qu'il y avait quelque chose de sacré dans ce baiser. Il n'osa l'interrompre. Il se contenta de tousser au bout de quelques secondes.

– Nous sommes presque arrivés, dit-il.

Aimery et Héloïse tournèrent le visage vers lui. Puis Héloïse caressa à son tour le faucon et fit signe à Aimery de le laisser s'envoler :

– Envole-toi, oui, envole-toi, montre-nous toujours le chemin ! Va tout là-haut, vois des cieux le charnier que nous faisons de ce monde, sois nos yeux... *Amor* ! Sauve-nous.

Elle se releva péniblement.

Et l'ascension reprit.

Un seul chemin y menait, un chemin étroit qui serpentait au milieu des épineux. Pour qui voulait s'y rendre, l'ascension était ardue, caillouteuse. Pèlerins et voyageurs dépassaient une chicane à l'abandon, montaient, montaient encore et soudain, les guetteurs se mettaient en travers de leur route. On leur demandait leur méreau, cette pièce de métal qui servait aux hérétiques de signe de reconnaissance. Plus haut, les cimes paraissaient s'écarter au-dessus des visiteurs. Ils apercevaient alors les murs barrant l'accès de la face sud, puis le fossé et la barbacane qui protégeaient le flanc du château. Ils ne pouvaient être qu'impressionnés par cette image puissante du repaire de Montségur, couvent semé de lueurs sépulcrales, symbole de la révolte en marche, levant ses murs vers les nuages lourds de menaces, où, sans doute, le Dieu muet que l'on se disputait en Occitanie jetait sur ses pauvres créatures cet œil sévère, prélude aux grands châtiments.

Escartille marchait, plantant son bâton devant lui.

Il sentait que sa destinée l'avait toujours promis à cette rencontre avec le château des damnés, des amoureux déçus, des croyants pourchassés. Il pouvait deviner, à présent, tout ce que le sort avait préparé pour lui. Il avait la certitude que là viendrait le moment le plus important de sa vie ; celui où l'on ne pouvait plus fuir, où l'on ne pouvait plus tricher. Oui : tout cela n'avait servi qu'à préparer cet avènement.

Et il replantait son bâton devant lui, dans une ascension interminable.

Bientôt, ils entendirent des sifflements. En quelques secondes, jaillissant des buissons, quatre hommes furent auprès d'eux, sortant leurs épées.

Ils reconnurent vite le *ductor* et s'échangèrent l'accolade.

Les soldats accompagnèrent les nouveaux venus jusqu'au faîte du *pech* escarpé.

Les frondaisons s'écartèrent, le château était apparu dans la pénombre, masse sombre cernée de flambeaux. Ils passèrent sous les portes ; Escartille leva les yeux en franchissant cette entrée monumentale. Une indicible émotion s'empara de lui au moment précis où il en franchit le seuil. Il laissa derrière lui tout vague à l'âme. Il lui faudrait à présent affronter le dernier volet de ce combat. Le faucon cria encore. Il tournoyait au-dessus du pic, en cercles de plus en plus amples.

Le *castrum* insensé était là, tout autour d'eux. Ces ruelles, ces maisons tordues, collées en nids d'hirondelle contre la muraille du château.

Montségur, Montségur en ses brumes et ses fantômes, vision grandiose et douloureuse.

Un rêve et un cauchemar tout à la fois.

Bienvenue dans l'Eglise de Satan.

Bertrand Marty arriva à leur rencontre.

Parfait lui aussi, il était originaire de Tarabel ; issu d'une famille modeste, il avait été élu diacre en 1230 avant de succéder à Guilhabert de Castres comme évêque cathare du Toulousain. Il avait prêché en Lauragais, à Fanjeaux et à Laurac, mais aussi à Dun et à Limoux, ainsi que dans de nombreuses autres villes et châteaux. En 1236, il avait rejoint la communauté de Montségur, dont il était aujourd'hui le chef politique et spirituel. Escartille le considéra quelques instants. C'était un homme âgé, grand et sec ; de longs cheveux blancs encadraient son visage. Il portait une robe noire, comme Escartille. Ses yeux étaient cernés de lourdes paupières. Des rides couraient autour de ses lèvres. Sortant ainsi de l'obscurité, il avait l'air d'une apparition, d'un spectre égaré au milieu des croyants qui circulaient là-bas, dans la cour du château.

Sur ses talons arrivaient deux autres personnages. Raymond de Péreille venait en tête ; c'était lui, le premier seigneur du lieu, et l'un des chefs de la résistance cathare les plus déterminés. Il avait longtemps entretenu des relations privilégiées avec Guilhabert de Castres, Raymond VI, Trencavel et le comte de Foix. Aidé des seigneurs de Niort et de nombreux chevaliers *faidits*, il avait rassemblé avec eux des centaines de muids de blé pour faire vivre la communauté, et avait transformé Montségur en véritable arsenal ; le château était devenu un dépôt d'armes et de vivres de première importance. Les pèlerins cathares y avaient apporté des lances, des armures, des arbalètes, des arcs, des contributions en argent. C'était aussi à Raymond de Péreille que Montségur devait son statut de lieu saint et de capitale de la foi hérétique. Chef de la colonie montségurienne, Raymond résidait ici avec sa femme Corba et ses quatre enfants : Jourdain, Arpaïx, Esclarmonde, qui était infirme, et la belle Philippa, aînée de ses filles et épouse de Pierre-Roger de Mirepoix. Mais l'étendue de ses domaines ne s'arrêtait pas à Montségur : Raymond était suzerain des châteaux de Péreille, de Laroque d'Olmes, d'Alzen. Grand intendant de la cause, propriétaire des lieux et maître de ses défenses, c'était un homme à l'allure sobre et altière, large d'épaules, et dont le rude caractère se reflétait dans le moindre de ses traits. Il était suivi par Pierre-Roger de Mirepoix, son gendre. Pierre-Roger, d'une solide corpulence, avait le crâne dégarni et une moustache somptuaire au-dessus de ses lèvres. Chef de la garnison des soldats, bras armé de Raymond de Péreille, il était lui-même l'un de ces *faidits* dépossédés de leurs terres. Forneria, la mère de son parent Arnaud-Roger de Mirepoix, avait été l'une des parfaites de Montségur à l'aube de la reconstruction du château, quarante ans plus tôt. La fille de Forneria, Adalays, avait vécu elle aussi au couvent des parfaites de Montségur et ses fils avaient compté parmi la garnison du *pech*.

Bertrand Marty, Raymond de Péreille et Raymond-Roger de Mirepoix faisaient maintenant face aux nouveaux arrivants. Le *ductor* n'eut pas à se présenter, mais ils s'enquirent très vite de l'identité des trois personnes qui l'accompagnaient.

– Je suis Escartille de Puivert, dit l'intéressé en avançant d'un pas.

– Escartille de Puivert... dit Bertrand Marty, l'air songeur.

Il caressa son menton fripé.

– Ne seriez-vous pas ce parfait qui fut autrefois troubadour, et approcha notre vaillant Raymond VI avant cette bataille tragique de Muret ?

Escartille acquiesça.

– C'est moi, en effet.

Le visage de Bertrand Marty s'éclaira.

– Ah !.. Oui. Esclarmonde de Foix m'a parlé de vous, il y a bien longtemps. Et j'ai su tout ce que vous aviez fait pour nous, durant ces années terribles... Vous êtes de ces hommes, au riche et troublant destin, dont Montségur a besoin... Et celui-ci, je suppose qu'il s'agit de votre fils...

Bertrand Marty s'approcha d'Aimery, les mains jointes.

– Aimery, dit le jeune homme en se présentant au parfait.

Il s'agenouilla et fit son *melhorament* en même temps qu'Héloïse.

– Voici un jeune homme à la stature idéale pour aider à nos défenses.

– Et cette belle jeune fille ? demanda Raymond de Péreille.

Ce fut cette fois le *ductor* de la Confrérie qui parla :

– Héloïse de Lavelanet, dit-il. Sa sœur, Aude, était parfaite et réfugiée dans la forêt de Pamiers. Elle a été brûlée à Toulouse sous les yeux d'Aguilah de Quillan. La vie est devenue insupportable, là-bas. C'est une bonne croyante.

Bertrand Marty tendit une main et la posa sous le menton de la jeune fille, l'invitant à redresser le visage :

– Dieu, que vous êtes belle, Héloïse de Lavelanet. Et si jeune... Vous savez, j'imagine, qu'il est difficile de vivre à Montségur. Pourquoi êtes-vous venue jusqu'ici, mon enfant ?

Elle levait le visage vers lui ; elle avait retrouvé ses couleurs. Les yeux étincelants, plissés sous ses longs cils, elle ouvrit la bouche :

– Ma sœur est morte sur le bûcher. Je veux me battre pour la foi cathare, quoi qu'il m'en coûte.

Bertrand la regarda encore quelques instants, puis il dit :

– Relevez-vous.

Il recula de quelques pas. Faisant mine de tourner les talons avec Raymond de Péreille et Raymond-Roger de Mirepoix, il ajouta, les bras grands ouverts :

– Eh bien ! Mes amis, mon père, bienvenue à Montségur.

Il restait encore une cabane inoccupée, sur le flanc est du château. Elle était à moitié creusée dans le roc : son toit n'avait qu'un seul versant. Ce fut ici que l'on installa Escartille, Aimery et Héloïse. A quelques pas du seuil, la falaise plongeait par quatre cents mètres de vide, s'engouffrant dans les profondeurs de la nuit. Se penchant au-dessus, Aimery leva le sourcil :

– Voilà un doux logis duquel il ne faut pas sortir après avoir bu trop de vin...

Escartille posa son bâton et sa besace à l'intérieur de la cabane, contre le mur. Il jeta avec Héloïse un coup d'œil circulaire dans cette pièce unique. Une marmite, dans un renfoncement qui faisait office de cheminée. Une écuelle brisée. Un coffre, une chandelle. Trois grabats et autant de couvertures. Quelques instruments suspendus à des crochets, pour les repas. Des tabourets et une table minuscule, au milieu de cet endroit qui ne faisait pas vingt pieds de large. De la poussière, et un trou dans le toit. La cabane n'avait aucune fenêtre.

Héloïse toussa. Escartille se racla la gorge, passant une main dans son cou.

– Il va falloir arranger notre décoration, dit-elle.

Elle regarda Escartille.

C'était bon, tout à coup, de la voir sourire.

Au premier jour de mai 1242, près de quatre cents personnes étaient entassées à Montségur. La vie de la communauté s'y était organisée en dépit de cette invraisemblable situation dans laquelle les habitants se trouvaient, au sommet de ce *pech* battu par les vents, de ces rochers et de cette rase verdure dominant le pays. C'était une bien étrange société que celle-ci. On y trouvait des parfaits et des parfaites appartenant à la famille de Mirepoix et de Péreille, comme Saissa du Congost, Marquesia Hunaud de Lanta, Braida de Montserver. D'autres étaient issus de tous les coins du Languedoc, parfois de haute noblesse, mais aussi d'anciens meuniers ou boulangers, ayant exercé toutes les activités imaginables. A côté des religieux proprement dits, résidait à Montségur une importante population laïque : de nombreux chevaliers, Jourdain du Mas, Othon de Massabrac, Guillaume de Plaigne, Guiraud de Rabat ; des femmes et des enfants, comme Esquieu de Mirepoix, que l'on voyait de temps en temps jouer dans la cour ; les domestiques et les valets, les bayles, les suivantes et les damoiselles ; les Lavelanet, autre famille d'importance ; les *faidits*, tels Bertrand de Bardenac, Brézilhac de Cailhavel, Guillaume de Lahille, Bernard de Saint-Martin ; les écuyers qui leur étaient attachés, Barrau, Ferrou, Pierre Landry, Raymond de Laroque, Guillaume Narbona, Raymond de Ventenac ; les multiples sergents, hommes d'armes et arbalétriers de la garnison, qui comptait à elle seule une centaine de personnes ; les *ductores*, les messagers, les agents de liaison et les pèlerins de passage. Seigneurs et chevaliers en armure, dames voilées et suivantes, parfaits et parfaites, frères, neveux et cousins, camarades d'enfance, tout ce monde se croisait chaque jour dans la cour du château. On se retrouvait devant le logis des Péreille, on se saluait sur les chemins abrupts qui reliaient les cabanes entre elles, on devisait à l'intérieur de la Maison des Hérétiques, auprès des citernes, des écuries ou des baraquements de bois. Montségur bruissait de tous ces chuchotements, de ces conversations où chacun partageait librement ses rires et ses angoisses. Escartille, Aimery et Héloïse profitèrent enfin d'un repos salvateur. Ici, les nouvelles allaient vite. On accueillait à bras ouverts les nouveaux arrivants et on ne tardait pas à être avisé du destin personnel de chacun de ses compagnons d'hérésie. *Comment êtes-vous arrivé à Montségur ?* Il y avait, dans cette question presque rituelle, la promesse de mystères qui peu à peu se dénouaient, de révélations déroulées comme autant de récits extraordinaires, d'aventures tragiques et miraculeuses. On comprenait le sens de sa propre vie en écoutant celle des autres, on lisait en chacun comme dans un livre ouvert, et l'on puisait dans ces rencontres renouvelées une sorte de complicité immédiate. Autrefois, lorsque la menace n'était pas aussi présente, les résidents de Montségur accueillaient les dames et les chevaliers de leurs familles pour la Noël ou la Pentecôte, qui venaient saluer une aïeule vénérable, demander le *consolament* ou, simplement, passer quelques jours de paix et de tranquillité au sommet du *pech.*

Ici se trouvait le temple de l'Eglise cathare.

Une communauté puissamment unie, à douze cents mètres d'altitude.

Elle vivait au rythme des saisons, de la course du soleil, des nuages, de la fréquence des pluies venant remplir les citernes. Mais elle s'était structurée pour répondre à la fois à ses exigences de spiritualité et à celles de sa survie. De petites échoppes d'artisans et de commerçants avaient été bâties avec quelques planches de bois. La parfaite Marquesia Hunaud de Lanta, belle-mère de Raymond de Péreille, dirigeait un atelier de couturières. Chacun préparait son repas ; les femmes faisaient la cuisine en plein air, près du magasin à vivres, ou à l'intérieur des cabanes. La distribution de ces vivres était administrée par les principaux représentants du château. On comptait aussi les nouveaux arrivages de provisions, issus de l'Albigeois, de la Montagne Noire et des Corbières, par les familles et les marchands amis. Des émissaires dépêchés par Raymond de Péreille achetaient également des vivres dans les fermes des alentours, grâce aux dons en argent que la communauté recevait régulièrement. Ils allaient pêcher la truite dans les gorges du Lasset et les lacs de montagne. Si la cour était souvent la plus animée, elle était parfois désertée des parfaits eux-mêmes, qui se soustrayaient à son agitation et aux parfums de mets grillés auxquels ils n'avaient droit. Tous, à Montségur, n'avaient pas renoncé à l'amour charnel, bien au contraire. Là encore, les parfaits préféraient leur refuge de pierre et de verdure aux baraquements ou aux cabanes abritant les couples, d'où l'on pouvait entendre monter, parfois, des gémissements de plaisir ; mais jusque-là, lorsqu'un enfant naissait ou était appelé à naître, les femmes étaient envoyées à l'abri, dans des châteaux ou des villages nichés dans les vallées. On se retrouvait souvent pour discuter, prier, assister aux sermons de Bertrand Marty et des diacres cathares. Le soir, à la lumière mouchetée des chandelles, on se réunissait en famille, entre amis, pour goûter en paix à la fin de cette journée qui s'achevait. Une de plus.

Et le soleil disparaissait de Montségur.

Mais Escartille, Aimery et Héloïse n'eurent guère le temps de profiter de la sérénité de la citadelle du vertige. Une sérénité qui, d'ailleurs, n'était qu'apparente.

Car pendant ce temps, le comte de Toulouse, Raymond VII, avait continué d'agir. Alors que sa ville était déchirée par l'Inquisition, il avait semblé à Escartille cruellement absent ; pourtant, tel n'était pas le cas, bien au contraire. C'est que Raymond, depuis le désastreux traité de Meaux, n'avait cessé d'épuiser toutes les stratégies possibles pour regagner ce que l'Occitanie avait perdu. Il s'était pris à songer à de nouvelles combinaisons politiques susceptibles de servir les intérêts du pays. Pour assoupir les méfiances du pape et du roi de France, il s'était montré favorable à toutes les manifestations d'orthodoxie catholique, en se gardant bien d'apparaître comme le défenseur des hérétiques. Dans le même temps, il avait tout fait pour répudier sa femme. Le comte de Toulouse n'avait pas de fils ; et sa fille Jeanne, promise à Alphonse de Poitiers, le frère du roi de France, serait livrée tôt ou tard à la Couronne ennemie. Dès lors, le jour où Raymond VII mourrait, l'Occitanie ancienne mourrait avec lui. Il avait donc cherché à préparer l'avenir, en opposant à ces conditions, issues de la fausse paix de Meaux, la légitimité d'un héritier mâle, capable de reprendre à son tour le flambeau de la cause. Il s'était rabattu successivement sur Sancie de Provence, Marguerite de la Marche, puis Béatrice, une autre fille du comte de Provence. Chaque fois, ses manœuvres avaient échoué. Ces tactiques matrimoniales s'étaient naturellement doublées de calculs politiques : Raymond comptait sur les alliances avec le duc de Bretagne, le comte de la Marche, le comte de Provence soutenu par le roi d'Angleterre Henri III et par Jacques Ier d'Aragon, pour former une coalition puissante face au roi de France. Il était passé en Poitou, en Provence, en Aragon. Il venait, après cette intense activité diplomatique, de déclarer la guerre à Louis IX et à Blanche de Castille, sans pour autant – et loin s'en fallait – être sûr de ses appuis. Les garnisons royales qui campaient à quelques lieues de Toulouse et le contrôle permanent de l'Eglise sur ses propres agissements étaient devenus intolérables à Raymond VII. Pour commencer, il fallait en finir avec l'Inquisition.

Le feu couvait sous la cendre – l'étincelle vint de Montségur.

Un messager filait dans le couchant.

Il parvint à Montségur alors que la nuit était tombée. Il remit aussitôt à Bertrand Marty, Raymond de Péreille et Pierre-Roger de Mirepoix le message qu'il tenait de Raymond d'Alfaro, bayle du comte de Toulouse.

– Le comte nous demande d'agir, dit Raymond de Péreille en levant les yeux vers ceux qu'il avait rassemblés. Les inquisiteurs Pierre Seila, Guillaume Arnaud et Etienne de Saint-Thibéry stationnent en ce moment même à Avignonet. Ils poursuivent leur tournée sanguinaire dans le pays. Dix hommes au total, qui suffisent partout à répandre le sang, les flammes et la terreur ! D'Alfaro a tout prévu ; il nous attend. Le comte veut faire tomber la tête de nos oppresseurs.

Il leva les yeux. Devant lui se dressaient les principaux parfaits et parfaites de Montségur, les chefs de la garnison, les chevaliers *faidits*. Escartille et Aimery se trouvaient au milieu d'eux. Une rumeur parcourut les rangs. Aussitôt, plusieurs hommes en sortirent, l'épée à la main. Pour l'un, les inquisiteurs avaient décimé la moitié de sa famille ; un autre avait perdu un frère, un autre encore, une mère, un fils. Ainsi, le signal était donné : tous n'attendaient que cela. Dix, puis vingt, quarante, cinquante de ces vengeurs furent rassemblés.

– Qui d'autre veut en être ? demanda Pierre-Roger de Mirepoix, d'une voix sombre.

– Moi !

Aimery venait de s'avancer d'un pas, écartant le manteau.

Escartille se tourna vers lui, stupéfait.

– Aimery, tu fais là une erreur.

Le rassemblement s'était dispersé ; Escartille et Aimery étaient sortis dans la cour. Il faudrait agir vite. Le corps expéditionnaire qui venait d'être recruté se mettrait en marche la veille de l'Ascension. Tout semblait arrangé.

Le jeune homme se tourna vers son père.

– Comment cela ?

Escartille se tut quelques secondes, puis inspira profondément.

– Le comte de Toulouse n'est pas prêt, j'en suis convaincu. Cette expédition est une folie.

Aimery reçut cette soudaine désapprobation avec

une incompréhension mêlée de colère. Il campa devant Escartille, l'un de ses poings sur le flanc, son autre main caressant le pommeau de l'arme qui pendait à ses côtés. Ses cheveux noirs se démenaient dans le vent du soir ; ses yeux étaient de braise. Escartille pouvait y lire de l'ardeur, oui, cette ardeur juvénile que lui n'éprouvait plus, mais qu'il ne comprenait que trop ; cette passion tourmentée qui pouvait entraîner les hommes aux plus beaux et aux plus noirs des actes. Escartille et son fils avaient toujours marché ensemble et dans le même sens, Aimery avait toujours écouté et secondé son père avec fidélité. D'ordinaire, l'un et l'autre ne prenaient jamais de décision grave sans s'être concertés. Cela embarrassait d'autant plus Escartille qu'il devinait à présent qu'il avait devant lui non plus, simplement, son fils, mais un guerrier animé d'une force nouvelle. Son œuvre ! Une œuvre qui lui échappait, s'affirmait en manifestant sa propre volonté. Il devinait, dans ce regard qu'Aimery lui lançait, un mélange de déception, de souffrance et de nervosité inhabituelles. Déception de voir, peut-être, que son père n'approuvait pas l'idée de prendre enfin les armes ; souffrance d'être l'objet d'un désaveu dont il n'était pas coutumier ; nervosité de comprendre qu'il devrait désormais assumer, et jusqu'au bout, l'ordre de ses choix.

– Père, dit Aimery, levant maintenant le poing vers le ciel, tremblant et déterminé à la fois, que vous faut-il de plus ? Etienne de Saint-Thibéry et Guillaume Arnaud sont à Avignonet, le comte nous demande d'intervenir ! C'est la dernière de nos révoltes et la fin du joug que l'Occitanie subit depuis que je suis né ! Par Dieu, vous avez vu ce qu'ils ont fait ! Vous l'avez vu comme moi ! Le temps de la vengeance, le temps de la rébellion finale est venu ! A combien de supplices nous faudra-t-il assister ?

Il affichait une volonté farouche ; tous ses muscles étaient tendus, il s'agitait, libérant cette fureur qu'il n'avait que trop longtemps réprimée.

– Assez, assez, nous n'en pouvons plus ! Assez de tortures, de crimes et de bûchers ! Je n'ai pu m'élancer et combattre au procès de Toulouse ; je n'ai pu sortir l'épée sur le parvis où ils ont brûlé vive la sœur d'Héloïse. Nous n'avons pas cessé de ployer, de nous coucher comme le roseau ! Et cela durant plus de trente ans ! Douteriez-vous soudain de notre cause ? Père, vous qui l'avez portée sur tous les chemins de ce pays, vous dont les ennemis ont tué votre seul véritable amour et ma propre mère, Louve, oui ! Cette Louve que vous chérissiez tant et que ces ignobles démons ont assassinée, presque sous vos yeux ! Que dirait-elle aujourd'hui en nous voyant ici, à Montségur ? Soutiendrait-elle ma décision ? Ma mère est morte, et Léonie des Trencavel, et Aude de Lavelanet, et tant d'autres ! Serais-je digne de Louve, père, serais-je digne de celle qui m'a enfanté, si je refusais de prendre enfin les armes ?

Escartille, d'un geste de la main, essaya de temporiser :

– Garde ton calme, Aimery, je t'en prie. Et réfléchis. Prendre les armes n'est pas la solution. Il y a d'autres moyens, d'autres voies...

Aimery s'arrêta. Il tourna de nouveau la tête vers son père. On eût dit soudain qu'elle était montée sur ressort.

– Ah ? D'autres voies ? Mais lesquelles ? Oui, je

sais, père ! Je sais que notre religion nous interdit de verser le sang, que même tuer pour se défendre est aussi grave que tuer par malice, qu'il n'existe aucune circonstance atténuante à ce genre de crime. Je sais que vous-même n'avez pris les armes qu'une seule fois, et que ce fut pour assister à la plus grande tragédie de votre vie, et de la mienne ! Mais père, je suis né avec cette guerre ! *Elle est en moi !* Je la porte en mon sein, comme une empreinte indélébile, un compagnon de chaque jour ! Douteriez-vous de notre cause ? Est-ce cela qui vous manque encore, malgré tout ce que vous avez fait ? Le courage de prendre et de reprendre les armes, le prix du sang ? Expliquez-moi, comment pouvons-nous nous en sortir, maintenant, sans nous salir les mains ?

Escartille mit la main sur l'épaule de son fils, qui s'écarta.

– Et l'on nous dit que nous sommes voués à tous les Enfers ! Mais non ! Père, il faut que je vous dise... J'aime Héloïse, de toute mon âme, je l'aime ! Vous savez ce que cela veut dire, vous que l'on a privé de cet amour, de votre seul rêve en cette vie ! Vous le savez plus que quiconque, vous qui ne songiez qu'à chanter pour les dames de Puivert ! Je l'ai découvert, je l'ai compris, ce sentiment s'est glissé en mon cœur presque malgré moi, sans que j'y prête attention ; il est là pourtant, il m'envahit tout entier et j'espère qu'il embrase son cœur comme le mien ! Elle est, avec la sincérité et le respect de cet autre amour que j'éprouve pour vous, ma seule raison de vivre. Et l'on nous dit que nous sommes damnés ? Que Montségur est la Synagogue de Satan, l'abri d'une pauvre et misérable secte ? Non ! Je ne suis pas un damné, un hérétique !

J'aime ! Je n'ai cessé de vouloir le bien, suivant vos préceptes, suivant votre vie exemplaire !

– Exemplaire ? Jamais je n'ai été exemplaire, fils, crois-moi. Il est des choses que...

– Qui jugera ? Qui, aujourd'hui, a le droit de juger que nous ne sommes pas dignes du salut que tous, nous espérons tant ? De ce salut, quel qu'il soit, d'une vie de l'âme après la mort ? Qui peut s'arroger le droit de nous condamner, nous qui ne pensons qu'à aimer ?

– Sais-tu ce qui a déclenché cette guerre, Aimery ? Elle est venue d'un homme qui, il y a de cela trente-quatre ans, a tué Pierre de Castelnau, un légat du pape, alors que rien n'était joué dans ce pays, que tout était encore possible ! Et ce soldat qui planta le pieu dans le dos du légat, personne ne sut son identité, ni même si ce geste avait vraiment été ordonné par le comte de Toulouse ! Pour un soldat inconnu, l'Occitanie est tombée dans cette tragédie ! *Pour un seul homme*, sans que personne y comprenne rien ! Et vous vous apprêtez à tuer trois, cinq, dix inquisiteurs ! Cela risque de mettre en cause ce qu'il reste des cathares, de nous condamner à tout jamais – et cela, je me demande si même Bertrand Marty en est conscient ! J'ai l'impression d'être le seul à le deviner !

Aimery regarda Escartille.

– Mon cri est Liberté, père ! Cette Liberté que la terre nous a refusée, et pour laquelle je donnerai tout ! C'est un chevalier que vous avez devant vous. Un chevalier que jamais personne n'a adoubé, un chevalier maudit. Mais un chevalier, et le meilleur entre tous, qui jamais ne baissera les bras, quel qu'en soit le prix.

– Et Héloïse ? Comment penses-tu qu'elle prendra cela ?

Ici, Aimery marqua un instant d'hésitation. Puis il dit :

– Elle comprendra. Comme le jour où ma mère vous demanda de prendre les armes pour combattre aux côtés de l'Aragon, dans la plaine de Muret.

Il tourna les talons.

– J'irai à Avignonet.

Comme il était convenu, Aimery prit place parmi le corps expéditionnaire qui partit vers la ville où se trouvaient les inquisiteurs. Les hommes de Montségur descendirent par les falaises escarpées du château ; ils chevauchèrent rapidement avant de rejoindre une autre troupe de *faidits*, composée de Pierre de Mazerolles, Jordan du Vilar et de sergents d'armes. Cette nuit-là, tout alla très vite. Un messager de Raymond d'Alfaro, acquis à la cause hérétique, leur ouvrit en grand les portes de la dépendance comtale où dormaient Guillaume Arnaud, Etienne de Saint-Thibéry, Pierre Seila et leurs adjoints. Munis des haches les plus tranchantes, les conjurés traversèrent les couloirs de la maison.

Les moines se réveillèrent en sursaut, au moment où autour d'eux on éventrait les portes.

Certains se jetèrent sur le sol en entonnant un *Salve regina.*

Aimery ne fut pas le premier à entrer, Raymond d'Alfaro lui-même le précédait. Pourtant, ce fut peut-être lui qui frappa le plus, et avec le plus de vigueur.

Il frappait.

Il avait surpris Etienne de Saint-Thibéry dans son sommeil ; celui-ci s'était redressé sur son séant en les entendant entrer. Sitôt qu'il l'avait vu, Aimery avait senti tout son sang crier vengeance. En cet instant, il avait revu défiler dans son esprit le procès d'Aude de Lavelanet, il s'était souvenu du regard éploré d'Héloïse et de leur fuite atroce jusqu'à Montségur. Il libérait enfin une énergie qu'il n'avait pas cessé de contenir, attendant le moment opportun pour procéder à sa propre déclaration de guerre. Le procédé était sournois, les moines sans défense ; désormais, il n'y aurait plus que la loi du talion.

Il s'était rué sur le franciscain. Etienne de Saint-Thibéry était mort au premier de ses coups. Un flot de sang avait aussitôt jailli de sa calotte pour se répandre à grands jets sur son visage, coulant auprès de ses yeux qui, effarés, comprenaient soudain que la vie allait les quitter. Aimery lui était apparu comme l'ange exterminateur... Mais, bien après que tous les moines furent passés de vie à trépas, Aimery frappait encore. Les traits de son visage lui donnaient l'air d'une bête sauvage. Il avait un regard fixe et brûlant ; sa figure était couverte du sang de sa victime. Il levait le bras, poussait un rugissement, puis un autre, abaissant le fléau jusqu'à ce que la tête du franciscain ne devînt plus qu'une bouillie.

Enfin, Jordan du Vilar posa une main sur son épaule.

– C'est fini, Aimery, dit-il. Je crois qu'il est mort, cette fois.

Aimery regarda Jordan, qui croisa ces yeux furieux, vit ces lèvres tremblantes d'où commençait de couler un filet d'écume. Le jeune homme sortit de sa torpeur. Un long tremblement le parcourut. Il fit un pas en arrière, les épaules tombantes, la tête baissée, soudain pantelant. La Bête était repartie, elle avait reflué.

Il reprit son souffle, passa une main sur sa bouche.

– *Va be, esta be !* s'écria Raymond d'Alfaro, avant

de faire éclater lui aussi la cervelle de Guillaume Arnaud et de piétiner dans son sang.

Pas un des inquisiteurs n'en réchappa.

Pendant la nuit, le commando de *faidits* repartit aussi vite qu'il était venu.

Comme l'avait pressenti Escartille, le raid d'Avignonet eut le même effet que le meurtre de Pierre de Castelnau. Il ne fit que renforcer la détermination cléricale d'exterminer à tout jamais les cathares, en détruisant le seul symbole qui leur restait : Montségur, la Synagogue de Satan.

Le siège commença en mai 1243, lorsque le sénéchal royal de Carcassonne, Hugues des Arcis, accompagné d'une armée de chevaliers et de sergents d'armes français, vint planter ses tentes au pied du *pech*. Aguilah déploya les bannières et prit la tête de l'armée et des convois, avec le sénéchal. Une marée humaine se répandit dans les vallées qui entouraient Montségur. On disait le château inexpugnable, mais on l'avait dit de Termes, de Minerve et d'autres citadelles. La situation de Montségur était particulière : sans doute les forces de l'Occident tout entières, réunies contre la colonie cathare, ne parviendraient-elles à réduire cette forteresse que par la faim et la soif, en l'empêchant de communiquer avec l'extérieur. Aguilah et des Arcis attendaient encore des renforts ; les dimensions de la montagne exigeaient toujours davantage de soldats.

Bienvenue dans l'Eglise de Satan.

Hugues des Arcis se présenta donc sous le château formidable. Il pensait que Montségur capitulerait avant la fin de l'été, mais le château tint assez longtemps pour attendre la saison des pluies. On remplit les citernes ; les dons abondants de croyants hérétiques, riches ou pauvres, affluaient de tous les coins du pays. Les Occitans trouvaient toujours un moyen de contourner les obstacles et de franchir les barrages des croisés. Hugues des Arcis pouvait bien pester en s'excusant platement auprès de Sa Sainteté, les marchands des bourgs voisins parvenaient chaque fois à tromper la vigilance de la soldatesque française pour se rendre là-haut, dans le *castrum* de Montségur. Ils allaient y faire leur marché ! Le meurtre des inquisiteurs avait fait des chevaliers de Montségur les héros d'une liberté que la population occitane n'avait pu conquérir. L'Occitanie tout entière priait pour leur salut. Chaque nuit, des montagnards dévoués à la cause hérétique franchissaient les lignes ennemies ; des messagers survolaient tous les dangers pour gagner le Toulousain, le Carcassès, le comté de Foix ou l'Aragon. Même lorsque ses forces comptèrent dix mille personnes, des Arcis ne put empêcher les convois de blé et les nouvelles fraîches de parvenir à Montségur. Les cathares avaient leurs réseaux, patiemment développés durant toutes ces années de persécution. Ils jouaient à plein et, plus que jamais, Montségur était pour le cœur du peuple occitan l'emblème de la révolte et le soleil de l'espérance. Pour les troupes du sénéchal de Carcassonne, l'escalade des parois de la falaise était impensable ; une volée de pierres jetée depuis le sommet eût suffi à détruire les cordons français les uns après les autres. Il était inutile de vouloir se servir des machines de guerres habituelles en de pareilles circonstances ; le site était inaccessible. La crête orientale était connue des gens du pays, mais les pistes forestières allaient se perdre au milieu de nulle part. Ainsi, cinq mois durant, assiégés et assiégeants campèrent sur leurs positions.

Dans la cour dallée de Montségur, Aimery se tenait devant une escouade de quinze sergents d'armes et autant d'écuyers. Il faisait tournoyer son épée, l'abattait devant lui, pivotait sur lui-même dans un cri ; puis il s'agenouillait, pourfendant de nouveau un ennemi imaginaire, sa cape volant sur ses flancs. Une fois ce mouvement achevé, les sergents et écuyers qui lui faisaient face l'imitaient en cadence. *Han ! Han !* Ils avançaient comme un seul homme, tournoyaient, frappaient et s'agenouillaient en poussant des exclamations sauvages. Non loin de lui, des chevaliers *faidits* s'entraînaient pareillement avec d'autres corps de troupes. On trouvait là même des femmes, à qui l'on apprenait à tenir un arc ou une arbalète. Elles décochaient des bouts de bois à peine taillés vers des cibles de circonstance, ou des sacs emplis de terre que l'on avait suspendus au préau des baraquements, comme des gibets de potence. Un ou deux enfants étaient présents. Escartille lui-même, assis avec eux, laissant couler quelques cailloux entre ses doigts, assistait à ce spectacle sans rien dire. Esquieu de Mirepoix se trouvait à côté de lui. Il leva vers Escartille un regard admiratif :

– Ils vont nous défendre ? Dis, ils vont nous défendre ?

Escartille le considéra un instant.

Il passa la main dans les cheveux ébouriffés de l'enfant et lui fit un sourire.

– Oui. Ils vont nous défendre.

Puis son sourire le quitta. Il regarda de nouveau Aimery.

Il virevoltait. Sa participation au commando d'Avignonet en avait fait l'un des premiers soldats de Montségur et, à son tour, il se révélait l'âme d'un meneur d'hommes.

Escartille avait peur.

L'un de ces soirs où l'effervescence régnait au château, il rejoignit sa cabane ; il venait juste d'assister au premier conseil de guerre que présidaient Raymond de Péreille et Pierre-Roger de Mirepoix. La tête pleine de ce qu'il avait entendu, il s'apprêtait à pénétrer dans le logis qu'il occupait avec Aimery et Héloïse, lorsqu'il s'arrêta net.

Il venait d'entendre quelque chose, des bruits feutrés, étouffés par le vent. Puis un gémissement. Il resta un instant près du seuil, posté de telle façon qu'il demeurait invisible de l'intérieur. Et il comprit.

Il regarda le bout de son pied, écarta un caillou, les yeux baissés.

Le visage de Louve vint danser devant lui. Elle lui souriait. Il se souvint de ces nuits d'autrefois, et surtout, des deux seules nuits qu'il avait passées avec elle. La première nuit, ils avaient conçu Aimery. La seconde, celle des retrouvailles, du bonheur absolu, de cet amour si longtemps cherché, enfin retrouvé. Si peu de temps avant que tout ne s'effondre. Il est difficile de peindre les émotions qui agitèrent son cœur à ce moment-là. Il était heureux qu'une fois encore, bien que le ciel semblât tomber sur eux, l'amour puisse encore trouver son chemin. Il était heureux pour

Aimery et pour la jeune fille – et en même temps, si triste, si mortellement triste. Ils s'aimaient, oui, ces amants de Montségur, mais dans de telles circonstances que l'amour lui-même risquait d'être vain et sans issue. Il s'éloigna de quelques mètres, s'assit sur un rocher et se plongea la tête dans les mains, en proie à une morsure que le froid des cimes ne fit qu'accuser.

Le sacrement de mariage tel que l'entendait la tradition romaine n'avait jamais satisfait les cathares ; sans doute ne voyaient-ils dans ces serments d'éternité que des apparences destinées à soumettre la femme à l'homme, et des moyens de masquer des alliances souvent plus vénales et calculatrices que désintéressées. Le mariage sacramentel avait pour première fonction de donner un alibi à la copulation et à la duperie adultérine que, dans le même temps, on se plaisait à entretenir avec amusement. Forts de toutes les utopies, ils croyaient à l'égalité amoureuse comme fondement de l'équilibre du couple. Ils prônaient le mariage sans contrainte, un mariage dont il était aisé de se délier. Ils avaient admis l'inadmissible, le caractère fluctuant de l'amour. Parfaits et parfaites ne répugnaient pas à la compagnie de couples concubins, bien au contraire. Ils se rendaient chez eux avec la même bienveillance que chez les autres ; du moment que l'amour était là, le reste devenait subalterne.

Il va sans dire que lorsque Aimery et Héloïse demandèrent à s'unir, le lendemain même du soir où Escartille avait failli les surprendre, cette requête parut incongrue à de nombreux habitants de Montségur, à l'heure où chaque lendemain devenait de plus en plus incertain. C'était pourtant cette même raison qui poussa les amants à se manifester. Si la mort advenait, ils s'en iraient avec l'espoir d'un amour qui leur survive ; s'ils en réchappaient, tout serait possible. Ils s'aimaient et devaient le dire. Escartille ne désapprouva pas, se rappelant combien lui-même eût aimé épouser Louve avant qu'elle ne disparaisse. C'était là, sans doute, l'un de ses plus grands regrets ; et sa conversion au catharisme n'en était-elle pas le premier des fruits ? N'était-il pas entré en religion comme un signe posthume, pour dire à Louve que jamais il ne l'oublierait ? Même si la situation prenait le tour tragique que l'on pouvait craindre, il voulait qu'Aimery et Héloïse puissent accomplir ce que le sort lui avait refusé.

Aimery guetta cette approbation avec inquiétude ; depuis qu'il s'était rendu à Avignonet contre l'avis de son père, il ne se sentait plus le même. Escartille aussi avait perçu ce changement et tous deux craignaient qu'une distance inhabituelle ne vînt se glisser entre eux. Il donna à cette complicité nouvelle la valeur d'une réconciliation silencieuse. Escartille plaida la cause devant Bertrand Marty qui accueillit chaleureusement cette requête, comme un signe que l'espoir vivait encore à l'ombre du château.

– Eh bien qu'il en soit ainsi, si cela plaît aussi à Dieu. Vous, Escartille, avez le pouvoir de donner votre bénédiction à cette union. Amenez-les ici. Je serai à vos côtés.

Les amants de Montségur se présentèrent donc devant eux. Héloïse ne portait qu'une robe austère et simple ; on avait tressé à son intention une couronne de fleurs, dont sa tête était ceinte. Un voile de fortune, attaché à sa taille, traînait derrière elle. Elle tenait en main un bouquet de fleurs des montagnes, dont la moitié était déjà fanée. Aimery avait revêtu sa cotte de mailles et une cape rouge à capuchon. C'était la fin du jour. Deux flambeaux éclairaient le couple, ainsi qu'Escartille et Bertrand Marty. La cérémonie fut brève, il n'y eut presque pas de témoins. Parmi ceux qui se trouvaient là, le jeune Esquieu de Mirepoix apporta à la mariée un autre bouquet, avec un sourire angélique qui porta Héloïse au bord des larmes. Puis elle unit sa main à celle d'Aimery.

Ils la levèrent vers le ciel.

– Voulez-vous, dit Escartille, être unis dans l'amour ?

– Oui, répondit Héloïse.

– Oui, répondit Aimery.

– Vous promettez-vous fidélité l'un à l'autre ? Vous engagez-vous à prendre soin l'un de l'autre, dans la santé comme dans la maladie, quelles que soient les infortunes de la vie ?

– Oui, répondirent-ils ensemble.

Bertrand Marty s'avança en souriant. Escartille, lui, exultait.

– Embrassez-vous. Vous êtes mariés.

Quelque temps plus tard, Héloïse fut saisie de nausées et de vomissements.

Il fallut se rendre à l'évidence : elle était enceinte.

Le siège, lui aussi, devait durer neuf mois.

Et la situation bascula.

Nous allons tous mourir.

Longtemps, les chevaliers de Montségur espérèrent lasser leurs ennemis ; mais en octobre, à l'approche de l'hiver tant redouté, Hugues des Arcis recruta un détachement de routiers basques, montagnards de terrain prêts à se lancer à l'assaut de la forteresse. Au fond des gorges du Lasset, ils se regroupèrent pour détailler les cartes du lieu. Le point le plus bas de la défense ennemie était une tour juchée sur un rocher de la crête orientale, munie d'une étroite plate-forme située à quatre-vingts mètres en contrebas du château lui-même. Les Basques encordés montèrent de nuit en direction du *pech*, par un sentier de chèvre particulièrement abrupt ; la garnison de la tour fut surprise et massacrée. Cette fois, l'armée française avait pris pied aux abords de l'inviolable forteresse. En novembre, l'évêque d'Albi, Durand, apporta de nouveaux renforts à Hugues des Arcis. Des ingénieurs habiles, experts dans la construction de machines de guerre, se succédèrent pour renforcer la position acquise. Des soldats se hissèrent sur la plate-forme de la tour ; on y acheminа des poutres, des madriers, des cordes, des pièces de fer ; on s'attela à la construction de catapultes tandis qu'un défilé de tailleurs de pierre préparait plusieurs milliers de boulets. Le sénéchal de Carcassonne et l'évêque d'Albi étaient désormais décidés à gagner chaque jour du terrain. Leurs machines une fois montées, il leur fut aisé de faire bombarder la barbacane qui, avançant sur la crête, protégeait les abords de Montségur. Si les assiégés craignaient de voir leurs chances compromises, la situation, à ce stade, n'était pas encore désespérée : l'étroitesse des espaces où se jouaient les combats rendait impossibles des mouvements d'envergure ; un ingénieur de la petite ville de Capdenac, Bertrand de la Baccalaria, parvint à forcer le blocus pour se rendre au château et faire élever, dans la barbacane de l'est, une machine qui pouvait répondre coup pour coup au tir de pierrière du sénéchal. Les boulets fusaient, de part et d'autre des précipices, sans toutefois entamer les positions catholiques ou cathares.

La neige tomba.

Les ravitaillements et les renforts s'espaçaient. Les arbres tendaient vers le ciel leurs ramures épineuses et déchiquetées. On mourait de froid au sommet de la montagne. Lorsque les habitants se parlaient, c'était pour exhaler de leur bouche de nouveaux nuages de fumée. Ils étaient entassés dans le *castrum* abîmé, dans le château ridiculement étroit, tout là-haut, dans un dénuement et une promiscuité sans bornes. Après les premiers combats, il ne restait à Montségur qu'une centaine de soldats, contre les dix mille combattants ennemis. Dix mille, quinze mille bientôt ! Pourtant, les hérétiques ne renonçaient pas. A la Noël, ils n'avaient toujours pas capitulé et Hugues des Arcis, que la rigueur du siège commençait aussi à exténuer, n'était pas en mesure de prendre la place.

Il réussit toutefois un nouveau progrès, décisif celui-là. Une nuit, un cordon de montagnards guida les soldats en empruntant un passage pratiqué dans la roche même. Il ne s'agissait pas, cette fois, d'un sentier, mais bien d'un *passage,* un chemin secret, invisible au premier coup d'œil, taillé à coups de burin – sans doute l'un de ceux que les partisans cathares avaient eux-mêmes utilisés pour communiquer avec l'extérieur du château. Une série d'anfractuosités reliées par une mince corde, auxquelles on accédait par quelques marches qui avaient l'air toutes naturelles. La troupe y grimpa dans une obscurité quasi totale. Elle parvint à l'intérieur de la barbacane et les assaillants décimèrent aussitôt les sentinelles. Leurs compagnons du château n'eurent pas le temps de leur porter secours. Cette fois, Hugues des Arcis était bel et bien maître de la montagne. Montségur n'était plus protégé que par un étroit passage et les Français pouvaient faire monter de nouvelles troupes aux abords de la citadelle.

Le lendemain, l'un des soldats repéra le chemin par lequel ils étaient passés : il surmontait des précipices vertigineux.

Il eut une exclamation de stupeur.

Jamais je n'aurai pris ce chemin si, de jour, j'avais vu le précipice où nous marchions.

La prise de la barbacane tenait du miracle. Elle résonna pour les assiégés comme le glas de leur défense. La population de Montségur, désespérée, comprit que tout était perdu. Deux hérétiques, du nom de Mathéus et de Pierre Bonnet, furent désignés pour s'enfuir avec une partie du trésor que les assiégés avaient accumulé. Bertrand Marty et Raymond de Péreille n'obtinrent plus que de maigres renforts, qui se comptaient sur les doigts de la main.

Ils avaient longtemps espéré que le comte de Toulouse reprendrait les armes. Des messagers filaient encore par toute l'Occitanie pour trouver des soutiens à Montségur. Mais Raymond VII était plus que jamais isolé. Le roi d'Angleterre, allié du comte, avait été défait à Taillebourg par le roi de France ; rien ne bougeait du côté aragonais. Raymond, contraint et forcé, s'était résolu à demander à la France une nouvelle paix. A présent qu'il s'était soumis, et même s'il continuait à manœuvrer dans l'ombre pour le salut des siens, aucune résistance n'était plus possible. Longtemps, on avait allumé des feux sur les montagnes voisines, pour continuer de communiquer avec Montségur ; les signaux de fumée s'étaient arrêtés. Le comte avait envisagé une opération de rescousse pour sauver Montségur avant la Noël. Mais rien ne s'était passé. Raymond VII était parti en Italie, promettant qu'il interviendrait à Pâques.

Ils filaient, ils galopaient, les messagers, nuée sans espoir !

Bertrand Marty, Pierre-Roger et Raymond de Péreille accueillaient leurs résultats avec consternation, saisissant des lettres cachetées, déroulant des *rotulus* de parchemin qu'ils lisaient avec gravité avant de renvoyer avec tristesse ceux qui les leur avaient apportés.

Et l'évidence – crépusculaire, glaciale comme cet hiver qui n'en finissait pas – s'imposa à chacun d'eux.

Ils étaient seuls.

Nous allons tous mourir.

– Aux remparts !

Aimery avait été désigné pour diriger l'un des corps de la garnison juché sur la muraille.

Et ce fut la dernière bataille.

Les catapultes étaient en place ; les soldats, quatre par machine, réglaient la tension des cordes en ajustant les roues dentées avant de bloquer les cliquets ; les verges pivotèrent autour de leur axe dans des grincements. Les engins furent positionnés dans la direction de Montségur, on cala la corde des arcs horizontaux dans les encoches des cueillerons, de façon à augmenter au maximum l'énergie de propulsion. On activa les treuils pour charger chacune des catapultes. Au signal du sénéchal des Arcis, les crochets furent libérés, les verges heurtèrent leurs butoirs dans des coups secs et simultanés.

La myriade de projectiles s'envola aussitôt dans des sifflements.

Une pluie de boulets s'abattit dans la cour de Montségur. On courait au milieu de cette mitraille, qui venait faire exploser les dalles de pierre ; les femmes donnaient la main aux soldats qui les aidaient à se précipiter vers un nouveau refuge. Les boulets fusaient de toutes parts. Ils s'écrasaient sur les toits des baraquements de bois, crevaient le sol pour s'y nicher dans des bruits sourds et des éclats de rocs ; ils défonçaient les cabanes ; ils frappaient de plein fouet le donjon des Péreille et la Maison des Hérétiques.

– A mon signal ! dit Aimery, organisant la riposte.

Trente hommes s'alignèrent aussitôt contre les remparts, prenant appui de leur coude sur la pierre, l'œil plissé, ajustant la pointe de leur arbalète en direction de la barbacane prise par les croisés. Lorsque Aimery baissa le bras, les carreaux sifflèrent instantanément dans l'espace ; les croisés s'agenouillèrent ou dressèrent leur écu. Les projectiles s'abattirent autour d'eux ; ils rebondissaient contre les boucliers dans des bruits sourds et vibrants, venaient se ficher dans l'armature de bois de leurs machines, ricochaient contre les murs comme une nuée d'insectes aux dards acérés. Il fallait trente carreaux pour toucher un ou deux hommes ; et l'opération se répétait immédiatement, empêchant les soldats de l'ost, par ce tir de barrage fourni et serré, d'aller plus avant. Certains, pourtant, se jetèrent en hurlant à flanc de falaise, tentant de franchir les quelques dizaines de mètres qui les séparaient encore du château. Ils couraient en hurlant par-dessus les rochers, dans l'étroit défilé qui surplombait le vide, lancés dans le plus périlleux des assauts.

Au plus fort de la bataille, Aimery descendit des remparts. Escartille était dans la cour. Le jeune homme dégaina son épée dans un hurlement. Il était tombé en essayant d'éviter des tirs ennemis ; une entaille profonde courait sur son front, sa joue était tuméfiée.

– Alors père, que faisons-nous à présent ? Resterons-nous ici en attendant d'être massacrés ? Vous avez renoncé à tuer, il me faut le faire pour vous ! A moi d'être ce guerrier que vous n'avez pas voulu être. A moi d'être ce bras criminel que notre foi s'est toujours refusée à dresser contre ceux qui nous oppriment !

Escartille cligna des yeux. Un boulet s'abattit, ils firent un bond de côté tandis qu'il s'écrasait à côté d'eux.

Aimery poussa un nouveau cri de rage et remonta sur les murailles.

Au-dehors, les croisés se précipitaient, munis d'échelles qu'ils transportaient sur le défilé, en direction des remparts de Montségur. Deux groupes parvinrent à franchir les salves des arbalétriers en se protégeant comme ils le pouvaient. Ils jetèrent sans hésiter les échelles contre les murailles. Sitôt que quelques-uns s'étaient engagés avec témérité sur leurs barreaux, la garnison de Montségur les repoussait.

– Ne les laissez pas approcher !

– Ne vous laissez pas submerger par le nombre ! s'écria un homme, comme en écho à la voix d'Aimery.

Cet homme était Arnaud de Bensa, l'un des défenseurs du château. Aimery l'avait pris en amitié ; l'épreuve les avait rapprochés. Il venait de se dresser sur les remparts lorsqu'une flèche transperça son plastron. Arnaud vacilla quelques secondes. Il n'était pas mort, mais un soldat de plus était à terre. Nombreux étaient ceux que ces batailles répétées, de plus en plus meurtrières, avaient fait tomber. Ils avaient été tués par poignées, puis par dizaines. On avait consolé à temps la plupart d'entre eux, lorsque la situation le permettait, leur imposant les Evangiles sur le front. Aujourd'hui, il ne restait à Montségur qu'un peu plus de deux cents personnes. Aussi les femmes furent-elles mises à contribution, pour soigner les blessés, relever ceux qui pouvaient être encore valides, mais aussi pour renouveler les armes et aider à actionner la catapulte de Bertrand de la Baccalaria.

Dans l'atelier de couture que dirigeait la parfaite Marquesia Hunaud de Lanta, on travaillait sans relâche. Héloïse était assise sur une paillasse, au milieu des femmes qui l'entouraient. Deux flambeaux crépitaient dans la cabane.

En elle, l'enfant n'avait cessé de grandir. Elle le sentait, il lui donnait de temps en temps des petits coups à l'intérieur de son ventre. Oui, elle portait la vie, elle sentait cette étincelle au plus profond d'elle-même.

Ses mains avaient conservé leur fraîcheur et leur finesse. Elle les voyait danser ces mains, ces petites mains, *pique l'aiguille,* pique et repique encore, Héloïse, sans jamais t'arrêter ! Oublie qu'Aimery, en ce moment même, se jette au milieu d'une bataille sans issue, sur ces remparts, dans cette cour qui n'est plus qu'un champ de ruines, oublie cet enfant qui tressaille en toi ! Oublie que tu es là toi aussi, à Montségur, au sommet de la montagne ! Oublie pour ne garder, jusqu'au bout, que cette ténacité farouche qui t'offre d'accomplir ce que tu peux accomplir encore.

Pique l'aiguille, puisque, pour seules armes, il ne te reste que tes mains.

Pique l'aiguille.

– Il faut prendre les devants, dit Aimery.

Il se jeta sur une échelle que les croisés avaient abandonnée, et qui vacillait encore, prête à choir, auprès des remparts. Sans réfléchir plus avant, il s'élança. Une dizaine de flèches s'écrasèrent de part et d'autre de lui, dans sa descente. Non loin, on évacuait du chemin de garde Arnaud de Bensa, qui tendait une main vers le ciel. Aimery fut bientôt suivi par deux *faidits* ayant participé au commando d'Avignonet, puis par d'autres de ses hommes, tandis qu'un nouveau tir venu de Montségur protégeait cette sortie d'une folle témérité.

Loin au-dessus du château, un faucon pèlerin décrivait des cercles dans l'espace, en poussant des cris stridents.

Aimery bondit en direction de la corniche où d'autres croisés s'aventuraient une fois de plus.

On se battait maintenant au flanc de la falaise, pardessus ces roches plongeant de part et d'autre du chemin étroit. Aimery donnait de furieux coups d'épée. Un croisé bascula dans le vide. Il fit une chute de plus de trois cents mètres, rebondit sur un promontoire de la falaise, suivi d'un second, qui chuta de cinq cents mètres, traversa le faîte des arbres de la forêt, en creva le feuillage avant de dévaler plus bas, dans un torrent de poussière.

Leur hurlement alla se perdre au fond des vallées.

On se battait là-haut, et les plus malheureux plongeaient, vagues silhouettes entrechoquant leurs armes sur la corniche, perdues dans ce paysage immense.

Aimery frappait encore et rien ne semblait devoir l'arrêter.

Ce fut en toute hâte qu'Escartille rejoignit Bertrand Marty, à la demande de celui-ci.

Il pénétra dans la première salle du donjon des Péreille. Bertrand était là, dans sa robe noire. L'épuisement de ces derniers mois lui faisait courber les épaules et accusait la douleur de ses traits. A mesure que le temps était passé, il était devenu transparent. On devinait sous sa chair tendue des contours squelettiques, les nervures sinueuses de ses veines.

Il considéra Escartille quelques secondes, puis l'invita à le suivre.

– Il est temps que vous sachiez.

Escartille fronça les sourcils. L'évêque venait de tourner les talons ; ils traversèrent la cour d'un pas précipité, entendant la rumeur des combats venus du dehors.

– Venez, mon ami, dit encore Bertrand Marty de sa voix chevrotante. Il faut que vous sachiez, vous comprenez ?

Bertrand lui avait saisi le bras. Ils s'engagèrent dans la Maison des Hérétiques et allèrent jusqu'au bout de la salle voûtée. Bertrand Marty contourna un autel et s'avança vers une porte dérobée, en prenant un flambeau au passage. Le vieillard tremblait ; Escartille le sentait à la paume de sa main, qui s'était refermée contre lui. Mais ses yeux étincelaient. Il comprit, tout à coup, que le chef de l'Eglise de Montségur cachait quelque chose ; quelque chose qu'il allait lui révéler, à l'instant même. Un secret, sans doute, d'une dimension incomparable. Et cette marque de confiance, en même temps qu'elle le touchait, faisait naître en lui une peur inconnue, irrépressible, qui le fit aussitôt frissonner de tout son corps. Pourquoi l'évêque l'entraînait-il ici maintenant ? Que fallait-il qu'il sache ?

– Vous avez bien mérité de voir ce que je vais vous montrer. Peu de gens sont au courant de cela, mon ami. Il m'a semblé que vous deviez en être averti. N'y voyez pas qu'un privilège – ou plutôt, voyez-le ainsi, si vous le souhaitez ; mais sachez que son prix est terrible et inimaginable, et que ce cadeau que je vous fais n'en est pas un.

Ils s'étaient engagés dans un escalier de pierre qui descendait vers les profondeurs. Ils débouchèrent dans une petite chapelle et empruntèrent un nouvel escalier, plus étroit, en franchissant une porte à l'un des angles de la chapelle. Jamais Escartille ne s'était aventuré par ici. Il regardait avec étonnement le passage qui, bien que travaillé par l'homme, avait d'abord été un conduit naturel, dont il ignorait l'issue. Ce fut bientôt un dédale de galeries souterraines, suintantes d'humidité.

– Ce sont les fondations des anciennes ruines, continua Bertrand Marty. C'est ici que nous entreposons nos vivres et nos richesses. Les constructeurs du château actuel ont pris garde à nous en conserver l'accès, par la porte dérobée que nous avons franchie. L'une de ces galeries communique avec l'autre versant de la montagne. Ces passages pourraient nous servir, et peut-être plus tôt que nous le croyons.

Ils tournèrent trois, quatre fois à l'angle des galeries.

Enfin, ils parvinrent devant une nouvelle porte de bois. Deux hommes se trouvaient là. Ils saluèrent.

– Holà, mes braves, dit Bertrand d'un air sombre, tandis que les gardes s'agenouillaient avec respect en murmurant les paroles du *melhorament.*

Il tira de son habit noir une lourde clé d'or qu'il gardait autour de son cou, à même la peau. Il la fit tourner trois fois dans la serrure. Escartille entendit un cliquetis, puis Bertrand, d'un geste ample, l'invita à entrer.

– Escartille de Puivert, voici la première vraie richesse de notre Eglise.

Il poussa la porte.

Escartille écarquilla les yeux en découvrant le nouveau spectacle qui s'offrait à sa vue.

Il se serait attendu à trouver des monceaux d'or et d'argent, des fontaines de perles, des cascades de pièces sonnantes et trébuchantes, des coffres dégorgeant de pierres précieuses, de diamants, de rubis, de saphirs, d'incomparables joyaux ; tout ce que la communauté avait pu entasser de dons et de richesses, depuis tant d'années. Mais au lieu de cela, il ne vit que quelques muids de blé, quelques graines répandues ici et là ; un autel semblable à celui de la salle où l'on assurait l'initiation des nouveaux parfaits ; et des quantités de livres, manuscrits de toute taille et de toute forme, qui composaient une bien étrange bibliothèque, recouverte de voiles et de rideaux qui les protégeaient de l'humidité.

– Manuscrits bogomiles, gnose, enseignement de Manès, traités de théologie, *Cène secrète*, *Livre des Deux Principes,* et bien sûr, les saintes Ecritures. Tout est là, et nous faisons acheminer d'autres textes, qui nous parviennent de chacun des pays où notre communauté est représentée, d'Espagne, de Bulgarie, d'Italie, même de Constantinople !...

Escartille avança. Il déambulait à présent parmi ces montagnes de livres, avec la sensation soudaine de se trouver dans une bibliothèque infernale. Il passait au milieu d'eux, s'arrêtait de temps à autre, caressait un rouleau de parchemin. L'un des livres parut à Escartille plus volumineux que les autres.

Bertrand plissa les yeux tandis qu'Escartille se saisissait du livre.

Il souffla dessus et un titre lui apparut.

La Seconde Vie de Jésus-Christ.

Il se tourna vers Bertrand Marty. Celui-ci resta là, sans bouger, durant quelques secondes. Puis il dit, d'une voix profonde :

– Eh oui ! *L'esprit,* mon ami... L'esprit. Vous êtes ici dans notre sanctuaire ; dans le Montségur inversé, celui des souterrains, du village à l'envers. Vous êtes dans le temple secret de notre savoir. Nous y avons rassemblé des œuvres insolites, odieuses à l'Eglise romaine ; les textes que nous avons nous-mêmes rédigés, mais aussi ceux d'autres religions, d'autres formes de pensée qui sont parvenues jusqu'à nous, des œuvres philosophiques, parfois provocatrices, blasphématrices et scandaleuses. Toutes, cependant, témoignent d'une même quête de spiritualité. Une recherche jamais assouvie, la seule qui importe : celle de la vérité de l'âme. Ces œuvres nous ont nourris, elles nous ont tantôt permis d'affermir notre foi et celle de nos croyants, tantôt de la mettre en doute. Nous avons cherché à les comprendre, à en démontrer ou à en réfuter les postulats. Ceci est notre enfer, Escartille. Ce que vous avez sous les yeux en est un exemple parmi d'autres. *La Seconde Vie de Jésus-Christ* est... un cinquième Evangile. Un Evangile anonyme, apocryphe et honteux. Il prétend que Jésus n'est pas mort sur la croix, mais qu'il aurait eu une autre vie, avec Marie de Magdala. Qu'il aurait eu d'elle un fils, un héritier. Le Saint Graal, mon ami. Le sang royal. L'héritier du Christ ! Et ce contre-Evangile prétend que l'héritier de cette dynastie du Christ serait encore vivant, parmi nous. Voici l'un des grimoires que nous avons sauvé d'une destruction certaine, s'il était tombé en de tout autres mains que les nôtres. Comment et pourquoi ce livre a-t-il été conçu ? Ne s'agit-il que d'élucubrations, ou nous cache-t-il une vérité voilée, partielle ? Cela est sans importance. Il nous a permis, ainsi que je vous le disais, de mettre à l'épreuve ce que nous pensions du monde et du sens de notre foi. De la réitérer en nous rappelant sa source : celle des Apôtres, des premiers chrétiens.

Escartille fronça les sourcils, continuant de regarder autour de lui.

Sur l'une des parois du mur se trouvait une étagère, avec des flacons qui semblaient contenir un étrange liquide, qu'il ne parvenait pas à identifier. Voyant son regard interrogateur, Bertrand Marty saisit l'un des flacons et le lui donna.

– Tenez, mon ami. Je sais que dans une autre vie, vous avez été troubadour ; que vous aviez l'amour de la rime, du texte et de la musique. Cette encre que vous avez sous les yeux a de bien étranges propriétés : elle nous vient des confins de l'ancienne Byzance et est invisible à l'œil nu. Elle n'apparaît que sous l'effet de circonstances particulières, lorsqu'elle est soudain portée à la chaleur. Voici peut-être de quoi écrire le plus beau et le plus sombre des poèmes ! Un poème invisible. Un poème caché sous le vaste texte de la réalité, comme Dieu Lui-même.

Escartille contempla le flacon un instant.

Encore incrédule, il avait jusque-là gardé le silence. Bertrand Marty posa de nouveau une main sur son bras. Il tremblait de plus belle.

– Et maintenant, mon ami, maintenant...

L'évêque se dirigea vers un coffret, disposé sur une table, entre deux muids de blé. Il l'ouvrit après avoir fait danser sa clé d'or dans la serrure. Il s'agenouilla, baisa les parchemins, tantôt déployés, tantôt enveloppés dans du velours rouge, sur lesquels se trouvait posé le coffret. Enfin, il s'avança vers l'une des parois du mur. Alors, lentement, il fit rouler une lourde pierre de taille et approcha le flambeau du trou ainsi dévoilé.

– Escartille de Puivert, vous allez voir le plus fou, le plus effroyable des secrets que l'Histoire ait jamais cachés à notre pauvre humanité.

Escartille vit. Il lui fallut quelques secondes pour comprendre. Puis son cerveau perçut enfin la mesure de ce qu'il avait sous les yeux. Il vacilla, à mesure qu'il prenait la dimension de cette révélation.

Sur ses traits se peignit alors un masque d'horreur absolue.

Sur la montagne, Aimery continuait de batailler.

D'autres croisés arrivaient ; l'étroitesse de la corniche leur interdisait de se présenter à plus de trois ou quatre sur une même rangée. Mais la lutte était inégale, la proportion entre les soldats de l'ost et les assiégés ne pouvait tourner qu'au désavantage de ces derniers. Aimery tournoyait, bougeait avec agilité, rapidité et adresse ; son écu était déjà moucheté, transpercé d'une dizaine de carreaux d'arbalète. Chaque instant risquait de lui être fatal.

Aimery leva les yeux et siffla.

Là-haut, dans le ciel, le faucon plongea.

Il piqua en tournoyant vers une nouvelle rangée de croisés. Ses serres s'abattirent instantanément sur le visage de l'un d'entre eux, qui poussa un hurlement tandis qu'un flot de sang jaillissait de ses yeux crevés, de son front lacéré. Le faucon remonta vers le ciel, tournoya de nouveau. Il redescendait ainsi à intervalles réguliers, sans que les projectiles ennemis réussissent encore à l'atteindre, après avoir décrit dans le ciel de nouveaux cercles concentriques. Il s'abattait, frappait du bec, ou bien, un moment disparu, il jaillissait soudain de nulle part. L'un des croisés recula de quelques pas sous l'assaut de l'animal. Empêtré dans sa cotte de mailles, il donnait de l'épée dans le vide tandis que le faucon battait des ailes à quelques centimètres de son visage. Aveuglé, il lui suffit d'un écart imprudent pour trébucher et basculer dans le vide.

Et le faucon reprit son envol.

Durant quelques instants, les croisés refluèrent.

Aimery leva sa main gantée. Le faucon vint s'y poser.

Loin en contrebas, Hugues des Arcis avait regagné le pavillon où se trouvait Aguilan de Quillan. Il aperçut, sur la corniche, le profil d'Aimery, et de cet oiseau juché sur sa main. Le soleil rougeoyait à présent. Une nouvelle pénombre commençait de s'abattre dans les vallées. Des Arcis regarda les silhouettes de ce guerrier et du rapace, qui se découpaient nettement auprès du château de Montségur...

Puis le sénéchal royal de Carcassonne balaya d'un revers de main les tentures de l'entrée du pavillon.

Aguilah se trouvait là, assis dans un fauteuil. Il paraissait plongé dans de profondes méditations. Priait-il ? Hugues des Arcis n'aurait su le dire. Sa calotte sur le crâne, il était légèrement penché en avant, les mains jointes sur son menton. Il était immobile et paraissait fixer un point indéfini de l'espace. Le sénéchal s'avança vers lui. Des Arcis était un homme vigoureux, de haute taille. Son capuchon de mailles disciplinait une chevelure abondante. Croix brodée sur la poitrine, épée au côté, le sénéchal planta un pied devant Aguilah, l'arrachant à ses pensées.

– Ils se battent encore. Je ne sais combien d'hommes demeurent encore à Montségur, mais ils en perdent toujours un peu plus. Les *faidits*, les soldats, les écuyers sont vaillants. Longtemps, j'ai douté que nous en viendrions à bout. Pierre Amiel, notre bien-aimé archevêque de Narbonne, partageait mon scepticisme...

Aguilah leva les yeux, sans bouger la tête, ni le masque impassible de son visage.

Il serra le poing. Un éclair courut sur les bagues de ses doigts.

– Nous les tenons, dit-il seulement.

Puis il replongea dans ses méditations, oubliant la présence du sénéchal, les yeux de nouveau perdus dans le vide.

La nuit vint.

Les assiégés tentèrent une dernière sortie, destinée à incendier la pierrière qui bombardait les remparts sans relâche. Cette ultime tentative échoua. Au contraire, elle donna aux armées ennemies une occasion de pousser leur avantage. Il y eut quelques nouveaux corps à corps, par-dessus les abîmes. Les femmes de Montségur, Corba de Péreille, Cecilia de Mirepoix, Arpaïs de Ravat, leurs enfants même, se mêlèrent à cet ultime sursaut. Quand tout fut achevé, on entassa comme on put les blessés et les mourants. Il s'en fallut de peu que les Français ne se saisissent du château. La situation était devenue insupportable.

Aguilah ne s'était pas trompé.

Au lendemain de cette nuit tragique, le cor sonna longuement, renvoyé en écho par les vallées alentour.

Un linge blanc fut déployé dans le ciel, sur les remparts.

Bertrand Marty, Raymond de Péreille et Pierre-Roger de Mirepoix avaient pris leur décision.

Montségur demandait à négocier.

Pierre-Roger de Mirepoix descendit seul pour parlementer.

Il se rendit sous le pavillon d'Aguilah et se retrouva bientôt en face de lui. Des Arcis, Ferrier et Pierre Amiel se trouvaient là également. *Mon Dieu, ce qu'il fait froid,* pensa Pierre-Roger en cet instant. Peut-être les frissons parcourant son échine ne provenaient-ils que de sa fatigue, du cruel sentiment d'abandon qu'il éprouvait à présent, et de cette impression que plus jamais, un soleil d'espérance ne pourrait se lever sur Montségur. Mais il était venu pour négocier.

– Les hommes, les femmes et les enfants du château devront avoir la vie sauve.

– Les parfaits et parfaites également, messire. Oui,

eux aussi auront la vie sauve : voyez que je devance votre demande. Vous nous avez longtemps taxés de n'être que des bourreaux sanguinaires : admettez enfin que l'Eglise romaine sait pardonner, elle aussi, aux errances des croyants de votre secte. Nous avons admiré votre courage et ceux des habitants de Montségur, cela est vrai. Vos ministres cathares auront la vie sauve – mais ils devront, naturellement, abjurer leur foi devant Pierre Amiel, l'inquisiteur Frère Ferrier, ainsi que l'évêque Aguilah, ici présents.

– Cela est impossible et vous le savez.

Des Arcis pencha la tête, soupira en regardant Pierre-Roger d'un air condescendant.

– Cette exigence, messire de Mirepoix, n'est pas négociable. Et *vous* le savez.

Il fallait être fort encore, pour tirer un maximum de profit de cet entretien – et sauver des vies, autant que ce serait encore possible. Pierre-Roger songea brièvement à cet enjeu.

Et il sentit son estomac se nouer.

– Vous ne pouvez nous demander cela, dit-il en se raclant la gorge, tentant de mettre de l'assurance dans sa voix.

– Vous aurez tous la vie sauve, dit le sénéchal, je vous le répète. La vie, messire, voilà déjà un beau cadeau, n'est-ce pas ? Mais vous comparaîtrez devant le tribunal de l'Inquisition.

Pierre-Roger usa de tous les arguments pour tenter de contourner cette injonction. Il en avait déjà parlé avec Raymond de Péreille et Bertrand Marty : ils ne pouvaient que s'attendre à cette condition posée par l'ennemi. Et les croisés seraient inflexibles. Alors, les croyants de Montségur seraient renvoyés à leur propre foi. Ils seraient... « libres ».

– Je veux vingt jours de trêve.

– Dix jours, rétorqua des Arcis.

– Quinze jours, reprit Pierre-Roger, quinze jours, ou nous nous battrons jusqu'au dernier.

Des Arcis se tourna vers Aguilah d'un air interrogateur.

L'évêque, sombre, plissa les yeux. Il avait la tête rentrée dans les épaules, une main devant sa bouche.

– Quinze jours, dit-il enfin, et nous prendrons possession du château. Et nous voulons des otages en gage de votre bonne foi. Nous voulons Arnaud-Roger et Jourdain de Péreille. Le fils et le frère de votre chef.

Quinze jours, se dit Aguilah. *Et je saurai enfin si nous avons eu raison, toutes ces années, de craindre leur secret.*

Escartille était prostré devant les montagnes.

Assis en tailleur, il oscillait d'avant en arrière. Il ne s'était pas encore remis du choc de cette révélation qui lui avait été faite.

Lentement, il se prit la tête entre les mains.

Et il se souvint.

Le cavalier inconnu qu'il avait croisé autrefois rejaillissait à présent à sa mémoire. C'était au lendemain de la prise de Béziers ; les soldats de l'ost venaient à peine de disparaître à l'horizon, laissant derrière eux les ruines d'une ville fumante...

– Qui êtes-vous ? demanda Escartille, se redressant sur ses coudes, ne sachant toujours s'il rêvait ou non.

Le chevalier, tout d'abord, ne bougea pas. Puis il

tourna lentement la tête en direction du troubadour, qui avait maintenant du mal à distinguer son visage.

Il finit par dire, d'une voix profonde :

– Je viens de si loin que toi, petit homme, ne saurais le concevoir. Je viens d'une terre de sang et de feu, d'une terre vaincue et pourtant mille fois sainte...

– Mais... que faites-vous ici ?

A nouveau, le chevalier se tut. Il laissa passer quelques secondes et reprit :

– Une ville est tombée et ce n'est encore que le début. Je vais en ce château que l'on construit, sur ce pic imprenable. Je vais à Montségur.

Il eut un sourire, qui s'effaça lentement de son visage.

– Montségur... dit Escartille. Qu'allez-vous y faire ?

Le chevalier ne répondit pas. Puis il dit :

– As-tu idée de la raison véritable pour laquelle on se bat ici ?

Escartille hocha la tête, les traits de son visage se tordant en une grimace amère.

– Y a-t-il un motif suffisant pour autoriser une telle horreur ? dit-il seulement.

Le chevalier le regarda encore.

Il posa sur sa besace noire sa main gantée.

– Oh oui, dit-il avec gravité, les yeux maintenant perdus dans le vide.

Escartille releva la tête.

Pouvait-il être sûr de l'authenticité de ces reliques ? Fallait-il comprendre, fallait-il admettre ce que leur présence semblait suggérer ? Escartille se pencha encore, faisant la grimace, son nez touchant presque le sol, comme s'il se fût penché vers cette terre occitane, pour soudain refuser de la baiser.

Carcassonne... Carcassonne la grande... Il sortait de la cité, malmené au milieu des chariots, des colonnes de cette population hagarde, du flot des habitants s'échappant de la ville. Le jeune Trencavel, héros et martyr, venait d'être fait prisonnier...

– Vous ! Que faites-vous ici ?

– Je ne pensais pas te retrouver là, troubadour.

– Que faites-vous ici ?

Le cavalier ne le regardait pas. Il dit enfin :

– J'ai accompli ma tâche, petit homme.

– Comment ? Quelle tâche ?

– Celle qui m'a fait traverser la moitié du monde.

– Vous êtes allé à Montségur, n'est-ce pas ? Pourquoi ? Qu'avez-vous apporté là-bas ?

Le cavalier regarda Escartille. Il paraissait immense au-dessus du troubadour.

– Oublie, mon garçon. Oublie que nous nous sommes rencontrés.

Son visage s'assombrit.

– Il y a dans cette vie des choses qu'il vaut mieux ne pas savoir, crois-moi. Des vérités bouleversantes, qui peuvent ruiner à jamais l'espérance des hommes. Oui, il existe des lumières dont il ne faut pas trop s'approcher. Lorsque l'on veut contempler Dieu en face...

Escartille regarda un instant en direction des colonnes qui s'échappaient comme une marée des portes de la ville.

Lorsqu'il se retourna, le cavalier avait disparu.

Escartille hurla, adressant au ciel une supplique qui alla se perdre dans les vallées alentour. Il eut une profonde inspiration et chercha la bible à son côté. Il l'ouvrit lentement et la feuilleta page après page.

Le monde qui l'entourait n'existait plus.

> Puis, prenant du pain, il rendit grâces, le rompit et le leur donna, en disant : « Ceci est mon corps, livré pour vous ; faites cela en mémoire de moi. » Il fit de même pour la coupe après le repas, disant : « Cette coupe est la nouvelle Alliance en mon sang, versé pour vous. » (Luc, XXII, 19-20.)

> Quand ils l'eurent crucifié, ils se partagèrent ses vêtements en tirant au sort. Puis, s'étant assis, ils restaient là à le garder. Ils placèrent aussi au-dessus de sa tête le motif de sa condamnation ainsi libellé : « Celui-ci est Jésus, le roi des Juifs. » Alors sont crucifiés avec lui deux brigands, l'un à droite et l'autre à gauche. (Mat. XXVII, 35-38.)

> Ressuscité le matin, le premier jour de la semaine, il apparut d'abord à Marie de Magdala dont il avait chassé sept démons. Celle-ci alla le rapporter à tous ceux qui avaient été ses compagnons et qui étaient dans le deuil et dans les larmes. Et ceux-là, l'entendant dire qu'il vivait et qu'elle l'avait vu, ne la crurent pas. (Marc, XV, 9-11.)

Escartille referma la bible.

Bertrand Marty s'était dirigé vers le coffret. Il l'avait ouvert, puis s'était s'agenouillé, avant de s'approcher de la paroi du mur. Il avait fait rouler la pierre et avait approché son flambeau du réduit secret.

– Le cavalier est mort ici même, à Montségur, avait

dit Bertrand. Il est mort entre ces murs, après nous avoir rapporté ceci.

Et Escartille avait vu.

Des ossements. Une clavicule et des côtes brisées, un fémur, un morceau de crâne dans lequel on devinait les traces d'une couronne cernée d'épines. Un squelette, épars, incomplet, grimaçant. Les reliques étaient nimbées d'une clarté surréelle. Elles paraissaient d'un autre temps, d'un autre monde. Vieilles, comme lui. Mystérieuses, comme la vie. Et puis, il avait vu cette plaque d'argile cuite, gravée, que l'on avait si soigneusement conservée, et sur laquelle on pouvait distinguer quatre lettres.

I-N-R-I.

Iesus Nazarenus Rex Iudaeorum.

C'est-à-dire :

Jésus le Nazaréen, roi des Juifs.

Mon Dieu, murmura Escartille.

Les reliques du Christ.

15

Lettre morte

Octobre 2000

Télégramme de Philippe Poussin à Antoine Desclaibes.

J'AI TROUVÉ QUELQUE CHOSE !

Lettre d'Antoine Desclaibes à Philippe Poussin.

Cher Philippe, puis-je croire à ce qui se passe ? Est-ce possible ?

Reviens dès que tu le peux et surtout, garde secrète la nature de notre découverte ; elle est trop folle pour être entendue. J'oscille moi-même entre le plus grand scepticisme et l'idée stupéfiante que nous ayons pu effectivement toucher du doigt la plus extraordinaire des révélations. Nous avons en tout cas la réponse à cette question qui n'avait cessé de nous tarauder : la raison pour laquelle le poème d'Escartille de Puivert s'est retrouvé en enfer. Ne cachait-il pas le plus sombre des blasphèmes ? Ce manuscrit était un piège ; il semble suffisamment sérieux pour qu'on l'ait condamné à l'oubli – et pas assez, sans doute, pour qu'il soit détruit. Après l'aventure de l'abbé Saunière, ceux qui l'ont eu entre les mains ont-il su ce qu'il recelait ? J'en doute ; ils s'en seraient aussitôt débarrassés d'une manière plus radicale, afin qu'il ne puisse ressurgir. Je pense qu'ils ont seulement deviné l'odeur de soufre qui l'entourait – c'est le cas de le dire – avant qu'ils ne soient eux-mêmes emportés par l'Histoire. Je pense qu'ils ont compris son sens obscur, sans savoir exactement à quoi ils se trouvaient confrontés. Je pense qu'ils ont eu peur, et qu'ils ont laissé ce manuscrit à la postérité, comme une lettre morte.

Comprends-tu la signification de cette découverte, si jamais il s'avérait qu'elle ait la moindre parcelle de vérité ? Les ossements du Christ ! Les reliques les plus sacrées et les plus inadmissibles ! Cela voudrait dire qu'il n'y a *pas de résurrection de la chair !* L'existence même des reliques du Christ tuerait jusqu'à l'idée de cette survivance des corps dans l'au-delà. Cela voudrait dire que, d'une certaine façon, les cathares avaient raison : que l'Eucharistie n'était pas autre chose qu'une métaphore. De là, tout l'édifice catholique ne pouvait que s'effondrer. On ne pouvait que se jeter dans les bras de la secte, qui offrait la seule alternative encore possible : la résurrection, non de la chair, mais de l'âme, à travers d'autres vies terrestres, dans d'autres corps, sous d'autres conditions, jusqu'à l'eschatologie finale. La reconnaissance de ces reliques, leur divulgation aux yeux du monde, ne pouvaient que signifier la fin de Rome et de sa puissance séculaire ! Voici la source de cette terreur qui aurait animé le pouvoir de ces temps obscurs ! Le Christ catholique était bel et bien mort ! *Dieu était mort sur terre !* N'ont-ils pas à tout prix tenté de le sauver ?

Il est inconcevable que les cathares aient pu adorer ces reliques : jamais ils n'ont rendu grâces à quelque relique que ce soit, ni appuyé leur théologie sur une quelconque assise matérielle. Mais oui, comme disait le manuscrit, *LA PREUVE EST ICI*, ou du moins, la foi qu'ils mettaient dans cette preuve, dans ce que ces ossements représentaient à leurs yeux : et cette foi se suffisait à elle-même pour discréditer le pouvoir pontifical à tout jamais ! Il suffisait de le *croire*, de partager ce doute crucial, pour que la partie hérétique soit gagnée ! Pourquoi, alors, les cathares n'auraient-ils pas crié haut et fort qu'ils possédaient entre leurs mains ce qu'ils pouvaient considérer comme une arme absolue ? Peut-être parce qu'ils avaient peur, eux-mêmes, d'avoir raison. Peut-être parce qu'ils redoutaient que cette preuve fût bien réelle, et que son pouvoir les dépasse tous, catholiques et hérétiques mêlés ! Qu'il les emporte dans la tourmente de son incertitude : celle de voir qu'il n'existe, au-delà de la mort, que le néant, l'infini néant ! Etait-ce cela, le Graal de Montségur ? Non pas le sang du Christ, ni le calice où Joseph d'Arimathie recueillit ce sang, mais son corps – *la réalité matérielle des restes de son corps* ? Car au fond, l'existence des reliques du Christ ne pouvait également signifier que l'erreur de la religion cathare elle-même : les hérétiques n'avaient-ils pas prétendu que le Christ s'était *adombré*, qu'il n'était qu'un pur esprit, aux apparences d'homme ? Mais non ! Ils avaient, eux aussi, la preuve qu'il avait bel et bien été un être de chair et de sang, comme tous les autres, promis comme eux à un tombeau sans lendemain ! Le Christ était mort ! L'homme, jamais, n'avait ressuscité et ne ressusciterait jamais ! Quelle horreur, quelle insupportable ruine pour l'espérance humaine !

A moins qu'il n'y ait une autre interprétation, moins folle, celle-ci. Et sans doute plus exacte, ou en tout cas plus conforme à notre raison...

Nous sommes peut-être en face du message le plus ingénieux qu'un artiste ait pu inventer. Un troubadour devenu cathare, comme l'était Escartille. Une fable, une métaphore en effet, une œuvre géniale : un poème en cachant un autre. Non pour accréditer des faits sujets à caution et à tant de perplexité, mêlant le rêve à la réalité de l'Histoire, des faits que nous aurions bien du mal à admettre sans y trouver matière à une vaste plaisanterie ; mais pour signifier, de la façon la plus ardente qui soit, la portée des horreurs que notre inlassable chroniqueur avait traversées au cours de sa vie. *Un poème caché*, rendu à la seule vérité de son temps, tout imprégnée de sens et de mysticisme, ce temps où l'on ne pouvait faire un pas sans voir autour de soi tantôt l'œuvre de Dieu, et tantôt celle du Diable ; une œuvre de fiction jaillie de sa seule imagination, une sublime parabole par laquelle il aurait pu traduire la complexité et l'effroi de ces spectacles de souffrance continuels qu'il avait sous les yeux.

Alors, le troubadour aurait lui-même imaginé sa chanson de geste, son contre-Evangile, oscillant entre la damnation et la recherche d'une hypothétique rédemption. Il aurait brodé le fil de son récit en y mêlant ce qu'il avait sous les yeux avec les personnages nés de son imagination, créant à mesure des années son vaste stratagème, jusqu'à livrer ce message ultime dans une grotte, une caverne inconnue, semant le doute pour toujours parmi ces religions dont il ne pouvait admettre l'intransigeance, ennemie de l'amour.

Un rêve, en somme, autant qu'un cauchemar.

Pétri des contradictions et des mystères de son temps.

Nous confiant, aujourd'hui seulement, ses dernières clés.

Les livres ont une histoire. Celle-ci est peut-être la première entre toutes.

Une histoire, c'est comme une fleur ;
Elle naît, elle vit et elle meurt.

La voici en train de mourir.

Pourtant, s'il existe la moindre chance pour que ces reliques nous mettent *vraiment* sur la voie... S'il y avait là ne serait-ce qu'une parcelle de vérité... Comment en avoir la certitude, Philippe ? Une datation au carbone 14, à supposer que nous parvenions à l'obtenir grâce à tes relations dans les milieux scientifiques, pourrait nous renseigner sur la date approximative de ces ossements, ce qui serait déjà un pas. Une expertise ADN nous aiderait davantage : encore faudrait-il trouver les moyens de reconstituer fidèlement une photographie de l'ADN complet de notre cadavre. Mais en l'absence de marques suffisantes – pigments de peau, traces de salive ou restes de cheveux – cela est hautement improbable, pour ne pas dire impossible ! Pourtant, il nous faut tout tenter. Il nous suffit d'un souffle.

D'un miracle peut-être.

Le corps du Christ.

Nous devons savoir s'il existe.

16

Tolle corpus satani

Mars 1244

« A partir de la sixième heure, l'obscurité se fit sur toute la terre, jusqu'à la neuvième heure. Et vers la neuvième heure, Jésus clama en un grand cri : Eli, Eli, lema sabachtani ?, c'est-à-dire : Mon Dieu, mon Dieu, pourquoi m'as-tu abandonné ? »

Matthieu, XXVII, 45-46.

Quinze jours.

Ce fut l'attente la plus sombre, la plus douloureuse que vécurent alors les habitants de Montségur, isolés au sommet du *pech* glacial, à peine débarrassé des neiges de l'hiver.

Le matin du 2 mars, les survivants se croisaient dans la brume comme des fantômes, au milieu des ruines. Le cœur serré, l'air hébété, ils trébuchaient parfois sur l'un des boulets profondément encastrés dans le sol. Ils évitaient les monceaux de pierres tombés en cascade de la muraille. Les combats quotidiens ayant cessé, ils éprouvèrent un maigre soulagement dans cette accalmie, se réinstallant dans les cabanes du *castrum* aux toitures défoncées, emmitouflés dans des couvertures. De toutes parts, le vent sifflait. Ils s'asseyaient contre un mur, à deux, trois ou quatre, pour se tenir chaud, en silence.

Escartille se tenait sur le chemin de garde. Il regardait, en contrebas, l'armée croisée qui attendait comme eux, prête à laisser s'égrener le fil de ces jours, sûre à présent de sa victoire. A ses côtés se trouvait l'un des derniers soldats de Montségur, assis en tailleur, le visage tourné vers cette cour où quelques personnes passaient de temps à autre.

Escartille se racla la gorge. Ses poumons lui faisaient mal. Il éprouvait même, parfois, de la difficulté à respirer. Comme si, déjà, le feu le gagnait. Il se tourna vers le soldat. Il s'appelait Guillaume Mir, c'était un sergent venu de Queille au mois de février ; autant dire qu'il avait couru au suicide. Lui aussi avait longtemps été un agent de liaison au service des hérétiques.

– Pierre-Roger croit peut-être encore que le comte de Toulouse viendra nous sauver...

– Il ne viendra pas, dit Guillaume d'une voix sombre, sans lever les yeux. Tous les messagers sont partis, aucun n'est revenu. Nous sommes seuls. Ni Toulouse, ni Peyrepertuse, ni Quéribus, ni aucun des châteaux voisins ne nous enverront plus de troupes. Ils sont trop nombreux. Tout est perdu.

Escartille considéra Guillaume quelques instants. Son visage long et ses paupières tombantes lui rappelaient quelqu'un qu'il avait dû croiser autrefois. Cette impression l'occupa un instant ; il fouilla dans ses souvenirs à la recherche d'une figure, d'une situation semblable. Enfin, l'image de Charles de Montesquiou lui revint en mémoire.

– Guillaume, je songeais à un homme que j'ai rencontré il y a de cela trente-trois ans, lorsque tout a commencé. Il te ressemblait un peu... Il s'appelait Charles de Montesquiou. Il venait de la ville d'Agen, et je ne sais pour quelle raison, s'était retrouvé sur les remparts de la ville de Béziers, quelques heures avant le massacre. Mon Dieu, je l'avais presque oublié... Nous jouions aux dés, il ne cessait de siffler des flacons d'armagnac. Un joyeux luron, oui ! Et nous attendions, comme aujourd'hui. Un autre combat, une autre bataille, la première celle-ci. Si j'avais su, alors, où tout cela nous entraînerait ! Nous espérions passer la quarantaine, avant que les croisés ne regagnent leurs foyers. Nous pensions tenir le siège. Et puis...

Escartille se passa la langue sur les lèvres.

– Et puis en quelques minutes, ça a tourné au massacre que tu sais. Charles de Montesquiou a été la première personne de ma connaissance à mourir sous mes yeux, dans cette guerre. Le premier mort, pour moi, de cette guerre ! Je me souviens l'avoir délesté de sa fronde. Elle m'a servi dans la boue de Muret, pour sauver un chevalier espagnol d'une mort certaine. Mais cela n'a pas suffi. L'Espagnol est tombé sous d'autres coups, quelques instants plus tard. Et avec lui, d'autres personnes... qui incarnaient, sans même que je m'en rende compte alors, le sens profond de ma vie.

Escartille inspira.

– Je n'ai pas toujours été cet homme que tu as rencontré, dans sa robe noire, Guillaume. J'ai été troubadour, confident d'un Trencavel ou d'un Raymond VI, page, valet, héraut et combattant – un piètre combattant, dois-je dire. Je n'avais pas les armes dans le sang. Seigneur, j'ai été tout cela... et je ne sais plus qui je suis aujourd'hui.

Il se tut.

Cette fois, Guillaume le regarda.

– Je vois ce que tu veux dire, ami. Nous voyons des gens naître et mourir, sans jamais savoir si leur existence aura servi à quelque chose. C'est beau et c'est triste. Pourtant, moi, Guillaume Mir, je ne suis pas triste aujourd'hui. Mais je sais que je vais mourir, je sais, surtout, *quand* je vais mourir, et cela change tout.

– Il est encore possible de te repentir devant l'Inquisition.

– Allons. Tu sais bien qu'il n'y en aura pas un pour renoncer.

Il se tut à son tour, écoutant le vent mugir à ses oreilles. Escartille avait froid. Il se frotta les épaules, les mains crispées contre son manteau.

En bas, des croisés chantaient. Ils coupaient du bois.

Escartille comprit.

Ils préparaient leur bûcher. Leur feu de joie.

Déjà !

Désormais, les gens de Montségur auraient sous les yeux, à chaque instant, ce bûcher que l'on préparait pour eux ! Ils pourraient le contempler et y chercher les reflets de la mort. Jour après jour, les palissades seraient plus hautes, les herbes plus nombreuses, les bottes de paille plus compactes.

Escartille frissonna. Il se tourna vers Guillaume, qui n'avait encore rien vu.

Guillaume reprit :

– Je suis arrivé à Montségur il y a un mois à peine, en bravant tous les dangers. Je savais dans quelle situation je risquais de me retrouver. Je n'ai cessé de vivre dans l'ombre. J'ai voulu, une fois, être au grand jour. J'ai voulu crier avec les autres ce en quoi je croyais. Nous aurions pu vaincre ; les circonstances ont été autres. A présent, il ne nous reste que notre foi, qui nous brûle déjà le cœur...

Guillaume Mir se leva péniblement. Puis il se tourna avec Escartille sur les remparts.

– Je te demanderai à toi, Escartille de Puivert, de me consoler.

Il s'aperçut, à son tour, de ce que les croisés étaient en train d'accomplir.

Cela ne lui arracha qu'une moue amère.

Le 3 mars, Escartille, Aimery et Héloïse se rendirent au chevet d'Arnaud de Bensa, cet homme d'armes de Montségur, originaire d'Avignonet, avec qui Aimery avait mené au combat une partie de la garnison. Arnaud ne s'était pas remis de la blessure qu'avait causée cette flèche venue traverser son plastron. Il était allongé dans l'une des cabanes, à l'agonie. Il crachait du sang, ses draps en étaient couverts. Il avait du mal à parler. On avait tenté de cautériser sa plaie par le feu ; cela n'avait fait qu'accuser ses souffrances. Sa respiration retentissait dans la cabane obscure, entrecoupée de râles à fendre le cœur. Il avait le front couvert de sueur. Héloïse se saisit d'un linge propre, le trempa dans une bassine d'eau de pluie, l'épongea. Ses cheveux noirs étaient noyés dans un oreiller de toile grossière, comme une corolle autour de son visage blême. La flamme d'une torche tremblotait non loin de lui.

– Ah !... Aimery, dit Arnaud sur son lit de mort. C'est toi... ajouta-t-il, faisant un effort démesuré.

Il toussa.

– C'est moi, dit Aimery, submergé de tristesse. C'est moi, mon ami. Ne te fatigue pas. Ne parle pas. Je suis avec toi.

– J'ai soif, dit Arnaud, tendant les lèvres.

Héloïse passa délicatement la main sous le cou d'Arnaud et le fit boire. Cela même, sentir l'eau couler dans sa gorge, était devenu une souffrance.

Puis il saisit le bras d'Aimery.

– Que se passe-t-il, dehors ? demanda-t-il. Personne ne m'a rien dit, tu comprends ? Personne n'a rien voulu me dire !

Aimery regarda Héloïse avec étonnement, puis son père.

Escartille hocha la tête d'un air désespéré.

– Quinze jours, chuchota alors Aimery, se penchant vers lui, lui caressant le visage. Ils ont donné quinze jours. Il nous en reste moins à présent, le temps file entre nos doigts.

La main d'Arnaud retomba lourdement.

Aimery continua, la bouche sèche :

– Ils n'ont pas discuté longtemps. Ils sont excédés, eux aussi... Ils ont posé leurs conditions, mon ami. Ils nous laissent le choix, mourir ou être libres. Il n'y a rien de pire. Raymond de Péreille et Pierre-Roger ont cessé de croire que le comte de Toulouse viendra nous sauver, continua Aimery d'une voix tremblante.

Arnaud l'interrompit.

– Je voudrais... je voudrais mourir dès à présent, plutôt que d'assister à ce qui va arriver. Vous voir tous emmenés au bûcher... Y être transporté moi-même, sans doute... C'est au-dessus de mes forces ! Pour moi, l'heure de la délivrance est proche...

Il ferma les yeux. Aimery eut peur ; il crut que c'en était fini. Pourtant, au bout de quelques secondes, Arnaud ouvrit de nouveau les yeux.

Son regard était empli de larmes.

– Mais vous, qu'allez-vous faire ?... Toi ? Et ta belle Héloïse ? Et ton père ?

Aimery sentit son âme se soulever. Il s'approcha encore d'Arnaud, il aurait voulu le prendre dans ses bras, l'étreindre de toutes ses forces.

– Ce que nous allons faire ? Je ne sais pas, mon ami... Je ne sais pas, mon Dieu, je n'en sais rien du tout !

Derrière lui, debout, le visage dans l'ombre, Héloïsene put retenir ses sanglots. Elle passa la main sur son ventre.

L'enfant bougea en elle.

Arnaud venait de se figer dans un spasme de douleur. Il tendit une main dans le vide. Elle se contracta comme une serre sous le feu de la douleur. Aimery eut un mouvement de recul, désespéré d'assister encore à ce spectacle affreux d'une vie qui s'enfuit peu à peu. Il regardait cette main tendue, qu'il ne pouvait secourir, hébété, impuissant. De nouveau, la main retomba. Le souffle d'Arnaud s'accéléra. Il tourna vers Escartille un regard de plus en plus lointain, chavirant, qui commençait à se perdre derrière un voile fantomatique. Il semblait une nouvelle fois à Escartille que tout était joué. Au plus profond de sa douleur, Arnaud réunit subitement ses dernières forces.

– Escartille... Consolez-moi, je vous en prie. Cette guerre... C'était une guerre des âmes, qui s'est jouée au plus profond de chacun d'entre nous... J'ai vu les armées du pape et du roi fondre sur nos familles... J'ai vu tant de mal... Escartille... Promettez-moi que vous porterez témoignage de tout cela !

– Oui ! Oui, dit Escartille, oui. Je le promets.

– Promets-moi...

Cette fois, c'était fini. Escartille procéda au *consolament* en toute hâte. Puis Arnaud croisa une dernière fois les yeux de sa femme et de sa fille, qui venaient d'entrer. Elles se jetèrent à genoux auprès de sa couche. Escartille, Aimery et Héloïse reculèrent. Arnaud accueillit la paume de leurs mains et la pressa avec chaleur. Il leur murmurait à l'oreille, elles pleuraient.

– Reste, je t'en prie ! s'écria sa femme.

Il expira.

Le visage nimbé de larmes, Aimery sortit.

On l'avait consolé. Mais son corps brûlerait sur le bûcher, comme les autres.

Heureusement, il ne le verrait pas.

Et les jours continuèrent de filer, pas à pas.

Les secondes tombaient une à une dans le silence de leurs prières.

La mort s'approchait toujours insidieusement, comme un grand voile qui, peu à peu, enveloppait le château en ruine de Montségur.

Le 4 mars, d'autres personnes demandèrent le *consolament*.

Puis, le jour durant, il ne se passa plus rien.

Rien.

On se parlait parfois, ici au milieu de la cour, là auprès des cabanes, ou sur le chemin de ronde. Puis on retournait auprès des siens. On essayait de manger quelque chose. On priait. On comptait les heures.

Les yeux perdus dans le vide, dans ce paysage immense.

Les 4, 5 et 6 mars, on réunit l'ensemble des vivres qui restaient à la communauté.

Bertrand Marty, Raymond de Péreille et Pierre-Roger de Mirepoix procédèrent au maigre état des lieux. Chacun remit ce qui lui restait de fortune personnelle. Quelques sous, de-ci de-là, que l'on mit dans de petits coffrets. Une couverture, de l'huile, du poivre, du sel, des draps. On compta les dernières livres de blé, les manteaux, les pourpoints, les bonnets, les braies, les derniers vêtements cousus dans l'atelier de Marquesia de Lanta, *pique l'aiguille*, les bourses, les restes de miel. Imbert de Salles, Jean de Combiel, Raymond de Saint-Martin, la vieille Rixende au visage dévoré de fatigue, aux cheveux blancs et sales tombant de son capuchon, Corba et Esclarmonde de Péreille se firent, avec d'autres, les relais de ce triste dénombrement ; et dans la salle voûtée de la maison des pèlerins, on entassait ce qui pouvait l'être encore.

Ce fut dans la soirée du 7 mars qu'Héloïse se tourna vers Aimery et lui saisit le bras.

Non loin d'elle, Bertrand Marty continuait de consoler des croyants.

Et Héloïse, le visage implorant, dit au jeune homme :

– Je le sens, Aimery. Je le sens qui bouge en moi, je sens qu'il va venir.

Héloïse perdit les eaux le 8 mars.

On la transporta aussitôt sur une couche, faite de foin et d'un simple drap de lin.

– Pourquoi, disait-elle, les jambes écartées, entre

deux spasmes de douleur, pourquoi a-t-il fallu qu'il vienne *maintenant* ? Aimery, oh mon amour, pourquoi l'avons-nous fait ?

Mais elle ne savait s'il eût mieux valu que son bébé termine avec elle sur le bûcher ; au moins la vie, dans ces instants de suprême détresse, trouvait-elle encore un moyen de se frayer un chemin. Aimery pleurait, tantôt de bonheur, tantôt de chagrin. Il embrassait Héloïse, l'aidait à respirer. Escartille se tenait un peu plus loin, debout, les mains jointes. Esclarmonde de Péreille, fille de Raymond de Péreille, maître des lieux, assistait cet enfantement, avec Faye de Plaigne et Arpaïx de Rabat.

Esclarmonde... Escartille repensa à cette autre Esclarmonde, qu'il avait croisée juste après la bataille de Muret et qui l'avait incité à rejoindre la communauté cathare – cette Esclarmonde de Foix, dame légendaire dont on avait cru, durant un temps, qu'elle était la secrète maîtresse de Montségur. Au début du siècle... Esclarmonde... *Eclaire le monde...*

L'enfant poussa un cri.

Il était né.

Vivant.

Vivant, dans cette belle et triste crèche.

C'était un garçon.

Héloïse le regarda, elle pleura encore avant de s'évanouir.

Aimery prit le bébé dans ses bras.

Escartille s'était approché de lui. Son fils échangea avec lui un sourire.

Il le serra contre lui, de toutes ses forces.

– Te voilà père, Aimery. Mon Dieu, te voilà père, à ton tour.

Les 9, 10 et 11 mars, Héloïse reprit de la vigueur. Elle était restée alitée, l'enfant contre son sein. Aimery et elle décidèrent de l'appeler Pierre. C'était le nom du père de la jeune femme. Ce père qu'elle aimait encore et qu'elle n'avait plus jamais revu, depuis ce jour où, en sa folie, elle s'était précipitée sur les traces du *ductor* Jean de Montréal, dans la forêt de Pamiers. En toute autre circonstance, cette naissance eût été pour elle le plus beau moment de sa vie ; mais ici, elle et Aimery oscillaient sans cesse entre le sourire et les larmes. Héloïse ne savait si elle devait se maudire à tout jamais, ou admettre ce destin où elle avait conduit ses propres pas, sous l'effet des impulsions de son cœur. Ils étaient là, tous les trois, dans cette cabane suspendue, cette cabane du vertige au sommet du *pech* et, déjà, il ne restait plus que quatre à cinq jours. Escartille leur tenait souvent compagnie, lorsqu'il n'aidait pas Bertrand Marty et les siens à dispenser le *consolament*, ou à rassurer comme il le pouvait ceux qui commençaient de paniquer à l'idée de l'inexorable choix qui se présentait à eux. Pourtant, comme l'avait dit Guillaume Mir, qu'Escartille avait consolé à sa demande, aucune des deux cents personnes qui se trouvaient encore à Montségur n'avait, pour le moment, annoncé qu'elle déciderait d'abjurer pour garder la vie sauve. La chose était à la fois sinistre et d'une beauté stupéfiante ; au contraire, on attendait la mort en cherchant le recueillement, le réconfort dans la méditation, et parfois, on se sentait déjà prêt à aller au-devant d'elle avec une confiance dont nul n'aurait su dire dans quelle forme de grâce, d'inspiration cette confiance était puisée. Escartille admirait chacune de ces âmes dont il avait appris à connaître, une à une, l'existence passée, les regrets, les joies et les remords.

Ces âmes hérétiques.

Alors que le soleil se couchait, une nouvelle fois, une fois encore, Héloïse s'était assoupie, épuisée, l'enfant entre ses bras. A l'entrée de la cabane, à quelques centimètres du gouffre dans lequel plongeait la falaise nord de Montségur, Aimery était avec son père. Son faucon était venu le rejoindre sur son gant de cuir ; il se taisait. Aimery et Escartille regardaient tous deux la jeune femme endormie. Ses traits se relâchaient un peu avec le sommeil. Elle trouvait enfin, dans ces moments de repos trompeurs, une sorte de sérénité qui n'était que fuite. Sans doute aurait-il fallu ne jamais plus se réveiller ici, à Montségur. Car sitôt que vous ouvriez les yeux, vous étiez rattrapé par le froid cinglant, qui refusait de quitter la montagne ; par la lourdeur et les morsures de votre corps. La réalité revenait s'abattre devant vos yeux, couperet sanglant et désincarné. *Ne te réveille pas,* pensait Aimery en regardant son tendre amour ; *peut-être vaut-il mieux que tu ne te réveilles plus jamais, ni toi ni ton enfant. Notre enfant.*

Il se tourna vers Escartille.

Ils se regardèrent longtemps, sans rien dire.

Les sourcils froncés, le visage dur, Aimery finit par parler.

– Tu avais raison, père. Je n'aurais jamais dû me rendre avec les *faidits* jusqu'à Avignonet. Crois-tu que les choses auraient pu être différentes, si je t'avais écouté ?

Escartille entoura de son bras les épaules d'Aimery. Puis il s'assit en tailleur, contemplant les vallées envahies par la pénombre.

– Je crois que cela n'aurait rien changé, Aimery. Les *faidits* y seraient allés sans toi de toute façon.

– Mais je me suis battu, père. J'ai tout fait pour nous sauver. Et cela... je ne le regrette pas.

Ils avaient descendu d'un ton. Leur voix n'était presque plus qu'un murmure.

– Il faut croire que nous ne pouvions rien faire contre cette destinée, continua Escartille. C'est la nôtre, après tout ; cela, personne ne pourra nous l'enlever. Jamais. Sais-tu l'impression que j'ai eue, lorsque nous avons commencé l'ascension qui nous menait à Montségur ? J'ai *su* que je devais me retrouver ici.

Il marqua une pause ; une vague d'émotion parut le soulever tout entier. Son vieux cœur fatiguait.

– Lorsque je me souviens de ce que j'étais, de ce qu'était ma vie à Puivert, de ta mère, du jour où je t'ai découvert... aurais-je pensé, alors, que tout se terminerait ainsi, sur cette montagne ? Pourtant, *il était dit* que je me retrouverais là, et que nous aurions à vivre ces instants... Y gagnerons-nous un morceau de ciel, Aimery ? Oh, mon Dieu ! Je t'en ai tellement parlé, lorsque nous marchions ensemble à travers toute l'Occitanie. Mais je ne sais plus. Quoi de plus sombre, de plus douloureux, d'agir en tout pour faire le bien, et de craindre sans cesse d'être dans l'erreur ? De vouloir fonder sa pensée et ses actes sur l'amour d'un Dieu dont on craint qu'il n'existe pas, qu'il ne nous aime pas, qu'il agisse comme un père sévère et cruel, qu'il nous condamne à l'exil sans espoir de rédemption ? Oui, je doute, Aimery... Je doute et le monde entier, sûr de son fait, convaincu de sa raison et que cette raison doit s'appliquer à tous, au prix de notre sang, est contre nous. Les nôtres, à présent, se tournent vers Bertrand Marty, vers les parfaits et parfaites, vers moi. Nous devons les consoler comme c'est notre tâche. Nous ne pouvons plus faiblir, moins encore que les autres, et moi peut-être, le dernier entre tous. Et voilà que j'ai un petit-fils ! Notre plus grand bonheur, une fois de plus, doit se retourner contre nous !..

Cette fois, ce fut Aimery qui l'entoura de son bras.

– Ce n'est pas juste, dit-il.

Toutes ces années avaient fortifié son caractère. Les combats de ces derniers mois avaient fait de lui un guerrier farouche. Mais cette fois, Aimery avait peine à refréner ses sanglots. Dès qu'il songeait à Pierre et Héloïse, il...

– Non, ce n'est pas juste, dit seulement Escartille.

Aimery planta ses yeux dans ceux de son père :

– Il faut le sauver, tu entends ?

Escartille fronça les sourcils.

– Que veux-tu dire ?

Aimery serrait les dents. Ses yeux étaient rouges de fureur et de larmes. Son visage était maintenant tout près de celui de son père.

– *Il faut le sauver.* Cet enfant ne mérite pas de mourir, père. Tu dois le sauver.

Escartille ne quitta pas Aimery du regard. Il n'était pas sûr de comprendre. Aimery reprit :

– J'ai deux raisons de t'appeler « mon père », dit-il. La première, parce que c'est grâce à toi que je suis passé en cette vie, et que malgré tout, je ne regrette rien de ce que nous avons fait, si ce n'est le point où nous sommes conduits aujourd'hui. Je t'aime, mon père, de tout mon cœur. La seconde, c'est que ta fonction au sein de notre Eglise te donne droit à ce titre ; et il te faut en être digne, comme nous devrons être dignes au moment de notre fin. Héloïse...

Il fit une grimace de douleur.

– Héloïse ne pourra pas s'enfuir, quand bien même nous le voudrions. Elle sera trop faible. Te rends-tu compte ? Il faudrait descendre la falaise à pic, avec des cordes, en pleine nuit, sans nous faire repérer par les croisés. Jamais nous n'y parviendrons ensemble, elle n'en aurait pas la force. Imagines-tu que je la laisse aller seule au bûcher ? Je mourrai avec elle, puisqu'il le faut. Mais toi, toi, tu peux vivre. Tu peux tenter la fuite et sauver notre enfant.

Escartille hocha la tête :

– Et moi, vous abandonner ? As-tu perdu la raison ? Vous abandonner, en ce moment, au moment le plus funeste, le plus terrible qui soit ? C'est à vous de vivre, Aimery, à vous trois ! Je donnerais ma vie pour vous. Je vieillis, je suis las, fatigué. Ma pauvre carcasse peine déjà, il me semble avoir mal partout... Non, c'est hors de question.

Aimery resserra la pression de sa main sur l'épaule de son père. Il souffla :

– Il est d'autres trésors à Montségur que vos vaines reliques ! *Tu le sauveras !*

Puis il regarda la vallée, sombre, noire.

– Et j'irai mourir avec elle.

Le samedi 12 et le dimanche 13 mars, ce fut la maison de Péreille qui retint toute l'attention des hérétiques. Corba et Esclarmonde de Péreille ne cessaient de verser des larmes qu'elles s'efforçaient dignement de cacher. Leur mère était sur le point de rendre l'âme à son tour. Raymond ne quittait plus sa femme, entouré des autres filles de Corba, Philippa et Arpaïx. Alazaïs de Massabrac, Cécile de Montserver et sa nièce, Faye de Plaigne, autant de figures de l'Eglise cathare en perdition, en robes noires, vinrent se joindre à la douleur de la famille.

On entendait Raymond gémir, hurler à la mort, parfois, depuis la tour de son logis seigneurial.

Le 14 mars, Escartille fut de nouveau demandé par l'évêque Bertrand Marty. Celui-ci le reçut cette fois avec Raymond de Péreille et Pierre-Roger de Mirepoix. Ils se trouvaient tous trois au milieu des derniers vivres, dans la maison des pèlerins, derrière une petite table. Escartille s'assit devant eux.

Bertrand Marty avait longtemps gardé les yeux fermés. On ne savait s'il méditait, ou s'il essayait d'échapper au sommeil qui le taraudait. On n'avait cessé de faire appel à lui. Il était exsangue. Lorsqu'il sortit de sa torpeur, son regard peina à se fixer sur Escartille. Il bougea sur sa pauvre chaise de paille. Ses mouvements étaient lents, empesés. Il joignit les mains sur la table, ses manches sales et déchirées devant lui. A ses côtés, Raymond de Péreille, les yeux injectés de sang, le teint blême, les joues creuses, ne payait pas de mine non plus. Pierre-Roger de Mirepoix paraissait le plus gaillard des trois. Il passait de temps en temps la main sur sa moustache, sur son front dégarni. Mais cette trinité qui n'avait cessé de veiller sur Montségur n'était plus que l'ombre d'elle-même. Une trinité rendue à son martyre, désolante, misérable.

Enfin, la voix de Bertrand Marty, légèrement chevrotante, retentit.

– Escartille de Puivert... Vous aussi, vous êtes là depuis le début de tout ceci... Depuis Béziers, Carcassonne et Muret... Nous savons aujourd'hui à peu près tout de vous...

Il baissa les yeux, puis, lentement, il se leva. Il commença de marcher en long et en large, derrière la table.

– Ne vous attendez pas à ce que je vous dise une quelconque vérité. Vous en savez autant que moi, sur tous les chapitres de notre foi, sur la raison de ce combat qui nous a acculés ici. La matière, Escartille... Je pourrais vous dire qu'un jour, sans doute, elle sera la seule obsession de l'humanité, si nous n'y faisons rien. En des temps futurs, lointains peut-être, l'homme ne la dominera plus, mais sera dominé par elle. Il en sera plus aveugle à mesure qu'on l'en alerte ; il ne trouvera plus de bonheur fugace, trompeur, que dans la satisfaction de ses désirs immédiats, dans l'accumulation de ses biens, sans se soucier du reste du monde... Son esprit, sa charité, dans leur plus grande pureté, leur plus grande liberté, s'en trouveront aliénés... Et il pensera qu'il est dans son droit, dans sa justice ! Il trouvera encore le moyen de s'extasier de sa propre bonté d'âme – sans voir que d'âme, il n'en est plus question. Qu'il n'y en a plus.

Il continuait de tourner, en traînant les pieds.

– Je pourrais vous dire que pourtant, débarrassé de ses dieux et de ses pères, cet homme, Escartille de Puivert, *cet homme* saura trop bien, au fond de lui-même, qu'il n'est pas heureux. Que les *transitoria* demeurent, et que lui-même, l'étourdi, le sot, s'y vautre pour oublier tout le reste, croyant vraiment qu'il parviendra à oublier. Dans ce monde, il se jettera sans réfléchir, il suivra le troupeau parce qu'il n'a pas le courage de faire entendre sa voix, de pousser son cri. Il sera mort et désabusé avant même d'avoir vécu. Ou bien, il sera *vraiment* heureux, et cela sera plus terrible encore. Ce sera le comble de son aveuglement. Celui-là, l'heureux imbécile, gouvernera le monde. Lui ou le tyran, qui décide de jouer le jeu des forces de l'ombre. Dans ce monde, on exigera de chacun qu'il pense de la même façon, qu'il agisse de la même manière que les autres, tant qu'il ne réfléchit pas, tant qu'il n'exerce pas ce don douloureux de l'Esprit. Il méprisera Dieu parce qu'il en aura peur. Parce qu'il aura perdu patience. Je pourrais vous dire que nous avions en tête une autre forme de vie, mais que cette alternative, sans doute, sera toujours vouée à l'échec. Comprenez-vous, Escartille de Puivert ? Nous avions notre *melhorament*, notre *consolament*, notre *convenenza* ; notre Eglise et nos symboles. Et dans le monde dont je vous parle, ce sera pire encore : *il n'y aura plus d'alternative.* Après tant et tant d'années, j'ai compris notre erreur. Oui, nous avons fait une erreur : nous avons pensé que l'homme pourrait aller au-delà de lui-même. Mais il n'apprend rien. Il ne retient rien des choses de l'âme. Il ne retient que... les choses, seules.

Il s'arrêta et regarda Escartille :

– Nous avons commis l'erreur de croire que l'homme pouvait être autre chose qu'humain.

Il revint s'asseoir.

– C'est une erreur très grave.

Il y eut un silence.

Enfin, Escartille demanda :

– Pourquoi me dites-vous tout cela ?

Ce fut cette fois Pierre-Roger de Mirepoix qui prit la parole.

Il s'éclaircit la gorge.

– L'un des nôtres a caché le trésor de notre Eglise dans une grotte du Sabarthès, à la Noël. Cela fait plusieurs mois maintenant. Seuls les livres que vous avez vus, les reliques, et quelques sous que nous avons encore sont restés ici. Mais il y a d'autres espoirs. De nombreux parfaits sont en fuite. Et les croisés ne doivent pas trouver le secret que nous avons dissimulé à Montségur. Jamais ceci ne doit tomber entre des mains indignes. Notre émissaire est reparti il y a peu pour vérifier que tout ce que nous avions caché à Noël était toujours là, à l'abri. Depuis son départ, nous n'avons pas eu de nouvelles. Il a pu se perdre ou être tué. Nous ne devons prendre aucun risque. Voilà, donc, ce que nous souhaiterions...

Il toussa. Il allait reprendre, mais ce fut Raymond de Péreille qui enchaîna :

– Nous voudrions que vous sauviez le trésor de Montségur.

Escartille cligna des yeux.

– Moi ?

– Vous ne serez pas seul, continua Raymond de Péreille. Trois autres parfaits vous accompagneront, Amiel Aicart, Peytavi et Hugon, ainsi qu'un de nos messagers. Ils ont déjà accepté. Ils sont encore jeunes et vigoureux, malgré tout ce que nous avons subi. Mais ils ont besoin de votre sagesse et de votre expérience de cette guerre. Vous qui connaissez si bien nos vieilles routes occitanes, vous leur serez d'un précieux secours.

Escartille baissa le visage, mit la main sur le menton.

Mon Dieu, que me demandent-ils là ?

Il avait aussitôt pensé à Héloïse, à l'enfant, à ce qu'Aimery lui avait dit la veille.

Tu le sauveras.

– Vous me demandez de quitter les miens à l'heure de ce jugement atroce...

– Nous savons qu'Héloïse de Lavelanet a eu un fils. Est-il besoin de parler de notre compassion, Escartille ? Mais les derniers espoirs de notre Eglise reposent sur vous.

– Vous me demandez de les laisser aller au bûcher pour sauver les reliques du Christ !

C'était tellement incroyable qu'Escartille eut du mal à croire qu'il avait lui-même prononcé ces paroles.

– Les reliques du Christ, dit Bertrand Marty. C'est ce que nous avons cru un moment, en entendant ce chevalier venu autrefois à Montségur. C'est ce que certains d'entre eux, leurs papes successifs peut-être, l'évêque Aguilah certainement, ont cru eux aussi. Nous ne saurons sans doute jamais si cela est vrai, Escartille. Mais si ça l'était...

Il hocha la tête :

– Mon Dieu, si ça l'était ? Alors, nous saurions que le triomphe ultime reviendra, quoi que nous fassions, à la Matière. A la Mort, que nous allons affronter dans deux jours à peine. Leur authenticité nous fait peur autant qu'à eux : c'est le même doute, au fond, qu'elle sème dans notre esprit. Non... Ce ne serait une victoire pour personne, Escartille.

Il inspira :

– Pour personne.

Escartille demanda quelques heures de réflexion.

Il était prévu que, la veille du bûcher préparé pour

la colonie cathare, les quatre parfaits choisis par les chefs de Montségur iraient se cacher avec des cordes dans un conduit naturel donnant sur le flanc du château. Avant que ne pointe le jour, ils descendraient avec ce qui restait du trésor. Puis ils se rendraient jusque dans la fameuse grotte du Sabarthès, au milieu de la forêt.

Et ils cacheraient ces derniers biens, avant d'en informer les autres parfaits en fuite.

Ils auraient la vie sauve.

Escartille se rendit dans le souterrain où, déjà, Bertrand Marty l'avait conduit.

On lui ouvrit la porte, qui grinça devant lui.

Les livres étaient là.

Et les reliques.

Ces ossements. Ce crâne démonté. Toujours, cette étrange luminescence. Et ce morceau de matière sur lequel on pouvait distinguer ces quatre lettres, à moitié avalées par le temps.

INRI.

Escartille s'assit. Il resta là longtemps, sans bouger.

Il revit toute son existence passer devant ses yeux.

Elle prenait sens maintenant, dans toute sa tragique ironie.

Les reliques étalaient devant lui leur sombre gloire, épiphanie divine autant qu'infernale. Un buisson couvert de feu et de soufre, un buisson mêlé de fleurs et d'épines, de beautés à la douce corolle et de pétales vénéneux.

Il allait laisser sacrifier son fils, et Héloïse, qui était devenue comme sa fille.

Pour sauver leur enfant et les restes d'un Christ hypothétique.

A la fin, il se leva. De toutes ses forces, il pensa aux siens, au visage poupin, fragile, de cet enfant qui, à peine né, était promis à une épouvantable damnation. Et lorsqu'il vit qu'il n'y avait pas d'autre solution, il alla voir Bertrand Marty, lui dit qu'il avait accepté.

Puis il alla tout raconter à Aimery et Héloïse.

Dans la nuit du 14 au 15 mars, Escartille se rendit dans une cellule glaciale, au-dessus des logements de Raymond de Péreille et de sa famille, d'où il pouvait dominer la citadelle, au sommet du *pech.* Il était à son pupitre de travail.

Lentement, il sortit de sa besace son rebec et son bonnet de jadis.

Il posa sa plume, la ficha dans son galurin dont il se coiffa ensuite, répétant ce geste qu'il avait fait des milliers de fois et qui, aujourd'hui, lui était un supplice. Son cœur n'était plus que tristesse et amertume.

Nous savons... Nous savons que nous allons tous mourir, Escartille.

Il regarda son pupitre. Trois rouleaux de parchemin l'y attendaient.

Quinze jours.

Promets-moi que tu en porteras témoignage.

L'amour et la mort, voici ce que l'on trouverait dans son *Livre de Vie*.

Il ne lui restait que quelques heures pour l'achever.

C'était un long poème courtois, de près de vingt mille vers alexandrins. Le troubadour l'avait écrit sur d'innombrables feuilles de parchemin, qu'il avait étalées devant lui, sur le pupitre, sur la paillasse qui servait de lit, contre ces murs de pierre nue, suintants d'humidité. *Une histoire, c'est comme une fleur...* Il y avait raconté le chemin de sa vie. Ses souffrances étaient appelées à culminer ici même, au sommet de ce *pech* de Montségur, que l'on avait cru pourtant inviolable. Escartille avait griffonné des pages et des pages, les unes après les autres. Au fil des rouleaux, il avait laissé des espaces blancs réservés aux illustrations de ses parchemins, qui n'avaient jamais été réalisées. Les 1 508 laisses qu'il avait composées ne constituaient pas la totalité de son poème. Certaines n'étaient pas numérotées et étaient demeurées incomplètes. Au gré de son travail et des aléas de sa vie tourmentée, Escartille avait laissé des blancs. Les blancs d'une chanson qui, par nature, était destinée à ne jamais complètement s'achever. Et pourtant, alors qu'il se tenait là, auprès de son pupitre, entendant le sifflement de la bourrasque au-dehors, alors qu'autour de lui on priait de toutes parts en attendant une mort inéluctable, Escartille sentait qu'approchait le point final, le point de non-retour.

Une histoire, c'est comme une fleur...

Le Livre de Vie touche à sa fin.

Escartille était remonté dans sa cellule pour coucher sur ses parchemins le récit de cette terrible agonie qui commençait. Alors il écrivit, comme un fou, au bord de l'holocauste qui les attendait tous. Il écrivit au point d'en avoir mal au crâne, aux yeux, au poignet, à tous ses membres, libérant comme dans un spasme toutes ses dernières énergies, noircissant encore et encore, page après page, rouleau après rouleau, biffant, revenant, recommençant, trouvant la rime, hurlant, il écrivit jusqu'à voir vivantes ses hallucinations, il écrivit jusqu'à ce que le soleil, arc de cercle rouge et incandescent, pointe à l'horizon, lui rappelant qu'il y avait encore un jour, un jour un seul, un jour nouveau.

Le soir du 15 mars, il enroula ses parchemins dans sa besace.

Il sortit, une bougie à la main.

Il marcha dans la cour rocheuse du château, contourna çà et là les boulets ennemis, qui étaient demeurés depuis quinze jours. Ils avaient fait éclater des morceaux de dalles et s'étaient profondément fichés en terre. Le toit des écuries était brisé en deux. Les larmes lui venaient aux yeux. Le troubadour s'approcha de l'étroit escalier de pierre qui le séparait du chemin de garde. Il en monta les marches lentement, les membres perclus de douleur. Il n'était plus ce jeune homme alerte et insolent qui, autrefois, charmait les dames des cours d'amour. C'était donc cela, le destin ! Passer dans cette vie comme un fantôme, sans rien y comprendre ; et se retrouver au seuil de la mort, le bûcher au bout du chemin... Il avait atterri à Montségur avec son fils, avec Héloïse, et maintenant son petit-fils ; et il se préparait au plus déchirant des adieux, lui qui était prêt à tous les sacrifices ! Seule l'idée qu'il parviendrait peut-être à sauver Pierre lui donnait du courage. Les longues années qui éclaboussaient à présent sa mémoire avaient fait leur œuvre ; elles défilaient devant lui, restituant soudain des émotions, des images, des parfums oubliés.

Le vent siffla encore à ses oreilles.

Puivert...

La flamme de la bougie tremblait devant ses yeux.

Arrivé au sommet du chemin de garde, le troubadour jeta un regard vers le ciel. Il croisa deux guetteurs, qui n'avaient plus rien à guetter. Il faisait déjà très sombre ; peut-être la tempête se lèverait-elle dans la nuit. Escartille lorgna vers le précipice. Le vent lui fouetta le visage. Loin en contrebas, au pied du pic de Montségur, l'ennemi avait allumé les premiers flambeaux. On devinait à peine les entrelacs de ces tentes innombrables des soldats de l'ost. Non loin, la barbacane s'était tue. Plus de boulets, plus de cris ni de sang ; seulement le silence, ce silence glacial et recueilli, prélude au chapitre ultime de cette tragédie dans laquelle Escartille avait, tout au long de sa vie, été entraîné malgré lui. Il ferma les yeux, inspira profondément.

Attends, Escartille, attends maintenant la mort ; la sens-tu qui rôde autour de toi ?

Bouleversé, le vieux troubadour chassa comme il put ces sombres pensées ; la vie ! La vie ! N'était-ce pas à elle qu'il fallait penser, encore et toujours ? Puivert, Puivert et ses belles et ses danses et ses douces musiques, il devait s'y accrocher, s'y perdre encore !

– Louve, murmura-t-il soudain. Ma belle Louve.

Le sourire d'Escartille se fit plus lumineux à mesure qu'il se laissait envahir par cette étrange nostalgie, rayonnante et funèbre à la fois ; cette morsure vive comme le froid et brûlante comme les braises d'un bûcher refusant de s'éteindre.

Montségur ! Montségur, cœur du démon ou dernier refuge des apôtres du Christ !

La nuit était tombée et, tandis que, les cheveux dans le vent, il comptait les heures le séparant du terrible moment qui l'attendait, les souvenirs venaient de nouveau affluer à sa mémoire. Escartille regarda encore les tentes ennemies, perdues dans l'obscurité, puis la flamme de sa bougie, restée vivace malgré la bourrasque.

Il souffla dessus, leva les bras, seul au milieu de ce pic glacial et déchiqueté.

On ne s'accrocherait plus qu'aux symboles, derniers refuges d'espérance avant la fin.

Bienvenue dans l'Eglise de Satan.

17

Deus absconditus

Janvier 2001

Journal d'Antoine Desclaibes.

Il n'y a pas eu de miracle.

Je ne sais si je dois en être frustré ou soulagé, tant l'enjeu est d'importance. Au moment même où nous avons cru toucher une forme de réponse, dont la poursuite n'a cessé d'animer nos recherches, il semble que celle-ci nous soit ôtée aussitôt. *Deus absconditus,* disait Pascal. Dieu est caché. Il nous dissimule, une fois encore, ses vérités. Mais pouvait-il en être autrement ? Qu'attendais-je, au fond, de ces recherches, et de cette expertise ? La découverte de l'ADN du Saint-Esprit, le secret de l'Immaculée Conception ? Philippe a fait diligence dans notre affaire, en archéologue convaincu et assoiffé de découvertes. La datation carbone a été effectuée par le laboratoire spécialisé du Génopôle d'Evry, aux portes de Paris. Les analyses montrent que les reliques remontent effectivement à deux mille ans. Aux alentours de l'an 32, pour être exact. Ce qui *pourrait correspondre* avec l'année de la mort du Christ.

C'est aujourd'hui notre seule certitude ; et pour l'heure, il ne saurait y en avoir d'autre.

La résurrection de la chair, réalité ou canular ?

Acte de foi seulement. Tout reste affaire de convictions, une fois de plus. C'est bien cela, le sens de l'aventure cathare : interroger, mettre à l'épreuve, torturer parfois, nos convictions les plus intimes. Quel orgueil d'avoir pensé, un instant, qu'il pourrait en être autrement.

Seigneur, dans quoi me suis-je lancé ? *Le Livre de Vie* n'était-il que le prétexte à des errements sans lendemain ? Me voilà vaincu, épuisé. Je me heurte à un nouveau mur. Bientôt, j'abandonnerai l'archiviste dans son sanctuaire de papier. Lové dans son enfer, il continuera à attendre les prochaines arrivées de ces livres qui, mis à l'index, iront rejoindre son grand brasier. Je songe à la folle ardeur que j'ai mise dans ces recherches. En vérité, je me sens brisé. C'est comme si je m'étais moi-même trouvé au milieu du massacre de Béziers, comme si j'avais assisté à l'emprisonnement de Trencavel, à la bataille de Muret ; il m'a semblé faire face à mon tour aux procès de l'Inquisition et aux bûchers. Quarante ans de guerre, d'autodafés, d'inlassables tueries. Et ce n'est pas terminé. Je m'achemine à présent vers le dernier épisode de cette épopée.

J'étais incapable de travailler aujourd'hui. Je n'ai pu qu'errer dans les rues parisiennes. Passant près d'un kiosque, j'ai acheté le journal. Il y avait, en première page, la photo d'un gamin israélien fauché par un tir de mitraillette. Son père le recueillait dans ses bras en pleurant. Cette photo a eu sur moi un terrible effet : je l'ai regardée longtemps, sans pouvoir en décrocher mes yeux, les mains tremblantes sur le papier, assis dans un square voisin. Guerres de religion. On les croirait d'un autre temps ; on croirait que deux mille ans d'Histoire, que dis-je, des dizaines de milliers d'années de notre histoire auraient suffi à nous débarrasser une fois pour toutes du pire des maux : cette constante, invariable faculté que nous avons, au nom de nos idéaux, à organiser notre mutuelle extermination. Mais non. Sans doute faut-il admettre que nous avons notre part d'ombre, notre enfer, nous aussi. Il ressurgit, tantôt ici, tantôt là, à travers le monde.

D'un pas lourd, je me suis rendu à l'église de Saint-Germain. Je me suis effondré devant le grand crucifix, près de l'autel. J'ai vu cet homme, tête baissée, ceint de sa couronne d'épines d'où coulait un filet de sang. J'ai regardé ses mains et ses pieds cloutés, l'entaille profonde qui courait le long de son flanc. J'ai vu ce corps, cette dépouille inerte. En d'autres temps et en d'autres lieux, combien de symboles comme celui-ci les hommes ont-ils adorés ? Combien ces symboles ont-ils sauvé, ou tué, d'existences humaines ? Dieu, quelle que soit la définition que nous lui donnions... reste invariablement muet. Je me suis demandé, avec les cathares : ce monde est-il un enfer ? Et si, au fond, il n'y avait rien, rien du tout, que la seule promesse de notre putréfaction ? En quoi faut-il croire aujourd'hui, en quoi pouvons-nous croire ? En rien, peut-être. Et cette idée m'a rempli d'un effroi sans nom. Renoncer à ce qui fait le sens de notre humanité, cette recherche qui n'a cessé de hanter notre condition, voilà qui a achevé de m'abattre. J'ai senti de nouveau la beauté funèbre de la révolte cathare. Je ne puis dire pourtant, aujourd'hui, que je m'associe à leur pensée. J'y vois une curiosité, un emblème de notre drame, mêlant toutes les contradictions, toute la complexité imaginable de notre destinée. Les hérétiques ne sont pas toujours ceux que l'on croit. Notre XXe siècle a repoussé les limites de notre barbarie. Il n'a rien eu à envier aux obscurantismes d'autrefois. Il a su poser sous des formes différentes l'éternelle question du Mal et de notre responsabilité en ce monde. Aujourd'hui, c'est un millénaire qui s'ouvre devant nous. Mais de l'impasse métaphysique où je me trouve conduit, de ces guerres sans fin et sans issue, je ne retire que le sentiment profond de l'absurde, et la conscience aiguë de la folie des hommes.

Je me suis levé. J'avais soudain les larmes aux yeux. J'ai regardé ce crucifix, sans savoir si je devais l'aimer ou le haïr, rappeler sa présence ou le bannir loin de moi.

Et toi, Jésus le Nazaréen ? Existes-tu ? Es-tu vivant ? Deus absconditus.

J'ai regardé le crucifix en priant pour tous les damnés de la terre.

Comme je voudrais aimer ! Comme je voudrais que nous puissions nous en sortir !

Alors, un cri effrayant est venu de mes entrailles.

Et je Lui ai dit :

Pourquoi ce silence ?

Puis je suis ressorti de l'église.

A présent, le soir tombe et ma révolte s'achève.

Je m'en vais.

Je dois retourner en enfer, une dernière fois. Il me faut reprendre courage, revenir au monde. N'est-ce pas cela, en définitive, le message que nous livrent ces hommes et ces femmes de l'Eglise de Satan, par-delà les siècles ? Eh bien, je me battrai. Tant que j'aurai un souffle de vie, je continuerai de chercher, de sonder le mystère de notre existence, encore et encore. Que deviendront les reliques, bouclées dans leur coffret noir et luisant ? Termineront-elles dans un musée, ou, une fois encore, dans quelque sous-sol poussiéreux, attendant le prochain d'entre nous qui se penchera sur elles, pour tenter de pénétrer leur mystère ?

Les reliques ! Les reliques du Christ !

Reliques ou pas, qu'importe, après tout ? Quelle absurdité que nos tueries incessantes, et que les prétextes qui leur servent de mobiles ! Dieu catholique, cathare, juif, musulman ! Mais le jeu en vaut-il la chandelle, si ce prétendu amour divin doit conduire aux pires massacres ? Si pour exister, la Vérité des religions révélées doit s'épanouir dans le sang de ceux qui la défendent ? Là où je cherchais, au cœur de cette épopée cathare, une preuve de l'existence de Dieu, je n'ai trouvé que la souffrance et la nécessité d'aimer.

Aimer : n'était-ce pas la seule foi, la seule loi d'Escartille ? Et en définitive, cette loi n'est-elle pas Dieu Lui-même – le visage de Dieu en nous ?

C'est en tout cas la seule raison pour laquelle je continuerai de chercher. Pour elle, et pour cette mémoire, cette triste mémoire de ceux dont la vie fut ravinée de sang.

Alors j'arrive, ami archiviste... J'arrive au milieu de tes livres, de tes flamboyants manuscrits, de tes recueils interdits ! J'arrive, Escartille, pour le final de ton *Livre de Vie.*

Tout est perdu, à moins que la réponse ne se trouve quelque part dans ces dernières laisses, à moins que...

Escartille, que me diras-tu au bout de tout ceci ? Que restera-t-il de vous ?

La seule marche de l'Histoire, peut-être.

Et un éternel défi posé à notre soif d'amour.

Alors place au spectacle, et que Dieu soit avec nous.

18

Le bûcher

16 mars 1244

« Il est des citadelles sombres,
d'où la lumière jaillit, jaillit d'entre les tombes
Et dont le chant funèbre rime chaque seconde
Avec l'écho tenace des souffrances du monde. »
ESCARTILLE DE PUIVERT,
Chanson albigeoise, « Le Livre de Vie ».

Sept heures.
Six heures.
Cinq heures.
Quatre heures...

Nous allons tous mourir.
Il faisait encore nuit.
C'était le 16 mars 1244.

Escartille gravit quatre à quatre les marches taillées dans la pierre et franchit l'arche des portes monumentales, en faisant signe aux guetteurs disséminés sur le chemin de ronde. Il ôta le capuchon qui lui recouvrait le visage et posa son bâton non loin de lui. Les pans de sa cape frémirent dans le vent. Il fut bientôt conduit à l'ombre des murs de pierre, où il rejoignit son fils Aimery, jeune chevalier défenseur de la cause hérétique. Un autre parfait se trouvait là, en robe noire. En arrivant devant lui, Aimery fit son *melhorament*, s'agenouillant par trois fois en demandant sa bénédiction au ministre cathare.

– *Bon chrestian, balhatz-nos la bénédiction de Dieu et de vos !*

– *Ajatz-la de Dieu e de nos !*

Une porte était dissimulée non loin d'eux. Avant de laisser Escartille et son fils pénétrer à l'intérieur de l'enceinte, le parfait, la gorge nouée, s'approcha d'eux.

– C'est l'heure, n'est-ce pas ?

– Le moment est venu, dit Escartille, retenant ses larmes.

– La cérémonie s'achève.

C'était le moment de la dernière ordination. Bertrand Marty officiait.

Cet instant n'avait pas seulement valeur de symbole. Il n'était pas seulement un cri réitéré de renoncement au monde. C'était par lui que s'était scellé le destin de l'Occitanie.

Les hérétiques.

Ils abjurèrent un par un la foi catholique dans laquelle ils avaient été élevés. Ils clamèrent qu'ils entraient de tout cœur dans l'Eglise cathare. Ils s'écrièrent d'une même voix qu'ils refuseraient d'abjurer, qu'ils soient menacés par le feu, ou torturés et livrés aux souffrances des hommes. Il y eut un silence, puis les membres de l'assemblée se prosternèrent par trois fois. Leurs visages étaient blêmes, leurs traits tendus. Ils sortaient d'une longue abstinence, qui n'était plus seulement due au jeûne que recommandait leur foi, cette terrible *endura,* mais à ce siège interminable qui les avait conduits au bord de l'épuisement. Ils s'étaient regroupés ici comme une cohorte de fantômes, les yeux brûlants, la terreur vissée au ventre. Les postulants s'agenouillèrent. Ils furent absous. Bertrand s'approcha d'eux, plaça l'Evangile sur leur tête et procéda à l'imposition des mains. Les croyants récitèrent deux fois le Pater, puis les membres de l'assemblée se donnèrent tour à tour le Baiser de Paix.

Lorsque tout fut achevé, Escartille et Aimery se dirigèrent vers l'évêque. Bertrand était assis dans un fauteuil profond, une main ballante auprès de l'accoudoir.

Il avait le front couvert de sueur.

Il releva les yeux vers Escartille.

– Que Dieu nous pardonne, souffla-t-il. Escartille, tu sais ce qu'il te reste à faire. Montségur abrite encore le plus sombre des trésors... Sauve-le, Escartille ! Tu m'entends ?

Il se pencha, son regard vibrant d'une rare intensité :

– Sauve-le.

Puis il considéra les visages autour de lui, les traits figés dans une angoisse mortelle.

– Allons, dit-il simplement. Nous ne pouvons plus renoncer.

Et il ajouta :

– La mort nous appelle.

Les hérétiques.

Escartille se tourna vers Aimery :

– Retourne voir Héloïse. Vite ! Tu ne dois plus la laisser un seule seconde. Et attendez-moi encore quelques instants.

Aimery s'en fut aussitôt, les pans de sa cape volant derrière lui.

Escartille alla trouver les hommes qui devaient l'accompagner dans sa fuite. Amiel Aicart, Peytavi et Hugon, ainsi que l'un des derniers messagers des cathares. Ils avaient préparé des rouleaux de cordes, des crochets et quelques provisions pour leur route. Les reliques avaient été soigneusement enveloppées dans du linge, lui-même protégé par une couverture ; le tout tenait dans un simple baluchon vert.

– Allez-y, dit Escartille. Gagnez les souterrains et tenez-vous prêts. Nous descendrons dès mon retour.

La flamme de la bougie dansait devant les yeux de Bertrand Marty.

Il regarda une dernière fois sa bibliothèque.

Des milliers de feuilles de parchemin, de rouleaux enluminés. Non. Il ne les laisserait pas à la bêtise des croisés. Ils n'en étaient pas dignes – ils n'étaient pas dignes de trouver cet autre trésor. Il eut un sourire amer en songeant à l'ironie de la situation. Seigneur ! C'était lui qui brûlait les livres.

Il jeta le cierge au milieu du sanctuaire.

Mon Dieu, pardonnez-moi, pardonnez-nous, qui que Vous soyez, où que Vous soyez.

Les livres s'enflammèrent, le feu se répandit partout. Les Rituels, rédigés en latin ou en occitan. Les grimoires et les Evangiles. Bertrand crut entendre un cri. Un cri immense. Il lui sembla que sa raison était sur le point de le quitter. Alors, il pleura, toussa, autant à cause de son chagrin que de la fumée qui envahissait maintenant la salle.

Les textes hérétiques retournèrent à l'enfer.

Et l'aube pointa.

Escartille retrouva Aimery et Héloïse sur le flanc de la falaise.

Héloïse, dans sa robe noire, tenait Pierre entre ses bras.

Ils restèrent ainsi sans bouger. Ils n'avaient jamais osé songer à ce moment auparavant, espérant peut-être, au plus profond d'eux-mêmes, qu'un miracle les sauverait.

Il n'y avait pas de miracle.

Escartille fit un pas. Ils n'étaient plus en mesure de parler. Ils ne pouvaient plus. Les mots se seraient bousculés dans leur gorge. Ils auraient été bien trop en deçà de leur émotion. Ils les auraient trahis, inévitablement.

Les abandonner ? Tu vas les abandonner, Escartille ?

Aimery regarda son père, un voile de larmes dans les yeux.

Soudain, il fit un pas à son tour.

Ils s'enlacèrent, dans une étreinte d'une force inouïe. Escartille ne put retenir ses sanglots. Il se sentit brisé, éteint pour toujours.

– Je n'y arriverai jamais, Aimery, mon Dieu ! murmura-t-il à l'oreille de son fils, entre deux hoquets. Je n'y arriverai jamais !

Leur étreinte se fit plus forte encore. Les doigts d'Aimery se crispaient contre la nuque de son père, passaient dans ses cheveux, lui enserraient l'épaule en tremblant. Escartille levait vers le ciel un visage grimaçant de douleur. Il lui sembla voir vaguement, dans l'immensité céleste, disparaître les dernières étoiles.

– Il le faut, chuchota Aimery, le visage plongé dans la poitrine d'Escartille. Tu le dois, père. Tu sais que nous n'avons pas le choix. L'enfant... L'enfant doit vivre. M'entends-tu ? Il doit vivre, c'est tout ce qui compte. Toi seul peut le sauver, toi seul le peux encore ! Héloïse est épuisée. Nous sommes au bout de la route. Toi, c'est une montagne qui t'attend ! Courage, Escartille de Puivert.

– Mon fils, dit Escartille, le visage ravagé de larmes. Mon fils !

Héloïse les rejoignit dans cette étreinte. Elle fut accueillie par les deux hommes.

Les uns contre les autres, ils sentaient leur souffle mutuel, comme une dernière caresse.

– Et... ma fille.

– Nous nous reverrons dans une autre vie, je vous le promets, dit Héloïse de sa voix si touchante, si profondément émouvante.

Ils se tinrent ainsi enlacés.

A dans une autre vie.

A dans une autre vie.

Héloïse lui tendit l'enfant.

Elle lui remit comme le plus sublime des cadeaux, dans une offrande muette, avec le sentiment qu'on lui arrachait le cœur.

Ils arrivèrent enfin.

Ils étaient tous en robe noire, une cordelette serrant leur ceinture, une bible suspendue à leur flanc ; hommes, femmes, enfants, même eux, les derniers enfants qui avaient survécu. Long chapelet de perles obscures, macabre rosaire défilant sous les yeux de leurs vainqueurs. On les poussait vers ce lieu qu'on appellerait, plus tard, le Pré des Crémats. On les avait enchaînés, comme pour les priver d'une échappatoire que, de toute façon, ils n'espéraient plus. Nul besoin de les faire marcher de force. Ils avançaient, certains se tenant par l'épaule ou par la main. Seul le cliquetis du métal troublait la solennité du moment. Ils avaient la gorge nouée ; s'ils venaient à proférer quelques mots, c'était en chuchotant, comme pour ne pas troubler le cours terrible de ces dernières minutes. Sur leurs visages se peignaient les émotions les plus cruelles. Certains semblaient impatients d'en finir. D'autres avaient les traits figés, masque impénétrable. D'autres encore, le front dégoulinant de sueur, le sang battant à leurs tempes, usaient de tout leur courage pour ne pas hurler. Ils marchaient, chaque pas supplémentaire les poussant vers l'abîme.

Héloïse avançait, Aimery à ses côtés. Elle portait un voile relevé par-dessus son manteau, ainsi qu'un diadème, encore brillant, que Marquesia Hunaud de Lanta lui avait donné lorsqu'elles avaient quitté leur pauvre atelier des cimes.

Elle gardait une main glissée sous sa robe, les doigts crispés sur l'objet qu'elle était parvenue à dissimuler.

La pointe d'une dague effilée étincela un instant dans le soleil naissant.

Pique l'aiguille.

S'il fallait mourir, autant mourir vite.

Sa résolution était prise.

Aguilah fit s'approcher Bertrand Marty.

– Raymond de Péreille et Pierre-Roger de Mirepoix pourront avoir la vie sauve, ainsi que les nobles de Montségur, Alazaïs de Massabrac, Jourdain de Péreille, Faye de Plaigne, Philippa de Mirepoix, Arpaïx de Rabat, Lombarde et Bernarde de Lavelanet... Ceux-là comparaîtront devant nos inquisiteurs, qu'ils abjurent ou non. Mais vous, Bertrand Marty, vous le chef de la secte cathare, le potentat de la contre-Eglise... C'est autre chose.

Aguilah se pencha en avant.

– Les reliques sont ici, n'est-ce pas ?

L'évêque cathare ne cilla pas.

Aguilah demanda encore :

– Votre damné trésor occitan, votre immense supercherie, votre secret – c'est au château de Montségur qu'il demeure ! Je le sais ! Oserez-vous dire le contraire ? *Je le sais !*

Il avait le poing fermé et tremblant ; il trépignait sur son siège.

Bertrand Marty ne semblait pas l'écouter. Son regard avait dévié, il se promenait dans le flou, quelque part derrière lui, à ses côtés. Puis il posa les yeux sur l'évêque.

– Il est des secrets plus grands que le nôtre, Aguilah de Quillan. Des secrets que jamais, votre pauvre esprit et votre cœur sec ne seront en mesure de comprendre.

Les lèvres d'Aguilah firent la moue ; son nez se fronça, il y passa rapidement la main, comme pour le gratter.

– Ah ! dit-il sur un ton de triomphe forcé. Ah ! Mais je sais bien que les reliques sont là-haut. Je les trouverai, dussé-je retourner le château pierre par pierre, comme nous l'avons fait de toute l'Occitanie ! Je les trouverai et les détruirai pour jamais.

Puis il étendit une main agacée qu'il agita dans l'air.

– Tuez-le.

Ce fut le tour d'Aimery et Héloïse.

Aimery passa le premier. Aguilah ne le reconnut pas tout de suite. Il cligna des yeux, comme si la figure de cet hérétique lui rappelait quelque chose. Puis son visage s'éclaira.

– Est-ce possible ! Vous, vous ici... Les voies de Dieu sont décidément impénétrables... Quelle joie de vous retrouver sur mon chemin, messire.

La voix de Ferrier retentit :

– Abjurez-vous votre foi en l'Eglise du Diable ?

– J'affirme ma foi en la véritable Eglise de Dieu et en la liberté de l'Occitanie.

Aguilah eut un sourire narquois. Il contempla quelques secondes ce jeune homme. Ce visage fermé, aux traits réguliers, les marques de ses blessures à son front, à ses joues. Cette chevelure noire, une crinière de lion. Il se souvenait de ce même regard qu'il avait croisé sur le parvis de Toulouse, lorsque Aude de Lavelanet brûlait encore.

– Tuez-le, dit encore Aguilah.

Aimery, poings serrés, fut détaché et bousculé sur le côté. On le conduisit vers le bûcher. Il jeta un regard par-dessus son épaule. C'était au tour d'Héloïse.

La jeune femme pensa à Aude, au procès, à ce jour où elle avait reçu l'hostie blasphématoire des mains de l'évêque et où ils s'étaient dit, l'un et l'autre :

Tu vas mourir.

Aude... Aimery... Mon fils...

Elle redressa la tête. Aguilah jubilait.

– Vous aussi, vous êtes là, bien sûr. Votre nom, mon enfant.

– Héloïse de Lavelanet, sœur d'Aude de Lavelanet, assassinée par Satan lors d'un procès mensonger.

De nouveau, l'évêque eut dans les yeux un éclair de triomphe. Il dévorait Héloïse du regard. Il passa sa langue sur les lèvres, eut un sourire, et au moment où l'inquisiteur Ferrier allait poser sa rituelle question...

– Abjurez-vous votre foi en...

– *Sortez-la des rangs*, dit Aguilah.

Ferrier releva les sourcils et le nez de ses registres. On avait installé une petite table devant lui. Sa plume resta suspendue.

– C... Comment ?

Aguilah se tourna vers lui.

– Sortez-la des rangs. Il me plaît que cette jeune femme vive...

Il ajouta :

– Qu'elle vive et qu'elle assiste avec nous à ce spectacle.

Héloïse mit quelques instants à comprendre. Elle regarda à droite, à gauche ; puis elle se tourna vers Aimery, désemparée, alors qu'il montait les barreaux de l'échelle.

Son cri s'étrangla dans la gorge.

– Aimery ! Aimery ! dit-elle, affolée. Ils veulent...

Aimery comprit. Il était sur le point de bondir. Une forêt de hallebardes se dressa devant lui.

– Non ! Non, ne faites pas cela, ne...

Il fallut quatre hommes pour le faire basculer à l'intérieur.

Une lance vint transpercer son flanc.

– AIMERY !

Aimery avait basculé en gémissant de l'autre côté. Héloïse se précipita en avant. Des soldats l'entourèrent aussitôt pour la retenir.

La foule des hérétiques fut entassée derrière les palissades.

Ils montaient d'eux-mêmes aux échelles. Lentement, en file indienne. Puis ils disparaissaient, un à un, de l'autre côté. Ils descendaient au milieu des fagots. Lorsque enfin, tous furent rassemblés à l'intérieur, il se fit un silence absolu, ponctué par des cris isolés, qui claquaient dans le vent avant de s'éteindre comme ils étaient nés. Dans cet espace confiné, lieu de leurs derniers instants, les hérétiques se rapprochaient les uns des autres, de leurs parents, de leurs amis. Ainsi, ils y étaient ! Ce bûcher effroyable auquel ils avaient songé, des années durant, ce brasier qui avait animé toutes leurs angoisses et tous leurs cauchemars, voici qu'il était là, sous leurs yeux, et qu'ils se trouvaient en son sein ! Les femmes de Montségur s'apprêtaient à mourir auprès de leur mère ou de leurs enfants malades. Les condamnés n'échangeaient plus que des gestes simples, à peine esquissés ; élans pathétiques ramenés à leur plus simple expression. Ils s'unissaient dans un même chagrin le temps d'un mot, d'un regard, d'une caresse, d'une étreinte. Leur vie y était rassemblée d'un seul trait ; un dernier trait, dans lequel ils mettaient les maigres forces qui leur restaient.

Je ne veux pas mourir !

Viens, viens près de moi.

– Aimery ! Aimery, mon amour !

Héloïse sanglotait.

Aimery était couché à l'intérieur des palissades. Des flots de sang coulaient de son côté. Esclarmonde, en larmes, se pencha vers lui, posant une main sur son front.

Eclaire le monde.

– Héloïse, Héloïse, je suis là...

Mais il ne parvenait pas à crier. Seul un murmure s'échappait de ses lèvres. Ainsi, lui aussi, lui aussi allait terminer là, dans la fournaise ! Il ferma les yeux. Les routes occitanes, les longs chemins avec son père, les fuites clandestines, les batailles du château. Tout ce qui avait fait de lui ce chevalier damné qui se mourait maintenant ici, sur la paille rèche.

– Héloïse...

Elle était là, de l'autre côté, et ne pouvait plus voir que ces sombres palissades.

Et ce fut le brasier.

Le vent sifflait aux oreilles d'Escartille.

Il ajusta encore les sangles de cuir sur sa poitrine. Il les serra d'un coup, vigoureusement. Il avait froid et s'était de nouveau couvert de son vieux galurin à plume d'oie. Il s'était débarrassé de sa robe noire, roulée en boule par-dessus sa besace, pour passer sa tunique. Voilà qui lui laisserait davantage de liberté dans ses mouvements.

Il regarda Pierre quelques secondes, l'enfant lové contre son cœur. Ces boucles de cheveux bruns. Il avait les yeux fermés, les mains refermées tout près de son menton. Escartille se vit soudain, tournoyant sur lui-même, dans la tourmente de Béziers...

Mon Dieu, se dit-il. *C'est l'histoire qui recommence.*

Ils venaient de sortir des souterrains, sur l'autre flanc de la montagne, vers la lumière. Un trou creusé dans le roc donnait sur la falaise à pic.

Il regarda en contrebas.

Plusieurs centaines de mètres le séparaient de la cime des arbres.

Montségur !

Aimery, Héloïse ! Adieu !

Il ne s'agit pas, maintenant, d'échouer.

Je n'en ai plus le droit.

Amiel Aicart jeta une corde, qui fendit l'espace en se déroulant jusque sur une corniche, située une cinquantaine de mètres plus bas.

Il passa le premier, bientôt suivi du dénommé Peytavi.

Escartille prit une inspiration profonde. Il se retourna, dos au vide, cala ses pieds contre la pierre, enroulant deux fois la corde autour de son bras. Il la saisit fermement des deux mains...

Et il commença à descendre en soufflant.

Hugon et le messager prirent sa suite.

Alors, ils entendirent les cris.

Dans le pré, le brasier continuait.

Nous sommes des anges déchus.

– Aimery, murmura Héloïse, les yeux perdus dans les flammes.

Elle crut l'entendre crier une dernière fois, rassemblant ses forces :

– *Héloïse !*

Les hérétiques virent leurs pieds réduits en cendres. Leurs muscles craquaient ; leur peau se consumait comme du cuir ; leur moelle et leur sang sifflaient, leurs membres devenaient des bâtons desséchés et noircis, les os de leurs jambes pendaient au milieu des flammes montantes. Ces volutes infernales atteignaient leurs cheveux, les couronnaient un instant d'une aura incandescente, transformant leur tête en boules de chair en fusion, leurs yeux fondant dans leurs orbites. S'ils ouvraient encore la bouche, c'était pour avaler du feu ; s'ils la fermaient, c'était pour sentir ce feu à l'intérieur d'eux-mêmes. Ils n'étaient plus que des torches vivantes. Ils brûlaient, ils brûlaient ! Et l'on chantait.

Aguilah avait fait placer Héloïse non loin de lui. Oui, il n'était qu'à quelques mètres.

La jeune femme tourna lentement les yeux vers l'évêque.

Elle pencha légèrement la tête. Elle semblait maintenant avoir perdu toute raison.

Elle chercha la bible à ses côtés.

Et, sous les doigts de sa main gauche, au creux de sa paume moite, elle sentit le manche de la dague qu'elle avait apportée avec elle. Elle avait pensé écourter ainsi leur souffrance, lorsqu'ils seraient à l'intérieur de la palissade. Elle n'en avait pas même parlé à Aimery.

Elle entendit un cri et leva la tête.

Là-haut, par-dessus les flammes, le faucon pèlerin d'Aimery tournoyait dans le ciel. Il n'osait s'approcher des flammes. Il se contentait de décrire des cercles dans l'espace...

Amor... Les âmes brûlées, murmura-t-elle pour elle-même.

Son capuchon noir, les pans de sa robe tremblaient dans le vent.

Puis ses yeux revinrent se poser sur Aguilah.

La dague était chaude au creux de sa main. Comme ce contact, soudain, était doux.

Escartille ferma les yeux pour chasser l'horreur de son esprit.

Un moment, il fut saisi de vertige, lorsqu'il laissa cette terrible pensée effleurer son esprit – *ça y est, c'est fini, nous sommes seuls, ils les ont tués et je les ai laissés mourir.* Il eut envie, un bref instant, de lâcher prise.

On avait jeté une seconde corde, quelques centaines de mètres restaient encore à parcourir.

Il regarda le vide, comme absorbé par cette perspective vacillante. Sa tête lui tourna, ses yeux chavirèrent. Il sentit ses forces l'abandonner.

Il glissa.

Non ! Non !

Son pied se balança dans le néant. Des cailloux roulèrent et furent avalés par le gouffre. Escartille faillit perdre l'équilibre. Il s'agrippa soudain à la corde comme un damné, après avoir glissé de presque un mètre. Il gémit, le front contre la paroi grise, cette pierre froide et tranchante. Le menton baissé vers le berceau de Pierre contre son ventre, il tenta de reprendre sa respiration.

Le feras-tu ? Le feras-tu, Héloïse ?

Elle contemplait le bûcher.

Une main oscillait sur le pommeau de sa dague, l'autre sur sa bible.

Pique l'aiguille.

Attirés encore comme par un aimant, ses yeux

allaient du bûcher à Aguilah, qui ne se lassait pas du spectacle des flammes montant vers le ciel.

L'amour ou la mort, Héloïse ?

L'amour, la mort... Ou la seule réconciliation possible...

Les deux ?

Et une voix s'éleva par-dessus les cantiques.

Une voix de femme, pure, limpide, cristalline, qui semblait jaillir de nulle part.

Elle lisait un texte de saint Paul.

L'œil de l'évêque Aguilah s'alluma comme celui d'un aigle. Il était revêtu d'une chasuble de lin, une tiare rutilante vissée sur le crâne. Sa main était serrée sur le sceptre qui témoignait de son pouvoir. Autour du cou, son étole dansait, malgré les paravents pourpres disposés de part et d'autre de son fauteuil tendu de velours. Aguilah détourna la tête, ce visage anguleux et taillé à la serpe, moucheté d'imperceptibles scories. Il était soudain inondé d'une haine sans bornes.

> ... Et je vais encore vous montrer une voie qui les dépasse toutes. Quand je parlerais les langues des hommes et des anges, si je n'ai pas l'amour, je ne suis plus qu'airain qui sonne ou cymbale qui retentit. Quand j'aurais le don de prophétie et que je connaîtrais tous les mystères et toute la science, quand j'aurais la plénitude de la foi, une foi à transporter des montagnes, si je n'ai pas l'amour, je ne suis rien. Quand je distribuerais tous mes biens en aumône, quand je livrerais mon corps aux flammes, si je n'ai pas l'amour, cela ne sert à rien.

– Faites-la taire, dit Aguilah. Faites-la taire !

Mais Héloïse continuait. L'évêque la vit, dressée dans le soleil qui trouait soudain les nuages, un poing refermé sur les grains de son chapelet qu'elle serrait jusqu'au sang, les voiles de sa robe flottant dans le vent. Sa chevelure s'était dénouée, s'échappant de son diadème pour venir ondoyer sur ses épaules. Elle avait tout d'un ange, maudit peut-être, égaré en ce monde, et chacun de ses mots avait le tranchant d'un glaive.

L'amour...
L'amour est obstiné ;
l'amour est serviable ;
il n'est pas envieux ;
L'amour ne fanfaronne pas, ne se gonfle pas ;
il ne fait rien d'inconvenant, ne cherche pas son intérêt,
ne s'irrite pas, ne tient pas compte du mal...

Aguilah se dressa de son fauteuil, manquant de déchirer son vêtement.

– Faites-la taire ! cria-t-il.

Il ne se réjouit pas de l'injustice,
mais il met sa joie dans la vérité.
Il excuse tout,
il croit tout,
il espère tout,
il supporte tout.

Quelques soldats firent mine d'avancer vers la jeune femme.

Elle croisa le regard d'Aguilah, dont la main se crispa contre son sceptre.

L'amour ne passera jamais.

Héloïse referma son livre, les yeux pleins de larmes. Son regard parut se noyer dans le brasier qui n'en finissait pas.

La fumée montait jusqu'au ciel, par-dessus les champs, par-dessus les villages et les collines, par-dessus les montagnes.

Puis elle lâcha la bible, qui tomba devant les yeux de l'évêque.

Lentement, elle se tourna vers le prélat.

Elle fit glisser la dague de son manteau.

Les soldats n'eurent pas le temps de réagir. Héloïse comprit qu'on se jetait sur elle. Un croisé faisait un pas. Un autre ouvrait la bouche dans un cri. Un troisième détournait la tête dans leur direction. L'inquisiteur Ferrier se dressait sur sa chaise, devant la table, abandonnant sa plume.

Héloïse n'entendit rien de tout cela.

Elle sentit seulement la dague entrer profondément dans le ventre d'Aguilah. Oui, elle l'enfonça au plus profond de son estomac. L'évêque, comprenant soudain ce qui se passait, écarquilla les yeux. Il la regarda, elle, puis la dague fichée dans son ventre, que le poignet menu de la jeune femme faisait tourner dans ses intestins. *Oui, pique ! Tiens, pique l'aiguille !* Les cheveux épars sur son front, son regard bleu étincelant de fureur, brillant comme mille soleils de glace, Héloïse poussa un cri rauque, un cri de jouissance. Le sang dessinait sur la chasuble blanche une auréole sombre ; il jaillissait jusque sur la main de la jeune femme. La bouche de l'évêque s'agrandit de stupeur. Celle d'Héloïse était étirée en un sourire dément, les dents serrées. Aguilah sentit son souffle chaud tout contre lui.

– *Tu vas mourir,* lui dit-elle.

On s'apprêtait à la saisir.

Elle releva la tête et siffla.

– *Amor !*

Le faucon pèlerin, cette fois, plongea instantanément dans sa direction, battant des ailes.

Il tomba toutes serres dehors sur un croisé. Un autre, dégainant l'épée, lui trancha une aile. Le faucon poussa un cri strident. Héloïse, d'un coup, avait sorti le poignard du ventre d'Aguilah. Elle le brandit un instant vers le ciel, vit sa pointe étinceler une dernière fois.

Le feras-tu, Héloïse ? L'amour et la mort ?

Puis la dague décrivit un arc dans l'espace.

Héloïse planta la dague dans son sein, de toutes ses forces, à l'endroit du cœur.

Elle poussa un cri, vacilla, hébétée, clignant des yeux quelques instants.

La lame blanche de la dague semblait danser devant elle.

En tombant, elle vit le visage d'Aguilah, échoué dans la boue. Ses yeux bleus vibrèrent une dernière fois. Elle se sentit délivrée.

La vie avait déjà quitté le regard de l'évêque.

*

* *

Escartille était à genoux dans la grotte du Sabarthès.

Seul.

Amiel Aicart, Peytavi, Hugon et le messager avaient récupéré les biens cathares enfouis ici secrètement à la

Noël. A cette heure, ils devaient fuir déjà, sans doute en Italie, vers la Lombardie.

Il avait défait les sangles de cuir. L'enfant était non loin de lui, sur le rocher, dans son berceau. Il ne pleurait plus. Escartille tourna les yeux vers lui. Pierre le regardait, de ce regard noir, profond, innocent.

Interrogateur.

Pierre...

Tu es Pierre et sur cette pierre, je bâtirai mon Eglise.

Escartille écouta le silence.

Il faisait nuit au-dehors.

Les reflets d'un flambeau couraient sur son visage.

A l'aide de ce flambeau, Escartille fit brûler un feu qui les réchaufferait. Il y jeta sa robe noire, sa robe de parfait cathare.

Il la regarda disparaître.

Il posa à côté de lui sa besace, son vieux rebec, son galurin.

Les voûtes dansaient avec le feu, elles dansaient comme des vitraux de pierre, parcourus d'ombres et de lumières indistinctes. De minces stalactites tombaient de la grotte, évoquant les tuyaux d'un harmonium ciselé par un orfèvre minutieux. Bientôt, il enterrerait les reliques. Elles seraient, de cette caverne, le Graal et le tabernacle ; le flambeau en serait la veilleuse, de ces veilleuses qui ne s'éteignent pas, qui refusent de s'éteindre. Cette corniche, là-haut, serait une chaire de roc, attendant la prédication invisible de quelque croyant du futur. Le lierre tombant devant l'entrée serait comme les tentures, les doubles portes ouvrant sur cette nef vagabonde, ce vaisseau ocre et souterrain, cimetière fantôme dont jamais on ne pourrait hisser les voiles.

Escartille était petit, tout petit dans ce sanctuaire de pierre.

Il déroula les parchemins de son *Livre de Vie*.

Il sortit de sa besace le flacon d'encre mystérieuse, cette encre invisible dont lui avait parlé Bertrand Marty. Il en ôta lentement le bouchon tout en contemplant le liquide qui bougeait devant ses yeux. Puis il prit la plume de son bonnet.

Te revoilà vieux et jeune, troubadour, pensa-t-il en regardant Pierre.

Te revoilà seul comme aux premiers temps.

C'est le moment de voir si votre magie fonctionne, Bertrand.

Il dessina sa carte invisible. Il avait tellement sillonné les routes d'Occitanie que cela ne lui posa aucune difficulté. Il avait tout en mémoire : les lieux, les distances, les temps nécessaires pour se rendre d'une ville à l'autre, d'un bourg à l'autre, d'une rive à une autre. Il n'avait qu'à recopier, transcrire la géographie de sa conscience. L'Occitanie ! L'Occitanie et tant de morts, d'un bout à l'autre de tes plaines, de tes collines, de tes rivières !

Puis, à l'aide d'une encre rouge, il repassa sur la première couche ; il annota le manuscrit de références insolites, le parsema de pièges et de chausse-trappes ; il composa les quelques vers qui seraient comme son épitaphe, son paraphe, sa signature, *in memoriam*.

Une histoire, c'est comme une fleur.
Amor et Joy tant partagé,
Et tant et tant de sang ai vu versé,

O souvenir de toi, Louve, Louve, ma bien-aimée,
Que je vis et perdis sitôt rencontrée,
Et mon fils et ma fille
Condamnés au bûcher,
A tout jamais vous aimerai
Et si Dieu veut, en sa bonté, Dieu s'Il existe, s'Il est Soleil,
Vous accueillera tous en son Ciel
Amor et Joy, à l'heure du supplice, chantez avec moi :
Une histoire, c'est comme une fleur :
Elle naît, elle vit
Et elle meurt.

La plume d'Escartille dansa encore un instant sur le parchemin, puis il posa les rouleaux et resta là, les yeux dans le vide, prenant l'enfant tout contre lui.

Il oscillait d'avant en arrière en pleurant.

Pierre. L'enfant de Montségur.

Le dernier cathare.

Que vais-je faire ?

Il lui faudrait chevaucher quelques lieues pour trouver une auberge digne de ce nom. Et demain... il devrait se résoudre à se séparer du manuscrit. Il irait le dissimuler quelque part... Dans un endroit nouveau, un endroit parmi d'autres, parmi ces centaines de villages qu'il avait traversés au cours de ses longues marches à travers l'Occitanie. Une petite église lui revint en mémoire. Elle était sise dans le village de Rennes-le-Château, non loin d'Alet et de Bugarach. Une place catholique... Oui, il déposerait le *Livre de Vie* au cœur même d'un lieu saint portant l'empreinte de la religion des papes... Il le déposerait comme un témoignage, celui d'un nouveau péché originel. Cette honte qu'un jour pourtant, un jour peut-être ! il faudrait oublier. Un jour où le pardon serait possible.

Escartille se frotta les mains contre sa tunique avant de redresser le buste.

Il se préparait à enterrer les reliques.

Il les regarda longtemps.

Des ossements, fêlés, recouverts d'une pellicule de poussière. Etait-ce pour cela que son pays avait été mis à feu et à sang durant près de quarante ans ? Etait-ce pour cela que Louve, Aimery, Héloïse, tant d'autres encore, avaient été tués ? Escartille, tremblant, prit le crâne au milieu d'un morceau de fémur et d'une clavicule. Il s'assit, une main sur les genoux, le crâne devant lui.

Ses yeux plongèrent dans ses orbites vides.

Trous noirs ouverts sur le néant de ses interrogations.

Il le caressa.

Cette plaque : I-N-R-I.

Et ces dents, ce sourire, ce rictus

– Suis-je le Christ, Escartille ?

Sa main s'ouvrit et le crâne tomba contre la pierre.

Un éclat d'os jaillit, au niveau de la tempe.

Le crâne roula quelques instants, puis s'arrêta.

Escartille avait sursauté ; tout cela lui était devenu intolérable ; il se releva et poussa un grand cri, en portant une main à sa tête. Son cri résonna sous les voûtes, en écho, jusqu'à se perdre dans les profondeurs de la grotte. Il lui semblait voir encore danser sur les parois de pierre les flammes de toutes ses illusions. Mais à présent, il voulait la Lumière !

– Dieu ! Parle-moi, je t'en prie !

Escartille, sanglotant, ramassa le crâne.

Il songea à ces hommes, ces milliers d'hommes, par-delà les siècles, qu'une foi inextinguible n'avait cessé d'animer. Il les vit par nuées, debout, agenouillés, en prière, les yeux voilés de larmes, voilés de flammes. Catholiques et cathares, baignant dans le sang de leurs erreurs, de leurs chagrins et de leurs renoncements. Auréolés de l'espérance que malgré tout, leur vie aurait un sens, et qu'un jour, finalement... ils trouveraient le bonheur.

Le morceau orbital avait laissé dans le crâne une sorte d'excavation. Comme un nouveau tombeau.

Escartille se pencha pour se saisir de l'éclat qui venait de s'échouer sur le sol. Il était recouvert d'une moisissure poussiéreuse, due sans doute au voyage qu'il avait fait depuis Jérusalem, et à l'endroit humide où il avait été conservé toutes ces années. Escartille y passa la manche vigoureusement, au milieu de ses larmes.

Et il s'arrêta net.

Il venait de distinguer quelque chose.

Mû par une impulsion subite, il joignit l'éclat au crâne lui-même et, à l'aide d'une pierre tranchante, acheva d'ôter la moisissure qui les couvrait.

Il vit alors, sur le front, une marque. Ou plutôt, un *dessin,* que l'on avait porté au fer.

Le dessin d'un chien. *Un chien !*

Il y passa la main, le sang refluant de son visage. Cette marque, ni Bertrand Marty, ni personne n'avaient pu la voir. La foi même en ces reliques avait dû effacer cette trace de toutes les mémoires. Ce stigmate... Jamais le Christ n'avait été frappé d'un tel sceau d'infamie ! Jamais la Bible n'en avait fait mention ! Le symbole qu'il avait sous les yeux était à lui seul un blasphème. Ce n'était pas un symbole chrétien, ni juif... Il devait être... *romain* ! Un symbole apposé par un légionnaire, du temps de Ponce Pilate ! Escartille, les yeux exorbités, tremblant de tous ses membres, mit une main sur sa bouche, tandis que ses pensées s'accéléraient sous l'effet de cette subite découverte. Le chien psychopompe, gardien des Enfers, associé aux mondes souterrains, peuplés de divinités païennes, chtoniennes ou séléniques ; le guide de l'homme dans l'Au-delà. Mais... seul un brigand avait pu être ainsi marqué au fer rouge, *après sa mort !* Il n'avait plus aucun doute. La trace qu'il avait sous les yeux lui faisait soudain l'effet d'une flamme ardente, non pas celle de l'Esprit, mais bien celle d'une autre forme de révélation.

Un brigand ! Le signe d'un prisonnier, d'un voleur ! Enterré... comme un chien !

Quelqu'un, autrefois, avait signé cette mort. Il s'agissait d'un autre prisonnier, d'un autre crucifié. Torturé et marqué au fer. Un inconnu, un brigand du temps du Golgotha !

Le Golgotha...

Et l'évidence, lumineuse, lui sauta aux yeux.

C'était à Jérusalem, il y a de cela bien longtemps. Le légionnaire romain touchait de sa lance le cadavre qui se trouvait à terre, comme pour vérifier qu'il était bien mort. Il rajusta son casque luisant sous la pluie battante ; au pied du rocher, le sol sablonneux n'était plus que tourbe. Le vent hurlait aux oreilles du soldat. Il releva la tête un instant ; les éclairs et le tonnerre avaient cessé, mais les nuages noirs obscurcissaient toujours l'horizon. Il avait peine à croire ce qu'il venait de voir. Il se tourna de nouveau vers le cadavre, puis vers le décurion Cassius, qui se trouvait non loin.

– Allons, dit-il dans un rire féroce, passe-moi le fer !

Cassius le regarda un instant, interloqué ; puis il lui passa l'instrument, qui rougeoyait dans le soir. L'embout du fer dessinait le corps d'un animal – un chien.

Le légionnaire rit encore, puis, saisissant le fer, il l'appliqua sur le front du mort.

La marque rouge pénétra profondément la chair en fumant, dégageant des odeurs de viande grillée. Autour d'eux, la tempête revenait.

– Tiens ! s'écria le légionnaire, heureux de sa trouvaille. Tiens, brigand, c'est ainsi que je procède avec les gens de ton espèce. Meurs comme ce que tu es... un chien !

D'autres soldats s'amusaient autour de lui. Ils s'efforçaient de se rassurer après ce qu'ils avaient vu. L'un d'eux s'approcha et, se moquant toujours, jeta un écriteau dans l'endroit où l'on allait rouler le cadavre.

– Voilà qui te tiendra compagnie !

L'écriteau tomba dans un bruit et sembla avalé par la terre. L'autre soldat retira le fer du cadavre. Puis il passa la main sur ses lèvres et, dans un crachat, il poussa le voleur.

Celui-ci tomba dans la fosse qu'on lui avait préparée.

C'était ce rêve, ce cauchemar qu'il avait fait dans la forêt de Pamiers, quelques minutes avant de sauver Héloïse avec Aimery ! Escartille venait de demander à Dieu de rompre son silence. Mais ne lui avait-Il pas déjà parlé... il y avait si longtemps ? Escartille porta la main à son front. Ses pensées continuaient à se bousculer en lui.

> « Et ils amenèrent Jésus au lieu dit de Golgotha, ce qui se traduit lieu du Crâne. » (Marc, XV, 22.)

> « Alors sont crucifiés avec lui deux brigands, l'un à droite et l'autre à gauche. » (Matthieu, XXVII, 38.)

> « L'un des malfaiteurs suspendus à la croix l'injuriait : N'es-tu pas le Christ ? Sauve-toi toi-même, et nous aussi. Mais l'autre, le reprenant, déclara : Tu n'as même pas crainte de Dieu, alors que tu subis la même peine ! Pour nous, c'est justice, nous payons nos actes ; mais lui n'a rien fait de mal. Et il disait : Jésus, souviens-toi de moi lorsque tu viendras avec ton royaume. Et il lui dit : En vérité, je te le dis, aujourd'hui tu seras avec moi dans le Paradis. » (Luc, XXIII, 39-43.)

Trinité souffrante sous les éclairs du Golgotha. Trinité crucifiée le même jour. Trinité torturée au même calvaire. Le Christ et deux brigands. Le bon larron, ressuscité en Paradis. Le bon larron...

Et le mauvais, Escartille.
Le troisième larron.

Escartille, soudain possédé tout entier par cette intuition, poussa des exclamations sans suite ; il se releva, fit quelques pas, tournant en rond, agité d'une nouvelle frénésie. C'était ce voleur que l'on avait enterré, avec cet écriteau abandonné, I-N-R-I, par blasphème et dérision peut-être, après le passage de Joseph d'Arimathie, venu quérir la dépouille du Christ ! Le Christ avait terminé au tombeau où Marie-Madeleine s'était rendue, plus tard, pour y constater son absence... Mais les deux autres ? Les brigands ? On les avait descendus de leur croix, où ils n'avaient été que ligotés... La marque du fer n'avait forcément été faite que plus tard ! Par ces légionnaires qui s'étaient amusés de leur dépouille, y plantant leurs clous, les déguisant dans leur aveuglement ! Et les larrons, condamnés par Pilate pour s'être fait passer pour d'honnêtes marchands, avaient terminé sous terre, sans que personne se préoccupe d'eux ! Les reliques du Christ – une supercherie ! Sous le tonnerre et sous la cendre, au jour fatal, *le Christ n'avait pas été seul à mourir !*

Oui, ce ne pouvait être que cela.

Ainsi, ce n'est pas Lui !

Il regarda Pierre, couché dans son berceau, et lui répéta :

– Pierre, Pierre, tu comprends ? Ce n'est pas Lui !

Alors il partit d'un grand rire, un rire gigantesque et douloureux.

Le mauvais larron.

Escartille prenait la mesure de ce que cela signifiait. Son soulagement, le sentiment d'une nouvelle plénitude qui venait l'habiter, étaient balayés par des vagues de colère et d'amertume qui le laissaient pantelant. C'était trop pour un seul homme ! Durant quarante ans, des dizaines de milliers de personnes s'étaient entretuées, sans même le savoir, pour les reliques d'un brigand ! Les cathares, croyant en leur Christ adombré et pur Esprit, avaient conservé en secret une preuve hypothétique, aussi inquiétante pour eux que pour l'Eglise catholique !... Et Rome, de son côté, avait refusé de voir balayée la foi en la Résurrection, même si le prix en était l'Inquisition ! Tout cela, ces brasiers et ces amoncellements de chair, pour les restes d'un réprouvé. Un *malentendu.* Et lui, Escartille, avait abandonné les siens, pour sauver les « reliques » d'un voleur, enterré sous le signe du chien ! Inlassablement, les épisodes de cette tragique épopée défilaient devant ses yeux. *Loba* la Louve gisait égorgée à ses pieds, dans une mare de sang. Charles de Montesquiou s'effondrait sous ses yeux, la poitrine transpercée. Léonie des Trencavel murmurait à son oreille qu'elle l'aimait, avant de rendre l'âme. Inès la servante était décapitée, les membres désarticulés. Aude de Lavelanet hurlait dans les flammes, sur la place toulousaine. Aimery et Héloïse tournaient dans le ciel avec *Amor*, le faucon emmenant avec lui les âmes brûlées. Toute sa vie, toutes leurs vies se relisaient maintenant à l'aune de cette découverte – et il ne restait que ce goût de cendre, de nouveau Calvaire.

Le troisième larron du Golgotha.

Mais cela, Escartille ne l'inscrirait pas dans son *Livre de Vie*.

Il se décida à enterrer les reliques au milieu de sa colère et de ses sanglots.

Ce n'est pas Lui.

De chair ou d'Esprit, le Christ était vivant !

La terre engloutit le crâne sacrilège.

Le secret demeurerait jusqu'à la fin des temps.

Et lui, Escartille de Puivert, en serait le seul dépositaire.

Alors, lentement, le flambeau s'éteignit. Bientôt, il n'y eut plus qu'une toute petite flamme, puis un simple bourgeon incandescent. Escartille et Pierre disparaissaient dans l'ombre. La flamme s'éteignit enfin, une volute légère montant vers les voûtes de la caverne.

Ce n'est pas Lui.

Lorsque le silence et l'obscurité furent tombés tout à fait, Escartille se leva. Pierre s'était assoupi. Il sortit de sa somnolence et le regarda de nouveau de ses grands yeux, qui brillaient dans l'ombre. *Que deviendrai-je ?* semblait-il lui demander. Escartille crut y reconnaître une expression familière, qui lui rappelait à la fois Aimery et Héloïse. Il pleura encore, prit une inspiration profonde et se décida à sortir de la caverne, l'enfant dans les bras. Il monta péniblement sur son cheval, logeant Pierre contre son ventre, comme autrefois son propre fils.

Devant lui, un sentier poussiéreux allait se perdre dans les vallées, les collines, les montagnes occitanes. Escartille le distinguait à peine. Les premières étoiles faisaient leur apparition dans le firmament. Escartille les contempla.

Et maintenant ? songea-t-il.

Il sourit.

L'Espagne passa devant ses yeux, l'Espagne du soleil, des chants et des danses, à laquelle il avait rêvé si souvent comme le havre ultime. Cette Espagne fleurie qui lui rappellerait les parfums de Louve. L'Aragon enfin, terre salvatrice ! Il trouverait là un nouveau refuge, une nouvelle vie ; et il offrirait à Pierre cette existence qu'il n'avait pu donner à Aimery. Une vie chargée d'amour et de fleurs, où tous deux pourraient croiser des jeunes filles indolentes, accompagnant du bruissement de leur éventail le murmure des fontaines.

Une vie de tous les bonheurs.

Pour que le sang ne soit pas vain.

Escartille inspira une dernière fois. Il ficha sur sa tête son vieux galurin à plume d'oie, d'un geste vigoureux. Il fit passer son rebec derrière son flanc. Il se souvint de son rire clair d'autrefois, de l'insolence de ses couplets jetés à la face des puissants, de la tendre légèreté de ses stances amoureuses. Puis il frappa du talon contre l'animal. Le cri qui jaillit de sa gorge l'étonna lui-même, comme si cela lui rappelait soudain qu'il était encore de ce monde.

Tu veux savoir ce qu'est Dieu, Escartille ?

Dieu est cet enfant nouveau-né que tu portes avec toi

– c'est l'amour qu'il te reste lorsque la nuit est tombée.

Escartille n'écrivit plus jamais une ligne de son *Livre de Vie*. Mais tandis qu'il galopait ainsi sous la voûte de ce ciel immense et constellé d'étoiles, tandis qu'il s'engouffrait une fois encore dans cette nuit semée de mille luminaires, il se souvint du dernier vers de son poème. Ce vers qu'il avait ajouté à la hâte, d'une main tremblante, avant d'enrouler ses parchemins dans sa besace.

Comme une lueur d'espoir.

Une histoire, c'est comme une fleur
Elle naît, elle vit
Et elle meurt...

Avant que de renaître, lorsque vient son heure.

Et il songea :
De chair ou d'Esprit, le Christ est vivant.

REMERCIEMENTS

Merci à tous ceux qui m'ont soutenu pour l'écriture de ce livre, à mes proches et à mes éditeurs, Françoise Verny et Christophe Bataille.

Merci aux historiens et aux passionnés de cette épopée cathare dont les travaux m'ont inspiré ce roman et m'ont permis de comprendre et d'aimer cette époque troublée. René Nelli m'a offert de pénétrer la vie quotidienne des cathares et des troubadours (« Les Cathares du Languedoc » et « Les Cathares : Hérésie ou démocratie »). Le travail de Michel Roquebert m'a également été d'un soutien précieux, en particulier le tome 3 de son « Epopée cathare : Mourir à Montségur », auquel on pourra se reporter pour de plus amples détails sur le martyre hérétique. Je voudrais aussi saluer le livre de Zoé Oldenbourg, « Le Bûcher de Montségur », et celui d'Anne Brenon, « Les Cathares : Pauvres du Christ ou Apôtres de Satan ? », dont la clarté et l'esprit de synthèse m'ont aidé dans la compréhension, l'organisation et le choix des événements que traverse Escartille au cours de son périple. Je salue également Jean Markale qui, en habitué des frontières de la légende, m'a apporté avec « Montségur et l'énigme cathare » un éclairage inhabituel sur cette époque. Merci également à Michel Gardère et ses « Rituels cathares » et clin d'œil à « Melmoth », de Charles Robert Maturin. Je voudrais, enfin, rendre aux inestimables chroniqueurs du temps, Pierre des Vaux-de-Cernay (« Historia albigensis ») et Guillaume de Tudèle (« Chanson de la Croisade albigeoise » éditée et traduite du provençal par Eugène Martin-Chabot), les honneurs qui leur sont dus : je leur ai emprunté quelques vers occitans pour *Le Livre de Vie* d'Escartille, et j'y ai trouvé les formules les plus authentiques et les plus redoutables du pape Innocent III.

Que tous me pardonnent les quelques libertés nécessaires aux besoins de la fiction, et qu'ils reçoivent eux aussi ce livre comme un hommage à leur propre quête, passée et à venir.

Notre quête à tous.

Table

Du même auteur :

NOTRE-DAME SOUS LA TERRE, Grasset, 1998

Composition réalisée par IGS-CP

Imprimé en France sur Presse Offset par

BRODARD & TAUPIN

GROUPE CPI

La Flèche (Sarthe).
N° d'imprimeur : 26106 – Dépôt légal Éditeur : 51355-10/2004
Édition 01
LIBRAIRIE GÉNÉRALE FRANÇAISE – 31, rue de Fleurus – 75278 Paris cedex 06.
ISBN : 2 - 253 - 10996 - 7

31/0996/4